薛暮桥回忆录

先辈丛书·回忆录卷

中共党史出版社

图书在版编目（CIP）数据

薛暮桥回忆录 / 薛暮桥著 . -- 北京 : 中共党史出版社 , 2022.7
（先辈丛书 . 回忆录卷）
ISBN 978-7-5098-6031-1

Ⅰ . ①薛… Ⅱ . ①薛… Ⅲ . ①薛暮桥（1904-2005）—回忆录 Ⅳ . ① K825.31

中国版本图书馆 CIP 数据核字 (2022) 第 054125 号

出版发行：中共党史出版社
责任编辑：詹珩
责任校对：申宁
责任印制：段文超
社　　址：北京市海淀区芙蓉里南街 6 号院 1 号楼
邮　　编：100080
网　　址：www.dscbs.com
经　　销：新华书店
印　　刷：北京盛通印刷股份有限公司
开　　本：170mm × 240mm　1/16
字　　数：320 千字
印　　张：21.75
印　　数：1—5000 册
版　　次：2022 年 7 月第 1 版
印　　次：2022 年 7 月第 1 次印刷
ISBN 978-7-5098-6031-1
定　　价：56.00 元

薛暮桥（1904—2005）

2005年版序言

吴敬琏

《薛暮桥回忆录》是1996年7月出版的。当时，北京经济学界曾经为此召开了一个座谈会，与会专家、学者对这本书给予了很高的评价。现在虽然薛老已经离去，但他的精神遗产永存。天津人民出版社积极筹划，再版这本回忆录，我认为是很有意义的。

我国经济学泰斗薛暮桥波澜壮阔的一生经历，可以大致分为三个段落。第一个段落起于他在社会大学（包括“监狱大学”）中自学成才，终至成长为30年代中国左翼经济学的领军人物。第二个段落起于他进入敌后抗日根据地，转行参加实际经济工作，而在中华人民共和国成立后成为共和国经济工作的一位重要领导人。第三个段落包括“文化大革命”结束后的整个改革年代，他由一位为市场化改革鼓与呼的经济学家，进而成为这一改革的一位重要设计师和推动者。

贯穿这三个阶段的全过程，他始终秉持着极其认真严谨的工作态度和一切从实际出发的求实精神。唯其有这种态度和精神，他不但能够在每一个阶段都尽量圆满地完成了自己的工作任务，而且能够从经验总结中提高，在理论上升华。这使他在生命的最后三十年，无论在思想上还是在实践中都升华到了一个新的境界。

抗日战争爆发以前，薛老作为左翼经济学团体“中国农村经济研究会”的主要成员，对中国社会进行了深入的调查研究，参加了左翼经济学家主流与其他理论派别之间关于对中国社会性质、中国农村发展道路等重大问题的论战，捍卫了中国共产党的纲领和路线。虽然从现在的观点看，这些年轻的左翼经济学家当时提出的论点和对不同观点的批判并不全都无可挑剔，但他们的工作对于整整一代人深入认识中国社会起到了重要作用。

进入抗日根据地解放区以后，薛老转做实际工作。理论联系实际的好学风帮助他很快适应了这种角色转换，成长为一位娴熟的经济管理专家。这使他能够在中华人民共和国成立以后长期担任我国经济工作领导人的得力助手，参与了统一财经、平抑物价、“三大改造”和“大跃进”后“调整、巩固、充实、提高”等一系列重大的经济战役。然而在进入第一个五年计划（1953—1957年）时期以后，他对僵硬的计划经济体制以及高指标、高投入、低效率的增长方式的怀疑，愈来愈演化为挥之不去的忧思。

这种惶惑和不知所从的状态在“文化大革命”中出现了转机。“五七干校”的生活单调乏味，然而，这也给人们提供了一个冷静思索、总结既往的机会。薛老跟我们讲述过他在干校一边劳动改造，一边认真思考“十七年”[①]经历的往事。这种思考的结果使年届七十的薛老大彻大悟，为思想和生活找到了新的方向。

在“文化大革命”前的时代，我和我的不少年轻同事一样，对于一言一行都力求“中规中矩”的薛老，抱着一种“敬而远之”的态度。但在“文化大革命”结束以后，他给我们的印象完全改变了。在“文化大革命”结束以后，他宣布要向自己的“老弟”（孙冶方）学习，坚持真理，修正错误，而且说到做到。他思想活跃，不固执于自己的老经验和传统社会主义政治经济学的旧教条，而是与时俱进，唯真理是从。例如，他在70年代后期就不顾位高权重的顶头上司片面追求产值增长高速度的思想还没有转过弯来的情况，犯颜极谏，批评高指标、高速度的发展方针。他曾是中国“三大改造”经验的最重要的阐述人，然而当他认识到这种做法的偏颇，便勇敢地指出片面追求所有制的“纯而又纯”和“单一”乃是一种失误，多种所有制经济共同发展才是正途。他曾在60年代初期担任过全国物价委员会主任，是计划经济时代“基本不动、个别调整”的物价工作方针的忠实执行者。但当他认识到市场经济需要在竞争中自由浮动价格体系时，便坚决主张“打破僵化的价格体系”，实现价格制度的改革。更加重要的是，他在80年代初期就提出了中国改革应当市场取向，以后虽然多次受到批评指责，却始终坚持，不改初衷。

在最后三十年的岁月中，薛老不仅在理论上明确坚定，而且由于对经济实务极为熟悉，使他顺理成章地成为中共中央和国务院在我国改革方案的具

---

① 指1949年至1966年。——原编者注

体设计和组织实施上的得力参谋和帮手。比如，80 年代中期的财政、银行、外贸体制改革方案就是薛老一手主持制定和帮助组织实施的。

经济思想史家海尔布鲁纳（Robert Heibroner）把那些彪炳史册的经济学大师斯密、李嘉图、穆勒、马克思、凯恩斯、熊彼特等称作“入世的哲人”（Worldly Philosopher），以彰显他们为人类认识世界和改造世界作出的巨大贡献。可以毫不夸张地说，薛老正是这样一位“入世的哲人”，他为推进中国的市场化改革立下了不朽功勋。

薛老在 2005 年 7 月 22 日走完了他 101 年人生历程，离我们而去。消息传来，我正在上海授课。从 1959 年为准备全国商品生产与价值规律讨论会我和张卓元一起被分配做他的临时助手，到 1984 年 8 月到国务院经济研究中心向薛暮桥总干事报到，开始在中心二十年的工作，再到他去世前十多天到北京医院对他作最后的告别，回首这四十六年的前尘往事，不禁感慨系之。

薛老虽然走了，但他的理论建树、精神风范和由他开头建立起来的市场经济新体制，都是人民的宝贵财富，将永远流传下去。

2005 年 7 月

1996 年版代序言 *

同志们、朋友们：

很感谢大家光临，特别要感谢朱镕基同志光临。在这次座谈会上，我看到了几年没有见面的领导同志、老同志、老朋友，心里很高兴。各位都是忙人，我是闲人，忙人来祝贺我这个闲人，真是愧不敢当。至于我做的经济工作，写的经济著作，在我国当代经济学中，只是沧海一粟，就是这一粟也是在党的培育下和同志们的帮助下取得的。80 年代我身体还健康，精力充沛，能够东奔西走，调查研究，参加各种社会活动，写文章、作报告，为国家的经济发展和体制改革作一点贡献。虽然忙忙碌碌，心里却非常高兴。由于经常参加活动，能够有机会和许多老同志、老朋友见面，谈笑言欢。

1991 年春，我患了“帕金森”病，中枢神经部分病变，眼睛看不清，耳朵听不清，嘴巴也说不清楚。稍一疲劳就头晕脑涨、焦躁不安。三年多来不能够工作，不能参加任何会议，看报纸、文件都由秘书念。我看到我们国家在邓小平同志建设有中国特色社会主义理论及党的基本路线指引下，在江泽民同志为核心的党中央领导下，形势很好，改革力度加大，进展健康，国民经济高速发展，人民生活明显改善，国际地位不断提高。对此，我特别感到高兴。我的身体，最近一年多有些好转，能够参加一些小规模的社会活动。我现在仍坚持锻炼，争取健康更加好转，能继续为国家做些力所能及的工作。

今天这个座谈会是国务院发展研究中心和国家计委组织安排的。参加的都是我很想会见的老同志、老朋友，一下子能有幸会见许多渴望已久的同志

---

* 这是作者 1994 年 10 月 25 日在“祝贺薛暮桥同志从事经济工作和经济理论研究六十年座谈会”上的讲话。

们，我心里非常高兴，真有说不出的高兴。本来想同各位到会的同志们一一握手问好，怎奈力不从心，只能坐在这里向各位拱拱手、问问好，并表示我衷心的感谢（拱手向大家致意）。在这里，我要特别对组织和安排这次座谈会的国务院发展研究中心和国家计委的领导同志表示衷心的感谢。不能再多讲了，谢谢各位。

薛暮桥

1994年10月25日

敬爱的薛暮桥同志：

从1955年开始，我曾有几段时间在您的指导下进行经济理论研究工作。几十年来，您对我的教诲恩深义重，受益终生。您过去是我的老师，现在是我的老师，今后仍然是我的老师。我要学习您对党、对人民无限忠诚的献身精神；学习您一切从实际出发，理论结合实际的优良学风；学习您在理论上不断开拓进取、永无止境的革新气魄；学习您公正无私、宽容大度、广泛团结各方的高尚品质。

60年来，您为中华民族的解放、为新中国的经济建设、为改革开放日夜操劳，呕心沥血，作了别人无法作出的贡献。人民会感谢您。敬祝您健康长寿。

学生　苏星

1994年10月22日

向薛老致以我衷心的祝贺和诚挚的敬意。薛老是我国老一辈马克思主义经济理论家。他对我国经济工作和理论研究作出了重大贡献。在他的指点和帮助下，成长了我国一大批优秀的经济工作者和理论工作者。薛老治学的最大特点，是理论密切结合实际，在实践中形成、修正和发展他的理论观点，因而能够始终扣紧时代的脉搏，不断作出新贡献。我认为，我们祝贺薛老从事经济工作和经济理论研究六十年，就要学习他理论联系实际、不懈地探索真理和诲人不倦的精神，为我们国家的现代化建设事业添砖添瓦。

祝贺薛老健康长寿！

后学　刘国光

1994 年 10 月 25 日

敬爱的薛老：

自从 1959 年为准备全国商品生产和价值规律讨论会经济研究所临时分配我当您的助手以来，36 年已经过去了。在和您的接触中，特别是 1984 年以后在您的领导下工作，朝夕相处，我的最大感受，是您的那种超乎寻常的严肃工作态度和一切从实际出发的科学精神。您对二三十年代我国江浙一带发达的市场经济有切身的体验，又有很高的马克思主义经济学素养，对于新中国成立后的经济发展，更由于亲身参与最高领导层决策而对政策演变的来龙去脉如数家珍，然而您从来不凭感觉办事，也从不固守老经验。我感到您最了不起的地方是，即使到了 70 开外的高龄，仍然能够不断汲取新的知识，不断更新自己的观念，使您的思想始终站在我国理论界的前列。到了耄耋之年，还以极大的热情参与理论和政策的讨论。您在 1990 年针对当时保守思想回潮写出的《关于社会主义经济的若干理论问题》和《致中共中央常委的信》这两篇宏文，把有关我国市场取向改革的理论和政策论述提升到了一个新的高度。我认为，您之所以能够做到这一点，是因为您具有一个真正的经济学家应当具备的基本品质，这就是认真求实和不断创新的精神。您的这种精神，是值得我们这些后生晚辈永远学习的。

吴敬琏

1994 年 10 月 24 日于斯坦福

目 录

一、献身革命事业 / 1

走出破落的地主家庭 / 1

在工人运动中入党 / 6

“牢监大学” / 12

迎接新的斗争 / 20

二、在白区思想文化战线 / 25

开始经济研究生涯 / 25

到广西师专教书 / 30

在农村经济研究会和文救会的活动 / 36

关于中国社会性质的论战 / 43

马克思主义经济研究者的群体 / 57

将《中国农村》迁往内地 / 69

三、投笔从军 / 77

在新四军教导总队 / 77

撤离皖南到苏北 / 88

回顾皖南事变前后 / 93

在华中抗大五分校 / 97

在抗大华中总分校 / 102

四、在解放区的经济工作实践 / 114

留在山东抗日根据地工作 / 114

对敌货币斗争和工商管理 / 120
到华北财经办事处 / 128
在中财部和中财委 / 138

五、新中国成立初期的经济工作 / 148
在政务院财政经济委员会工作 / 148
对社会主义改造认识的逐步深化 / 156
在国家计委和国家统计局工作 / 169
对价值规律的研究 / 179

六、三年“大跃进”和五年调整国民经济 / 187
对“大跃进”的异议 / 187
参加政治经济学读书会 / 192
参与起草和贯彻调整国民经济的方针 / 195
参加落实经济调整的几次重要会议 / 200
在全国物价委员会及参加“四清”运动 / 206

七、在十年内乱中 / 216
被批斗审查 / 216
在“五七干校” / 221
曲折中得解放 / 225

八、在党的十一届三中全会前后 / 231
摆脱“左”倾思潮的束缚 / 231
撰写《中国社会主义经济问题研究》一书 / 237
出访美国、中国香港 / 245

九、1979 年至 1984 年期间关于调整的建议和改革的探索（上）/ 251
关于调整的争议 / 251
对经济体制改革的初步设想 / 255

十、1979 年至 1984 年期间关于调整的建议和改革的探索（下）/ 265
筹建国务院经济研究中心 / 265
为克服调整中的困难出谋划策 / 267
为推进经济体制改革努力探索 / 276

十一、理论上的突破和实践中的曲折 / 291
经济体制改革在理论上的重大突破 / 291
宏观失控和通货膨胀 / 295
反通货膨胀问题上的争议 / 303
从曲折中吸取教训 / 308

十二、在进一步明确我国经济体制改革目标的过程中 / 313
关于改革目标的新的争论 / 313
深化市场取向改革的建议 / 316
对社会主义经济理论的总结 / 318
社会主义市场经济体制改革目标的确立 / 323

附录 薛暮桥主要著作目录 / 329

1996 年版后记 / 333

一、献身革命事业

走出破落的地主家庭

1904年（清光绪三十年）10月25日，我出生在江苏省无锡县礼社镇，父亲为我起名薛與龄。无锡县位于中国江苏省南部，南濒太湖，风景秀丽，是著名的鱼米之乡。20世纪初的无锡，已有几家纱厂、面粉厂和丝厂，到了20年代工厂已近百家，成为苏南的经济中心，历来有“小上海”之称。像礼社这样一个小镇，也在1923年办了一个小发电厂，除照明外，还用于水利灌溉和碾米。当时的中国是半殖民地半封建社会，可谓七分封建、三分资本；但无锡在那个时候已有七分资本、三分封建之说。

薛姓是无锡西北乡大族。远在明代末年，薛姓的祖先是一个将军，因获罪贬谪到无锡礼社，大量购置田地，成为当地的大地主。他有五个儿子，二十五个孙子，形成一个地主集团。薛姓家族为五房，第五房的祖上用1350亩旱涝保收良田设立了一所“义庄”，供养后代中不能自己谋生的子孙。“义庄”规定，凡贫苦子孙，不分男女，年满16岁者，每年每人可分2石（300斤）米，16岁以下分1石米；婚丧大事均有资助，此外还补贴学费，救济孤儿寡妇。祖先设立“义庄”的目的，是希望后代能过稳定的生活，永传香火。但薛家的许多子孙由于有“义庄”作为生活保障，便不但不愿务

无锡古运河。

农，而且不愿出外做工、经商，待在家里打麻将，抽大烟，游手好闲，后来吃“义庄”的人越来越多。到我出生时，礼社薛家地主集团已趋于衰败。一些吃“义庄”的人开始靠借债典当度日。祖先为后代谋福利而设的“义庄”，最终加速了家族的没落，直到现在它的消极后果仍未完全消除。可见生存的权利要靠自己劳动来创造，坐吃山空是没有出路的。我的父亲爱面子，家境最困难时也并未吃“义庄”。当时我还处于少年时代，但发生在身边的这一严峻社会现实，给我留下了深刻的印象，这也许是我注意社会经济问题的一个起始点。我在 1932 年写了一篇题为《江南农村衰落的一个缩影》的文章，详尽地分析了礼社的经济状况和变迁。文中在分析薛姓家族没落时指出：“然自身已成腐木，决不足以支此将倾之巨厦。惟有坐待狂飙勃起，以结束其风烛残年而已。”①

我的父亲薛魁标是一个知书明理的人，为人和善、厚道，从不打骂孩子，很少与人发生争执，在当地是一位颇有声望的开明士绅。他少年时家里有几十亩地，还开了一家烟店，加工、出售土烟丝。从家产看，我家在当地算是小地主兼小商人。薛魁标 15 岁时，他的父亲（我的祖父）已经去世，由他的母亲（我的祖母）当家，造了一所有三间四进的住宅，把田地卖了一大半，家庭经济地位逐渐衰落。当时全家有三房，薛魁标是长房，共生子女六人，三男三女；二房夫妻早丧，留下两个儿子；小房也有两个儿子，这四个都是我的堂兄。小叔平庸无能，在烟店当个普通的店员。这一个庞大的家庭，都靠我的父亲支撑，小辈长大要进中学、大学，开支很大。在这样困难的环境下，我的父亲还想干一番事业。

薛姓祖先除办“义庄”外，还办了一所义塾（后称群智小学），只收男生，不收女生。在我幼年时，由我父亲出钱，利用家中的大厅，办了一所“培本女塾”，为没有机会上学的女孩子提供读书机会。办女塾在 20 世纪初的中国乡村是不合封建传统观念之举，但我的父亲办这所女塾在礼社受到乡民的欢迎。无锡资本主义的开始发展和礼社地主集团的破产，使封建思想随之削弱，开明与进步的思想相应来得早些。许多地主和乡民纷纷把女儿送来上学。“培本”为培养根本之意。女塾办起来后，聘请了一位教师，我的父亲和母亲也亲自讲课。我 6 岁时在这所学校读书。学校是女塾，因此同学都

① 原载《新创造》第 2 卷第 1、2 期，1932 年 7 月出版。

是姐姐，只有我一个男孩子，成了全班的小弟弟。按规定，每个学生每学期要交三块钱学费。但大部分学生并没有交费，我的父亲也不好意思催要。虽然赔钱很多，父亲还是坚持办学。记得每天最后一课是母亲主持的，她要我们背书，我背了“天地日月，山水土木……”就可以回家了。到我上学一年后，这所深受欢迎的培本女塾终因家境日益艰难，办不下去了。

我的母亲周慎修（旧社会女人出嫁后，即不能再叫姑娘时的名字而随夫姓，那时母亲便叫薛周氏。新中国成立后，1953 年参加普选投票，才以我家厅堂的匾为名，在选民证填上“周慎修”的名字），出身于地主家庭，少时也读书，到 80 岁还常看报。她是一个心胸豁达的人，对子女充满爱心。她不但教自己孩子文化知识，也教我们如何做一个正直的人：“宁可自己吃亏，不能欺侮别人。”她不但养大了自己的六个孩子，还养大了早丧的叔婶留下来的两个堂兄，把他们培养到中学、大学毕业。此后，她又抚养第三代的子孙。她抚养过我的姐姐和哥哥的女儿。我的大女儿薛宛琴，出生两个月后就一直由她抚养，到 14 岁上海解放后，才回到我们身边。我的母亲在世上度过了九十六个春秋，只在新中国成立后，才过了十几年幸福生活，不幸在“文化大革命”中因受惊吓凄凉地离开人世。

薛暮桥母亲周慎修。

1911 年发生辛亥革命，次年元旦成立中华民国。当时以地主为中心的礼社乡民，陷入一片混乱。头脑保守的地主不敢剪辫子，怕清朝宣统皇帝复辟。我的父亲领着全家男孩把辫子剪掉，剪辫子不是赶时髦，而是赞成辛亥革命的表态。当时我仅 7 岁，在小小的心灵上，立下了从此不当清朝奴才的志向。

1915 年 5 月 9 日，袁世凯妄想称帝，接受日本灭亡中国的“二十一条”，签订卖国条约。全国掀起了抗议活动。学校里也号召捐献救国贮金。我母亲每天给我一枚铜元，下午买点心吃，可以买一个烧饼。我把这枚铜元留到次日，早晨上学时就投入贮金筒内，对国家尽一点微薄力量。后来听说这些贮金都被经手人贪污了，我大哭一场。当时，还没有真正救国的革命政党，所谓“救国贮金”，大抵不过是投机政客借此骗钱的把戏。

培本女塾停办后，我就读群智小学。不久群智小学亦停办，我只得赴县城就读东林小学，住在外祖母家。东林书院曾是明末东林党人讲学的地方，东林党人很讲气节，这对学生也有一定影响。东林小学原校长顾述之是一位有正义感、致力于教育事业的知名人士，社会上称他是“江苏蔡元培”。我在东林小学上学时，校长已由辛柏生继任，也是一位热心教育的人，学校的教学质量是相当高的。

1918 年我 14 岁，在东林小学毕业，考入江苏第三师范学校。因为师范学校不收学费和饭费，那些学业优秀、家境贫寒的学生都去报考师范。所以考师范比考中学难得多，约十名考生录取一人。我在东林小学学习成绩很好，尤其是数学成绩突出。第三师范的校长就是当过东林小学校长的顾述之，对东林小学的情况很熟悉，所以我考师范并不感到紧张。

1990 年 12 月 2 日，薛暮桥回到母校江苏第三师范，在顾述之校长制定的校训“弘毅”二字前留影。

顾述之是蔡元培式的教育家。蔡元培的学问品德是众所敬仰的，他办学的方针是博收众长，让学生自己选择。蔡元培在北京大学当校长时聘请的教授中，有中国共产党创始人李大钊，有主张全盘西化的胡适之，还有崇尚儒学的梁漱溟。我后来的治学引路人陈翰笙也是该校当时的青年教授。教员中有精通古书的汉学专家，也有赞成看小说、写白话文（当时这是禁区）的现代文人。顾述之崇尚儒学，第三师范的对门是孔庙，所以他把孔子的大弟子曾子所说“弘毅”两字作为校训（曾子说：“士不可以不弘毅，任重而道远。”《论语·泰伯》)，用任重道远来勉励我们。顾校长像东林党人一样讲气节。后来他的儿子因任中国共产党江苏省委组织部部长而被捕，他到省政府去求保。省政府说只要自首就可释放，他问怎样自首，答要招供同党。顾校长沉下脸说，这事我不能替他作主。接着叫儿子自己决定，他对儿子说："我不劝你自首。"不久，他的儿子宁死不屈，在雨花台英勇就义。

1919 年五四运动爆发，各地纷纷罢课、罢工、罢市。第三师范预科和一、二、三年级学生主张罢课，四年级多数学生因怕耽误毕业考试，反对罢课。学生会长是四年级学生，开会时不让表决，双方争执不下。顾校长参加无锡各界会议后，知道商会决定罢工、罢市，其他中等学校有的已经决定罢课。他下午回校后就召集学生宣布罢课，次日出去游行演讲，叫年龄小的学生不要参加。我是全校最小的学生，但决意去参加游行，向市民进行救国演讲，反对军阀政府签署和缔结丧权辱国条约。暑假期间，我回礼社利用群智小学的油印工具，与几个同学创办一张油印小报，每期发表几篇批评列强、军阀，宣传爱国救国的文章，提倡抵制日货等。每份报纸售价一个铜元，销路很好。得了钱，再买纸出下一期。大约每星期一期，办了一个暑假。那时我还未满 15 岁。

五四运动中，马克思主义传入中国。1920 年，我从学校的书柜中发现一本不知是谁放进来的宣传社会主义的几千字的小册子，阅读后，虽然不真懂，但觉得新鲜，激起我的救国热情。我开始感到自己不再是个孩子，已经走进了喧闹的社会大门，萌发了改变现状的朦胧念头。

19 世纪中叶开始，帝国主义步步入侵中国，冲击了民族工业和手工工业。连绵不断的军阀混战，给农村经济带来巨大灾难。我在师范读书时，由于纸烟占领了市场，家中卖土烟的生意越来越难以维持，从赚钱变为亏本出售。我的父亲要抚养三房十个孩子，最大的（二叔的长子）读到大学结业，开支很大，变卖田地家产后，还负债累累，家境艰难。烟店的生意是每年秋季到烟业行去赊买烟叶，待来年春季付款。到债主将要来索款时，我家已经无钱还债了。我父亲是读书人，很爱面子，怕债主追债无脸见人，就在他 50 岁生日前几天，估计债主快上门时悬梁自尽了。次日我在学校接到父亲去世要我立即回家的口信。父亲去世的噩耗有如晴天霹雳，这一打击之沉重，可想而知。这一年我刚满 15 周岁。

父亲死后约半年，母亲神情忧郁地告诉我，家里生活已无法维持，要我辍学出外谋生。她已请姨丈的弟弟——杭州车站站长嵇竹贤介绍我到杭州去报考铁路的练习生。母亲知道她的这个儿子学业出众，继续学习，将来可有作为，但又不得不将实情相告，让我辍学。丧失读书机会使我内心十分痛苦，但为了不使母亲为难，我只能向学校说明。后以薛雨林的名字到杭州投考。这时我的大哥鹤龄在杭州一家纸行当学徒，可以互相照应。从此，我走出了礼社这个衰落的江南小镇，并离开无锡，时年16岁。

在工人运动中入党

1920年的中国处于军阀混战时期，沪杭铁路归英国人管理，招工相当严格。当时铁路行车规程和电讯联络都用英文，主考人是杭州段长，要我用英文写一篇题为“Communication of China”（中国的交通）的短文。由于我在东林小学五年级和六年级即学了英文，第三师范又把英文作为一门重要课程，所以我的英文成绩相当好，顺利地考取了，当上了铁路练习生。从此结束了第三师范的学业。这段师范学业，便是我的最高学历。

在做铁路练习生期间，同事们认为我天资聪慧，勤奋好学，能力强，肯实干，而且持之以恒。杭州段长根据考试结果，让我在杭州车站学习会计。杭州是个大站，客货运量很大，会计要把每班车所售各地车票的收入详细记录下来，到深夜结清全部账目，次日连款项全部上报。每月上旬还要做全月的月报表。我依靠自己比较好的数学基础，经过刻苦钻研，只用三个月时间就学完了原定六个月学完的知识，掌握了烦琐的会计业务。与此同时，我还学会了收发电报等。车站的老会计已经工作十几年了，也没有培养出一个人能代替他，多年没有休假。他对我这个小伙子掌握会计的进度又惊又喜，向上级请假一个月，放心地将会计工作交给我来做。铁路原来规定练习生要学六个月，由于老会计急于休假，上级破例批准，我三个月就被录取为正式职工了。做会计工作后，为了熟悉整个车站的业务，我一有时间就到售票房和行李房去学习，细心观察各个细节，逐渐对车站的各项业务都心中有数了。铁路局车务处长和段长对这个刚来三个多月的青年人比较满意，我几次得到越级提拔。

在代理会计期间，我每天上午10点钟去上班，直到深夜12点才下班。我利用休息时间读小说，偷偷地读学校里当时列为禁书的《红楼梦》。每天半夜里结账完毕以后，还读一两个小时。有一个寒冷的深夜，窗外雨声淅沥，室内灯光昏暗，我读到林黛玉葬花诗的“青灯照壁人初睡，冷雨敲窗被未温”两句，触景生情，不禁伤心落泪。这一情景使我记忆很深。现在已九十多岁，仍能背诵《红楼梦》中的一些诗句。我在工作、读书之余，产生了创作的欲望，曾写了几篇短篇小说，发表在无锡的《锡报》上。

我在杭州站做了三个多月会计，铁路局车务处长见我具有独立工作能力，便派我到连接上海南、北两站的新龙华站任站长助理，继而任替班站长[①]。那时铁路站长大都是由25岁以上的人做，我在20岁就升任站长，成为铁路局站长中最年轻的一个。

新龙华虽然是个小站，但上海南、北两站开来的火车在新龙华连接后开往杭州，杭州来车也在此处分开驶往南、北两站，指挥工作相当繁重，是上海的西大门。那几年连年军阀混战，铁路是兵家必争之地。我在新龙华任站长时，苏浙两省军阀曾在此地激战[②]。车站是浙军的进攻目标，几百颗子弹穿破车站的玻璃窗。江苏军败退时，浙军持步枪刺刀闯入站长的办公室。战后每天几十列军车频繁来往，我带领车站人员在站台上调度过往车辆，三天三夜没有休息。军队官兵对我们十分粗暴，每交代一项任务时，总要说：“站长，你的脑袋要不要？”继而再说要做什么。连浙军一位旅长都看不过去，有时出来斥责无礼的士兵。我们敢怒而不敢言，只能带着满肚子的愤恨干下去。

1926年秋，北伐军击败北洋军阀吴佩孚的主力，于10月10日攻占武昌。与此同时，北伐军的东路军在10月间向据守在武昌、九江一线的北洋军阀孙传芳大举进攻。孙传芳原来是直系军阀（1926年兵败后投靠奉系），1925年11月在南京成立他所占据的浙、闽、苏、皖、赣的五省联军，自任总司令。他与吴佩孚各自拥有约20万兵力，是直接与北伐军作战的两股主要的军阀势力。10月16日，由孙传芳任命的浙江省长夏超倒戈，宣布浙江“独立”，正式接受北伐军委任的国民革命军第十八军军长职务。孙传芳一面

---

① 替班站长是在站长休假时去做站长。那时站长每月休息三天，也可以两个月或三个月合并休假。我在沪杭铁路的许多车站都做过替班站长。——作者注

② 1924年9月，占据江苏的直系军阀齐燮元与占据浙江的皖系军阀卢永祥为争夺上海而爆发军阀混战，史称江浙战争。10月，占据福建的另一直系军阀孙传芳率部进入浙江，卢永祥兵败。——作者注

派人同蒋介石谈判“和平”条件，一面调兵遣将迅速向夏超进行反击。浙江另一支地方军阀周凤岐率部观望，以求自保。夏超的警备队不堪一击，孙军于 10 月 23 日重占杭州。

夏超反孙时，原在笕桥的小股孙传芳驻军逃跑，要把他们抢来的四个车厢财物运走，站长因车运繁忙没有照办。夏超失败后，驻军回到笕桥，痛打站长。站长逃跑不归，无人敢去接替。铁路段长在这危急之时委任我为笕桥站长。我到任后，发现在新龙华站认识的那位旅长正巧在笕桥驻防。我请旅长派一名护兵驻站协助，每遇士兵或下级军官蛮不讲理时护兵就以旅长的名义出来阻止。因此我在笕桥站工作期间，在极端艰难的条件下，履行了站长的职责。另外，我在任替班站长期间，几乎跑遍上海到杭州所有的车站，结识了很多铁路职工。这为我在以后参加和领导铁路工人运动打下了基础。

1926 年秋，中华全国铁路总工会派共产党员陈志一同志为代表来到杭州，他是杭州工人运动的主要组织者。当时铁路工人是工人运动的主要力量，陈志一同志整日奔波于铁路系统，秘密开展工作。1926 年底，陈志一同志来到笕桥，介绍我参加铁路工会的组织工作，动员铁路工人支持逼近杭州的北伐军。我几年来在铁路目睹军阀祸国殃民的暴行，早就期待国民革命军

20 世纪 90 年代初，薛暮桥（左四）重返笕桥火车站。

的到来。我当即接受了分配我的工作。从此，我便利用自己在铁路部门的身份，投身中国共产党领导的铁路工人运动。

1927 年 2 月 17 日，北伐军进占杭州，我闻讯立即赶到杭州车站。这时铁路工人的游行队伍迎面走来。走在前面的陈志一同志立即让我加入游行队伍，到沪杭甬铁路杭州办事处大院集合，召开铁路工人大会，选举工会筹备委员会。参加会议的还有北伐军东路军司令部政治主任胡公冕同志。经陈志一同志介绍，我代表车务处工人被选为筹备委员。当时铁路工会的领导人，有 1923 年就在杭州建立党小组、此后又长期在沪杭甬铁路闸口机械厂秘密领导工运的沈干城同志等。大会由陈志一和胡公冕同志主持。

我在积极组织工会活动的同时，阅读了当时作为禁书的《三民主义》、布哈林的《共产主义 ABC》，并向陈志一同志借阅上海大学油印的苏联布格达诺夫著的《政治经济学》[①] 等书。这些书籍强烈地吸引了我，特别是《政治经济学》更引起我的兴趣。但由于刚刚开始接触这一领域，我还不能完全看懂。

1927 年 2 月下旬，陈志一同志约我来到宁静的西子湖畔，向我提出了出乎意料的问题："我想介绍你参加国民党，你愿意吗？"我断然答道："要参加就参加共产党。"陈紧接着又问："共产党与国民党有什么区别？"我略略思索了一下说："国民党好像是火车开到嘉兴，就不走了，而共产党一直到上海，国民党革命不彻底，只有共产党领导的革命才彻底。"陈若有所思地说："你有没有共产党朋友？能介绍我参加吗？"我摇了摇头。他拉住我的手说："让我们一起找共产党吧。你找到介绍我，我找到介绍你。"次日，陈志一同志拿来一份国民党入党申请书，其中有对"三大政策"（联俄、联共、扶助农工）的意见，说先填了这表再找共产党。我正确地回答了表中为什么要实行联俄、联共、扶助农工"三大政策"等问题。这时，我已经意识到陈志一同志可能是共产党员，填表是来考察我的。

1927 年 3 月 1 日，对我来说是一生中最值得纪念的一天。这天上午，陈志一同志带着我来到共产党杭州地委，见到了地委书记庄文恭、宣传部部长华林和年仅 16 岁的组织部部长徐雪寒。庄文恭同志告诉我，经地委讨论，已同意我参加共产党。这使我多么高兴呀！此后我常说杭州是我的第二故

① 今译波格丹诺夫：《经济学简明教程》，《列宁全集》第 4 卷，人民出版社 1984 年版，第 1 页。

乡，我的政治生命是从这里开始的。

沪杭甬铁路总工会的成立是经过激烈斗争的。工会的大本营是闸口机械厂，这是产业工人最集中的地方，1925 年已由共产党员沈干城同志领导成立了铁路工人俱乐部，秘密发展党的组织。1927 年 2 月 7 日，中华全国铁路总工会在汉口召开全国代表大会，钟鼎祥同志作为沪杭甬铁路工会的代表参加了这次会议。但是工程处、车务处的职工比较分散，易受黄色工会影响。当时总工程师郭伯良在闸口召集工程处工人准备成立工程处工会，不受总工会领导。总工会几个领导同志闻讯后赶到闸口去找工程处工人谈话，告诉他们郭伯良反对总工会的阴谋。到开会时，沈干城登台讲话，工人齐呼打倒郭伯良的口号，把郭伯良吓跑了。此后，松江车站站长李申华等在松江车站召开成立车务处工会的会议。我以笕桥站长的名义登台讲话，揭露他们破坏总工会的阴谋。李申华等便偷偷溜走了。

1927 年 3 月 28 日，沪杭甬铁路总工会在国民党省党部（当时浙江国民党省党部的负责人是共产党员宣中华同志，有国民党左派沈钧儒先生等参加）开成立大会，选出新的领导班子。由于工会声势浩大，由蒋介石委派的新任沪宁、沪杭甬两路局长孙鹤皋闻讯也不得不赶来参加，表示祝贺。开会时，传来上海工人第三次武装起义胜利的喜讯，全场一片欢腾，齐唱“打倒列强，打倒军阀”的国民革命歌曲，连唱多遍，唱到声泪俱下。会上，由陈志一同志作了政治报告，选出有十七人参加的执行委员会，并提出二十三条改善工人待遇的要求。局长表示原则同意，等待具体研究。

3 月 29 日，执行委员会开会，选举沈干城为委员长，我为组织部部长，丁继曾（被捕后叛变）为宣传部部长，再加钟鼎祥等六人为常务委员。正开会时，局长派人前来通知，当晚局长乘专车去上海，请工会派一委员随同去沪。工会当场决定派我代表工会随局长去上海。由于沪宁、沪杭甬两路管理局在上海北站，南站归沪杭甬铁路局管理，所以我先到南站。这时机务处、车务处都在分别筹组工会，经我劝说合并了。我一到上海就听说上海总工会在闸北湖州会馆，所以不顾疲劳只身穿过租界。途经北站时，看到起义中死难的烈士二三十人的尸体在车站周围尚未掩埋。我满腔悲愤，默默地向他们致敬，并加快脚步赶到湖州会馆。大门内站满系佩红臂章、手持步枪的纠察队员，他们都在学习如何使用新缴获的枪械。我拿出陈志一同志写给上海总工会委员长汪寿华的介绍信。接待我的同志说汪出去了，今天不一定来，叫我留下地址，约定明天派人到南站去看我。

第二天，中华全国铁路总工会委员长王荷波亲自到南站来看望我，领着我到上海总工会去会见汪寿华。汪已预约了沪宁铁路总工会的委员长孙津川同志，介绍他同我见面，并要我跟孙到沪宁铁路总工会去同他们面谈此后工作联系等问题。总工会把我的名字记下来了，通知我参加了几次重要会议。一次是上海市人民政府委员会选举大会，在会上我见到了上海市民代表提名的共产党代表罗亦农同志，他被选任市政府委员时会场热烈鼓掌，盛况空前。那时在杭州，共产党还是半公开的。另一次是传达蒋介石可能叛变的秘密会议，主持人是赵世炎同志。会上说：假如蒋介石封闭工会，你们不用等工会命令，自动罢工，自动出来游行。这时杭州的国民党右派已经纠集一批流氓，组织黄色工会，砸了杭州总工会办公室。总工会宣布全市罢工，沪杭铁路工人也奉命罢工一天。由于沈干城同志已来上海，我就回杭州向闸口机厂党员传达我党关于对蒋介石准备叛变问题的通知。果然，在4月11日（比上海早一天），国民党右派就在杭州出动武装军警突然包围和封闭国民党省党部、省政府和杭州市总工会、学生联合会，大肆搜捕共产党员和国民党左派人士。由于事前已有准备，我们的主要负责同志没有被捕。

杭州四一一事件发生以后，中共浙江省委的主要负责同志宣中华急于到上海去向中共中央报告杭州情况。4月13日晚上，陈志一同志带他来找我商量如何去上海。当夜我与闸口党支部联系，派可靠党员为一列货车的司机、司炉。因怕杭州车站有敌探，宣中华同志换上铁路车长的制服，黎明时由我陪伴他乘人力车到笕桥，护送他在笕桥上车。后来我才得知车到新龙华时，他又怕经过龙华（上海警备司令部所在地）遇到敌探，便在新龙华下车走小道去上海，但中途仍未躲过敌探，不幸被捕。4月15日，当时国民党政府的上海警备司令杨虎迫不及待地亲自出来审讯。宣中华同志大骂杨虎，正气凛然。他说："中华今日为革命而死，虽死无憾。"4月17日夜，他高呼口号，英勇就义。

四一二反革命政变以后，杭州成立了反动黄色工会，命令沪杭甬铁路总工会去登记，接受黄色工会领导。工会领导人经商量后回答说，铁路工会是跨地区的，不能单独受杭州工会领导。从此铁路工会就处于半公开状态，六个常务委员分班轮流到铁路工会去办公，以免被一网打尽。5月间我担任了中共杭州地委工人部长。铁路工人们群情激愤，要求铁路局长接受改善工人待遇的二十三条，否则就宣布罢工。在当时情况下罢工是不可能的，常委派我再去上海面见铁路局长。局长孙鹤皋是蒋介石的表兄弟，他凶狠地威胁我说："你们还搞工会，不怕杀头？"我也严肃地说："如果是我一个人的事，我就不来了。我是代表全路工人来的，杀头也要来！"孙看我态度强硬，就软下来了，说这事还要研究，待研究完后答复你们。我明知孙不会接受，只能回去了。

6月间我回到杭州。26日常委六人在工会办公室开会，不料街对面有叛徒监视，开会不久，十几个警察冲进来，把我们六人都逮捕了。我从入党到入狱还不到四个月，在这四个月中，我积极热情地为党为工人阶级工作，经历了艰苦斗争，在工人运动中努力把自己锻炼成为一个名副其实的共产党员。

"牢监大学"

1927年6月，我们沪杭甬铁路总工会六个常委在杭州被捕后，最初被关在拘留所，这是关流氓、小偷的地方。拘留所里只询问了我们的姓名、籍贯、年龄、工作职务等，就把我们关进脏臭不堪的小牢笼里。在拘留所，依法只能关十五天，接着就被送往法院看守所，这是关押等待判决的囚犯的地方。其中有十几人是已判死刑正在上诉的，他们勇敢地同看守人员斗争，并说现在实行"三民主义"，你们还压迫人。看守不懂什么是"三民主义"，开始他们无言以对，后来有一个看守人员说："三民主义就是农工商，犯人不在内。"那些犯人竟信以为真。一批政治犯来到后，看守人员就不敢胡说八道了。

我同沈干城、钟鼎祥、王汝高、许仲平等五个铁路工人关在一个笼子里，这给了我们互相照料的机会。丁继曾被捕后就动摇了，表示愿意去改组铁路工会。警察局和工会押着他去召集铁路工人代表开会。代表一致要求释放被捕的同志，否则决不再组织新的工会，并骂了丁继曾。丁又想讨好工人，向警察局要求释放我们被捕的几个人，这就触怒了警察局，把他押到监狱里去，没有来看守所。我们早就看出丁是一个投机分子，当初陈志一同志看他能说会道，所以推荐他当宣传部部长。

在看守所，我们认识了一个待审犯人俞章法。他是杭州第一师范学校毕业的，在教育局工作。因一师中毒案（死二十余人，原因始终没有查明），法庭诬陷是学生会长俞尔衡所为，俞被判处死刑。俞章法是他的叔叔，参加一些政治活动，被诬告为教唆犯，但查无实据，反复审讯时达三年。地方法院宣告无罪，原告上诉，高等法院发回地方法院重审，已往返几次。俞章法原先曾由汪寿华介绍参加共青团。北伐军进占杭州后，党组织曾派人来看他，要他等待法院新院长上任后释放他。四一二反革命政变后就无希望了。他在看守所为犯人写状，深得人心，被公推为“笼头”。看守所长给予特殊优待。俞在所内可以自由来往，常来探望我们。这时我患伤寒症，卧病两个月，头发全部脱落。发高烧时靠俞章法煮稀粥一日三餐送来，得以不死。我在铁路工作时的好友、站长蒋本生等常来探望，赠送所需食物和药品，一场大病总算熬过去了。

当时政局尚不稳定，国民党各派互相斗争，半年中两批人下台，两批人上台。由于此起彼落，我们被押半年没有审讯。在这期间，国民党黄色工会多次派人到闸口机厂，企图说服工人组织新的铁路工会。工人坚持必须释放被捕人员，才组织新工会。这年夏季，闸口机厂党委书记沈乐山（原铁路总工会执行委员，那时已任地委工人部长）领着黄色工会派出的代表，来看守所探望沈干城，说只要答应组织新的工会，黄色工会愿意担保释放我们。沈干城见是沈乐山领来的，知道得到我们党的同意，答应回来共同商量。只过两天，这一批黄色工会人员就下台逃跑了。到 11 月 24 日，沈乐山也因地委机关被破坏而被捕。

旧历年末，我们被特别法庭传去审讯。因为法庭没有掌握我们同共产党有关系的任何资料，只问了一些工会的问题，审讯到我的时候，我始终没有暴露共产党员的身份，只承认是铁路工会的组织部部长。法官发现账簿上有两笔我去上海的旅费，因此问我去上海干什么。我答一次是跟局长一起去的，一次是去看局长。问还有什么活动，答帮助沪段工人组织工会。法官无话可问，就令我退庭，一共只有十几分钟。

审讯完毕，我们被移押陆军监狱。这里原是押军事犯（主要是兵痞、盗匪）的地方，现在改押政治犯二三百人，常有人受刑审讯，气氛很紧张。我们到时，已是晚间，犯人都已睡了。一个笼子最多睡八个人，看守把我推进一个塞满了人的笼子后锁上了门。我一踏进昏暗的牢笼，就看到地委交通员项志成同志。我们相互交谈了审讯的情况。项说：“我的官大得很呢！说我是交通部部长。”他还诙谐地说：“你们的铁路局长还要我来委派。”说完大家就在地板上睡了。刚刚睡着，看守打开牢门叫："项志成提审。"照例晚上提审就要刑讯，折磨一夜。哪知不到半小时，一阵枪声，同笼几人都大吃一惊。又过十几分钟，看守再来开门，叫把项志成的东西送出去。我悲愤地抱着项的全部遗物，一条破棉被和一条破毛巾，怒目盯着看守。看守只好自己来取。次日得知，当晚被枪杀的共有八人，除项外，还有地委军人部长贝介夫同志和工人部长沈乐山同志等。枪杀之夜正值旧历腊月二十三"灶王爷上天"的日子，一夜爆竹之声不绝。我也一夜未能入睡，似乎被送上天的不是"灶王爷"，而是烈士们。除夕之夜，听说每人能吃到一块红烧肉，大家正等待着。可开饭之前又有八位同志被叫出去枪杀，大家含泪看着红烧肉，吃不下去，低唱着《国际歌》悼念他们。后来我在狱中学会了世界语，把这一夜的经历用世界语写成《牢狱生活中的一夜》。因为监狱的监管人员不懂世界语，所以这篇文章能够经过他们顺利寄给上海世界语函授学校作为我学习的毕业论文。世界语学会把它在世界语刊物《绿光》杂志上发表了。我用这一夜的事实，揭露了蒋介石反动派镇压革命、杀害革命同志的凶残面貌，又把狱中同志们的斗争和悼念烈士的深情告诉世人。

1990年12月，薛暮桥在杭州拜谒当年狱友沈干城、沈乐山烈士纪念像。

当时我关在甲监五号，同笼有钟鼎祥同志和浙江省委书记张秋人同志。张曾任黄埔军校政治教官，教世界革命史。他在1927年9月27日到杭州，刚召集了两次党的会议，宣布浙江省委改组，部署党的工作，9月

29日就在西湖边遇到几个黄埔军校学生，把他逮捕，并纠集别的黄埔学生联名向蒋介石报告。张自知必死，但他每天仍要读书五六小时，而且要我们一起跟他学习。每晚他对我们讲中外革命历史，历历如数家珍。有一天他读书方毕，掷书不耐烦地说："怎么还不枪毙？"我惊奇地问："你既然知道快死，为什么每天还要认真读书？"张秋人同志答："共产党人活一天要做一天革命工作。在牢中不能做革命工作，就要天天读书。读书就是为着革命。"这几句话对我来说是终生难忘的教诲，我一生没有忘记他的教导。1928年2月7日，张秋人同志对我和钟鼎祥说，你们是铁路工人，是否知道二七大罢工的历史？我们两人说不很清楚。晚间张用一两个小时详细讲了二七大罢工的历史，这是他给大家上的最后一课。这几天是旧历新年，几天没有传人开庭，大家的心情刚刚平静一点。2月8日下午，看守来传张秋人"开庭"。张知道这已到了最后一刻，用深情的目光向大家看了一遭，从容出门。按规定临刑前要在狱内小法庭上"验明正身"。法官问张："你叫什么名字？"张高声回答："老子张秋人。"同时抢前一步夺过案桌上的砚台向法官打去。刑警把他拖住。张连连高呼："共产党万岁！"他的呼声吓坏了刑警，同时也震撼了难友们的心灵。他用这样壮烈的行动来向我们告别。

这时狱中还有浙江省共青团省委书记徐玮，上海工人第三次起义胜利时也被选举为上海特别市临时政府委员。他化名胡公达。同案的曹仲兰同志（共青团省委委员）为了掩护徐玮，自己承认是共青团省委书记，说胡公达是刻蜡版的小职员，使徐未受法官重视。不幸被石天柱（徐玮被捕前任共青团省委书记）告密。特别法庭庭长钱西樵亲自传徐玮谈话说："原来你就是大名鼎鼎的徐玮。"继而劝徐退出共产党。徐玮说："我提三个问题，你答出来我就退出共产党，第一个是共产党员在北伐战争中英勇杀敌，你们为什么要杀共产党员……"钱一个问题都答不出来。徐说你答不出来，我就只能当共产党员了，说罢起身就回牢笼。接着徐玮在笼子口大声宣传八七会议（难友绝大多数都是八七会议前被捕的），告诉大家八一南昌起义成立了工农红军，鼓励大家英勇奋斗。徐玮临刑前，国民党省党部、省政府有几十人前来观看。当看守打开徐玮的笼门叫出徐玮时，徐高声问："今天枪毙几个人？"看守大惊失色，抖抖地说："四个"，吓得把钥匙都掉在地上。徐接过名单拾起钥匙，把曹仲兰等几个人放出，回过身来对大家高声说："同志们，今天要同你们分别了，你们继续努力罢！共产党万岁！"四个人一面走，一面齐呼

“共产党万岁”，直到刑场。行刑时，枪声每一响，呼一声“共产党万岁”，直到第四声枪响。狱中难友万分悲痛，齐唱《国际歌》，以示悼念，场面肃穆壮烈。

陆军监狱原来是管得很严的，连高声谈话都受斥责。共产党员不怕死，人愈多胆愈壮，你不准讲话我就唱歌。开始时看守来骂“坐牢监还唱歌，你们不要命了”。政治犯不听他这一套，大家合唱，看守无奈，只得叫大家唱低一点，免得被外面听到。开始时唱《木兰从军》《苏武牧羊》等当时的流行歌曲。后来唱《国际歌》和《少年先锋队》等革命歌曲。起初会唱《国际歌》的只有两三人，经互相传授，不久人人都能唱了。监狱的看守都是旧人员，典狱长是西山会议派，这派虽然是最早反共的，但与把持省党部的CC派矛盾很深，CC派插不进来。管理人员缺乏政治知识，绝大多数没有读过《三民主义》，更不知道什么是共产主义。由于他们的愚蠢，送进来的书籍只要不明写共产主义、马克思、列宁等，就可通行。有些创造社[①]出版的被国民党反动派查禁的书，在监狱内可以传阅。一些进步书籍把马克思写成卡尔，把列宁写成伊利奇，也就能相互传阅了。

1928年夏天，特别法庭陆续宣判。我的同案六人已有两人（王汝高、许仲平）被释放。沈干城首先宣判，判了11年有期徒刑。我和钟鼎祥、丁继曾三人判入反省院。法官把我们的口供给我们自己看，看完后按指印。我和钟鼎祥的口供都是三人同看的，唯独轮到丁继曾时，他不让别人看，匆匆忙忙按了指印退还。这时我们心里已经明白丁继曾口供中出卖了沈干城。当时特别法庭还只有初步利用叛徒的经验，所以丁继曾仍被判刑，他出狱后投靠国民党，当了特务。前面讲的石天柱也被判了十年徒刑。1930年8月27日一大早，国民党在狱中大屠杀，壮烈牺牲的烈士共十九人，石天柱也被杀害了。

反省院有两个，一个是普通反省院，关押刑期（内定，不当众宣布，但容易探询出来）一至三年的人。另一个是特别反省院，关押刑期是三年和三年以上的人。钟鼎祥入普通反省院，我入特别反省院。特别反省院由陆军监狱看守所改造而成。在反省院可以吃白米饭，有一盆炒菜，一碗清汤。在陆

① 五四新文化运动初期由郭沫若等人在1921年成立的文学团体，其主要成员后来大多参加革命实际工作。后期创造社倡导革命文学，介绍马克思主义文艺理论和苏联新兴无产阶级文艺。它出版多种著作和刊物，颇有影响。1929年2月被国民党当局封闭。——作者注

军监狱整天关在笼内，在反省院可到走廊在各笼间活动。进了反省院，就意味着没有枪杀的危险，我就开始利用机会读书了。

当时的政治犯绝大部分是知识分子，每人都想办法找书读。一百几十人的书汇集起来就像小图书馆那样，可以互相借阅。有十几个农民同志不识字，大家教他们读书识字，过半年大多数能自己写家信了。

我在陆军监狱时就开始学世界语，在这里进了上海世界语函授学校。当时听说苏联很多人懂世界语，所以学世界语的同志不少。函授学校有一个图书馆，可以借阅世界语书籍，可是只有二三十本书，都是小说。我读了三个月，不但函授学校毕业，而且把图书馆的藏书都读完了。学过后我才知道读世界语的用处太少，于是改学英文。半天学外文，半天读其他书籍。首先学世界史，读了四本韦尔斯的《世界史纲》和一本《欧洲近代史》。因为在陆军监狱听了张秋人的讲话，所以懂得用阶级斗争的观点来研究 17 世纪由新兴资产阶级和资产阶级化的新贵族领导的英国革命，18 世纪由资产阶级领导的比较彻底的法国大革命，19 世纪由资产阶级领导的极不彻底而又最终遭到失败的德国革命，1861 年俄国废除农奴制和 1905 年由无产阶级领导的俄国资产阶级民主革命。我也懂得了解决土地问题的几种方式：英国在资本原始积累时期由新兴资产阶级和新贵族进行的“圈地运动”，大规模掠取公有土地和农民份地，建立大牧场和大农场，以满足迅猛发展的毛纺织业、对外贸易以及城市供应的需要，是以暴力手段剥夺农民土地使用权以至消灭农民阶级的“土地革命”。法国大革命没收贵族地主的土地，廉价卖给农民，得到土地的大多数是富农。普鲁士和俄国是废除农奴制，取消农民和农奴的人身依附关系，准许其赎买土地和赎免封建义务，以便大量使用雇佣劳动，发展资产阶级化的地主经营和富农经营。只有俄国的十月革命没收地主的土地分给农民耕种，才是真正的土地革命。这些知识，对我以后学习政治经济学和农村经济是很有用处的。

其次，我读了王世杰的《比较宪法》，又读了英文本的法国《人权宣言》、美国《独立宣言》、美国宪法，这使我懂得了各国的政治制度，总统制、内阁制、各种选举制度等。1979 年 10 月我去美国访问，在费城看到了美国《独立宣言》的原本。晚间宴会时我告诉教授们：“50 年前（1929 年）我在牢狱中就读了《独立宣言》，那时万万想不到 50 年后能在这里看到它的原本。”教授们听了十分惊奇。听到我青年时期坐牢，问我是什么大学毕业的。我说我是“牢监大学”毕业的，告诉他们在牢中艰苦读书的故事。一位教授问，你犯了什么罪坐牢。我回答：“Communist（共产党员）。”教授们恍然大悟，传为奇谈。

在反省院里我读得最多的是《政治经济学》，当时波格丹诺夫的书已有铅印本，我反复细读。还读了日本河上肇的《资本主义经济学之史的发展》，同时也读了几本古典经济学和近代资本主义经济学的著作，互相比较，以加深理解。

我的求知欲愈来愈强烈，总想博览群书。又读了摩尔根的《古代社会》、达尔文《物种原始》（进化论）等，还读生物学、天文学的一些名著（1931年我在南京民众教育馆工作时，曾经写了两本各有两三万字的小册子，即《天文常识》《生物常识》），这样就进一步丰富了自己的世界观、宇宙观。

在特别反省院关了将近一年后，移送普通反省院。到了普通反省院，每星期要上课几小时。有一门功课是三民主义，教员是省党部派来的，课本是周佛海的《三民主义之理论的体系》。周原是共产党员，后来叛变投入国民党，成为汪精卫派的有名的“理论家”，抗日战争时跟随汪精卫当了汉奸，日本投降后被处决。他这本书中处处把三民主义同共产主义比较，歪曲共产主义，如把“唯物史观”改为“唯生史观”等。这是一本典型的反面教材，从反面加深了我对马克思主义理论的认识。同时，我还通读了《中山全集》，读了《三民主义》的英译本，这些书也对我有用处。以后在白区写文章的时候，常常引用孙中山的原话作论据来宣传我们党的主张，特别是他临终前致苏维埃俄国政府的信以及他临终前的遗言。他对当时的国民党已深感失望，因此把希望寄托在苏联的帮助上。

我们在狱中的斗争不断。在陆军监狱和反省院都有由最可靠的党员组成的秘密组织。陆军监狱的组织与杭州党有秘密联系，反省院对外没有联系，只能从陆军监狱移来的难友处间接知道一些外面的情况。我们还秘密订了一份报纸，通过倒马桶的工人在马桶中送进送出。1928年秋监狱中流行脚气病，从小腿浮肿到大腿到腹部，脚气攻心，可以致死。1929年春夏之交，我关在特别反省院中监。中监第六笼子内，鲍照光同志病了一个多星期就去世了，责任全在狱方不准做必要医治。大家情绪愤慨激动，秘密党组织就组织绝食斗争，向狱方提出三个条件：（1）重病准许保外就医；（2）向全体犯人宣布每人的罪名和刑期；（3）改善生活条件。这次斗争，理由充分，组织得好，非常齐心，态度坚决。监狱方面便慌了手脚，绝食到第二天晚上，就当众宣布全部接受条件。我们胜利了。但是我们经验不足，有些被胜利冲昏了头脑。过了两个星期，我们以监狱未曾全部履行条件为理由，又举行绝食。这次监狱已做好了准备，立即进行镇压，绝食斗争就被破坏了。

1930 年春，普通反省院的曹钟如同志患病发高烧，因吃错了药而昏迷不醒，送医院去抢救。党组织发动了第二次绝食斗争，大家把仅有的一点小食品都交出来支持斗争。第二天反省院准许派一人去医院探望。大家公推宋侃夫同志去，这时曹已苏醒、退烧，第三天就出院回反省院。第二次绝食就宣告结束。

1931 年 1 月党的四中全会后，党中央受王明“左”倾冒险主义路线统治，杭州地委书记竺兰芳指示陆军监狱的党组织发动监狱暴动。这时城市工人运动和乡村农民运动均已处于革命低潮，很难发动暴动。地委在党中央“左”倾路线指导下要求监狱暴动，企图由监狱暴动的胜利来引起全省的暴动。陆军监狱中的犯人都住铁笼子里，笼子有锁，里外还有三道铁门。我们没有任何武器，只有几根棍子和铁片，看守的却有机关枪，这样的暴动显然没有胜利的可能。但狱中的党员仍然接受地委的指示，积极准备暴动，大学生邹子侃被推为暴动首领。暴动没有开始就因姚金宝告密而被发现了。典狱长把邹子侃传去讯问。邹一进门就乘其不备把典狱长打倒在地，猛掐他的喉头，企图把他掐死。当然这是不可能成功的。邹立即被捆绑，他忠贞不渝，至死也没招出暴动计划。此后不久，竺兰芳也被捕入狱，英勇牺牲。

1983 年，浙江党史研究所经省委决定，邀请陆军监狱幸存的二十余位同志在杭州开会，收集党史资料。当时相当多的同志把邹子侃领导的狱中暴动作为斗争的典范，而把参加狱中斗争但未积极参加这次暴动、认真读书的同志称作“学院派”“未来马克思主义者”。我和几个同志不同意这样的意见，认为前两次狱中绝食斗争是应该的、成功的，可这次狱中暴动是接受了地委盲动主义的错误指示，是错误路线的牺牲者。当然，错误路线应由地委负责，而邹子侃等同志是忠实执行地委指示的英雄。把认真读书的同志说成是“未来马克思主义者”是错误的，他们继承了张秋人同志的高尚品德。后来许多同志同意我的意见。有些同志纷纷承认自己也是“牢监大学毕业生”，其中有宋侃夫、张崇文、徐雪寒（原名徐梅君）、骆耕漠（原名李蒙政）、庄启东等同志。

1983年4月，薛暮桥（左三）与陆军监狱幸存的二十余位同志在杭州开会时合影。前排左二为徐雪寒，右三为骆耕漠。

迎接新的斗争

到1930年7月，我已经被关押满三年，按规定没有“越轨”行动的可交保释放。经反省院讨论，批准交保释放的有二十几人。有一天，牢狱总务科长陈某找我单独谈话（这是我入狱以来的第一次）。他说：“看你人还老实，用功读书，不像是共产党。为什么关了三年，没有人来保你？”我说：“如果可以交保，愿意保我的人很多，是否可以写信回去要家里找人来保？”陈说：“可以试一试。”我就写信给在礼社的哥哥薛鹤龄，他当时正在区公所工作。我父亲在家乡声望很好，我在家时乡亲们都知道我是个好学生，所以，乡镇长都盖章来保我。无锡同杭州分属两省，按规定要经过省政府转，光转就要一两个月。鹤哥到县政府找到同学好友教育局局长陆仁寿。陆征得县长同意，出公文派鹤哥送文直交杭州反省院。我初入狱时，鹤哥还在杭州一家纸行当会计，曾几次来看我，还找了特别法院的人想保我，说只要我自首就可以保我出去。我说，我根本不是共产党员，怎么能承认。我哥哥也说不能瞎承认。我叫他以后不要再瞎活动。后来纸行倒闭，他便回家乡了。我们已两三年没有见面，见了面就号啕大哭。这时陈某也在旁看着，鹤哥走后，他对我说：“想不到你是个书香子弟，人家出去怕没饭吃，又‘误入歧途’，你总是有饭吃的。出狱还要补办一个铺保，耐心等着吧。”12月初，鹤哥又把铺保送来杭州。陈某叫他把我“领回管教”。这是12月3日。在狱中共三年半，我又重新得到了自由。出狱后，我到闸口去看了已经出狱一年多的钟鼎祥，知道杭州党的组织已破坏，他找不到组织关系。我只能跟着鹤哥回无锡礼社。路经无锡县城时，我去看了教育局局长陆仁寿。两人仍像同学好友，谈得相当欢畅。

1930年12月，我乘火车到横林车站，改乘小船回礼社。出我意外，有许多乡亲到码头来迎接我。我吃惊地问：“我又没有做官，为什么要来迎接？”他们说：“你比做官还光荣。”我离开礼社多年，想不到人们的思想会有这样大的变化。乡民们纷纷议论国民党快要完蛋，将来全是共产党的天下。回家不久，又值母亲六十寿辰，全家兄弟姊妹回来团聚。

1930年12月，薛暮桥（右一）母亲六十寿辰上的全家福。

回乡后陆仁寿曾主动问我，回家后有何打算？我说还没有找到去处。陆说暂时委屈一下，先当个小学教员好不好？我同意了。过了年（1931 年 2 月），我就到无锡南乡县立第三小学当教员，担任五年级级任教师（班主任），教国文和英文。三年多与世隔绝，需要有一段时间补课，了解时局。商务印书馆出的《东方杂志》每月有国内外时事的综合报道，我抓紧时间把三年多国内外的大事都补看了。

3 月 12 日是孙中山逝世纪念日，校长要我在纪念会上作一个报告。我讲到三民主义时说：孙中山先生曾说过民生主义就是社会主义，又讲了中山先生临死前的遗嘱，而且向大家朗读原著。大家见我对孙中山的学说如此熟悉，感到吃惊。由此引导师生了解孙中山的新三民主义。我常常利用国文课对学生进行政治思想教育，启发学生思想进步。

我对教育方法有些自己的做法，按课程安排每星期六上午有两小时作文课，以往常常是学生看了题目就写上一句，想半天再写一句，这样有些学生两小时还写不到一百字。我想作文是思想的表达，没有思想怎能写出文章。因此要他们在看题（有时连题目也同学生商量）后自由讨论，各人发表自己的意见，待充分讨论后再动手写。结果多数学生能写二三百字，多的四五百字，超过六年级的水平。暑假前大考，我出了一个“理想的世界”题目，大家热烈讨论。有人说是人人平等的，有人说是没有人压迫人、人剥削人等等，表达了朴素的社会主义思想。学生都说薛先生（南方称教师为先生）是革命的，校长也知道，暑假后就不敢把我再留下了。

暑假后，我经在省教育厅工作的从兄薛臻龄介绍，到南京民众教育馆任编辑。编辑部长赵光涛是在第三师范比我高一班的同学，五四运动时是动员学生罢课的学生领袖，此时他已经变节，成了稍有权势的国民党员。他对我这个老同学还是照顾的，替我隐瞒我干革命坐牢的经历，要我任《民众周报》主编。当时正遇九一八事变，蒋介石宣布采取不抵抗主义，张学良被迫执行。我在《民众周报》发表了反对不抵抗主义的社论。馆长把我叫去，说“不抵抗主义是国策，怎能反对”，要我以后谨慎。过几天，上海各大报用头版篇幅登载宋庆龄大骂国民党不抵抗主义的文章。馆长笑嘻嘻地来看我，说“薛先生真有远见”。因此，《民众周报》仍能经常发表一些抗日救国的文章。

当时，全国各地大中城市的学生纷纷行动起来，站在抗日救亡运动的前列。他们举行集会游行，发表通电，要求南京政府出兵抗日。北平、上海等地的学生代表多次到南京请愿抗日。9月28日，南京、上海两地学生五千余人冒雨前往国民党中央党部请愿，因无结果拒绝复课，冲破阻挠，转往外交部，并殴打了外交部部长王正廷。11月，北平、天津学生为抗议日本特务在天津制造暴乱宣布罢课，派代表到南京请愿，连同各地响应的学生，汇集南京者多达万余人。11月26日，请愿学生整天在南京国民党政府门前示威，强烈要求出兵抗日。第二天，蒋介石采取敷衍欺骗手段，召见几千名请愿学生。他拍着胸说："我蒋介石一定抗日，但要三年准备时间，你们愿意抗日的今天就可以报名参军。"学生知道这是一个骗局，蒋决不会组织学生军，会把他们分散插入各部队进行监视，所以没有一个人出来报名。蒋就拍桌大骂：你们口口声声抗日，又没有一个人愿参军，真是胡闹。说完就把学生赶走了。

此后，国民党政府对学生爱国运动实行血腥镇压，接连制造了一二·五事件和珍珠桥惨案。12月5日，北京大学示威团三百余人在南京街头示威，高呼"反对政府出卖东三省"等口号，遭到军警镇压，有33人受伤，185人被捕。12月17日，汇集在南京的北平、上海、武汉、广州等地学生及南京本地学生约三千多人举行联合大示威，当队伍走到国民党中央日报社附近的珍珠桥时，遭到大批警察和宪兵袭击，当场有三十多名学生被打死，一百多名学生被打伤。其他各地也发生一系列类似的迫害事件。结果激起全国人民更大的愤慨，迅速形成各界和各个阶层抗日救亡的群众运动[①]。

国民党内也有爱国民主力量，这时有许多人公开出面要求抗日。首先是国民党左派领导人宋庆龄、何香凝等坚决反对蒋介石"攘外必先安内"的反动政策。1931年12月19日，宋庆龄发表宣言，谴责蒋介石个人独裁、坚持内战。冯玉祥更直截了当地指出"九一八"的祸首就是蒋介石，"我们要抗日，我们要收复失地，谁要阻止抗日，谁就是卖国贼！"[②]

蒋介石玩弄两面手法，一面在一次国民党员的会议上声称："准备三年后一定抗日，不抗日就杀我的头"；一面仍极力压制，实行镇压。就在他信誓旦旦宣称"一定抗日"的会议上，有一位老人仅仅说了一声"不要言过其实"，即被特务押到主席台上。老人跪在蒋介石面前磕头求饶，仍被特务押

① 以上参见《中国共产党的七十年》，中共党史出版社1991年版，第113页；军事科学院军事历史研究部著：《中国抗日战争史》上卷，解放军出版社1991年版，第161—163页。

② 冯玉祥：《我所认识的蒋介石》，黑龙江人民出版社1980年版，第28、29页。

了下去。民众教育馆也有几个国民党员去参加大会，回来后愤愤不平，出去贴标语“反对王正廷卖国外交”。

在国民党内部一片混乱中，蒋介石迫于内外夹攻的压力，采取了以退为进的策略。他于 1931 年 12 月 19 日宣布“辞职”下野。当然，实际上他仍然操纵着军政大权，不过是为了暂时缓和国民党内的派系矛盾，伺机再起。国民党在 12 月 22 日至 29 日召开四届一中全会，当时推选蒋介石、汪精卫、胡汉民为国民党中央政治会议常委、政府委员。不久就形成蒋、汪“合作”体制，蒋介石任军事委员会委员长兼总参谋长，总揽军事大权，负责全力“剿共”，汪精卫任行政院长，主持政务，应付对日外交。

在全国抗日救亡运动高涨的影响和推动下，1932 年发生一·二八事变，十九路军进行英勇的淞沪抗战。中国人民掀起了新的抗日斗争高潮。我也在新的形势下迎接新的战斗，开始参加党所领导的思想文化战线的斗争。

二、在白区思想文化战线

开始经济研究生涯

1932年初张锡昌、王寅生、钱俊瑞三位无锡第三师范的同学来信，要我到上海中央研究院社会科学研究所去参加农村经济调查工作。该所负责人陈翰笙1924年就受蔡元培校长聘请，任北京大学教授，与李大钊同事。他受李大钊和蔡和森的影响，立志研究中国农民问题。陈经李大钊介绍，与苏联大使馆建立联系，常为共产国际的刊物写政治评论。李大钊遇难后，陈由苏联大使送往莫斯科国际农民运动研究所工作。该所研究人员引经据典，认真研究马、恩、列的农业问题学说，但却空谈理论，不调查研究实际问题，陈不以为然。他回国后，受中央研究院院长蔡元培聘请，到该院社会科学研究所任副所长（所长由蔡元培兼任），从事农村经济调查。开始时，作了东北的农村调查，随后作了无锡和保定两县的调查，请我去帮助他们整理调查资料。从此，我就步入经济研究的领域，开始了长达数十年的经济研究生涯。

社会科学研究所的书籍很多，我开始读了《共产党宣言》，列宁的《国家与革命》《两个策略》《帝国主义论》[①]，恩格斯的《社会主义从空想到科学》《家族、私有制和国家的起源》[②] 等著作，进一步提高了我对马克思主义的认识水平。

在"一·二八"十九路军淞沪抗战中，陈翰笙介绍我们到伤兵医院去服务。在那里，伤兵不但告诉我们淞沪抗战的情况，而且讲了十九路军在江

---

①《两个策略》今译《社会民主党在民主革命中的两种策略》，《帝国主义论》今译《帝国主义是资本主义的最高阶段》，《列宁选集》第1、2卷，人民出版社1972年版。

② 恩格斯的两本著作今译《社会主义从空想到科学的发展》《家庭、私有制和国家的起源》，《马克思恩格斯选集》第3、4卷，人民出版社1972年版。

西同红军交战的情况，颂扬红军，说得像是神兵。慰问伤兵的人整天络绎不绝，慰劳品堆积如山。同我们一起为伤兵服务的，大多数是穿西装的高层知识青年和穿旗袍的小姐，充分体现出群众抗日热情的广泛性。旧历年后我写了一篇《伤兵医院服务十日记》，寄给南京《民众周报》接替我的编辑。他把这篇文章在《民众周报》发表了。这就触怒了教育厅，勒令《民众周报》停刊，继任编辑被撤职。因我已离开，未受牵连。

我们从伤兵医院回到研究所工作岗位后，利用业余时间参加民众反日同盟。为了找党的关系，钱俊瑞、张锡昌和我三人要求参加“社联”。社联的全称是中国社会科学家联盟，1930 年 5 月在上海成立，与同年 3 月成立的中国左翼作家联盟同为中国共产党领导的国民党统治区革命文化运动的重要核心力量。它由中共中央宣传部设立的中央文化工作委员会具体领导，“以发展马克思主义的社会科学运动为宗旨”[①]，翻译出版了一批马克思主义著作，创办《新思潮》等思想理论杂志，批判资产阶级思潮和中国托洛茨基派的错误观点，还举办各种类型的学校、补习班，组织各种形式的抗日救亡活动，做过许多有益的工作。整体说来，社联在传播、捍卫马克思主义，扩大马克思主义思想阵地，培育、发展中国社会科学队伍，粉碎国民党的反革命文化“围剿”，促进抗日救亡运动等方面，作出了具有历史意义的贡献。同时，在当时的历史条件下，社联的活动也在一定程度上受到“左”倾错误的影响，有过不少失误。尤其是 1931 年 1 月中共六届四中全会王明推行“左”倾冒险主义的错误路线以后，它滋长了“左”倾盲动和关门主义倾向，妨碍了理论工作的发展，并给理论队伍的建设造成一些不应有的损失。

当我们同社联取得联系时，有位社联的主持人问我们参加社联有何目的？我们说：“我们作农村经济调查，所有材料都说明我国农村是半殖民地半封建社会，但市场上畅销的任曙、严灵峰两本托派著作说是资本主义社会。我们理论水平低，希望社联指导我们作有力的批驳。”那位社联领导人轻蔑地说，这是“学院主义”思想，要革命就要进行实际斗争，命令我们每星期到街上去，至少写三条标语，内容是“武装保卫苏维埃，保卫苏联，参加红军”。我们奇怪地问为什么不支援十九路军抗日？那位社联领导人说：“十九

① 《中国社会科学家联盟简章》，史先民编著：《中国社会科学家联盟资料选编》，中国展望出版社 1986 年版，第 24 页。

路军的欺骗性比蒋介石大，所以比蒋介石更危险。”这把我们弄糊涂了，但又不敢多说，所以既没有写标语，也就不敢再去。后来又找到“教联”（全称中国左翼教育工作者联盟），主持人潘梓年要我们为《教育新闻》（地下刊物）写文章。我们说：“我们同教育界没有来往，写不出这方面的文章。”潘就决定我们每人每月出五元作《教育新闻》的出版费。《教育新闻》只出了一期，就被查抄，编辑被捕，潘梓年也找不到了。

在半年工作中，我学到了农村调查的基本知识，农村生产关系分析研究，并得到了许多实际资料。陈翰笙的《封建社会的农村生产关系》等著作，对我们也是很好的教材，把我引上了研究这一门科学的正确道路。半年时间虽然不长，但使我进一步明确了中国工人阶级必须领导广大农民进行反帝反封建土地革命的立场，用历史唯物主义来研究问题，理论与实际相结合，从深入实际来研究理论的研究方法，因而已经有能力独立进行科学研究工作。如果说过去参加革命活动还有相当大的自发性，那么现在就有较多的自觉性了。

那时我们的社会活动太多，引起了国民党党部的注意。1932 年底，他们下命令把社会科学研究所搬到南京去，缩小编制，我被裁减（我是编外人员，用办公费作工资的）。陈翰笙为维持我的生活，教我学写文章。我回礼社作了一个月的调查，写了一篇调查报告。陈为这篇文章写上《江南农村衰落的一个缩影》的题目，送当时的进步刊物《新创造》发表。这时我正在学习日语，常到内山书店去买日文书籍。有一次突然发现日本进步刊物《改造》翻译了我的这篇文章，真是又惊又喜。

《江南农村衰落的一个缩影》是以礼社镇为典型的农村社会调查。礼社镇在无锡西北乡，西与武进县隔河相望，东北离江阴县境只有三四里路，是三县交界的要冲。它与无锡城区相距 50 里，水陆交通均颇便捷，离沪宁铁路横林站 8 里，洛社站 15 里，还有小火轮航船通往无锡城、常州、苏州、上海等地。从清朝末年开始，随着帝国主义入侵，这里的农村经济趋于衰败。随后受商品经济的影响，更加速了封建经济的解体。由于礼社是我的家乡，我了解它的来龙去脉，所以写得比较生动。礼社这个典型，在江南农村既有普遍性，又有特殊性。特殊性在于礼社原是以薛姓地主集团为主体，它的盛衰比一般农村更为明显。薛姓极盛时代是在前清嘉庆年间，那时估计已有一百多户，把邻近土地收买一空，总计占有土地达四万亩左右，地租岁入有两万至三万石。薛氏不但是地主，而且是高利贷者、大商人。他们在邻近独立经营的典当业有七家，并开设提庄，拍卖没收衣物。他们还有粮船四十余艘，向宜兴、金坛、溧阳等地收购谷物，到苏州、常熟、浙江等地出售，每船载谷达 100 石。到我去调查的 1932 年，薛姓地主集团已经衰败不堪。当时礼社全镇共有 710 户，3665 人，薛姓占 200 多户，全镇地主 68 户，其中薛姓地主有 61 户；还有更多的小土地出租者，务农者只有 4 户。此外，薛氏“义庄”有良田 1350 亩，每年约收地租米、麦 1200 石，用来救济贫苦子孙。在调查时，薛氏已有多数子孙靠吃“义庄”度日，不愿出外谋生，终日打麻将、抽大烟，败落情况超过其他农村。

礼社人多地少，主要靠养蚕和经营小工商业，调查的近十年间因受人造丝竞争，每百斤茧价从 70 元跌到 35 元，养蚕已经无利可图。织布手工业因受洋布竞争早已衰落，全镇织布机从三百余架减少到不满三十架。我家所办土烟店，也是因洋烟（纸烟）竞争而破产的。过去戽水、碾米均用人力，现在已被机器代替。剩余的劳动力涌向城市，经商做工。据 1931 年户口调查册记载，全镇迁走（包括到外省、外县和本县别的乡镇）人数竟达 755 人之多，其中赴上海谋生者约有 400 人。薛姓外出做工的人很少，大多经商或从事脑力劳动，从此离开家乡。薛姓过去的典当、粮船早已没有了，有些人家手头不济时，常到玉祁镇的典当去典衣度日。我家亦是如此。

我在《江南农村衰落的一个缩影》这篇调查中以大量的具体材料记述和分析了薛姓地主集团的衰败，礼社农民的地租捐税负担之重和遭受城乡高利贷的盘剥，农村破产，经济凋敝，人们纷纷离乡外出的实际情况，也提及农村阶级矛盾的日趋激化，“天灾、人祸、内乱、外患，仍随时随地予农村经济以重大威胁”①。1987 年，我在重新发表该文写的《后记》中指出：“礼社镇农村经济盛衰史，在我国特别是商品经济比较发达地区有代表性。”②

接着，我利用社会科学研究所的剪报资料写了《浙江省的二五减租》一文，揭露国民党省党部虚伪宣传“二五减租”，真正要求减租的农民被县政府当“共产党”抓去坐牢的骗局。文中写道：“闹了几年的所谓二五减租，结果还是从‘地板上跳到地毯上’，前后相差实在是微乎其微。当然这样不痛

---

①《薛暮桥学术精华录》，北京师范学院出版社 1988 年版，第 21 页。

②《薛暮桥学术精华录》，北京师范学院出版社 1988 年版，第 24、35 页。

不痒的减租政策决不能‘解除农民痛苦’，更不能改进农村经济。”此文 1932 年 6 月 30 日脱稿，也在《新创造》上发表。

这时，赵光涛已升任徐州民众教育馆馆长。堂兄薛臻龄又为我推荐，赵同意接受我去民众教育馆任职。因为陈翰笙的农村调查很有名，赵叫我作农村调查。我去后拟了调查提纲、调查表格，先在萧县作了一次调查，后来又在徐州附近的八里屯作了一次调查。在八里屯调查时，我问农民有几亩田，农民的回答是“我哪里有田，只有三亩空”。我起先不懂，问了才知道徐州的高利贷者不是借钱还利，而是要农民出当几亩没有实田的“空”田，以纳租代替还息，比高利贷还苛重。各地的租佃、借贷、买卖制度千差万别，不调查是弄不清楚的。萧县比较偏僻，农村经济还没有彻底破产；八里屯靠近徐州，农村经济破产已经达到难以支持的程度，这是中国商品经济发展对农村经济所产生的影响。后来我写广西的农村经济调查报告时，就把商品经济发展程度不同的梧州、桂林、思恩对比，看出农民破产的不同程度，认识这是一般规律。广西、萧县和八里屯的调查报告，由民教馆广为印发，现已编入《解放前的中国农村》第三辑。

陈翰笙、薛暮桥、冯和法合编的《解放前的中国农村》一书。

馆里同事中有郭影秋同志（新中国成立后曾任中国人民大学校长），思想先进，同我在徐州组织了一个读书会，读的书是新出版的陈豹隐翻译的日本河上肇教授的《经济学大纲》。河上肇在京都帝国大学教经济学 20 年，据他自述每年都改写教材，这是第 20 次稿。我国陈豹隐、王学文都是河上肇的学生。读书会每星期天学习一章，由我主讲，还写了简要的讲稿，在《徐州日报》发表。我们读的书名是经济学，不是《资本论》，所以没有引起什么人的怀疑，但读书会的人是知道真情的。赵光涛是个有势力的国民党员，左右逢源，对我们很想装出一副进步面孔，见人说人话，见鬼说鬼话，这也是时代的潮流，仿佛不如此就不能提高社会地位。

到广西师专教书

1933年1月，我寒假回乡路过南京，到社会科学研究所去看陈翰笙和钱俊瑞、王寅生、姜君辰、刘端生等老朋友。陈见我就说，你来得正好，刚才我接到广西师范专科学校校长杨东莼的来信，要我介绍一位农村经济教员，我想你去最合适。我说我连中学都没有毕业，怎能到大学里去教书？陈说不要紧，我为你假造一个履历，为此就改名为薛暮桥，上海劳动大学毕业。我持介绍信到上海去见杨东莼，杨表示十分欢迎，当即给我80元旅费，要我经香港、梧州、柳州去桂林。

当时交通困难，路上要乘船十几天。我用40元买了一批农村经济书籍，其中有冯和法编的《中国农村经济论》，那时算是比较好的书籍。当然更重要的是我们自己的农村经济调查资料。我在去广西的途中，一面乘船，一面读书。到柳州又遇到杨东莼，同去位于桂林郊区良丰的广西师范专科学校。师专离桂林50里，校舍原是清末一个大地主的雁山花园，宽敞幽静。教师和学生宿舍是新造的，我住在教室和学生宿舍之间，与学生朝夕相处。学校有学生120人，是各县保送的高才生。因为是师范，不收学费饭钱，所以都是农家子女（地主子女上广西大学），朴实可爱。

杨东莼是大革命时期有名的共产党员，他是湖南醴陵人，五四运动期间在北京大学肄业，在李大钊、邓中夏影响下参加马克思学说研究会和长辛店工人运动。1923年在长沙参加中国共产党，后参与湖南省工会领导工作，做过全国总工会秘书长。1927年5月21日许克祥在长沙发动反革命的马日事变后，他失掉党的关系，留学日本。1930年回国，在上海、广州著书、执教，曾任中山大学教授，翻译过恩格斯的《费尔巴哈论》[①]。后来秘密参加抗日救亡斗争，曾在武汉大学、四川大学、厦门大学执教，任香港达德学院代理院长。新中国成立后他担任过全国人民代表大会常务委员会委员和政协全国委员会常务委员，还做过国务院副秘书长、广西大学校长、中国民主促进会中央副主席。1961年重新加入中国共产党，1979年病故[②]。

---

① 参见《三十年代广西师专》,《桂林文史资料》第20辑，漓江出版社1992年版，第6、79页。

② 参见《中国现代史词典》，中国国际广播出版社1987年版，第451页。

他在1932年10月出任广西省立师范专科学校校长，是教育厅厅长李任仁向白崇禧推荐的。白为什么要用杨？原因是那时候桂系李宗仁、白崇禧要与粤系陈济棠联合反蒋。白初次邀见杨东莼时含蓄地透露了有无联共反蒋可能的想法。杨坚信可能，力劝白走这条路。白说我杀的共产党员太多了，恐怕不可能了。杨说共产党以大局为重，不念旧仇。白仍然摇头。这件事是杨东莼告诉我的，这说明白聘请杨当校长是有某种政治目的的，是想经过杨邀请一些进步教授，来为自己装点门面。

广西省立师范专科学校建置石碑。

杨东莼经李任仁同意，没有向白崇禧报告即请来一位更有名的共产党员任教务主任，此人就是朱克靖，这时改名朱笃一，又名朱竹怡。他也是醴陵人，1922年加入中国共产党，1923年赴苏联学习，1925年夏回国，任国民革命军第三军党代表兼政治部主任，参加北伐战争。1927年任江西省政府秘书长，参加八一南昌起义，任第九军党代表。起义失败后，失掉组织关系。抗日战争期间，恢复党的关系，担任过新四军战地服务团团长、政治部顾问、苏浙行署主任、新四军秘书长兼山东军区联络部部长。他在1946年1月争取国民党军郝鹏举起义，任该部政治委员。1947年1月郝鹏举叛变，他先后被关押在徐州、苏州、南京等地，在敌人威逼利诱面前，坚贞不屈，大义凛然。1947年10月被国民党反动派秘密杀害①。

1933年2月广西师专开学那天，除杨、朱两位在开学仪式上讲话外，因

① 参见马洪才编著：《新四军人物志》上集，江苏人民出版社1985年版，第81页；《中国现代史词典》，中国国际广播出版社1987年版，第308页；《三十年代广西师专》，漓江出版社1992年版，第13页。

我是新来的教员，要我也讲讲话。我讲了一篇预先准备好的《怎样研究中国农村经济》，其中批评了各种代表帝国主义和地主资产阶级利益的农村工作团体的错误主张。讲完后，杨、朱两位都来同我握手，表示赞赏。从此，我们就成为志同道合的亲密朋友，我也参加了学校的领导核心。

杨东莼为什么如此重视农村经济？原因是当时党的六大通过决议，指出中国还是半殖民地半封建社会，中国革命还是反帝反封建的、以农民土地革命为中心的民主革命，所以，讲农村经济，实际上是宣传党的六大路线。我编了一个教材提纲，内容有中国的土地关系、租佃制度、借贷制度、雇佣制度、税捐制度、帝国主义与中国农村等问题，利用我所掌握的实际资料，说明在中国经济中封建剥削关系还占主导地位。学校教育用启发式，引导学生自己学习。每天只上午上课三小时，下午学生到图书馆去选阅自己爱看的书，组织各种讨论会。图书馆购买了大量当时所能买到的马克思主义著作和其他进步书籍，也购买了反马克思主义的如托派和形形色色改良主义的著作，让学生自己阅读讨论，以培养他们的辨别能力。我把来自六个专区的学生分成三组，分组讨论我讲的课，与当地的情况对照。广西有九十多个县，每个县都有学生在师专，这使我可以了解广西各地的农村经济情况。在讨论中，我发现广西的封建关系远远超过东部沿海地区，保存着更多的奴隶制残余。讨论不但加深了学生的理解，而且加深了我自己的认识。

我来广西以前，陈翰笙交给我一个任务，要我利用教书机会作广西的农村经济调查。放暑假前，我征得杨校长的同意，印了一万多份农户调查表发给学生，要他们就地作农村经济调查，填报本地一两个村的概况和各个农户分户调查的具体经济情况。我自己带了最优秀的学生刘敦安（曾参加共产党，红军起义失败后组织破坏，失去关系），到苍梧（梧州郊区）、博白、玉林、邕宁（今南宁）、龙州等地作实地调查。

龙州靠近越南，是左右江起义的两个地点之一。我到龙州时，还利用机会，到离龙州一百多里的中越边境水口关去调查。水口关是个大镇，与越南隔河相望。河上一座木桥，桥的两端各站着一个中国和一个越南的民兵。我们过桥到越南地区，民兵并不查问。越南那边是大片无主荒地，中国许多农民过河去开荒种地，没有人来收租收税。路上挑担子到越南去的人很多，全是妇女。我走近去看挑的是什么东西，出我意料之外，全是无锡申新三厂的棉纱，想不到在这里会遇到这许多“同乡”。看来商品的流通比人的来往要活跃得多。

回来时在下冻中途下车，这里据说是宋朝狄青封的土司的封地，沿袭八百多年没有更换。下冻原来是有两千多户的大集镇，农民全是土司的佃户，土司出门时农民要跪在道旁迎送。1931 年农民起义，把土司杀了，建立苏维埃政权。农民集体种田，集体吃饭。红八军在这一带活动过。但苏维埃政府只坚持了半年就被广西军阀消灭。万余农民全都逃走，大部分去越南开荒。我们下了公共汽车，看到全部耕地长着荒草，高可没顶。步行三四里过小河到下冻，看到原来房屋都已烧毁，新建了十几幢竹屋，算是乡公所。我们出示师专的介绍信后，他们殷勤地招待我们，向我们介绍起义前后的情况。他们说红军只烧了土司的房子，其余的房子都是"官兵"烧的。烧杀得太凶了，农民全都逃跑，至今没有回来，田地全部荒着，没有人种。估计乡公所的人员全是地主商人，由于没人种田，所以也纷纷抱怨。我们在这里住了一夜，次日找不到一个农民可以调查，就回龙州去了，没有能收集到调查资料。

广西是少数民族聚居的地方，除僮族（现称壮族，师专学生中有汉族、僮族，很难区别，都说汉话）外，还有苗、瑶等族，在他们（包括僮族）中还残留着原始社会群婚制的痕迹。每年春节要举行十天到半月歌墟（歌会），农民相信不举行歌墟要发生天灾。所以未婚男女，都盛装参加歌墟，互相对歌，类似电影《刘三姐》的歌词，这是选择配偶的机会。男方选中时，给女方一个银手镯。但这并非订婚，女方还可以接受别的男友的手镯，手镯戴得愈多愈光荣。男女双方感情深厚，就可订婚结婚。结婚时女方要带几十个女友来伴送，人愈多愈光荣；男方也要请同样多的男友做伴。行结婚礼后，双方共同对唱，直到天明。新娘就随女友回家，此后逢年过节到男家住几天，平时仍住娘家，称为"不落家"，要到生第一个孩子后才到男家长住。在"不落家"期间，男女双方都可以与其他异性交往，过几年放荡生活，这是从群婚制到一夫一妻制的过渡阶段，从此以后一夫一妻制才算合法。这种情况在摩尔根的《古代社会》中也有类似的记载。

我们利用整个暑假跑了一个半月。回校后，把学生大量的调查资料，由我自己和我介绍的农村调查教员刘端生（也是社会科学研究所的同事）同志，再挑选十多个学生分别审查、汇总，写出《广西农村经济概况调查报告》。此书由师专出版，印数很少，新中国成立后一直没有找到。我在 1983

1986 年，薛暮桥（前排左四）、罗琼（前排左三）和当年在广西师范专科学校教书时的学生合影。

年去广西，由师专毕业的梁寂溪找到一个孤本。回京后，在《红旗调查材料》分三期重新发表，并收入《解放前的中国农村》第 3 卷，由中国展望出版社出版。

当时师专办得太“红”，不重视策略，没有适当教授地方当局规定的教育课程，而教社会发展史、辩证唯物论、政治经济学（也是我教的）等马克思主义课程。学生思想进步很快，自称是“小莫斯科”。幸而交通闭塞（邮差三天来一次），未被社会注意。杨、朱和我都是没有联系上党组织的共产党员，当时学校没有党组织。我在 1983 年和 1987 年两次去广西，听说这一届学生毕业后许多人参加了共产党。先是刘敦安、麦世法、梁寂溪，他们几人在毕业后去香港找党组织，经过在香港的广西籍老党员陈勉恕，在中共南方临时工作委员会成立后正式参加共产党。其后刘敦安为南方临时工委与郁江特委取得联系，并在南宁和师专等桂林的几所学校发展了一批党员，重建党组织。他们在这一时期成为广西党组织的骨干分子。刘敦安、麦世法在桂军中做秘密工作，抗战时期参与第五战区（鄂豫皖地区）党的领导工作，身份暴露后被白崇禧活埋。我在 1983 年去广西时还见到十多位原师专的学生，在自治区和南宁市某些部门或厅局担任领导工作，有担任自治区人民代表大会常委会副主任的，有任自治区政协副主席的。梁寂溪任南宁市人大常委会主任，现亦去世了。那次我路过桂林，曾赋诗留念：

青春负笈来桂林，不避艰险育知青。
五十年后游旧地，满园桃李半凋零。
山水依旧世沧桑，街巷旧貌换新装。
待到四化完成时，人间乐园胜天堂。

当年我离开师专，是因为发生了“突然事变”。1933 年 10 月学校庆祝建校一周年，从桂林请来许多宾客。开会前一天，杨东莼被白崇禧邀去南宁，庆祝会由朱笃一主持。朱作了一个反蒋抗日的报告过于露骨，桂林有些人纷纷议论。1934 年 4 月，白崇禧来桂林，听到这个消息，询问朱笃一的身材面貌，便怀疑是朱克靖。他问桂林专员田良骥（是杨东莼和朱克靖的同乡）：“听说朱克靖到广西来了？”田不敢隐瞒地说：“朱克靖在师专教课，怎么你不知道？”田知道事情不妙，立即来师专告诉杨东莼和朱克靖。他们感到问题严重，就立即去见正在桂林家中养病的李任仁，刚到李家，见白崇禧也在那里。杨校长不愿连累李任仁，自己承担聘请朱克靖的责任。朱也表示愿意立刻离开广西。白崇禧不愿意败坏自己的声誉，请朱吃了一餐送行饭，送了 1000 元旅费，这就是当时所说的“礼送出境”。杨回来后，找几位教师紧急商量，准备辞职。辞职的信还未写好，报纸上就发表了“杨东莼辞职照准”的新闻。我随即考虑是否要辞职，考虑到广西调查报告还有三章没有写完，准备留到暑假。但新校长来后，新来的军训教官找我谈话说：“薛先生在这里教书，我们是很欢迎的，但是，我们没有办法保证你的安全。”这无疑是逐客令，我只能辞职。同时被辞退的还有张汉辅、金奎光、杜敬斋、沈启宇等几位教师。

我们到桂林后，与杨校长一起行动，发现出外常有特务尾随。田专员说，在桂林我能保证你们安全，但在路上一路民团查问，可能会有麻烦。这时白崇禧在桂林，杨校长建议由我们几个出面写信给白，要求保护我们安全出境。信送去不久，不料白崇禧这个“小诸葛”亲自到旅馆来看我们了。我就告诉他军训教官所说的话，请他保证我们在路上的安全。白崇禧说：“朱克靖是大名鼎鼎的共产党，我也没有难为他，还送了旅费，请他吃饭。你们何必害怕？”接着急转直下地说：“既然你们不愿留在广西，我也不强留你们。”他回去后送来一个沿途民团免于搜查的护照。新校长也来了，请我们吃饭，补发一个月工资，也算是“礼送出境”。杨校长和我们同走，一路上民团看了护照就不检查，安全离开广西。刘端生留下来，写完了《广西农村经济概况调查报告》的后三章。

事后，我同杨东莼谈论在广西被“礼送出境”的原因，认为朱克靖问题仅是导火线，根本原因是十九路军在福建成立人民政府，要求与共产党合作反蒋，当时我党由于王明路线占领导地位，拒不接受，坐视福建人民政府垮台[①]。白看到与共产党合作反蒋已成泡影，遂将共产党员“礼送出境”。

在农村经济研究会和文救会的活动

1934年4月，我离开广西，乘轮船到广州。在广州的街上，无意中遇到王寅生，得知王寅生、孙冶方随陈翰笙在广东作农村调查。王领我去见陈翰笙。陈把我留下，帮他们整理调查材料。后来，陈以《广东农村的生产力和生产关系》为题，写了一个调查报告，用太平洋国际学会的名义发表。这篇文章用马克思主义的观点分析广东省的农村生产力、生产关系，发表后苏联立即译成俄文出版，得到国际上广泛注意。这项工作结束后，我们随陈翰笙同去香港，乘轮船回到上海。

1934年，由于推行“左”倾冒险主义路线，各个红色革命根据地相继遭受严重挫折。中央红军在反对国民党军第五次“围剿”的战争中失败，被迫

① 1933年11月，十九路军将领在福建成立中华共和国人民革命政府，李济深任主席，宣布抗日反蒋，派代表与红军谈判合作，双方曾草签抗日反蒋初步协定。但推行王明路线的负责人拒不接受毛泽东、周恩来等同志的正确意见，认为十九路军“欺骗群众”，不肯同它在军事上进行配合。1934年1月，孤立无援的福建人民政府在蒋介石军事进攻和政治分化之下失败。——作者注

实行战略转移，于10月10日开始长征。负责领导国民党统治区工作的上海中央局，从1934年3月到1935年2月接连六次遭到大破坏，大批领导人被捕或牺牲，到1935年7月停止活动。除极少数地方外，白区的中共党组织被破坏殆尽。但仍有一批共产党人、进步人士和革命青年在极端困难的条件下坚持斗争。他们广泛团结社会力量，尽量利用各种合法阵地开展工作，传播马克思主义，反对蒋介石独裁统治，推进抗日救亡运动，并且逐步扩大自己的队伍，终于迎来团结抗日的爱国群众运动新高潮。

当然，这是由许多主客观因素所造成的。首先是日本帝国主义不断扩大侵略，把魔爪伸向华北，民族危机进一步加深，唤起了更多的人的觉醒。其次是蒋介石集团坚持“攘外必先安内”的卖国政策，加紧推行独裁统治，极端不得人心。许多人从现实的对比中日益认清中国共产党是坚决抗日、主张民主、为人民谋利益的，逐渐向共产党靠拢。再次是上海和其他一些地方幸而保存下来的极少数中共党组织、不少共产党人和革命者，在客观现实的教育中突破“左”倾指导思想的束缚，采取了切合实际的方针和灵活有效的工作方式，有了新的进展。因而，在国民党统治区的思想文化战线上，虽然经历了不少挫折和曲折，但总的说来，在30年代中期，革命文化运动还是取得了很大的成就。

我们是在1934年7月下旬回到上海的。这时，包括陈翰笙在内，所有原来社会科学研究所的同志都已被迫离开该所。来上海的有钱俊瑞、姜君辰、张锡昌等。钱俊瑞在苏联设在上海的塔斯通讯社翻译新闻稿件，将英文译成中文，每天一般只需要工作两三小时，其余时间就写文章和参加社会活动。姜君辰在《中华日报》工作，除主编国际版外，还主编《中国经济情报》副刊，每星期一版，约一万字。我们都成为《中国经济情报》的主要写稿人。要写经济论文，最重要的是收集经济资料，为此我们办了一个中国经济情报社，订购全国三四十种重要报纸，选择重要资料分类剪贴。在社会科学研究所时，我们就办过这样的资料室，有用科学方法分类剪贴报纸资料的经验。在我回沪前，徐雪寒、骆耕漠两位同志出反省院，由我推荐到中国经济情报社工作，后来又吸收石西民同志。他们一边剪贴资料，一边为《中国经济情报》写稿。我们回来后，写稿的人更多了，还向别的刊物投稿。中国经济情报社没有经费来源，写稿人捐出稿费的30%作为情报社的经费。两个工作人员每人每月15元生活费，此外靠稿费生活。

在撤离社会科学研究所前，陈翰笙眼看着已难久留，就以研究所的同志为骨干，加上曾在各地参加过农村调查的调查员，并吸收社会名人吴觉农（中华农学会会长）、孙晓邨（农村复兴委员会专员）、冯和法（农业经济学家）等，于1933年12月组织成立了中国农村经济研究会。1934年8月，中国农村经济研究会在上海举行扩大会议，选举陈翰笙为理事长，吴觉农为副理事长，孙晓邨、王寅生、钱俊瑞、姜君辰、张锡昌、冯和法、孙冶方和我为理事。接着创办《中国农村》月刊，创刊号在10月10日出版，由我和张锡昌、陈洪进共同编辑。不久，张锡昌、陈洪进离开上海。《中国农村》由我主编（对外宣布由冯和法主编），孙冶方也常来协助，工作人员先后有刘怀溥、于化琪、吴允中等，一般只有三个人。罗琼也在会里帮助做经济报刊索引，时间很短，约两个月。我在广西所作的报告《怎样研究中国农村经济》和《广西农村经济调查》（摘要），也在《中国农村》的创刊号上发表。

白色恐怖的上海成立中国农村经济研究会，创办《中国农村》月刊，是很不容易的。为着掩护这株革命幼苗，陈翰笙煞费苦心，团结当时可以团结的知名人士，争取公开出版发行。《中国农村》创刊时请蔡元培题写刊名，通过王昆仑和孙晓邨的关系，在国民政府内政部和国民党中央宣传部登记

1987年3月1日，中国农村经济研究会的成员聚集一堂，祝贺陈翰笙（前排左五）、吴觉农（前排左四）九十寿辰和孙晓邨（前排左三）八十寿辰。前排右二为骆耕漠、右三为薛暮桥。

（不登记就不能邮寄），由孙晓邨、冯和法为代表人。刊物上写的地址是南京行政院农村复兴委员会，由上海黎明书局发行。上海国民党市党部由吴觉农负责联络。编辑部在上海原法租界蒲柏路赓余里18号，陈翰笙亲自到法国总领事馆向法国巡捕房登记。进门时遇到前亲法的外交部部长顾维钧，两人同去面见法国总领事，总领事立即叫秘书把登记证发给了陈。这张登记证很有用处，对我们起了掩护作用。1936年中国农村经济研究会、中国经济情报社、新知书店十几个人在这里开会讨论抗日救国问题，法捕房突然派十多名巡捕来搜查。我们早有准备，每人面前放着一本同样的英文书，说是学英文的。巡捕正要查阅文件，抬头看到墙上挂着法捕房的登记证，就停止搜查，抄了登记证的号码走了。

中国农村经济研究会和《中国农村》月刊的经费都要自筹。开办时，陈翰笙、吴觉农、孙晓邨筹捐了100多元，此后主要靠黎明书店每月付出《中国农村》月刊40元编辑费。我和孙冶方等完全把这项工作当作革命事业来做，不领工资。20平方米的会所，房租每月18元，我住在会所，每月负担6元房租，研究会出12元。另两名工作人员每人每月仅领15元生活费，其中于化琪是放弃了每月80元的高工资来服务的。当时生活简单，大家在包饭店吃饭，每月伙食费6元。一个"亭子间"的房租也要10元上下，两人合住一个6—8平方米的亭子间。不足部分靠稿费补助，大家艰苦奋斗，夜以继日地工作。

后来，我们又开始编写小册子，感到需要有一个出版机关，于是向有关人员集资办了一个新知书店。初办时只有资金2000元。从此，《中国农村》改由新知书店发行。新知书店由徐雪寒任经理，华应申任副经理，只租了一间编辑室。工作人员很艰苦，晚上睡在地板上，白天卷起被铺工作，月工资也是15元，还要分摊房租。但大家认识到这是革命事业，工作十分勤奋。

中国农村经济研究会、中国经济情报社、新知书店共有工作人员十余人，合组了一个读书会，读革命书。由于当时环境不允许起这样的名称，就称×团体，意思是没有名称的团体，罗琼也参加了。除读书外还参加各种社会活动。1935年，钱俊瑞已经入党，参加了左翼文化界总同盟（以下简称"文总"）。文总是30年代国民党统治区由中国共产党领导的各个文化团体的联合组织，1930年7月成立。在此前后陆续成立的中国左翼作家联盟、中国社会科学家联盟、中国左翼戏剧家联盟、中国左翼美术家联盟、中国左翼教育工作者联盟、中国左翼新闻记者联盟、中国左翼电影工作者联盟、中国世界语工作者联盟等团体，都是文总的成员。文总接受中共中央宣传部的中央文化工作委员会（以下简称“文委”）领导。有时文总的党团书记即由文委书记兼任。在一段时间，文总的工作由胡乔木同志主持，钱俊瑞担任宣传委员。

我们的 × 团体由文总派钱俊瑞来领导，从此成为党的外围组织，我们又重新得到党的领导。× 团体虽然是党的外围组织，但任务明确，要求严格，组织性纪律性强。这时，我还参加编辑者协会、“苏联之友”座谈会等进步的社会活动，经常应邀到各单位去演讲，对外活动很多。我的心一直向着党，尽量利用一切可能的机会，宣传党的革命纲领，团结更多的进步人士，共同工作，争取中间人士靠近党，批评反对党的形形色色的谬论。

1935 年一二·九学生抗日救亡运动在北平爆发，很快发展到全国。12 月 16 日，由沈钧儒等知名人士发起，成立上海文化界救国会。我和钱俊瑞等也是发起人，积极参加。大会选出著名人士为领导人，以大革命时期国民党左派沈钧儒先生为首，负责实际工作的大都是共产党员。文总派钱俊瑞为文救会的党团书记。与此同时，罗琼参加筹备建立以史良、沈兹九等为首的上海妇女界救国会的工作；徐雪寒、华应申参加了以沙千里为首的上海职业界救国会的创建工作。徐雪寒是文救会的积极分子。从此 × 团体的成员都成为上海各界救国会的积极分子，常常讨论如何参加救国会的活动。

罗琼原名徐寿娟，1931 年是苏州女子中学师范科的学生，九一八事变以后，被选为学生会的领导人，因领导学生参加九一八学生救国运动而被扣发毕业证书。毕业后在青浦县黄渡乡村师范附属小学任教员。1933 年她用徐洛为笔名写了《黄渡农村调查》，在中国农村经济研究会的《会刊》上发表。她是这个会的早期会员，并开始同我通信。1934 年冬，她申请参加我们团体的工作，就在农村经济研究会负责编制各刊物的经济论文索引。与我朝夕相处，几个月就产生爱情。朋友们知道了，在一次农研会开会完毕时，冯和法等建议为我们举办结婚宴会。我们选定了 5 月 5 日马克思诞生日结婚，以此来表达我们的共同信仰。当时我们很穷，没有钱请客，朋友们各出五元，用以宴请亲朋好友，我们也同意了。这是一个很有意义的结婚典礼。我们自己只拍了一张结婚照片，没有买棉被、家具等其他物品，把原有的两张小床合搬到一个亭子间就算新房。从此以后，我们几十年如一日，同为革命事业奋斗。1985 年 5 月 5 日，我们上午在无锡，下午在江阴，两人在故乡默默地度过金婚纪念日。1989 年 10 月，我们获得中华全国妇女联合会等团体发的金婚纪念奖。

薛暮桥、罗琼夫妇金婚纪念照。

从 1935 年开始，罗琼为沈兹九主编的《妇女园地》《妇女生活》等杂志撰写稿件，参与编辑工作，并参加当时上海妇女界的进步活动。文救会成立后，妇女界于 12 月 21 日召开上海妇女界救国会的成立大会，参加的有一千多人。会后走上马路举行抗日救亡大游行。各界热心抗日救国的男女人士沿途自动参加，人数增至五六千人。这是上海多年来最大的群众游行，也是北平一二・九学生抗日救亡群众运动的扩展。史良、罗琼与其他妇救会的领导人走在最前列，冲破警察的拦阻，胜利地完成了游行计划。这时罗琼已经怀孕七个月。上海妇女救国会成立后，罗琼被选任该会的理事兼宣传部部长，仍四处奔走活动。

1936 年 2 月 8 日，史良派她家的保姆来通知罗琼，法捕房要来逮捕她，叫她即速离家。罗琼已临近产期，我就送她到上海东郊的引翔医院，院长是我的堂兄薛雪龄。医院很小，只有一个医生、一个护士，设备条件很差。原以为还未到产期，经此折腾，2 月 10 日，我们的第一个女儿诞生了，祖母给她起名叫薛宛琴。

我当时接替钱俊瑞在塔斯社做电讯稿翻译工作。工作时间随稿件多少不定，大多数日子只需要两三个小时，所以把主要精力用于编辑《中国农村》。有了小孩，工作、生活过分紧张，既要完成《中国农村》和塔斯社两项工作，又要照顾罗琼母女二人，实在忙不过来，勉强支撑了两个月，出于无奈，下决心把孩子送回礼社家中，由祖母抚养。因过于劳累，我在 8 月就病倒，只得辞去塔斯社的工作。罗琼在产后一直没有恢复健康。10 月蒙王昆仑[①]同志好意邀请，我们两人到他家的无锡鼋头渚太湖别墅去休养一个月。接着，又回礼社去看望母亲和八个月的女儿，12 月初回上海，没有想到同她们一别就是 14 年。在我养病期间，《中国农村》由孙冶方同志负责编辑。

这一时期，全国各地群众抗日救亡运动风起云涌，遍及全国；国民党当局惊慌失措，极力压制。1936 年 2 月 12 日，国民党宣传部发表“告国人书”，说上海文化界救国会是共产党的化身，诬蔑为替“赤色帝国主义”（苏联）效劳。文化界救国会于 2 月 14 日发表公开信进行反击。在当时的历史条件下，这封公开信只能由救国会秘密印发。《中国农村》在第 2 卷第 3 期（1936 年 3 月）把它公开发表了。上海国民党市党部因此下令禁止《中国农村》出版。中国农学会会长、中国农村经济研究会副理事长吴觉农亲自去找市党部书记长潘公展，经他疏通，市党部才批示准许复刊。《中国农村》在每月 1 日出版，禁刊是在上旬，下旬准许复刊，我们照常编辑排印，第 4 期仍于 4 月 1 日准时出版。当时许多进步刊物被禁后只能改头换面，另出新的刊物。《中国农村》依靠广泛团结各方人士的力量，几经风雨，一直保持原来的政见，原来的刊名。

1936 年 5 月，全国各界抗日救国会成立，全国各地群众抗日救亡运动进入高潮。国民党反动派大肆镇压。11 月 22 日，救国会“七君子”（沈钧儒、邹韬奋、章乃器、李公朴、沙千里、王造时、史良）被捕入狱。但在党的领导下，救国会的活动并未因此停止，而是更深入细致了。“七君子”关

---

① 王昆仑（1902—1985），江苏无锡人，1927 年任国民革命军总司令部政治部秘书长。1933 年加入中国共产党，长期从事民主运动及统一战线工作，曾任国民党立法委员、候补中央执委。1949 年进入解放区，当选全国政协常委。历任政务院政务委员、全国人大常委会委员、北京市副市长，民革中央常委、宣传部部长、副主席、代主席和主席。——作者注

在苏州，由高等法院审讯。沈钧儒当过政法大学校长，法官大多数是他的学生，不敢苛待。有一天，沈钧儒给我来信，说救国会案牵涉我，要我去苏州面谈。我去苏州见了沈钧儒，他把法院抄来的档案给我看。有个人名叫罗青，自己组织江苏省救国会，还刻了图章，被警察抄到被拘，他说是我领他去见了章乃器，由章乃器批准组织江苏省救国会的。救国会没有上下级的关系，章乃器当然不承认。沈说可能传我对质，要我预做准备。不久，宋庆龄、何香凝、胡愈之、沈兹九、胡子婴等发起救国入狱运动，到苏州高等法院投案，严正申明：爱国无罪，如果爱国有罪，我等也是救国会领导人，要求与“七君子”同受关押。国民党理屈词穷，大为震惊。这大大激励了广大人民的抗日救亡热情。救国会党团发动救国会员响应救国入狱运动，会员们纷纷去信愿与“七君子”同被关押。高等法院不敢扩大拘审范围，我也没有被传讯。

关于中国社会性质的论战

《中国农村》从 1934 年 10 月创刊，到八一三淞沪抗战后迁往内地，约有三年时间在上海编辑出版。我们力求遵循马克思主义原理，坚持理论与实际相结合，通过对中国农村大量调查报告、专题研究的具体分析和理论探讨，揭示中国各地农村的土地关系，在帝国主义和封建势力双重剥削下农村经济破产的实际状况，论证中国农村的社会性质、阶级关系及改革土地制度的必要性。当时我们有一种编辑意图，就是要通过对中国农村经济各个侧面

薛暮桥编的《中国农村》杂志。

的研究、剖析和评述，宣传中国共产党第六次代表大会关于中国社会性质和中国革命性质的正确论断，宣传解释党的反帝反封建的新民主主义革命理论。《中国农村》针对当时在农村经济问题上出现的错误思潮和各种谬论，进行了几次批评和论争。我们批评了美国资产阶级学者卜凯的错误论点，同中国托洛茨基派进行了关于中国农村社会性质的论战；还批评了以晏阳初、梁漱溟为代表的乡村改良主义运动。其中尤以同托派关于中国农村社会性质的论战最为重要，它是30年代国民党统治区由我们党领导的马克思主义学者同国民党改组派文人、托洛茨基派以及一些资产阶级改良派学者就中国社会和中国革命的根本问题所进行的一场大论战的组成部分，具有广泛、深远的影响。

30年代的中国社会性质论战，不但在思想理论战线上是一件大事，而且在政治战线上也是一件大事。正如毛泽东同志在《中国革命和中国共产党》中所指出："只有认清中国社会的性质，才能认清中国革命的对象、中国革命的任务、中国革命的动力、中国革命的性质、中国革命的前途和转变。所以，认清中国社会的性质，就是说，认清中国的国情，乃是认清一切革命问题的基本的根据。"①

大革命失败以后，1927年中共中央八七会议清算了大革命后期以陈独秀为代表的右倾机会主义错误，确定了土地革命和武装反抗国民党反动派的总方针。1928年六七月间在莫斯科举行的中国共产党第六次全国代表大会，总结了1924年至1927年大革命失败及八七会议前后党所领导的革命斗争的历史教训，对有严重争议的一系列有关中国革命的根本问题作出了基本正确的回答。六大确认中国仍然是半殖民地半封建的社会，重申"中国革命现在阶段底性质，是资产阶级民主革命"②。六大通过的土地问题决议案指出："农民的土地革命，仍旧是中国革命现时阶段底主要内容。"更深入地表述了把反帝、反封建两大革命任务紧密结合的完整的革命纲领。六大还正确指出"党的总路线是争取群众"，把工作中心从千方百计组织暴动转到从事长期的艰苦的群众工作。并且强调"最主要的危险倾向就是盲动主义和命令主义，他

---

①《毛泽东选集》第2卷，人民出版社1991年版，第633页。

②《中国共产党第六次全国代表大会底决议案》(1928年7月9日)，一、政治决议案，三、土地问题决议案。中共中央宣传部编印:《中共党史教学参考资料》(第一批)，1957年版。

们都是使党脱离群众的"[①]。这些无疑都是正确的、极为必要的。

关于中国革命的根本问题，在中国共产党内，在国际共产主义运动中，长时间存在激烈的争论。在中共六大前后的一段时间内，联共（布）党内的托洛茨基反对派猛烈指责斯大林和共产国际对中国社会性质的分析和对中国革命的指导。诚然，斯大林和共产国际在中国大革命时期对中国党的指导确有不少缺点和错误，然而，他们对中国社会和中国革命性质的基本判断，大体上是正确的。托洛茨基则不然，他断言"中国社会是资本主义占优势的社会"[②]，他认为，蒋介石的四一二反革命政变代表中国资产阶级的利益和要求，"中国已进入资本主义稳定发展时期"[③]，"革命局势已经完结"[④]。他反对中国共产党人发动武装起义，建立红军和苏维埃政权，指责南昌起义，要中国共产党人放弃武装斗争和土地革命，也就根本否定了中国反帝反封建的新民主主义革命任务。

陈独秀对中共中央八七会议批判他的右倾投降主义错误心怀不满，在中国社会性质和中国革命的根本问题上持有与托洛茨基相同或近似的观点。在陈独秀看来，封建阶级同资产阶级在经济上早已只有共同利害而无根本矛盾；经过大革命，帝国主义对资产阶级作了让步和帮助，封建势力已变成残余之残余，当然也就没有必要坚持进行反对帝国主义、反对封建主义的革命斗争。

在此期间，国民党当局正在文化思想界实行反革命的文化"围剿"。国民党一些头面人物与各种反马克思主义派别相互呼应，在中国社会性质和中国革命问题上散布谬论，制造混乱，以模糊人们的视线。其中较有代表性的派别，主要是以陶希圣为代表的"新生命派"[⑤]，以陈公博为负责人的国民党

---

①《中国共产党第六次全国代表大会底决议案》（1928 年 7 月 9 日），一、政治决议案，三、土地问题决议案。中共中央宣传部编印:《中共党史教学参考资料》（第一批），1957 年版。

②《陈独秀评论选编》下册，李显荣:《托洛茨基评传》，中国社会科学出版社 1986 年版，第 483 页。

③ 参见上海市党史资料征集委员会主编:《三十年代中国社会性质论战》，知识出版社 1987 年版，第 15 页。

④ 托洛茨基:《中国革命问题》（二），中译本 1930 年版，第 127 页。

⑤ 1928 年戴季陶、陈果夫、陈布雷、陶希圣等人在上海创办《新生命》杂志。陶希圣自该年 10 月起陆续在《新生命》发表关于中国社会性质和社会历史的文章，后汇集成书由新生命书局出版。他也是改组派分子，但在这些问题上，其观点和色调与改组派刊物载文略有不同，因而以《新生命》月刊为主要阵地的陶希圣等人被称为"新生命派"。——作者注

改组派以及以胡适为代表的资产阶级改良派。陶希圣宣扬“中国封建制度崩坏论”，认为从秦汉至清，中国是一个封建制度已经分解而为资本主义生产力不发达的特殊社会，他称之为“商业资本主义社会”；鸦片战争以后，“是帝国主义压迫下的商业资本主义社会”①。改组派陈公博、顾孟余等人否认中国还有封建阶级，说“无论由政治上看还是由经济上看，中国现在绝没有封建阶级”②。胡适否认封建势力的存在和帝国主义的侵略，提出中国的问题全在于贫穷、疾病、愚昧、贪污和扰乱，所谓“五鬼闹中华”，声称“封建势力不在内，因为封建制度早已在两千年前崩坏了；帝国主义也不在内，因为帝国主义不能侵入五鬼不入之国”。他影射说，“悬想一个意义不曾弄明白的封建阶级作革命对象，或把一切我们自己不能脱卸的罪过却归到洋鬼子身上，这都是盲动”③。其矛头所指，是显而易见的。

自20年代末30年代初开始，大体持续到抗日战争前夕，这场关于中国社会性质的论战，便是在上述历史背景之下，从原来中共与托陈取消派基本上属于党内的思想政治斗争逐步扩展到社会上，形成思想理论界的一场大论战。由于国民党文人的反动面目大多暴露无遗，胡适等资产阶级学者是公开反对马克思主义，相比之下，其欺骗作用，不如托洛茨基派打着马克思主义的旗号招摇撞骗，更能迷惑一部分青年群众。所以，在论战中，马克思主义者虽然对国民党改组派和资产阶级改良派的种种论调也进行了必要的驳斥，但批评的主要锋芒指向托洛茨基派，通过廓清托派散布的重重迷雾，进一步深化粉碎国民党反动派文化“围剿”的斗争。

总的来看，可以说这一论战经历了三个回合的较量，或者说，由三场内容各有侧重而又互相关联的论争所构成。一是被称作“新思潮派”为主力的马克思主义者同主要是以“动力派”为代表的中国托洛茨基分子关于中国社会性质的论战；二是大致与此同时，其延续时间更长一些的关于中国古代社会史的论战；三是以《中国农村》为主要阵地的马克思主义者同以《中国经济》为主要阵地的托派分子关于中国农村社会性质的论战。关于中国古代社会史的论战，是追溯历史的渊源，以充实和加强关于中国近代社会性质的论

---

① 陶希圣:《中国社会之史的分析》,《潮流与点滴》。

② 顾孟余:《国民党必须有阶级基础吗？》(1929年7月),《前进》第1卷第3号。

③ 胡适:《我们走哪条路》(1930年4月)，本页几段引文转自《三十年代中国社会性质论战》，知识出版社1987年版，第11—13页。

证；而关于中国农村社会性质的论战，则是前一阶段中国社会性质论战的继续和深化。

1929年12月，当时的中共中央政治局常委兼宣传部部长李立三撰写《中国革命的根本问题》一文，从1930年3月起在中共中央机关刊物《布尔塞维克》上发表。文章全面论述了六大对中国社会性质的分析和对中国革命确定的政治路线，批判了“托陈取消派”的谬论。中共中央宣传部领导下的中央文化工作委员会通过后期创造社于1929年11月创办《新思潮》杂志（由朱镜我任主编），团结进步社会科学工作者，组织文章，论证六大的基本观点，批判形形色色错误的和反对的论调，揭开论战的序幕。

1929年12月，《新思潮》第二、第三期合刊发表郭沫若署名杜荃的《读〈中国封建社会史〉》的文章，批判了借口“中国的国情不同”宣扬马克思主义不适合中国的论调，批驳了陶希圣的“中国封建制度崩坏论”。该刊1930年4月15日出版的第五期为《中国经济研究》专号，刊登了一系列关于中国社会性质的文章，其中王学文署名王昂的《中国资本主义在中国经济中的地位其发展及其前途》和潘东周[①]的《中国经济的性质》两篇文章，一般认为是“新思潮派”的代表作。《新思潮》杂志出了七期即被当局查禁，其中第七期作为社联的机关刊物，改名《新思想》在1930年7月出版。先后在该刊发表有关中国社会性质论战文章的，还有吴黎平、李一氓、朱镜我（署名谷荫）、向省吾、李果等人。

1930年7月5日，“托陈取消派”创办《动力》杂志[②]。托派分子严灵峰接连发表文章，对李立三和《新思潮》的文章进行反驳，并以《中国经济问题研究》为书名于1931年6月由新生命书局出版。另一托派分子任曙在1931年初出版《中国经济研究绪论》。后严、任两人同刘仁静（以镜园的笔名）在《读书杂志》接连发表文章，宣扬托派观点。

《新思潮》被禁后，1930年在社联和左联合编的《文化斗争》周刊、左联机关刊物《世界文化》月刊、社联机关刊物《社会科学战线》上，1931年

---

① 潘东周，又名潘文育，为李立三助手，后背叛革命，最终在华北被国民党当局杀害。——作者注

②《动力》杂志，神州国光社出版，共出两期。据托派分子王凡西称，该刊以陈独秀为主的托派小组织“无产者社”主办，参见《双山回忆录》，现代史料编刊社1980年版，第178页。——作者注

在社联机关刊物《书报评论》以及《读者月刊》上，1932年在社联刊物《研究》等杂志上[①]，朱镜我（署名谷荫、张焕明）、王学文、柯柏年、杜国庠（林伯修）等同志都曾陆续发表批判“动力派”及其他错误观点的文章。在党的刊物《布尔塞维克》杂志上，1930年至1932年间先后发表过张闻天（署名思美）、瞿秋白（署名何史文）、蔡和森、吴黎平（署名吴良斌）、沈泽民等同志批判“托陈取消派”的文章。

论战的焦点在于争辩中国究竟是一个资本主义国家还是半殖民地半封建国家，主要围绕帝国主义、封建主义、民族资本主义三者的关系，来论证何者在中国经济中居于优势地位，外国资本主义入侵后对中国社会经济究竟起了什么作用，封建势力在中国是否仍然严重存在，以及中国民族资本主义的发展程度等问题。马克思主义学者与“托陈取消派”在这些问题上的观点是根本对立的。另一方面，“托派”同“改组派”和“新生命派”之间，虽然在反共、反马克思主义、否认中国是半殖民地半封建国家方面具有很大的一致性，但在具体论点上亦有若干差异。因而论战呈现一种多方参与、交错论争的态势。同时，论战不限于社会科学界，还扩展到政治界和文艺界。茅盾的长篇小说《子夜》就是在这一论战的背景下创作的。他说：“这部小说的写作意图同颇为热闹的中国社会性质论战有关”，“所要回答的只是一个问题，即是回答了托派，中国并没有走向资本主义发展的道路，中国在帝国主义的压迫下，更加殖民地化了。”[②] 由于引发这场论战的双方，最初是以《新思潮》和《动力》两份刊物为主要阵地而展开的，所以，在思想理论界，通常把这一阶段的论战称为“新思潮派”和“动力派”的论战。

关于中国古代社会史的论战，起始于前述1929年12月郭沫若在《新思潮》第二、第三期合刊发表的《读〈中国封建社会史〉》的文章。他的《中国古代社会研究》于1930年3月由上海联合书店出版。该书应用历史唯物主义观点，对大量出土文物和文献史料深入进行分析研究，揭示了中国古代社会的历史进程，确认马克思主义关于社会发展规律的学说完全适用于中国国情，尽管其中某些论点，作者后来作了修正，如中国封建制度的上限等，但它是一项开创性的研究，在中国历史科学的发展史上具有重要地位。它一出

① 上述杂志大多只出版一两期即遭国民党当局查封。——作者注

② 茅盾：《“子夜”是怎样写成的？》，1939年6月1日《新疆日报》副刊《绿洲》，以及茅盾1977年在该书重版时写的话。

版就引起各方注意，并立即受到“新生命派”“托陈取消派”和一些改良派学者的攻击。

此时，由王礼锡主编的《读书杂志》表面持中间立场，为“中国社会性质论争”征文。1931 年 8 月至 1933 年，共出版四辑中国社会史论战专辑。其中既刊登张闻天署名刘梦云的《中国经济之性质问题的研究》，又先后刊登了陶希圣、杜畏之、胡秋原、刘仁静、严灵峰、任曙等人的文章。专辑内容既有对中国社会历史发展问题的论争，也有对中国近代社会性质问题的交锋，两者相互关联，显示它们之间的内在联系。其他杂志也发表一些有关论争的文章，并有若干专著出版。在马克思主义者队伍里，发表或出版有关论著的，还有李达、吕振羽、翦伯赞、何干之等同志。

中国古代社会史的论争大体围绕怎样理解亚细亚生产方式、中国历史上是否存在奴隶制社会以及鸦片战争后的中国社会性质三个问题展开，同样是整个关于中国社会性质大论战的一个重要方面。要对中国近代社会性质从理论上作出科学的回答，不可避免地要涉及许多关于中国古代历史的问题。如果说对中国近代社会性质的论争，着重考察帝国主义入侵中国以后帝国主义、封建主义和民族资本主义三者在中国社会经济中的地位和作用，是从横断面加以剖析，求得正确认识中国的国情；那么，关于中国古代社会性质的论战，就是从纵的方面考察中国社会的历史演变；揭示中国的历史进程与马克思主义所阐明的人类社会历史发展的规律相符合，更为全面而深刻地认识中国的国情，为正确判定中国近代社会性质提供了理论的和历史的依据。因而论战的这两个回合大致同时展开，绝不是偶然的。

整个论战前期马克思主义者撰写的关于中国社会性质的文章中，现在看来，以张闻天同志写的题为《中国经济之性质问题研究——评任曙君的〈中国经济研究〉》一文为最完整、最深刻。闻天同志于 1931 年 2 月从苏联归国到达上海，就任中共中央宣传部部长，不久即写作此文。出于策略上的考虑，用了刘梦云的化名，而且在文末署明“一九三一年三月十五日，日本东京”①，将手稿寄往日本，再由友人从东京寄回上海，以侨居日本的一个中国学生身份参加国内的学术论争。全文近万字，集中回答中国究竟是不是资本主义社会这一核心问题，系统地批驳了任曙，也批驳了严灵峰以及其他“托

① 马文奇、何宝昌、周环、王丽英编著：《张闻天》，北京出版社 1993 年版，第 106 页。

陈取消派"分子否认帝国主义在中国的统治势力和封建关系仍占重要统治地位的谬论，详尽地说明了中国还是半殖民地半封建社会，应当进行反帝反封建的资产阶级民主革命，在无产阶级领导下广泛发动农民土地革命。文中指出："帝国主义利用它在中国经济上的指挥地位，就是这样，经过中国的地主、商人、高利贷者推销它的商品，搜刮农民的财富。帝国主义只是因为在乡村中有它的同盟者，所以它不但能够统治通商口岸，而且也能统治中国的乡村。所以在乡村中间，帝国主义维持封建的剥削，也就是经过各种剥削，奴役着中国的劳苦民众。"① 文章抓住大量基本事实，分析鞭辟入里，从而驳倒了"托陈取消派"的政见和策略所赖以建立的理论基础，捍卫了党的反帝反封建的基本纲领。

载有闻天同志文章的《读书杂志》中国社会史论战第一辑 1931 年 8 月 1 日出版后，在九个月内先后印行了四版。同年 11 月 2 日编者在该辑第三版《卷头言》中说："论战号第一辑出版仅十天就已销尽两版，""日本田中忠夫先生等正收此辑提要介绍于彼邦，还有几个日本朋友准备全译以飨其邦人。"不久，闻天同志化名刘梦云的文章即被收入田中忠夫编的《支那经济》一书。这期论战专辑的第三版和第四版（1932 年 5 月 10 日）还刊登了一批读者来信，表明他们对论战的重视和专辑文章的反响。颇有意思的是自称"自由人"的胡秋原，在他的信中说："这一期，一半的文章是'立'（主张），一半的文章是'破'（批评）。大概说来，破的文章是胜于立的。破的文章中，最使弟注意者，是刘梦云……的文章。""死抄《中国年鉴》而加上胡说的任曙君的'大作'，其不通已经刘梦云详细地指出了，""我不知道还有什么比任曙君更其机械的活机械！"②

遗憾的是闻天同志的文章发表时，中央研究院社会科学研究所已迁到南京，我去了广西。我们没有能看到这篇文章。据说 80 年代高军编过一本《中国社会性质论战（资料选辑）》，收入了闻天同志的文章③。我们是在 80 年代编辑《解放前的中国农村》时，才由冯和法同志在北京图书馆找到这本

① 参见《帝国主义与中国资本主义》。此系《中国经济之性质问题的研究——评任曙君的〈中国经济研究〉》一文中的一节，全文载于《解放前的中国农村》（二），中国展望出版社 1987 年版。

② 马文奇、何宝昌、周环、王丽英编著：《张闻天》，北京出版社 1993 年版，第 108 页。

③ 马文奇、何宝昌、周环、王丽英编著：《张闻天》，北京出版社 1993 年版，第 109 页。

《读书杂志》，并走访王学文等老同志后，才知道刘梦云是张闻天同志的化名，上述情况，也是此后追溯才了解的。

中国农村社会性质的论战，可以说是“新思潮派”同“动力派”论战的延伸和进一步深化，论争的重点和双方的阵容都有发展和变化。就马克思主义者方面来说，前一阶段关于中国近代社会性质的论战，虽然以痛斥托派谬论而告一段落，但批判大体上还是局限和停留在理论的阐释论辩上，还缺乏充分的具体的调查研究资料来有力地证实自身观点的正确性；所涉及的范围内还留下许多不足或空白，特别是关于农村社会性质问题有待于继续深入探讨。同时，《新思潮》等左翼刊物大抵处于半公开状态，发行面较窄，往往只办几期，甚至一两期就被国民党当局查封，因而其社会影响受到很大限制。伴随中国日趋深重的民族危机，农村经济情况更加恶化。农村破产的症结及其出路何在，成为世人瞩目，特别是思想理论界和广大知识青年所关切的突出问题。在中国农村社会性质问题上向较为广泛的读者群纠正谬误，澄清是非，已是迫切的客观需要。中国农村经济研究会的骨干成员在那几年作过大量农村调查，掌握丰富的实际资料，拥有充分的依据，足以对托派谬论展开进一步的批判。在托派那一边，尽管任曙、严灵峰之流还曾声嘶力竭地进行反扑，但是他们的辩解苍白无力，其影响已趋衰落。此时，开始有些新的人物出来叫阵，他们提出某些新的说法，以继续迷惑群众，坚持他们的错误观点。于是，论战进入一个新的阶段。

《中国农村》创刊之前，1933 年在《新中华》杂志上，论战双方有过一些交锋。这可以说是前一回合论战的余波，也可视为揭开了关于中国农村社会性质论争的序幕。

首先是论战的对手托派分子继续散布他们的错误观点。1932 年 2 月，任曙出版其《中国经济研究绪论》一书的“修订版”。同年 11 月，严灵峰继《中国经济问题研究》之后又出版《追击与反攻》。他们同刘仁静等人还在一些杂志上发表文章，为中国农村已经是资本主义性质的谬论进行辩解。1933 年 7 月，《新中华》杂志第 1 卷第 14 期发表刘梦飞的文章《中国农村经济的现阶段——任曙、严灵峰先生的理论批评》，从方法论角度，从中国农村资本主义的发展程度、土地问题和租佃关系的分析，驳斥资本主义已在农村中取得支配地位的论调。文章最后的结论说：“目前中国农村经济的特质是：资本主义的生产方法一时尚不能发展，而固旧的生产方法又在崩溃的过程中，其所表现的具体形态，即是由封建经济过渡到资本主义的半封建经济。”[①] 刘梦飞是否就是刘梦云，现在无法查证，这篇文章同前述刘梦云文章的观点是基本上一致的。严灵峰和任曙在《新中华》第 18 期分别发表文章进行辩解。刘梦飞又在《新中华》第 23 期发表《中国农村经济现阶段性质之商榷》，再次批判严、任二人的谬论。这一期《新中华》还发表了钱俊瑞以陶直夫为笔名写的《中国农村经济现阶段性质之研究》，文内建议“我们对于中国农村经济性质的讨论应当进入更具体的更深刻的阶段”，“广泛地掀起一种实际研究的运动”。这已是响起了论战即将进入新阶段的钟声。这段时间我正在桂林广西师专教书，没有参加上述讨论。

全面的论争还是对方挑起的。1933 年 4 月，南京中国经济研究会创办理论刊物《中国经济》，由邓飞黄[②] 任主编，其主要撰稿人都是托派观点的鼓吹者。在任曙、严灵峰二人偃旗息鼓之后，起而代之的有王宜昌、张志澄、王毓铨等大学教授和学者，他们也是有一定影响的人物。1934 年 9 月，《中国经济》发表王宜昌的《中国农村经济研究方法》，随后又陆续发表他的有关中国农村经济的三篇论文[③]。1935 年 1 月，王宜昌在天津《益世报》副刊《农村周刊》第 48 期发表《农村经济统计应有的方向转换》，向创刊不久的《中国农村》挑战。他针对《中国农村》创刊号上《怎样分类观察农户》一文，提出农村经济的研究“在人和人的关系底注意之外，更要充分注意人和自然的关系”，以此作为中国经济研究的“第一方向转换”，实质上是要以生产力的研究来否定生产关系的研究。他咄咄逼人，写信给《中国农村》编辑部，要我们“表示意见”。我们理所当然地给予回答。1935 年 3 月《中国农村》第 1 卷第 6 期上，发表了钱俊瑞批驳王宜昌观点的《现阶段中国农村经济研究的任务》和我写的《答复王宜昌先生》，并征得《益世报》副刊《农村周刊》编辑的同意，在该期“附录”一栏里转载了王宜昌的文章。

论战开始后，王宜昌在天津《益世报》1935 年《农村周刊》第 54 期发表《论现阶段的中国农村经济研究——答复并批评薛暮桥钱俊瑞两先生》。

---

① 转引自《三十年代中国社会性质论战》，知识出版社 1987 年版，第 72 页。

② 邓飞黄，国民党改组派骨干分子，国民党第四届中央执行委员，1932 年任南京政府铁道部职工教育委员会委员长，1935 年 11 月汪精卫被刺后，前往欧洲考察。——作者注

③ 三篇论文题为《从农民上看中国农村经济》《从土地看中国农村经济》《从农业来看中国农村经济》，分别发表于 1934 年 12 月至 1935 年 12 月。——作者注

接着，他又发表《关于中国农村生产力与生产关系——答赵梅生余霖[1]诸先生》，张志澄发表《关于中国农村经济研究方法——略评中国农村社的钱余诸先生》，王毓铨发表《关于农村经济研究之方向及任务的讨论》。这几篇文章指名向我们挑战，其势汹汹，他们的论点同任曙、严灵峰基本上是一致的。为了答复他们的挑战，《中国农村》相继发表了陶直夫（即钱俊瑞）的《中国农村社会性质与农业改造问题》，余霖（即薛暮桥）的《中国农村社会性质问答》，薛暮桥的《研究中国农村经济的方法问题》，钱俊瑞的《现阶段中国农村经济研究的任务》，周彬（也是钱俊瑞）的《中国农村经济性质问题的讨论》，以及孙冶方的《农村经济的对象》等文章。

1935 年托陈取消派的"理论家"尹宽因病从牢狱保释，他在医院中读了《中国农村》的论战文章，于这年 6 月写了《关于中国农村问题研究之试述》，用王景波笔名向《中国农村》投稿。我们在《读者园地》栏内予以发表。他的观点同其他托派分子稍有不同，说中国是一个"半殖民地的资本主义国家"，城乡经济都在帝国主义控制之下，帝国主义通过中国买办资产阶级控制并剥夺中国农村，因此中国农民已经成为帝国主义资本"外在的工人"。这种在资本主义之前加上"殖民地"字样的说法，比"中国经济派"的教授们要"高明"一点。我们在《中国农村》发表了钱俊瑞的文章，批评了他的观点。

这次论战讨论的重点有两个：第一个是研究农村经济的方法问题，即应重视生产力还是重视生产关系。第二个是关于中国农村社会性质问题，即中国是半殖民地半封建社会还是资本主义社会。托派认为，中国早已发展商品经济，连土地也已经商品化，可以自由买卖。地租中已经发生钱租，无疑已是资本主义性质。有的人说，在农村中已经有农业机械和化学肥料，可见农村已经"资本主义化"了。有的还说，在农村生产关系中占主要地位的已经不是土地关系，而是资本关系。对于帝国主义问题，"中国经济派"一些人认为不论外国资本还是中国资本，都是资本主义，不必讨论。尹宽则认为，中国的城市和农村都受帝国主义支配，因此都是受资本主义支配，农村社会性质问题可以不必讨论。尽管他们之间也有些论点不尽相同，但实质相同，得到的仍然是同样的结论，即中国已是资本主义社会。

---

① 余霖是我用的笔名。——作者注

论争起始于研究方法问题，其核心是农村经济研究的主要对象是什么，实质上，也是为着说明在社会性质问题上的基本观点提供方法论上的依据。随着论战的展开，辩论即着重于阐明农村社会性质问题。我们认为，研究农村经济应当以农村生产中人与人的相互关系、即生产关系问题为主要对象，对生产力的研究是在与生产关系的关联之中来分析社会生产力的发展形态，从生产力与生产关系的辩证统一中来考察生产力，而不应当同生产关系分割开来，或者把生产力纯粹作为某种技术上的因素，作为农村各门具体科学的延长。只有以生产关系作为农村经济研究的主要对象，才能正确认识中国农村的社会性质。

重视生产关系，也在于中国生产力的真正发展首先必须推翻旧的生产关系。革命的目的就是为了改革束缚生产力发展的生产关系，而改革生产关系的目的正是为着解放生产力。在中国，帝国主义和封建势力阻碍生产力的发展，所以需要进行反帝反封建的资产阶级民主革命。如果认为中国已经是资本主义社会，不受帝国主义、封建势力束缚，只要等待资本主义充分发展，再来进行社会主义革命，这正是托派的论点。

当时许多人简单地以为不是封建主义就是资本主义，不是资本主义就是封建主义，不理解中国社会的资本主义虽已开始发展，而在占全国人口90%的广大农村中，地主对农民的封建剥削仍占绝对优势。地主、富农只占农村人口的10%，而他们所占有的土地占全部土地将近70%①。地主，甚至大部分的富农，不是把土地雇工经营，而是出租给贫苦农民，征收包括甚至超过全部剩余产品的封建性的地租。农村中商品经济虽然开始发展，但农村商业掌握在地主、高利贷者手中，用“卖青苗”等方式进行地主、商人、高利贷者三位一体的剥削。

帝国主义侵略虽然在一定限度内引起中国资本主义的发展，但帝国主义控制中国的政府，掌握着中国的海关，使国货抵挡不住洋货的倾销。他们在中国开设工厂，并与军阀勾结，摧残中国的民族工业。帝国主义掠夺中国的农产品，引起农村中商品经济的发展，但他们没有发展农村中的资本主义

---

① 根据我们参加的农村复兴委员会在华北、华中、华南三个省的典型调查资料计算所得。具体地说，地主占有全部土地的45.8%，富农占有18.2%。肥沃的土地大多集中在地主、富农手中，所以如将土地质量因素合并计算，地主、富农占有土地实际上超过70%。——作者注

商业，而是通过上述封建性的地主、商人、高利贷者，加强农村中的封建统治关系。帝国主义办的华洋义赈会曾经在农村办供销、信用合作社，声称可以取代封建商业和高利贷的剥削。但因农村破产，合作社的社员没有一个农民，都是地主、商人、高利贷者。他们办合作社只能是扶植这三位一体的封建剥削。像这样复杂的社会关系，没有进行实地调查，不运用正确观点加以分析，是不会理解的。

托派教授们大概从来没有到过农村，或者路过农村而未下车进行调查。在30年代的中国，究竟有多少农业机械和化学肥料呢？据我所知，只有在江苏东台海边有一个由上海资本家投资500万元建设的垦殖区。他们在海边筑堤，开河排碱，确实用拖拉机和雇工开垦荒地。然而垦成熟地后，却分成若干小块租给农民，用人力和牛力耕种，拖拉机和雇工再去开垦其他荒地。为什么他们垦熟后不雇工经营而要租给佃农呢？ 1932年我在萧山县作农村调查时住在一位开明地主家里。我问他，雇工的工资很低，你为什么把土地出租，不雇长工经营？他的答复是工资虽然不高，每餐要吃三大碗。我明白，佃农只能吃得半饥半饱，能向地主提供更多的剩余产品，因此，地主愿意采取封建性的租佃关系，而不愿意采取带有资本主义性质的雇佣关系。这就是中国绝无仅有的资本家集团经营的东台垦殖区，也把垦熟的土地租给佃农的根本原因。

在旧中国，就连雇佣工人的工资，也常低于社会必要劳动。30年代我曾访问一位在家里为光华火柴公司糊火柴盒的女工。我听她说一天劳动只能挣到一角钱，只够吃饭用，问她为什么还干这种工作？她的答复是：“不糊火柴盒也要吃饭啊！”仿佛这一角钱是额外收入。农村雇工不但工资很低，同地主之间往往还有某种主仆关系，还要附带为地主做家务劳动。

土地的商品化并不等于资本主义化。资本主义国家的土地所有者把土地大块大块地租给资本家，再由农业资本家雇工经营（如英国），他们分享雇工所提供的剩余价值（地主得地租，资本家得利润）。有些土地所有者自己雇工经营，获得全部剩余价值。更多的小土地所有者自己经营，只在农忙时雇几个短工，他们是小业主。我国的地主把土地分割开来出租，一小块一小块地租给无地少地的佃农。佃农像农业资本家那样负担成本，却得不到利润（利润部分均被地主拿去），只得到必要劳动所创造的价值，相当于雇工的工资。所以货币地租（这在30年代的中国很少）并不等于资本主义地租。地租中如包括利润部分，仍然是封建地租。这是封建或半封建的生产关系。封建关系还包括农民对地主的人身隶属关系（故称农奴），半封建关系则基本上没有人身隶属关系。在中国的大部分地区，地主与佃农之间多少还带有一点主仆关系。

我国在30年代还是一个殖民地（被日本占领部分）半殖民地国家，帝国主义控制着中国的国民经济。民族资本受到压抑，不易发展，其中相当大一部分转化为买办资本，帮助帝国主义通过地主、商人、高利贷者，用封建关系来剥削中国农民，使农民受着帝国主义和封建主义双重剥削。因此农业不但不能向资本主义发展，而且日益面临破产的困境。中国农民要想发展生产，就必须推翻帝国主义和封建主义。这是托派的先生们所不肯承认的。

1935年9月30日，《中国农村》第1卷第12期付印，我们在《编余后记》中指出："我们以为过去所做论战工作，到此可暂时告一段落。""此次论战虽然不能够说已经获得正确结论，但是自信已把多数读者的水准提升一个较高阶段。"同年9月间，我们用中国农村经济研究会的名义，将论战双方的主要论文汇编成《中国农村社会性质论战》一书，由新知书店出版。一场关于中国农村社会性质问题的论战，就此结束。此后，在学术界还陆续发表过一些文章和著作，论述中国社会史及中国社会性质的有关问题。1937年1月，生活书店出版何干之的《中国社会性质问题的论战》，7月出版他的《中国社会史问题论战》，对20年代末到30年代中的这场大论战分别做了较为系统的论述。

关于中国社会性质的论战受到全国广泛的注意。中共上海党史资料征集委员会特地收集有关资料，编了《三十年代中国社会性质论战》一书，对论战的历史背景、发展过程、争论的焦点及有关各方的基本观点做了详细的介绍，对论战的收获、历史作用及其局限与不足之处作了全面的分析和评价。曾经在30年代初期参加这次论战的王学文同志高度评价了《中国农村》在论战中取得的彻底胜利。我认为，《中国农村》所以取得胜利，一方面是发表了针锋相对的论战文章；另一方面是发表了大量反映中国农村实际情况的论文，对土地问题、租佃关系、雇佣劳动问题、商业高利贷问题、帝国主义与中国农村经济问题等，利用我们所掌握的实际资料，运用历史唯物主义的观点和方法进行了分析论述。事实胜于雄辩，它既是无可辩驳的，又深化了认识，从而在理论与实际紧密结合的基础上赢得了论战的胜利。

这次论战的资料，我现在收集到的有上百万字。如果评述各方观点，大量摘录原文，不但力不胜任，而且难以反映全貌。所以，主要凭我个人的回忆，画龙点睛式地尽量用较短的篇幅，帮助读者有一个较为全面的了解。当然，所说的只是概要地叙述论战过程和双方基本观点的大致轮廓。在这段时间内《中国农村》的另外两次论战以及我撰写的农村经济著作，拟在下节做些介绍。

马克思主义经济研究者的群体

《中国农村》除了同托派进行中国农村社会性质的论战之外，还有过两次论争。

一次是在 1934 年 10 月创刊号上发表钱俊瑞的文章，批评资产阶级学者卜凯的错误论点。卜凯是金陵大学农学院的美国籍教授，被认为是中国农村经济学的一个权威人士。他的理论很有市场，有相当的影响。国民党政府将他的主要著作《中国农家经济》指定为农业大学的教科书。全国解放以前各大学的农业经济教授，几乎都是卜凯的学生。卜凯主张大农场经济论，他的研究，从农场的收支关系，对各种不同规模的农场所能获得的纯利进行比较，认为中国农村经济破产的原因在于小农经济；只有以资本主义方式兴办大型农场，采用大机器生产，才是中国农村的出路。金陵大学在卜凯的主持下作了不少农村经济调查。但调查的都是生产力，不是生产关系，因此得出的结论是，中国农村经济破产的根本原因是生产力诸要素（特别是土地）的贫乏和各要素之间的配置不合理，批评中国的小农经济远不如美国的大农场。

卜凯决不会承认中国农村破产的根本原因是帝国主义侵略和封建剥削。这是资产阶级学者同无产阶级学者在农村经济研究上的根本区别。哥伦布发现美洲大陆后，从欧洲来北美的殖民主义者驱逐了并且几乎灭绝了在美洲土生土长的印第安人。殖民当局在没有建立过封建庄园的“无主”土地上，以每英亩两美元的低价大块大块地卖给农民。因此，美国的农民可以办大农场，不需要在封建领主的压迫下痛苦挣扎。但另一方面，由于奴隶贸易盛行，北美殖民地各州尤其南部兴起大批生产棉花、烟草等经济作物的种植园，推行黑人奴隶制，对黑奴进行极其残酷的剥削和虐待。黑奴制是美国资本原始积累的主要来源之一。奴隶制的存在和扩展是美国南北战争爆发的根本原因。只有在废除奴隶制和种植园制度之后，才为资本主义在美国全国范围内的大发展创造了有利条件。在中国，漠视农村中的生产关系问题，实际上只是掩盖帝国主义和封建主义的残酷剥削，抹杀阶级矛盾，绝不可能找到正确解决中国农村经济问题的出路。

另一次论战是批评以梁漱溟、晏阳初为代表的乡村改良主义运动。他们与托派不同。托派是表面上鼓吹“革命”，实际上反对中国共产党，反对农民土地革命。改良主义则表里一致，反对革命，主张用改良的办法来代替革命，取消革命。国民党统治者全面利用乡村改良主义运动影响广大青年知识分子。但是，乡村改良运动的领导人是有学问的，大多数参与者是关心国家命运的爱国知识分子，特别是青年抱着拯救农民、复兴国家的愿望而投身乡村改良运动，他们这种主观希望与我们是有共同点的。

但梁、晏两位先生的指导思想、立场、观点、方法与我们完全不同。梁漱溟先生在20年代被蔡元培先生聘为北京大学教授。他曾比较东西方不同的哲学思想，认为中国儒家的“中庸文化”比西洋文化更先进，在西方崇尚竞争时，我们就崇尚谦让，是“超前”思想。他说中国不是一个阶级社会，而是伦理本位社会。所谓伦理本位社会，说穿了就是聚族而居的封建宗法社会。梁先生依附军阀韩复榘，1931年在山东邹平创办山东乡村建设研究院，推广“中庸文化”，要创立政教合一的“乡农学校”（乡村实验区），以此来代替区政府和乡政府。乡农学校先由乡村中“有资望、有信用的领袖”组织学董会，实际上是地主、乡绅的组织，再由学董会推荐“齿德并茂”的人，经县政府礼聘为学长，主持教育。县政府在学董中任一个人为理事，负“办公务”的责任。至于农民，便是他们教育的对象，称为“学众”。当然，单用乡农学校来维持社会秩序还不够，所以在乡农学校以外，还有类似民团的组织，叫作“连庄会员”。梁先生说：“乡民愚迷而有组织，且为武装组织，其危险实大。”所以他主张训练“有家庭财产”的人来做“连庄会员”，能维持社会治安，以免“为人利用，酿出祸乱”。从这里可以看出梁先生的所谓乡村建设，是在保障什么人的利益了。

晏阳初先生推广“平民教育”运动。他组织中华平民教育促进会，在河北定县办了一个平民教育实验区。梁先生的乡村建设是崇古，晏先生的平民教育则是崇洋。晏先生说中国农民有四个“基本问题”，就是“愚、穷、私、弱”四个大字。在这四个大字中，“穷”是其他三种病的病根。农民由于“穷”，连生活都难维持，所以没法享受教育和讲究卫生，更不会热心公益了。他不从帝国主义侵略和封建剥削上去找“穷”的根本原因，却提倡教育救国，主张以“文艺教育”救农民之“愚”，以“生计教育”救农民之“穷”，以“卫生教育”救农民之“弱”，以“公民教育”救农民之“私”，从推广平民教育找出路，名为“解决大多数人的教育问题”。他并且希望帝国主义来帮助我们挽救农村的破产，这自然是“缘木求鱼”了。虽然晏先生像梁先生一样做了大量的工作，但中国农民破产越来越严重。据平民教育会的调查主任李景汉先生说，五年前定县乞丐很少，现在（1933 年）增到 3000 人左右。1931 年农民因破产而被地主没收家产的不过 50 户左右，1933 年达到 2000 户了。1931 年前出外谋生的人约 400 至 1500 人，1933 年增至 7800 多人。

《中国农村》1935 年起开始批评乡村改良主义运动后，参加这个运动的一些青年有所觉醒。其中有人同意《中国农村》的批评，也有人反感，说“我们在农村中辛辛苦苦工作是改良主义，你们在租界大做文章是革命”，不服气。1936 年《中国农村》就注意争取乡村改良主义运动中的广大青年，劝他们在乡村中教育农民抗日救国。西安事变后，我们又与中华农学会共同发起、组织乡村工作人员的抗日统一战线。包括改良主义团体中的领导人士，只要他们同意抗日，我们都愿意同他们联合。改良主义团体中有不少中层骨干写信或文章来响应这个号召。《中国农村》为此出了一期，专门发表这些文章。1982 年人民出版社出版《〈中国农村〉论文选》，又重新发表了这些文章。我们同乡村改良主义运动的论战，由新知书店出了一本《中国乡村建设批判》。这本书的主要论文有李紫翔的《农村建设运动应有的转变》等，对这一次改良主义运动作了深刻的批判。

特别值得称赞的是孙冶方的《为什么要批评乡村改良主义工作》，对在乡村改良主义团体工作的青年进行苦口婆心的教育。他说：“许多从事乡村改良主义运动的工作人员的精神是可以钦佩的，他们抛弃了都市的享乐，而到农村中去做那些艰苦工作，在他们主观方面，或者以为他们所做的工作确实是足以拯救中国农村之崩溃的。……然而他们的主观方面的好意，决不能掩饰他们的工作在客观上的开倒车作用。……对于这样的人，在个人人格道德上，是没有可以被人指摘的了；然而他们的麻醉人民的、不抵抗主义的新宗教，仍不能因此而不被先进的革命思想家批评为工人运动中的思想上的蛀虫。”

批评乡村改良主义运动的作者们指出：“促进中国农村破产的主要因素便是帝国主义侵略和封建残余势力之统治，所以这个分析的进一步的结论……就是挽救中国农村之崩溃，并建立乡村改造的必要前提，必定先要铲除这两种因素。”“觉悟的乡村工作青年如果能够把这种组织，用去作反帝反封建的斗争，那么这种组织的意义就当然完全改变了。”不久，张锡昌同志本着这种精神去参加全国乡村工作讨论会第三次年会，对他们的工作作出正确的评价，并由中国农村经济研究会、生活教育社和妇女生活社对准备召开的第四次年会提出一个《本会应以全力使全国乡村工作人员一致团结共赴国难案》，得到广泛的响应。但年会召集人在“救国有罪”的岁月，根本不敢提抗日救国。第四次年会没有让我们参加，在戒备森严的广州开会，所有抗敌救国的提案都被几个领导人审查掉了[①]。

从1934年至1937年，我在《中国农村》上发表许多文章，其中有些是有计划、有系统地逐章写作的，后来分别编为《中国农村经济常识》和《农村经济的基本知识》两本著作。前者是利用我在广西师范专科学校讲农村问题这门课程的讲稿，经过补充修改，陆续发表，1937年1月由新知书店出版。书中列举我所收集到的大量调查资料，着重剖析中国农村的土地关系和剥削制度，揭露了帝国主义对中国农村的经济侵略，批评了几种形式的乡村改良运动。它是我的第一部经济学著作，也是我在30年代前半期对中国农村经济广泛调查研究所得的总结。全书分述中国农村的基本问题、帝国主义和中国农村、中国农村中的土地问题、中国农村中的租佃关系、中国农业中的雇佣劳动、中国农村中的商业资本和高利贷、知识分子的乡村改良运动等章，具体描绘了中国农村中的生产关系。

书中指出：“从来研究中国农村经济的人，他们往往犯着两种错误：第一种人专从农村中去解决农村问题；他们并不了解在现阶段的中国，农村已受都市支配，而且整个国民经济又在帝国主义者的支配之下。第二种人以为中国农村中间只有一个帝国主义问题，他们完全忽视农村内部的矛盾，也不愿意去问帝国主义者如何通过这种内部矛盾，而来剥削农村中的劳动大

① 详见《〈中国农村〉论文选》，人民出版社1983年版，第273—292页。

众。”[①]接着论证了帝国主义者利用城市中的买办资产阶级和农村中的地主豪绅来压榨农村劳动大众，而农村劳动大众受到帝国主义和封建势力的双重压迫。在论述土地问题、租佃关系和雇佣劳动各章中指出：“中国的地主（甚至富农）大多是把所有土地分割开来租给贫苦佃农耕种；中国的贫农大多是向地主（或富农）租地经营，他们所受到的最主要的剥削乃是苛重佃租。”[②]总之，土地所有权是集中的（占农村户数10%的地主、富农，拥有全部耕地将近70%），使用权是分散的。“这种半封建的收租地主和半封建的饥饿佃农的对立，就是中国现存土地关系的特征”[③]。书中逐一分析了流行于各地区的各种不同的租佃制度：分益制和定额地租制，永佃制，实物地租（主要形式）和少量的力租、钱租制，等等。我在雇佣劳动一章中指出，在中国农村中，不但雇农很少（在总户数中不到10%），而且许多雇佣工人往往受着土地和债务的束缚，他们的出雇多少带着一点强制性质，因而成为半封建的雇佣劳动。在西南各省存在着最落后的奴隶劳动，华北各省普遍流行半封建的雇役制度，而在华南，尤其在东南各省资本主义的自由劳动占着相当大的优势，但数量很少。

书中论述农村中的商品交换时说，帝国主义和国内买办资本可以利用它们在经济上的垄断地位，利用中国农民的分散和贫困，采用不等价的交换方式来取得丰厚的超额利润。帝国主义者掠夺廉价农产品，除利用买办资产阶级之外，往往还要通过乡村中间一层层的残余封建势力，因此中国农民在交换过程中间所受到的剥削更加来得严重。书中还说，农村中的商品交换常同高利贷结合起来，即所谓“卖青苗”“放禾花”等等。收租、放债向来是中国地主的两条生财之道，同时也是中国农民头颈上的两条铁链。除佃农外，大部分小自耕农同样成为高利贷的俘虏。

《中国农村经济常识》由新知书店出版后，上海、香港等地有几个书店翻印过，版本很多。翻印本有许多错误，特别是统计数字。80年代农业出版社对此书稍加删节，除去一些不适合于新中国的语句，改名《旧中国的农村经济》出版。他们用的是翻印本，有些数字有错误。经我指出，他们再版

---

①《薛暮桥学术精华录》，北京师范学院出版社1988年版，第91页。
②《薛暮桥学术精华录》，北京师范学院出版社1988年版，第105页。
③《薛暮桥学术精华录》，北京师范学院出版社1988年版，第106页。

时用了另一种翻印本，又发生其他地方的数字错误。其实，新知书店原版的《中国农村经济常识》在比较老的图书馆中是不难找到的，此后如再翻印，我希望采用新知书店的原本。其中有些不适合于新中国的语句，也能反映旧中国的原来面貌，不必回避。

这本书刚出版不久，就由日本学者米泽秀夫于1937年7月在上海译成日文，改名《支那农村经济概论》，这是日本侵华战争刚刚爆发的时候。同年12月，由东京从文阁出版。1960年7月，米泽秀夫来华访问，把他的这本旧译送给我。可惜当时我不在北京，没有能与译者见面。1981年5月，我应“中日经济知识交流会”邀请在箱根开会。相模原市市长为与无锡建立姐妹市一事到箱根来宴请我。他说他是米泽秀夫的学生，青年时代就读我的书，印象很深，当时青年学生读此书的人不少。我本来很奇怪，一本中国农村经济的著作为何引起日本青年这样大的兴趣？后来看了日本电视连续剧《阿信》，知道那时日本农村中的封建残余同中国相仿，日本的一些封建残余还是第二次世界大战以后才被消除的。

《中国农村经济常识》的姐妹篇是《农村经济底基本知识》，也在1937年初由新知书店出版。写这本书起因于我帮助吴觉农同志校改苏联廖钦珂的《农业经济学》，那是一本名著，但译文深奥难懂。我为使中国读者能够简明地了解该书的要点，参照考茨基的《土地问题》和我所能收集到的其他资料，有计划地写成这一本书，先逐章在《中国农村》发表。从封建制度转变到资本主义制度，形式是很多的。为着扩大视野，应当研究资本主义国家的各种过渡形式，这就是《农村经济的基本知识》所讨论的内容。书中论述的是17世纪至19世纪欧洲和北美发生的事情，主要是概述了英、法、德（普鲁士）、美、俄五国所走的不同道路。

英国由于特定的历史条件，早在16、17世纪资本主义就已开始发展起来。工场手工业和城市的扩展，对农产品的需求大量增加。随着海洋航线的开通和海上霸权的确立，它进行了大规模的殖民扩张和海外掠夺，同时刺激了对外贸易的成倍增长，毛纺织业迅猛发展。新老贵族和新兴资产阶级势力发动了延续几个世纪的“圈地运动”，强占公有土地和农民份地，变成大牧场、大农场，而把大批农民逐出农村。土地仍然集中在新老贵族地主手里，他们把土地整块地租给新兴的农业资本家，将农民转化为农业工人，这是最典型的资本主义农业生产关系。

18世纪的法国进行了轰轰烈烈的资产阶级民主革命，没收地主的土地，廉价卖给农民。能够买到土地的，大多数是富农。在这基础上，产生了农业资本家与小业主并存的资本主义生产关系。

19世纪德国，主要是普鲁士，在法国大革命影响下实行改良主义政策。当时金融制度已有相当发展，地主把土地向银行抵押，用借得的资金来进行资本主义农业经营。土地所有者应得的地租以利息的形式改归银行所有，自己则变为农业资本家。

美国在18世纪获得独立后，白人移民及其后裔逐步自东向西扩展疆土。原在北美居住的印第安人被杀戮殆尽，其土地为国家所占有。各地政府将掠得的土地廉价卖给愿意领荒开垦的自由农民。整个说来，美国的资本主义农业生产关系是在没有封建制度的基础上产生的，所以发展很快。

沙皇俄国于1861年废除农奴制，地主仍保留对全部土地的所有权，农民须以远远高于土地价格的赎金赎买其耕种的份地。由政府向农民提供贷款，一次付清赎金；再由农民逐步偿还贷款。许多农民因缺乏资金，自身无力经营，反而将土地租给富农，自己为富农当雇工，这与我国富农把部分土地租给贫农恰恰相反。俄国尽管保存了大量的农奴制残余，少数地主贵族仍然霸占着大量土地，毕竟农民摆脱了对地主的人身依附关系，出现了大批自由雇佣劳动力，从而为资本主义的发展创造了有利条件。

以上几个国家都是经过革命或改良的道路比较顺利地发展资本主义农业的，但除英国外，都没有形成《资本论》所说的土地所有者、农业资本家，雇佣劳动者三大阶级对立的格局，而是资本主义大农场与金融或商业资本支配下的小农场并存。由于不受帝国主义支配（它们本身就是帝国主义），打破封建束缚后，农业生产就能比较顺利地获得发展。

撰写《农村经济的基本知识》之后，我还利用该书的部分内容加以扩充，在1937年3月写了一本近三万字的《封建、半封建和资本主义》小册子（北新书局发行）[①]。书中分别阐述了什么是封建社会，什么是资本主义社会，什么是半封建社会，它们的形成和发展、基本特征以及生产关系的具体形式，重点是要回答究竟什么是半封建社会的问题，这也是农村社会性质论

① 已收入《薛暮桥学术精华录》，北京师范学院出版社1988年版，第47—90页；《解放前的中国农村》亦已转载。

战的余波。

我在写作前述两本著作中，几乎每一个论点都引用一小块统计资料来说明。这样既可看出质的区别，又可看出量的界限。把理论和实际结合起来，是我一贯追求的研究方法。我们在论战中所以能比前一阶段取得更大胜利，也是由于引用了大量具体的调查资料，更能使人信服，使信口雌黄的托派教授们，只能悄然收兵了。

回顾我开始从事经济研究生涯的岁月，我始终是直接或间接地在党的影响和领导之下，怀着坚定明确的政治目标，作为思想文化战线上的一名战士而工作和斗争。我并不是个人奋斗，孤军作战，而是工作和生活在一个有着共同志愿、共同事业的团结和谐的群体之中，这个群体又是党所领导的。我一没有进过国内外什么名牌学府深造，二不是埋头书斋，闭门读书写作，而是专注于当时中国社会生活中最紧迫需要解决的核心问题之一——农民土地问题，一面学习理论，另一面参与实际工作，在实践中锻炼提高，逐步成熟起来。我特别感到庆幸的是，能够成为以共产党员陈翰笙同志为带头人的农村经济研究者群体的一个成员，这一段时间的经济研究和社会实践，对我后来大半生的工作和生活道路有着极为深刻的影响。

1991 年出版的由中共中央党史研究室著，胡绳同志主编的《中国共产党的七十年》中，在讲到《三十年代初国民党统治区的工作》时指出："在国民党政府残酷的文化'围剿'下，一些共产党员和进步人士还利用合法阵地开展工作。"其中讲到陈翰笙和我们这个群体的工作。书中说："（陈翰笙）在六年时间内，他组织的农村社会调查团，以马克思主义为指导，为研究中国的社会性质进行了广泛而深入的社会调查。1933 年，他和薛暮桥等人成立中国农村经济研究会，并创办公开发行的《中国农村》月刊，刊登大量调查报告和论文，论证改革封建土地制度的必要性，对党所领导的土地革命起了配合作用。"[①] 接着书中对整个社会科学工作者这几年的工作作出评价，指出："他们参加中国社会性质、中国社会史和中国农村社会性质等问题的论战，对中国社会的历史和现状进行马克思主义的科学分析，批驳了违反中国实际的种

① 中共中央党史研究室著，胡绳主编：《中国共产党的七十年》，中共党史出版社 1991 年版，第 119 页。

种错误观点。”[①] 书中总括起来说：“当时的左联、社联等左翼作家、社会科学工作者及其他文化工作者的组织在一定程度上也曾受到‘左’倾错误的影响，但总的说来，以这些组织为核心的文化运动对中国近代思想发展进程作出的历史功绩，特别是在国民党统治区人民中传授进步思想、促进抗日救亡运动所起的作用，是不可磨灭的。它锻炼出一支坚强的革命文化队伍，许多人后来成为党在思想理论界和文艺界的骨干力量。”[②] 这个恰如其分的评价，也包括中国农村经济研究会的工作在内，使我深为欣慰。

在本章前面几节的叙述中，我虽然已对我们这个群体的工作状况和社会活动作了概略的回忆，还是感到有必要对它的形成及其风格作些补充性的说明。从它的发展历程来看，在中国经济思想史的研究等方面，对现在的年轻一代知识分子，还是有可资参考借鉴之处。

我们的带头人陈翰笙同志是我国马克思主义农村经济学的先驱，也是我国研究世界历史学科的一位开创者。他出生于 1897 年 2 月，江苏省无锡县人。1921 年获芝加哥大学硕士学位，1924 年获柏林大学博士学位。1924 年回国任北京大学教授，结识李大钊同志，接受马克思主义。经李介绍为共产国际的《国际通讯》撰写政治评论。1925 年底（或 1926 年初）受蔡和森同志影响，认识到研究中国问题必须首先研究农民问题。1927 年去苏联，在共产国际农民运动研究所工作，对该所人员只注意引经据典而不研究农民问题的实际情况感到不满，体会到研究农民问题必须从农村经济调查开始。1929 年回国，任中央研究院社会科学研究所副所长，实际主持该所工作，开始招收一批进步青年，进行农村经济调查。钱俊瑞、孙冶方、张锡昌、姜君辰、秦柳方、陈洪进和我，都是在他的培养下开始研究农村经济，进而研究其他经济问题的。

陈翰笙主持的农村调查，最初是他与王寅生同志在黑龙江省进行的，他们还考察了营口、大连、长春等地，写了《黑龙江流域的农民和地主》（1929 年）、《难民的东北流亡》（1930 年）等，揭露了军阀统治下农民凄惨生活的情况。接着选择商品经济比较发达的江苏无锡、河北保定、广东番禺三地进

---

① 中共中央党史研究室著，胡绳主编：《中国共产党的七十年》，中共党史出版社 1991 年版，第 120 页。

② 中共中央党史研究室著，胡绳主编：《中国共产党的七十年》，中共党史出版社 1991 年版，第 120 页。

行全面的农村经济调查。在无锡调查了8个镇、55个村的概况，从中选择22个村，1204户进行全面调查，有钱俊瑞、张锡昌等45人参加。在保定调查了6个集市、78个村，选择11个村、1773户进行全面调查，参加调查的有68人。在番禺对10个村、1209户进行全面调查，同时考察了梅县、潮安等16个县的概况，对50个县中的335个村进行通信调查。通过这些调查，掌握了农村各阶层土地分配情况以及农村中的各种封建剥削关系，为研究中国农村经济提供了初步依据。

1932年、1933年，在陈翰笙指导下，进行了规模更大的河南、陕西、江苏、浙江四省农村经济调查。这次是以农村复兴委员会的名义进行的，由陈翰笙推荐社会科学研究所和其他进步青年参加调查，从而掌握了农村经济更多的第一手资料。调查报告以该会名义由商务印书馆出版。1933年，他还组织了对河南、山东、安徽三省烟草区的调查，揭露了帝国主义对中国农民的剥削方式。1934年，他与王寅生、孙冶方到广东进行更为详细的农村经济调查。我在广西根据陈翰笙同志的交代，发动师专学生进行了广西农村调查，从广西回来经过广州，又参加了广东调查材料的整理工作。

在国民党统治区，没有官方关系，根本不可能进行这样大规模的农村调查。陈翰笙善于利用各方面的关系，并同一些官方、半官方机构合作进行调查。例如保定调查是同北平社会调查所合作；番禺调查是同中山文化教育馆和岭南大学合作进行的；豫鲁皖三省烟草地区调查由太平洋国际学会资助。农村复兴委员会则是国民党政府行政院所属机构，孙晓邨是该会专员，在他主持、配合下，调查工作和调查报告的出版均用该会名义，因而发行比较顺利，在国内外有较广泛的影响。以广东调查来说，调查报告是陈翰笙亲自执笔，中文稿题为《广东农村生产关系和生产力》，由中山文化教育馆于1934年12月出版，英文稿题为《中国的地主与农民：华南农业危机研究》，由纽约国际出版社出版。这个报告还有日文译稿，题为《华南农村经济问题》，在东京出版；随后又被译成俄文在苏联出版，得到很高评价。

我们农村经济调查的方法是很科学的。首先是调查的内容和范围。资产阶级学者如美国卜凯教授等人，也曾作了许多农村调查，他们往往着重研究生产力而不研究生产关系，在涉及生产关系时又按表面形式把农民分为自耕农、半自耕农和佃农，把小自耕农视为小康之家。陈翰笙领导的农村调查，主要考察生产关系，采取列宁的农户分类方法，按照阶级剥削（包括交租、出卖劳动力和高利贷等）把农民分为富农、中农、贫农、雇农。这种分类方法的不同粗看起来不很重要，实际上是资产阶级和无产阶级两种农村调查研究方法的重要标志。

其次是调查地区的选择。我们调查的目的是要尽可能周详地了解中国的农业生产关系，但以中国之大，各地情况之复杂，以我们有限的人力决不能跑遍全国。所以，需要利用现有资料，把中国划分为经济发展程度不同的几个地区。先在华东的无锡、华北的保定、华南的番禺作试点，这些是商品经济比较发达的地方，反映出中国农村经济发展的方向。此后几年间，我们在华北调查了河南和陕西，在华东调查了江苏和浙江，在华南调查了广东和广西，既有一般的概况调查，又有重点地区的全面调查。这就可以对中国农村经济关系作出全面的估计；并可对商品经济发展程度不同的地区进行对比，来看中国农村经济的发展趋势。

在调查的具体方法上，采用科学的抽样调查。每调查一个省，先作概况调查，把全省划分为经济发展程度不同的几个地区，在每个地区中选择几个有代表性的县作为调查对象。对每个县的调查也是这样，先划分不同类型的地区，再从每个地区中选出几个村作全面调查，深入到各个农户调查，了解农村各阶层的土地分配比例、租佃、借贷、雇佣制度等具体情况。由于调查的点具有代表性，所以可以利用点上所得数据推算全县、全省的大致情况。

在调查的人力上，每次调查，都以社会科学研究所的人员为骨干，在当地吸收几十个进步青年，进行简单的培训，组成调查队。在整个调查的过程中，边调查，边学习，在各地培养了几百个进步青年，成为此后继续研究中国农村经济的一支骨干队伍。

正是因为我们广泛而深入地进行了科学的农村经济调查，我们便真正掌握了客观的实际情况，占有无可辩驳的数据和实例，足以澄清许多似是而非的说法。托陈取消派说什么帝国主义的经济侵略扶助农业资本主义的发展，使中国农民成为帝国主义者的“外在的工人”。我们的许多调查材料充分说明，帝国主义不是利用中国的民族资产阶级，而是利用农村中的地主、商人、高利贷者，用封建性的剥削方式来掠夺我国的农产品。河南烟草区的调查表明，为英美烟草公司种植烟草的，一般不是富农，而是下中农和贫农，他们忍受着高利贷资本的苛重剥削勉强维持生存。

国民党的御用学者常常利用商品经济的发展宣称“江南无封建”。我们有意识地选择无锡等商品经济比较发达的地区做调查。调查证明，商品经济越发展，土地就越集中到地主阶级手里，可是这些地区并没有产生资本主义的经营地主，也很少耕种大量土地的富农经营。地主、甚至富农，往往把他们的土地分散租给贫农耕种，收取苛重的地租，还用商业高利贷（春荒时抬价售粮，收租后压价收粮）来剥削贫苦农民。往往是商品经济越发展，农村破产越严重。俄国的富农通常都是大量雇工进行资本主义经营，而中国的富农则大多数把多余的土地租给贫农耕种，并同时利用高利贷来剥削贫农。他们并不是农业资本家，就其主要方面来说，还是封建性的剥削者。

对于华北那些商品经济不发展的地区，御用学者们又说在这些地方自耕农很多，没有土地革命的要求。我们的调查材料则充分说明，这里的自耕农并不是能够自足自给的小康之家，其中大多数是只有很少几亩土地，收入不能自给，不能不向地主、富农出卖劳动力的贫农。他们不但工资微薄，而且还要受商业高利贷的剥削。许多地区还残存着每年向地主提供无偿劳动若干日工和逢年过节向地主"纳贡"的封建制度，对地主还没有完全摆脱人身隶属关系，他们比商品经济开始发展地区的农民生活更困难。

凡此种种，都不可能从书本知识中找到现成的答案。只有深入农村，调查研究，点面结合，由浅入深，真正了解客观实际，才能从实际出发，分析研究，上升到理论高度，科学地回答现实生活中提出的问题，能够经得起实践的检验以及历史的检验。理论与实践的紧密结合，这是我们这个农村经济研究群体最突出的风格。从 1929 年至 1934 年，先后在陈翰笙领导下参加过农村经济调查的有：王寅生、张稼夫、钱俊瑞、瞿明宙、姜君辰、张锡昌、刘端生、刘怀溥、陈洪进、孙冶方和我，其中大多数人成为我们这个群体的骨干。

1933 年成立中国农村经济研究会的时候，我们又约请研究农村经济的知名人士——中华农学会会长吴觉农、农村复兴委员会专员孙晓邨、经济学家冯和法等人参与，并经选举，分别担任研究会的领导成员。1934 年《中国农村》创刊以后，经常为它撰稿和协助工作的，除前面已提到的人士以外，还有徐雪寒、骆耕漠、狄超白、李紫翔、王渔村（王亚南）、罗俊、郑森禹、王易今、吴大琨等。负责编辑工作的，起初有我和张锡昌、陈洪进，不久他们二人离开上海，孙冶方常来协助。工作人员先后有刘怀溥、于化琪、朱楚辛、吴允中、陈少景等。在编辑部工作的一般只有三人。在1934年至1937年间，还由钱俊瑞、姜君辰主办中国经济情报社和文化资料供应所，收集掌握了大量报刊资料。群体的许多成员在《中华日报》副刊《中国经济情报》《中山文化教育馆季刊》《东方杂志》等刊物上发表多篇内容广泛的经济论文，出版几本中国经济论文集及1935年、1936年两年的《中国经济年报》。1935年《妇女生活》月刊创刊不久，应读者要求，开辟了《经济纵横》一栏，罗琼是该栏特约撰稿人，每期撰稿，揭露帝国主义特别是日本帝国主义的经济侵略，与封建势力勾结，剥削压迫劳动妇女，表述了妇女的苦难生活和如何提高妇女的觉悟。这些文章已编成《苦难与抗争》一书，由中国妇女出版社发行。以上这些论文集和年报不但在国内广为流传，有些还由日本进步人士译成日文在日本出版。1936年，徐雪寒、华应申办起了新知书店，我们又有了出版阵地。

如上所述，我们这个群体是经过多年努力，在共同实践中逐步形成、巩固、扩大的。我们有了一批骨干和大量研究成果。群体的成员都积极参加抗日救亡运动，努力学习马克思主义原著及当时可能看到的党的文件，定期讨论。这个群体虽然小而穷，但大家目标明确，艰苦奋斗，团结一致，干劲十足，工作有声有色。

将《中国农村》迁往内地

1937年发生七七卢沟桥事变，全民族抗日战争爆发。蒋介石被迫部分兑现西安事变期间答应的诺言，国共合作，共同抗战，释放上海救国会“七君子”和南京的孙晓邨、曹孟君两位救国会领导人，开始陆续释放在押的共产党员。这时，流亡日本的郭沫若先生回国。上海各界救国会召开有数千人参加的大会，欢迎救国会“七君子”和郭沫若先生。国民党市党部书记长潘公展厚着脸皮赶来参加，并自封为大会主席，抢先致开幕词，宣称今天开会是欢迎郭沫若先生，却不提“七君子”。他请郭沫若登台讲话。郭一开头就说：“今天的会是欢迎救国会‘七君子’的，‘七君子’领导全国人民抗战救国，不怕坐牢。我是一个逃兵，今天才能回国。”他批评国民党执行“抗日有罪”的政策，招致日本军阀的大举进攻。接着他就欢迎“七君子”登台演讲，潘公展只能涨红脸耐心听着。“七君子”讲话的主旨都是团结抗日，对国民党不作过多批评，只希望它能领导全国人民共同抗日。

紧接着八一三淞沪抗战爆发，蒋介石调集军队抵抗。战争规模越来越大，从张治中、冯玉祥到蒋介石，先后出任淞沪战场的总指挥。七七抗战之初，战争在华北，《中国农村》与各地读者的联系没有受到多大影响。八一三的淞沪抗战，把《中国农村》同它主要在内地的农村读者的联系完全切断了。所以《中国农村》在上海进步刊物中第一个毅然决定迁向内地。到哪里去？这是一个困难的抉择。此前不久，朱克靖同志从南昌来信，要我为他主编的《中国农村合作季刊》聘请一位编辑，月薪 50 元。我决定自己去南昌，为《中国农村》在内地发行取得第一个立足点。我到南昌见了朱克靖，他喜出望外。这个合作季刊的创办人是江西省财政厅厅长文群。他是政学系的元老，在江西地位相当高，还兼任江西等四省合作社联合会的主任。朱克靖是文群的外甥，晚间他领我去见文群。我告诉文群，来南昌要兼办《中国农村》。文群说他也看过《中国农村》，久闻我的大名。对《中国农村》搬到南昌来表示欢迎。他问朱克靖月薪多少？朱说 50 元。文说加 40 元，算是补助《中国农村》的。这事出我意外。文群还办了一个农村合作出版社，除发行《中国农村合作季刊》外，还对《中国农村》战时特刊的印刷发行提供方便。

《中国农村》在战时出月刊太不及时，为此改出篇幅较小的《战时特刊》，每月两期。除农村合作出版社外，还请各地会员负责代为推销。因为它是上海迁到内地的第一个刊物，所以发行量增加一倍以上还是供不应求。上海的朋友和各地会员仍源源提供稿件。这时我要兼管《中国农村合作季刊》的编辑工作，除写《发刊词》外，还在创刊号写了一篇用文群署名的文章，宣传农村合作社除协助农业生产外，还要动员农民抗日。朱克靖看我太忙了，又加聘广西师专毕业生李隆同志来协助我工作。这时日本飞机常来南昌轰炸，省政府迁到郊区乡村，我们住在一个破烂的小庙里。天气炎热，在河里洗澡，朱克靖常以“河里洗澡，庙里睡觉”这两句形容当时艰难生活的话来取乐。

不久，罗琼也到南昌来了。南昌的江西妇女生活改进会邀请她去参加工作。当时在南昌的文化人不多，我们已是有名的人物。当地文化界人士和爱国青年慕名而来看望。我们与夏征农等同志组织了一个抗日座谈会，每两星期开一次会，参加的大约有五六十人，实际上起了文化界救国会南昌分会的作用，我曾几次向沈钧儒函告南昌的情况。

1937 年 11 月，陈毅同志来南昌筹建新四军军部。朱克靖认识陈毅同志，与我、罗琼、张锡昌四人同去见他。陈要我动员从上海撤退到内地的文化人和知识青年去参加新四军。罗琼和我首先报名。陈说现在军部还未成立，要迟一点才能参加。罗琼还见了陈少敏同志，大家欢聚畅谈。我们请陈毅同志为座谈会作了个发动农民游击战争的报告，他同意了。报告时，前来听讲的有四五百人，这就触怒了国民党江西省党部。书记长范争波传朱克靖和我两人去谈话，愤怒地说："你们两人一个是老牌的共产党，一个是'人民阵线'（国民党称救国会为'人民阵线'），我都知道，你们不要太猖狂了。"我们理直气壮地说："我们抗日救国，犯什么罪？请新四军陈毅讲抗日，游击战争，犯什么罪？"书记长无可奈何，只得送我们出门。

南京沦陷以后，谣传日军将要进攻南昌。江西省党政机关在 12 月中旬起开始向小城市撤退，印刷厂也将搬走。《中国农村》已经难在南昌出版，在 12 月底迁往长沙。长沙有八路军办事处，新知书店已经在此设分店，条件比较好。到长沙后，我即到八路军办事处去，求见徐特立同志。徐老是办事处主任，也是中共湖南省委负责人。他见到我很高兴，说他是真正爱看《中国农村》的。有时他想不起我的名字，就叫我"中国农村"。在南昌见陈毅同志的时间很短，未能详谈。到长沙后多次见到徐老，每次总要谈一两个小时。我向徐老要求恢复党的组织关系，徐老说："你已经是有名的文化人，入了党对你的公开工作不方便，可以同我保持单线联系，有事就来找我。"这时我已按陈毅同志委托写了一篇文章，动员文化人和流亡知识分子不仅要奔向西北（指延安），还应当有一部分到东战场（指新四军）去。我把这篇文章交给徐老，请他审阅修改。徐老未告诉我就直接送汉口的《新华日报》，该报于 1938 年 1 月 25 日作为"来论"以社论的形式发表了。

长沙文化人比较多，有一两千从上海、南京一带来的流亡青年，已经成立了一个文化界抗敌后援会（这是国民党准许用的名称），实际就是长沙文化界救国会。我去报名参加时，文抗会当即请我任委员兼训练部副部长，部长是吕振羽。经我建议，成立了一个流亡青年的乡村救亡人员培训班，我任主任，请文化界知名人士来讲课。杨东莼同志早已来到长沙，他与省政府主席张治中相识，张聘请他任省政府高级参议。他借住在一位工程师家里，住宅宽敞。他知道我和罗琼都生活困难，留我们住在他家，供应我们食宿。这样，杨和他夫人冯曼莹同我和罗琼四个人便成了一个“小家庭”。罗琼积极参加长沙妇女界抗日救国活动，又在张治中任校长的湖南省行政干部学校女生训练班任教。负责该训练班的是张治中的女儿张素我，她刚从英国留学归来，有民主爱国思想，曾经请罗琼、罗叔章、王汝琪、梁淑德等上海妇女救国会的人到她家，参加茶话会；办训练班时，请她们四人去当教员，为宣传中国共产党的抗战主张提供了方便。

杨东莼运用他同张治中的关系，针对张治中同国民党省党部（由CC分子掌握）的矛盾，为文抗会出谋划策，使它取得公开合法的地位。张治中是八一三淞沪抗战的第一个统帅，到“八一三”一周年的时候，他希望能开群众大会来庆祝。国民党省党部下密令，机关、学校一律不准参加。杨东莼同我商量，由文抗会动员几千名青年去参加，开了一个大会，并请张治中将军亲临致辞，气氛热烈。张治中颇为高兴，批准每月给文化界抗敌后援会经费500元。回想起来，杨东莼团结国民党中的进步分子，争取中间分子，孤立顽固分子的统一战线工作是做得很成功的。

我们用文抗会的名义，多次拜访徐老。徐老也几次到杨东莼家里来，告诉我们政治形势，指导我们的活动方针。徐老在湖南人民中有崇高的声望，他是个十分健谈的人，随时随地宣传党的抗日救国纲领。文抗会常请他来作报告，他一讲就是三个小时。在长沙最大的银宫电影院讲，逢到他讲课就出海报，每次听众超过一千人。室内拥挤不下，很多人站在门口、窗口听。培训班请其他文化人来讲课时，听讲的约有二三百人（不固定）。两个月后，国民党省党部看到文抗会和培训班日益壮大，有一天叫我们去谈话，责问我们为什么不请省党部的人来当委员和教员，“不符合统一战线”。我们请示徐老，决定请省党部派两人来当委员兼教员。实际上，抗敌后援会的活动并不召开委员会正式讨论。委员会不拘形式，重要问题是少数人到杨东莼家去商量，有时还请徐老参加。上课听讲，学生自由参加。有一次我们租借了一个会场，请省党部的委员来演讲，会场里空空荡荡的，只有几个人来听讲。那位委员不好意思，偷偷地溜走了。以后，省党部的教员不敢来了，怕无人听课不好下台。他们请假，我们就又请徐老来讲。

徐老生活十分俭朴，清正廉洁。有一次，他的老伴带着儿子、媳妇来看徐老。徐老见了又喜又慌，忙说：“我没有做官，我没有钱。”老伴笑着说你慌什么，我不要你的钱，家里有饭吃。他老伴住了几天就回家了，留下儿子、媳妇照顾徐老生活。徐老确实需要有人照顾。有一次在一个晚春的闷热的上午，我去看徐老。他叫热，要脱去棉军装，发现里面没有衬衣，忙叫秘书拿一件单军衣来。脱下棉鞋，发现里面没有袜子，穿上一双单鞋就算了。他缺乏必要的生活条件，又无人照料。徐老的儿子来后突患重病。一天晚饭时，医院来报病危，请徐老速去看望。徐老说他晚间要去为工人上夜课，讲完再去。一讲就讲到11点钟，去医院时儿子已经死了。当时我不知道，第二天上午去看徐老，听到徐老房中有女人的哭声，禁不住问他，他才告诉我："昨天晚上我的儿子死了。媳妇哭着要买棺材，我有什么钱买棺材？"徐老心里真是半点没有"我"字。徐老对社会发展史有特殊见解，新知书店曾约他写一本小册子，还未完稿。我就要书店预付50元稿费给徐老，买棺收殓他儿子。从此他的儿媳就留下来照顾徐老的生活，后来随徐老去延安，协助徐老工作，照顾生活，直到徐老去世。

长沙的文化界抗敌后援会与救国会关系密切。杨东莼家经常有救国会的朋友来往。郭沫若、沈钧儒、邹韬奋等同志来长沙时都同我们联系。田汉在长沙办了一份小报，邀请郭沫若来长沙休息几天。郭到后，第一天下午游岳麓山，第二天上午由田汉同志组织了一个欢迎会，我也去参加。在会上我看到发给我的小报上满载昨天游览消息，并慨叹郭德高望重，怀才不遇，将他比为古代楚国投江的屈原。正看到这里，田汉突然请我讲话，我毫无准备，拿着小报讲了一番敬仰郭沫若先生的话后，说爱国青年希望你不做屈原，做希腊的拜伦将军。

拜伦原来是英国浪漫主义诗人，他在19世纪初叶，以诗歌有力地支持法国大革命之后在全欧洲兴起的民主革命和民族革命运动，反对封建专制压迫，并在一定程度上揭露了资本主义社会的虚伪和弊端，是欧洲文学界的一面光辉旗帜。他被希腊人民尊为民族英雄，是爱国主义的象征。郭沫若的确同他有几分相似之处。我即席讲话正好用来作一比喻，表达青年们的期望。郭立即找小报看，最后致答谢词时，特别宣布他决不做屈原。

这天下午，郭沫若探望杨东莼。我对郭说："长沙青年都希望见见你，请你作一次报告。"郭立即应允。第二天，我们以抗敌后援会名义请郭作报告，能容纳一千余人的大会堂挤得满满的。不但会场内挤得水泄不通，大门外还有几百青年伫立不散，希望郭报告完毕后出门时能够见到一面。郭沫若同志深为感动，当场宣布明天再讲一次，以满足大家的要求。

此后不久，沈钧儒、邹韬奋路过长沙。杨东莼和我去旅馆同他们商量，如何安排他们的活动日程，只见门内外爱国青年排着长队，要求接见。杨东莼请沈、邹到家里去吃饭，他们为接见青年而辞却了。次日上午，我们又去请沈、邹下午游岳麓山，借此休息一下。青年们仍排着长队求见，沈、邹不忍令青年失望，也推辞了，一直接见到晚间上火车离开长沙。事后我们懊悔没有安排一次像郭沫若那样的演讲，让青年们在大厅里会见，免得他们两人如此疲劳。

这时，上海救国会的重要人物先后去了武汉，新知书店的总店迁往武汉，钱俊瑞等也去武汉，所以决定把《中国农村》迁往武汉出版。我和罗琼在1938年四五月间去武汉。罗琼申请入党，经长江局批准，并在长江局妇委的领导下做妇女工作。我又一次向长江局写信申请恢复组织关系，不久长江局通知我已批准我入党，作为秘密党员（罗琼也是秘密党员）只同湖北省委何伟同志一人联系。具体工作我大都同钱俊瑞商量，通过钱接受党的指示。新知书店受长江局委托公开出版党的书籍，销数骤增数倍，一跃而成为全国有十几个分店的大书店，后来在皖南及苏北根据地也设分店。

在汉口只待了两三个月，日军大举进攻武汉，国民政府准备迁都重庆。《中国农村》搬到哪里去？根据过去一年的经验，《中国农村》在南昌、长沙起的作用很大，在人才汇集的汉口，起的作用不显著，所以决定不随大流去重庆而去桂林。我把《中国农村》先撤回长沙，做迁桂的准备工作。先我们去桂林的中国农村经济研究会会员有张锡昌、姜君辰、秦柳方、千家驹等。武汉沦陷、长沙大火[①]后，杨东莼接受白崇禧邀请，去广西任抗日干部训练学校的校长，由秦柳方负责教务工作，姜君辰等担任教员。《中国农村》迁到桂林出版，条件确实较好。刊物的前四卷一直由我主编。在武汉，我已决定去皖南新四军，《中国农村》迁到桂林后开始出第五卷，先后由千家驹、张锡昌、姜君辰、秦柳方负责编辑，直至1943年5月遭到国民党政府禁止而停刊。

在此以后，中国农村经济研究会还设法于1945年在重庆《大公报》、1946年至1947年在上海《文汇报》出版《中国农村》副刊。抗日战争胜利

---

① 1938年10月武汉沦陷后，11月12日日军攻占岳阳，距长沙130公里。当夜，误传日军迫近长沙。国民党地方军警负责人根据所谓“焦土抗战”的部署，下令将长沙全城焚毁。至13日，有一百多万户住宅被毁，不少伤病士兵和老弱病残葬身火海。——作者注

后，吴觉农、孙晓邨、王寅生、张锡昌、秦柳方、冯和法等同志还是经常在一起，曾参加上海人民团体联合会，进行反内战、反饥饿等民主运动，并批判反对土地改革的谬论，为迎接解放而共同努力。

新中国成立后，中国农村经济研究会的许多骨干分子在各机关担负重要工作，不可能再抽出很多时间来研究农村经济问题。1950年春，中国农村经济研究会几位负责同志陈翰笙、孙晓邨、吴觉农、钱俊瑞和我在一起叙谈，决定宣告解散，《中国农村》也决定不再复刊。人民出版社和包括新知书店在内的三联书店几次要求出版《〈中国农村〉论文选》，那时我们认为当务之急是研究新中国农村的新问题，没有必要出版旧中国时期的这类著作。“文化大革命”中，《中国农村》和我们的许多著作都被当作“黑材料”而焚毁。我们考虑到要保护历史资料，加以现时这一代的青年都不了解旧中国农民的苦难情况，有必要对他们进行历史教育，所以，前几年由冯和法同志负责编辑了《〈中国农村〉论文选》，由人民出版社出版，同时作为对《中国农村》创刊50周年的纪念。

回顾我在牢狱、在白区的思想、学习、工作，我始终记着自己是一名共产党员，活一天要干一天革命工作，不论在任何情况下，要尽心尽力为党做有益的工作。当我刑满保释出狱时，正是民族危亡和人民灾难深重的时候，白色恐怖严峻，但我始终跟着党，直接或间接地在党的领导和影响下进行活动；学习运用马克思主义原理，调查研究中国农村经济，肯定中国社会性质是半殖民地半封建社会，批判形形色色反动的、错误的思想；论证改革封建土地制度的必要性，为配合党所领导的土地革命，提高人民觉悟，争取群众而艰苦工作。

1937年至1938年，在长沙、武汉我曾向党申请恢复组织关系。1938年6月长江局批准我入党，作为秘密党员。在当时情况下，党不可能对我的历史作详细审查。在华中根据地及新中国成立以后，在几次审干工作中，党对我的历史作了多次审查，审查结论的内容不尽相同。新中国成立后的结论是决定我的党龄从1938年6月算起。我服从党的决定，在表示同意的同时，请求党对我的历史再作进一步审查，恢复我1927年3月至1938年6月这一段时间的党龄。1983年8月1日中组部通知，中央书记处7月11日决定，党龄从1938年6月算起，革命工龄从1927年3月算起。1988年我又写了书面申请，经1988年4月14日中央政治局常务委员会第二十次会议讨论，同意恢复我 1927 年 3 月至 1938 年 6 月的党龄。我完全理解党对我多次审查是必要的，衷心感谢党中央对我的信任，对我工作的肯定。现在我虽年高患病，但一如既往，关心党和国家的大事，将继续发挥自己的余热，为党为人民作贡献。

三、投笔从军

在新四军教导总队

1938年夏，新四军副军长项英同志去延安开会，来回都路过汉口，在此聘请文化人去新四军工作。罗琼为我俩报名参加，得到党组织的批准。8月，罗琼先去皖南。我因移交《中国农村》月刊的编辑工作尚未完毕，延迟到10月才出发。临走前，先到八路军长沙办事处去看了李一氓同志，他是新四军军部秘书长兼军法处长。他告诉我先到南昌去找新四军南昌办事处，并给我新四军军部教导总队政治教官的委任状。我把《中国农村》月刊的文件资料都交给潘逸耕、王易今两同志，到广西转交给张锡昌和千家驹，请他们接替我的编辑工作。离别亲手抚育的《中国农村》，实在有些依依不舍。但国民党大后方的政治环境和工作条件越来越差，敌后抗日游击战争工作的重要性则越来越大，我决心投笔从军了。

10月的一个早晨，我搭公共汽车从长沙去南昌，傍晚找到新四军的南昌办事处。第二天，项英副军长来了，见了我，约我次日搭乘他的小汽车同去皖南，这就太方便了。当时国民党对投奔新四军的人多方阻挠，交通十分困难。罗琼去皖南时，同行的有男女同志二十多人，新四军办事处要求国民党有关部门拨车，结果拨了运输牲口的车厢，连一个座位也没有。白天坐在车板上，晚上睡在车板上，还要绕道金华，再乘车坐船，走了十几天才到。当我见到项英时，他穿了一身半旧浅蓝色的棉军衣，扎着腰带绑腿，穿着同随行的警卫员和司机毫无区别。出发时连我一共四人。吃饭时四人同桌，毫无上下级之分，同国民党军队等级森严形成鲜明的对照。我也毫无拘束，一路随便谈笑。

晚间在一个小县城的小旅店住宿，次日黎明出发时已经降霜，天际挂着残月。路过一座小木桥时，我想起晚唐诗人温庭筠的名句“鸡声茅店月，人迹板桥霜”，觉得颇有诗中的意境。这时国共关系还比较好，路过国民党军队的岗哨，项英递给一张副军长的名片，守卫战士便敬礼放行。第二天下午到了屯溪北面的岩寺，这里有新四军的兵站，是去云岭军部的必经之地，此后就要翻山越岭，不能再乘汽车了。晚饭后，项英就骑马回军部。我还不会骑马，只能在兵站住下。次日早晨兵站专门派一个班的战士护送我去军部。

从岩寺出发要经太平，翻过五六十里的大山才到茂林。这附近就是1941年1月皖南事变我军九千余人被国民党军队围歼的地方。茂林是泾县的一个大镇，国民党军队和我军都有工作组在这里进行各种活动，表面上和睦相处，暗中则有激烈斗争。在茂林又宿一晚，次日走了四十多里地，到新四军军部所在地云岭。云岭也是泾县的一个小镇，是陈绍禹（王明）的家乡。陈家祠堂相当大，新四军军部直属队开大会就以这里作会场。周围许多村庄住着我军的各个机关。我到云岭，即去南堡村看项英。他已叫罗琼来同我见面，罗琼穿上一身肥大的军装，成为一名女兵了。在招待所又住了一夜，次晨就去离云岭十里远的中村。中村是军部教导总队所在地，总队部设在中村的董家祠堂，各队驻在中村周围的乡村。没有校舍，各队都借用祠堂和民房。住所很简陋，晚间点小油灯，干部和学生睡在门板搭成的床或铺稻草的地上。

新四军是由中央红军长征北上后留在湖南、江西、福建、广东、浙江、湖北、河南、安徽八省坚持斗争的红军和游击队改编组成的。1937年10月12日，宣布改编为国民革命军陆军新编第四军。12月25日，新四军军部在汉口成立，1938年1月6日移至南昌，4月4日抵达皖南岩寺，7月1日进驻泾县云岭罗里村。此后，军部及其直属队即长驻云岭地区。刚改编时，全军辖四个支队、九个团，共一万多人。

军长叶挺是北伐名将，1924年加入中国共产党，1926年任国民革命军第四军独立团团长，率部在湖北汀泗桥、贺胜桥两次战役中击溃军阀吴佩孚的主力，攻克武昌，任第二十四师师长兼武汉卫戍司令。1927年参与领导八一南昌起义，任前敌总指挥兼十一军军长。同年12月参与领导广州起义，任起义军总司令。起义失败后去国外，同中共失去联系。后定居澳门，他的心仍然是忠于党的。

副军长项英，实际上是新四军的政治委员。他于1922年加入中国共产党，是工人运动领袖，中共六届一中全会当选为中央政治局委员和书记处书记。1931 年后，历任中共苏维埃区中央局代理书记、中央军委主席、中华苏维埃共和国临时中央政府副主席。红军主力长征后，他任中共中央江西分局书记，在赣粤边区坚持三年游击战争。抗日战争期间任中共中央东南局书记、中央军委新四军分会书记。陈毅同志那时担任第一支队司令，新四军军分会副书记。

我到新四军不久，就得到 10 月 25 日日本侵略军占领武汉的消息，这是南京沦陷后又一次巨大的震动。七七抗战爆发，全国军民团结抗日，群情振奋。南京沦陷后，就有人对抗日战争能否胜利产生怀疑。1938 年五六月间，毛泽东同志发表《论持久战》讲演，全面分析中日战争所处的时代和敌我双方各自的特点，阐明我方应采取持久战的总方针，并科学地预测抗日战争的发展进程，指出战争全过程将经过“战略防御、战略相持、战略反攻”三个阶段，批驳了“亡国论”和“速胜论”以及战争问题上的唯心论和机械论，大大鼓舞了全国人民抗战必胜的信心。当时抗战还处于战略防御阶段，

1978 年 5 月 27 日，薛暮桥（前排左三）在安徽调查时重访新四军皖南军部旧址。

正如《论持久战》所说，日军愈深入，兵力愈分散，在敌后留下许多回旋余地。国民党被迫同意红军改编为八路军、新四军，挺进敌后进行抗日游击战争，牵制日军前进。后来毛主席在《学习和时局》一文中指出："国民党在 1937 年和 1938 年内，抗战是比较努力的，同我党的关系也比较好，对于人民抗日运动虽有许多限制，但也允许有较多的自由。自从武汉失守以后，由于战争失败和仇视共产党这种情绪的发展，国民党就逐渐反动，反共活动逐渐积极，对日抗战逐渐消极。"① 此时，日本也改变战略方针。日军占领武汉后，停止对国民党军正面战场的战略进攻，逐渐转移其主要军事力量对付共产党和八路军、新四军。自 1938 年 11 月至 1939 年 7 月的九个月中，日军用八个月的时间以其 85% 的兵力对敌后抗日根据地进行"扫荡"，只用一个月的时间以 15% 的兵力在正面战场发动局部进攻。整个 1939 年，八路军、新四军抗击的日军占其侵华总兵力的 62%②。

由于战争形势的变化，原在国民党统治地区工作的共产党员愈来愈多地转移到敌人后方工作，大批知识青年前往延安或皖南新四军军部学习和工作。东南各省青年因去延安路途遥远和国民党当局蓄意阻挠，在武汉失守后一段时间内有一部分转向皖南。尤其是上海，仅 1938 年下半年，就由中共江苏省委领导，上海各界慈善机关总联合会出面，动员、组织了近千名党员、工人和青年学生，分几批输送到新四军军部。新四军原来想办中国人民抗日军事政治大学（以下简称抗大）的分校，终因军部还驻守在国民党控制区内，为了避免给国民党政府和第三战区以干涉的口实，未用抗大分校的名义，而由新四军军分会报请中共中央军委批准，成立教导总队。它的教育方针、校训和教育内容与抗大总校基本相同，主要领导骨干大多是从延安调来的。

新四军教导总队是 1938 年 9 月由军部教导营扩建组成并正式命名的。早在 1938 年 1 月军部迁至南昌，即已筹建教导队。4 月军部到达岩寺地区，从各支队抽调干部进行训练，将其扩建为教导营，辖 3 个队，有学员 300 余人。7 月军部抵云岭地区后，扩大到 4 个队。随后，上海党组织输送的第一

---

①《毛泽东选集》第 3 卷，人民出版社 1991 年版，第 941—942 页。

② 罗焕章、支绍曾：《中华民族的抗日战争》，军事科学出版社 1987 年版，第 172、173 页；参阅军事科学院军事历史研究部编著：《中国人民解放军战史》第 2 卷，军事科学出版社 1987 年版，第 254 页。

批500多名青年学生和工人到达皖南，其中大多数人先到教导队接受短期训练。这时，教导总队成为一所拥有1000余人的“抗大”式的干部学校。

以教导营时期几个队为第一期，教导总队正式成立时开学各队为第二期，它从1938年1月至1941年1月共办了5期，每期约半年时间，先后为新四军各部队培养训练了近5000名干部，对提高部队广大干部军政素质，对新四军的建设和发展，以至对华中各个抗日民主根据地的开辟和巩固，都起了一定的促进作用。它也是我投笔从军后接受严格军事生活锻炼的第一个工作单位。那时的一切都是那么朝气蓬勃，同心同德，真正做到“团结、紧张、严肃、活泼”地工作和学习，给我留下极为深刻的印象和美好的记忆，以至在半个世纪之后的今天还历历在目。

教导总队的主要负责人都是富有部队教育工作和政治工作经验的老红军干部，有不少参加过两万五千里长征。总队长是军部副参谋长周子昆兼任的，他于1925年入党，参加过北伐战争和南昌起义，当过红军一军团红三军师长、参谋长和军长，是井冈山时期我军第一个教导队的副队长，调新四军以前，曾在红军大学学习和抗大第二期训练部工作。教育长冯达飞是黄埔军校学生，大革命时期入党，1929年去苏联学习，回国后参加百色起义，当过红七军团长，红八军代理军长，后在红军大学工作，曾在抗大总校任大队长。政治处主任余立金1930年入党，在红军六军团十八师当过团政委和师政委。

我刚到教导总队的时候，训练处长是赵希仲，副处长是龙树林。龙也是1930年参加红军和入党的老干部，在苏联留过学，参加过长征，从抗大调来新四军。他在训练处分管政治文化教育。我去后不久，他被调往前线，在江南指挥部所辖挺进纵队任政治部主任，1939年4月牺牲。赵希仲是主管军事教育的，1939年以后调军部参谋处工作，皖南事变期间叛变。我先是接替龙树林的工作，赵希仲调走后由我任训练处长。

对各队的军事教育，在冯达飞指导下，由训练处军事教育科科长王太然负责日常工作。有一批专职的军事教员和军事教育干事，大多是从部队抽调或者自己培养的。训练处还有个政治文化教育科，先后由夏征农和陶白负责。夏征农是1938年11月到皖南新四军军部的，先到教导总队，在训练处工作，不久调政治处担任宣教科长，后调军政治部任统战部副部长和民运部长。政治教员还有罗琼、王淑明、张崇文（后调任总队政治处宣教科长），姚耐、邓洁、袁牧华、易惠群等人，汪溪、张韵之先任文化教员，后改任政治教员；还有一批政治助教和政治教育干事、文化教员和文化教育干事。政治、文化教员起初都是在抗日救亡运动中锻炼出来的社会活动分子，政治教员几乎都是共产党员，后来我们自己也培养了一批教育干部，所以，训练处教学力量的整个阵容是比较强的。罗琼先在第一、第二队（军事队）教社会发展史，后来在第八队（女生队）、第四队（政治干部队）教社会发展史、统一战线等课，是驻队教员。军部很优待知识分子，项英自己每月只领4元生活费，生活俭朴，但决定我、罗琼和夏征农、陶白等几个人每月领15元，其他政治教员领12元、10元不等，这在当时是最高的生活待遇。

教导总队的规模以第三期为最大，有两个大队，十二个队，一千多人。一大队是军事队，下属三个队：一队训练连排级军事干部；二队是从二期各个知识青年队中挑选并经过考试作为军事干部再培训的；三队训练班排干部。二大队是政治队，下属也是三个队：四队训练连排级政治工作干部；五队、六队是知识青年队。总队部直属的还有六个队，就是培训团营以上干部的上干队（亦称九队）；培训文化工作干部的文化队；培训妇女干部的八队；培训15岁以下青少年的青年队（其中大多为军人和烈士的子弟），以及由开学后陆续来到的知识青年编成的两个入伍生队。学制一般每期半年，军事队的军事教育占总课程的2/3，政治教育占1/3，政治队的政治教育占2/3，军事教育占1/3。军事队中文化水平太低的学员还要补上文化课。后来国民党当局由第三战区长官司令部出面无理干涉，声称新四军地处敌后前线，不应有教导总队这样庞大的训练机构，着手整编；又指责军中不应组训妇女，不应有训练唱歌演戏的文化队等等①。他们的目的无非是要极力限制和削弱新四军及其影响。与此同时，国民党军警严密封锁从江西、浙江进入皖南的通道，阻止国统区和海外爱国青年前来参加新四军，这使教导总队学员来源受到一定影响。因此，1939年9月军部决定将教导总队改名教导队，停办女生队，在这之前已将文化队改为军部战地服务团第二队。尽管如此，由于新设机枪队（后改名机炮队）和工兵队，第四期仍有十个队，一千余人。1940年春恢复教导总队名称。

我初到部队时，为着适应战争环境，觉得有必要学些军事知识，适应军

---

① 参阅洪学智、薛暮桥主编：《华中抗日革命熔炉》，华夏出版社1987年版，第4页。

1992年薛暮桥（前排左三）、罗琼（前排左二）夫妇与皖南新四军教导总队的学生们合影。

队生活。所以，每天清晨与总队部（包括训练处、政治处、队列处、医务所等）的干部一起上早操，插入队列，作为一名普通战士。指挥早操的是军事教育科长。我天天坚持操练，学习一些军事动作，要使自己真的成为一名军人。操毕后，指挥者总是请我先出列，然后宣布解散，行敬礼。一年后，我已经掌握初步的军事知识，在作战演习时，我也能指挥总队部的干部，发布作战命令了。

在教育中，我们采取集体辅导方法。我制订教育计划和陆续编写教材，教员互相听课，星期日上午共同讨论，汇报学生在学习中的思想情况，有的放矢地进行政治思想教育。我每次上课三小时，总要留出半小时来让学生提问题，或者师生共同讨论，不用注入式、而用启发式；不背教条，而是联系实际学习理论，培养和巩固学生的革命人生观和世界观。为着加强阶级观点，学习科学社会主义，懂得社会发展的客观规律，首先讲社会发展史，政治队讲政治经济学。政治经济学也从社会发展史开始讲起，从原始社会讲到资本主义社会。根据中国实际情况，重点讲封建社会，讲中国当时的半殖民地半封建社会。

政治经济学起初由我主讲。这门课程只讲60小时，教材要少而精。社会上当时有的《政治经济学》课本，都是《资本论》的压缩本，只讲工人，不讲农民；只讲帝国主义，不讲半殖民地半封建社会。我想讲基本原理，必须在结合实际适合中国的国情方面下工夫。我花了三个月时间编写了一本比较适合于中国国情的《经济学》作为教材，后写成书，由新知书店出版。由于内地印刷困难，所以在香港印刷。此外，还有一门重要的政治课是《统一战线》，由夏征农主讲，实际上是讲中国革命的基本问题及党的路线、方针、政策，后来这门课就叫《中国革命问题》，以毛主席的《中国革命与中国共产党》《新民主主义论》等为主要内容。此外，还有《论持久战》《党的建设》和《民运工作》等政治课程。

当时一般学生政治热情高，理论水平不高；满腔热情抗日，但阶级观点模糊。有一个上海来的地下党员是产业工人，初来时以为是资本家养活工人，学了政治经济学后才知道是工人养活资本家。所以，政治教育的主要任务，不但是要巩固民族解放思想，更重要的是确立无产阶级立场，政治教育不但要进行阶级教育，而且要进行党的路线、政策教育（统一战线）。这样，才能使学员理解我党对社会各阶级的分析及路线政策，理解为什么在抗战中要对国民党又联合、又斗争的策略，自觉地为争取民族解放和社会解放而奋斗。这一点我们是成功了。现在许多白发苍苍的当年学生，一见面就兴奋地谈论当时学习中的思想转变。

1939 年 2 月 23 日，周恩来同志和叶挺军长从重庆前来皖南新四军军部。那时，恩来同志任中共中央军委副主席，也是国民党政府军事委员会政治部副部长。他到新四军是受中共中央委托，解决两个难题：一个是新四军的战略方针；另一个是协调叶挺、项英的关系。恩来同志一到云岭附近的军部驻地，首先进行周密的调查研究。他不但听取领导人的汇报，还找军部各部门座谈，听取各支队负责人的意见，到机关、后方医院和连队，还到我们教导总队来视察，实地了解部队的工作、学习、军事训练和生活情况。这使他对新四军情况的了解，比原来只是通过电文往来所知道的要清楚具体得多了。

3 月上旬，恩来同志在云岭的陈家大祠堂向近 1000 名干部作了题为《目前形势和新四军的任务》的报告。这个报告讲了两天，共八个小时，主要传达贯彻中共六届六中全会精神，分析当前形势和新四军的任务。他提出新四军在敌后发展方向的三个原则：“（1）哪个地方空虚，我们就向哪个地方发展。（2）哪个地方危险，我们就到哪个地方去创造新的活动地区。（3）哪个地方只有敌人伪军，友党友军较不注意没有去活动，我们就向哪里发展。这样可以减少磨擦，利于抗战。”[①]恩来同志指出，抗战正从战略防御阶段转入战略相持阶段，战争的重点已从正面作战转向敌后作战。我们应当不怕困难，大胆地到敌人后方去，愈在困难的条件下，愈能发挥我们的优势，愈能够锻炼我们、扩大我们的力量。中国的东部是人口最多、交通便利、经济发达、文化程度高的富裕地区，在这里作战有特别重要的意义。他指出新四军的战略方针，是要向北发展，多抽部队过江，把江北发展成为具有战略意义的根据地。

随后，恩来同志与新四军领导人研究，“确定新四军的战略任务是向南巩固，向东作战，向北发展”[②]。所谓“向南巩固”，恩来同志在同年8月中共中央政治局会议上的发言中概括为“巩固现在阵地”[③]，指的是巩固皖南的军部所在地和苏南的茅山根据地，提高警惕，防止意外事件。“向东作战”，指的是出击沪宁地区，使江浙沿海敌人不得安宁，造成巨大的国际国内影响。“向北发展”，指的是多抽部队过江，加强江北领导，把江北发展成为具有战略意义的根据地。这一方针完全符合新四军的实际情况，符合我们党和军队全国全局发展的要求，得到新四军很多干部的赞同。但是，项英并未真正贯彻执行，以致最终遭到皖南事变的严重失败。

关于叶、项之间的关系，究竟有哪些不很协调之处，我们在军部直属单位工作的同志并不了解实际情况。后来听说，叶军长曾在1938年8月向中共中央负责同志提出辞去新四军军长职务。经挽留后于同年秋天离开军部送夫人回澳门，又转往广东东江一带去领导一支抗日游击队。恩来同志等向他做了许多工作，他才同意回新四军。所以，这一次是恩来同志陪同他一起来皖南的。恩来同志向军部领导干部传达了中央关于叶挺工作的意见，并多次找项英谈话，要他搞好同叶挺的关系。项英表示要同叶挺搞好关系，但事实上叶挺的处境未见改善。军部秘书长（兼东南局秘书长）李一氓同志离开延安前曾受李富春同志委托，作为叶、项之间的缓冲人，他也承认“影影绰

---

①《周恩来选集》上卷，人民出版社1980年版，第105页。报告日期未能查明，据与会者左英回忆，为1939年3月7日，《难忘的回忆》，新四军历史丛刊社编:《战地红花》，百家出版社1989年版，第114页。

② 军事科学院军事历史研究部编:《中国人民解放军六十年大事记（1927—1987）》，军事科学出版社1988年版，第222页。

③ 1939年8月4日在中共中央政治局会议上的发言提纲，中共中央文献研究室编:《周恩来传》，人民出版社、中央文献出版社1989年版，第442页。

绰的，叶挺总想借口离开军部，采取躲避的办法回重庆，回澳门。影影绰绰的，项英总想使叶挺自己离开新四军，并且帮助他离开新四军。”① 从我们的感受来说，叶军长经常不在军部，1939 年 5 月至 8 月到皖中建立新四军江北指挥部；10 月去重庆向蒋介石交涉增加军饷、弹药和编制，未获同意，1940 年 8 月才回军部。在皖南，几乎军部的大小事情都由项英说了算，只是 1940 年 10 月日军“扫荡”皖南地区，才由叶挺负责指挥反“扫荡”作战。尽管中央 1939 年 1 月 10 日电报已明确指出：“应尊重叶之地位与职权，我们提议，项多注意四军总的领导及东南局工作，而将军事指挥和军事工作多交叶办。”② 叶挺实际上并没有军事指挥权。所以，叶、项关系问题始终存在，这也影响到后来皖南事变中的作战指挥。

恩来同志在皖南期间，军部战地服务团和其他文艺工作者曾演出话剧招待。结束后，他和陈毅同志等向演员祝贺演出成功，还到后台看望其他工作人员。服务团管道具的同志拿了一块约两尺见方的白绸缎，请他们题词留念。他们欣然答应，带回住处，在 3 月 10 日用毛笔题了词。恩来同志写的是“为创造民族革命的艺术而奋斗！”陈毅同志录旧作诗一首：“十载辛酸斗兵戎 / 愧我吴下旧阿蒙 / 半壁河山沉血海 / 满地干戈战沙虫 / 日搜夜剿人犹在 / 万伤千死鬼亦雄 / 弹丸挣扎鱼龙变 / 地覆天翻五洲红。”冯达飞、余立金和我，国际友人希伯，以及其他一些同志也在那块绸缎上题了词。这块绸缎由原教导总队学员、请周、陈等领导同志题词的焦恭贞同志珍藏着③，既是一件珍贵的历史文物，也反映了当年领导人与一般工作人员之间的亲密关系，可以说是一则动人的历史佳话。

恩来同志于 3 月 14 日离开皖南。临行前，他接见了我和罗琼。他肯定了我们的工作成绩。我们向他保证做好工作，并请他向邓颖超同志问好。

1939 年 7 月，军部召开全军第一次党代表大会，从 16 日至 25 日，共开了十天。会议对三年游击战争的经验和教训、建军三年党的工作作了基本总结，讨论了形势和任务，提出完成本军的建军运动，“使本军成为政治上军

---

① 李一氓回忆录选摘：《我亲身经历的皖南事变》，《大江南北》1993 年第 1 期，第 40 页。

② 中共中央书记处致周恩来并转新四军的电报，《周恩来传》，中央文献出版社 1989 年版，第 444 页。

③ 林晖、王绍华：《此诗是袁国平所作吗？》，《大江南北》1992 年第 5 期，第 60 页。

事上最坚强而有党的坚强骨干的不可战胜的铁的新四军"[①]。会上，选举了出席中共第七次全国代表大会的代表，罗琼当选为候补代表（后追补为正式代表）。多年后罗琼回忆这件事时写道："当宣布当选名单，读到我的名字的时候，我面孔通红，全身发热，心情的激动，难于用言语形容，千言万语，归结成一句话，感谢党和同志们对我的信任。"[②]

1940年"三八"妇女节，军部隆重举行纪念大会，项英同志、政治部主任袁国平、宣教部长朱镜我等亲来参加。会议由项英主持，罗琼作主要讲话。会议有一项议程是对优秀女同志的授奖仪式。项英同志宣布了全军模范女干部、优秀女战士和政工人员的名单[③]。罗琼被评为全军模范女干部。授奖主要是精神上的鼓励，颁发了简易的奖状，还发了一件汗背心和一条毛巾作为奖品。会上，项英还宣布了军部直属队的三对"模范夫妇"：一对是袁国平和邱一涵，他们是老红军，参加过长征，邱一涵此时是教导总队政治处的组织科长；另一对是朱镜我和赵霞君，他们都是日本留学生，朱是长期在白区做地下工作的老同志，赵在教导总队附属的抗日军人家属子弟学校任教导主任；还有一对就是我和罗琼。在"三八"节表扬我们，主要是提倡夫妇共同献身革命，双方相互敬重，相互支持，积极工作和努力学习。在军部直属队，男女知识青年较多，红军出身的干部几乎都没有成家，在相对说来环境比较平稳的皖南工作和学习，渐渐地出现一些恋爱、婚姻、家庭方面的问题。但是在战争时期，尤其是在军队里，必须使大家将精力集中用于抗日民族革命战争，处理上述个人生活方面的问题不能不受到战争形势的制约。表彰模范夫妇，也是为了引导大家更好地致力于工作和学习，对革命作出贡献，正确对待这些问题。

1940年1月，军政治部组织部部长李子芳同志找我和罗琼去谈话。他微笑着说："有一件事要征求你们的意见。明年党的七大在延安开会，罗琼同志去开会，路途遥远而艰难，所以不久即将启程，大约一年时间回来。薛暮桥同志因为工作需要，留在皖南。你们有什么意见？"我们两个毫不犹豫地答复，同意党的安排。此后不久，大约4月，罗琼即经浙江金华辗转前往陕

①《新四军全军第一次党代表大会详细报告》，抗日战争史料选:《新四军在皖南（1938—1941）》，安徽省出版总社1985年版，第130—132页。

②《战地红花》，百家出版社1989年版，第20页。

③《战地红花》，百家出版社1989年版，第135—136页。

北，到中共中央妇委工作。我们两人一别将近六年，不通音信，直到日寇投降后才在山东解放区会面。

罗琼赴延安前，夫妇把结婚照剪开，各自拿着对方的照片留作纪念。1945年秋，他们在山东根据地相聚，这对阔别近六年、有时音讯全无的模范夫妻，始终坚守信诺、忠贞不渝，而这张结婚照也才得以复原。

撤离皖南到苏北

1940年春，新四军皖南军部直属队明显进入战备状态。5月间，在很小范围内向一些干部传达军部准备东移的决定，还派了一个参谋旅行团赴苏南，沿途考察行军路线和宿营地。各单位疏散非战斗人员，尤其是一些病弱的女同志。凡能在国民党统治区找到亲友关系安身的，尽量由地方党组织帮助，转移到上海及浙江等省国统区安置。非战斗人员分批撤离皖南。

我是皖南事变爆发前约一个月离开云岭地区的。由于军直属队非战斗人员过多，决定先行分批撤退约 3000 人，绝大部分经苏南我军游击区，再渡江前往苏北。第一批主要是军政治部系统的文职人员，包括战地服务团，将近 1000 人，于 1940 年 12 月 1 日从云岭出发。他们走了七天，经过国民党军队防区，行军 400 余里，在 7 日到达苏南水西、竹箦桥地区新四军江南指挥部驻地。我们是第二批，主要是军需处（供给部）、军医处和教导总队的人员，也有 1000 多人。绝大多数人都没有武器，只有一个执法队每人都有短枪，作为护送的战斗连队。这个支队由军需处长宋裕和任指挥，军法处副处长汤光辉和我任副指挥。我们教导总队先走的有 300 多人，编成一个大队。总队部各处的人编成一个队，主要是训练处的军事、政治、文化教员和教育干事。因为要充实和加强苏北刚刚成立的抗大五分校的教学力量，除了少数驻队教员和教育干事外，教育干部尽量先走。只留下政治文化教育科长陶白、军事教育干事解良美和技术干事袁彧夫三人坚持日常工作。总队部的医务所编成一个队。还有一个地方干部队，有 130 多人，绝大多数是皖南地方党组织已经暴露身份随军撤退的基层党员干部。

我们这个支队在 12 月 9 日凌晨从云岭出发。临走前一天，军部副参谋长周子昆把宋裕和、汤光辉和我找去谈话。他告诉我们，在我们这批先行人员到达苏南后，军部马上出发，但不走我们到苏南去的这条路，而是向西北，从铜陵、繁昌过江，去皖中皖北根据地。军部已经派张元寿去铜陵、繁昌集结船只，他要我们到达江南指挥部后立即电告军部。

从铜陵、繁昌过江到无为，是军部与江北指挥部经常来往的一条路线。1939 年叶挺军长到江北视察，就走的这条路。江南这一带大多是我军三支队活动地区，江北有游击队活动，沿途除了日伪少数封锁线外，一般不经过国民党军队的防区。从云岭一天可到铜、繁地区，第二天就可以渡江。如果抓紧赶，拂晓行军，晚间即可过江。但还没有大部队走这条路的经验。张元寿同志是教导总队的队列处副处长，他原来是军部总兵站站长，在 11 月下旬率领少数精干人员，带着电台和侦察分队前往安排渡江准备事宜。在三支队和游击纵队协助下，很快征集到 200 条船，可在 12 个渡口同时起渡，一晚能渡

7500人[①]。到12月下旬以后，日军在江面巡逻艇增多，国民党李品仙部队也在江北向我军进逼，走这条路北渡的时机也丧失了。

我们这个支队是走宣城以南，经郎溪到达竹篑桥、水西地区，连续行军六天，晓行夜宿，每天平均走六七十里。前两天经马头到杨柳铺是国民党嫡系五十二师防地，沿途见到的士兵都荷枪实弹，戒备森严。11日、12日两日是经东北军一〇八师防区，对方比较友好，设了茶水站，有些军官夹道目送我们离去。我们张贴了“纪念西安事变四周年”等标语。后两天经过的是国民党第二游击区冷欣部队防区，我们都作了随时应付袭击的准备。气氛虽然比较紧张，但总算在14日午后安全到达我军江南指挥部驻地。12月间我军两支先行队伍经由皖南、苏南国民党军防地均安然无事，这是国民党蓄意要钓我们军部这条“大鱼”，而把两条“小鱼”放走了。

我们到江南指挥部当晚就向军部发了电报。随即商定分两路行动，宋裕和、汤光辉同志率军部各处的人员向东经长荡湖、滆湖和太湖之间北上，在常州附近过铁路去苏北；我们教导总队的干部按军部指定的路线去茅山游击根据地转往苏北。我将皖南的地方干部队交给江南指挥部分配，留在苏南坚持斗争。

从水西、竹篑桥地区到茅山根据地有一百多里，要通过溧（水）、武（进）公路封锁线，穿过敌占区，沿途大部分是山区。我们休息不到一天，第二天下午4点多钟就开始行军。江南指挥部派了一个连护送我们过溧武路。刚走不久就遇到大雨，要翻山越岭过封锁线，一路急行军不休息。大家都是外面雨、里面汗，棉衣完全湿透了。长途急行军对我们这批文职人员也是一次严峻的考验。直至次日上午10点左右，才到达目的地西旸镇。好多女同志一到就躺在地上睡着了，四周都是从棉衣上流出的一摊一摊水迹。在西旸，我们同当地实际上的抗日民主政权四县总会[②]取得了联系，睡了半天。晚饭后，得到日军要来“扫荡”的消息。四县总会主任樊玉林同志亲自带领我们，在天雨路滑中又行军一夜，到句容日军大据点宝埝附近的几个村庄。他的家也在这里，附近有三个敌人据点，离我们住处都不到十里，敌人常常

① 参见叶超:《悲壮的史诗——回忆皖南事变的经过》,《皖南事变回忆录》，上海人民出版社1983年版，第3—4页。

② 四县总会是金坛、句容、溧水、丹阳四县抗敌救国总会的简称，是茅山地区实际上的政权机构，相当于专员公署。——作者注

出来“扫荡”。我们都换上便衣，准备遇到“扫荡”时随居民一起行动。

从句容再往前走要过沪宁铁路封锁线，与铁路大体平行的还有公路和运河，也有敌人驻守和巡查，所以，这条封锁线是以铁路为主体的三重封锁。自从我皖南部队决定经苏南北移后，在国民党的大事张扬下，沪宁日军早就在这一带加强封锁，铁路两侧拉上电网，只留一些小的口子，由日伪军站岗把守，来往行人必须经过检查才能通行。这时，东南局组织部部长曾山同志也去苏南，他找我去，告诉我军部来电要我迅速渡江。他约我同他一起走，化装后经镇江坐火车去上海，再转往苏北。我说，我带的队，女同志和体弱的较多，我得跟同志们商量才好决定。大家一听我要先走，心情不安，有几个女同志哭了。我就决定先留下来妥善安排大家渡江，把大家送完再离去。

我同地方党的同志一起商量，考虑到这一带我们对伪军的工作做得不错，有不少伪军下层头目同我们有联系，愿意提供方便，就决定将我带来的干部分成小批过铁路。大多数同志从茅山地区向东，经金（坛）、丹（阳）、武（进）游击区，在常州附近的奔牛通过封锁线，然后过长江到达靖江县的七圩港，同苏北部队取得联系。这样，我们就分成十几个小组，每组五六个人，由一位交通员做向导，隔几天走一批。但只有那一位交通员，要四五天才能来回一趟，到旧历年底还没有走完。同我军有联系的伪军人员有的已被调走，过铁路危险增大，敌人的“扫荡”也愈益频繁。

在这之前，有一天我到樊玉林家去找他们。人都不在，房里有未拆开的南京报纸。我拆开一看，报上登了皖南事变的特大新闻，项英、袁国平、周子昆遇难，叶挺军长率部苦战七天，全军覆没，叶被生俘，等等。我不禁大吃一惊，但还半信半疑。过了几天，终于证实，我们全队同志捶胸顿足，悲愤不已，痛恨国民党顽固派发动这场蓄谋已久的突然袭击，深切悼念多年来共患难、同战斗的遇难战友，我们更急着要赶快设法过江去苏北，为党加倍工作。那时正过旧历年，一队伪军在黎明时刻穿过我隐蔽的小村去樊家大村。我立即在伪军走后设法找到樊玉林商量。茅山地区的地委书记陈洪与樊正在一起。我们商定，剩下未走的干部，凡能在上海找到亲友、有地方住宿的尽快乘火车去上海，还有邓洁等几位同志，由军事教育科长王太然率领，在南京镇江间过铁路，到淮南（津浦）路东的六合，即后来编为新四军二师的活动地区。樊玉林将他两个十几岁的儿子也托付我带走。

正值春节，由交通员领着我和其余几个同志到了镇江以西的高资车站，车站上的日军回镇江过节去了。我们去镇江路上平安无事，到镇江后就麻烦了，要拍照片，自己到镇江伪政府去领通行证（需对照片）。我们到镇江前夕，敌军挨户搜查，凡没有“良民证”的都被当作“新四军的便衣”，抓去二三百人罚做苦工。领我们的交通员在镇江有亲戚。我们住在他亲戚家，依靠他们领到了通行证，买了火车票。一上火车，我们就可以谈笑自如，不怕敌军多次检查了。到上海后，各自回家，分头去找关系，设法前往苏北。

我带着樊玉林的两个儿子到哥哥鹤龄家，立即想找组织联系。鹤哥告诉我，新知书店还有一个分店改名青年书店设在租界，可以去联系，经理王益每月从我的版税中送 10 元来补助我的女儿。次日我去新知书店，王益已到苏北根据地的分店去了。不久，与我同到上海的姚惠滋同志来看我，说他哥哥姚惠泉（我认识的民主人士）请我到他家去吃饭。席间他哥哥告诉我皖南事变的大体情况，并说蒋介石宣布取消新四军的番号，党中央任命陈毅为新四军代军长，刘少奇为政委。姚惠泉还请来我也认识的我党留在上海的联系人王介然同志，帮助我与党组织取得联系。我回鹤哥家后，因急于去苏北，没有来得及回礼社看望老母和幼女。

王介然领我到他家中，告诉我钱俊瑞、余立金已从皖南突围来到上海，问我要不要同他们见面。我说，不要节外生枝了，早点去苏北吧。不料突患牙痛，半边面孔肿胀，非请牙医治疗不可。因此，我先将带来的同志送走，又在上海多留了一个星期，所有亲友概不会面。牙痛尚未完全痊愈时，交通员又来了，我就跟他坐轮船渡长江到新港。同行的有从皖南突围出来的教导总队政治教员袁牧华，从他那里知道陶白同志也突围出来了。他们都是历经千辛万苦、死里逃生来到上海的。

比我早一个星期去苏北的同志，经海安从东台乘轮船去盐城，路上很安全。我走的时候情况已有很大变化，一上轮船就听说昨天日军向东台大“扫荡”。次日上岸，当地党组织正忙着转移，我就跟着地方党的同志反“扫荡”。当时，谭震林同志正好经过这里去苏南，地方党的同志要护送谭的一个连护送我和从上海来的十多位同志北上。

接近海安时，侦察员得知陈毅同志率领大军反“扫荡”，已经收复海安，我们急忙赶去。到了海安，我军已经撤离，镇上八里路的长街只有少数居民留着未走。附近许多村庄火光冲天，不知道哪个村庄有我军。原来，国民党苏鲁皖边区游击军副总指挥李长江 2 月 13 日在泰州率部叛变，当了伪军。

陈毅同志亲率新四军一师主力从东台南下，经海安西进，讨伐李长江伪军，在20日攻克泰州，俘虏官兵5000余人，并争取其两个支队反正。日军为救援李长江，从扬州、如皋等地出动，占领海安、东台，进攻泰州。我军即进至串场河以东地区。我们的侦察员在半夜发现一个房子里有灯光，打听到这户村民刚送我大部队后回家。靠他的帮助，我们找到了主力部队。次日，随军转移到海安东北的唐家洋。

陈毅同志就在唐家洋宿营，晚间来看我，问我茅山根据地的情况。我告诉他茅山地区现时非常困难，留下坚持的一个地方独立团已濒于瓦解，同主力部队失去联系，建议派部队去增援。陈代军长说已经派部队去了，他同我谈完话，交给我一封厚厚的信，要我到盐城后当面交给刘少奇同志。

我们继续往北走了几天，3月上旬到盐城。我在一所中学的二楼上见到少奇同志。他详细问我途中的情况，并要秘书陆璀同志向我讲述苏北新四军的情况。我请少奇同志分配工作。他派我到刚成立不久的中国人民抗日军政大学第五分校去。我去时，皖南教导总队先行撤退的干部大多数已比我早来抗大五分校了。

回顾皖南事变前后

从皖南撤退和突围的教导总队的干部到达抗大五分校以后，迫切要求听取党中央关于皖南事变的决定及新四军的战略方针、任务的指示。不久，东南局副书记饶漱石在突围后来到盐城，军部有几个晚上连续开会讨论皖南事变的问题。陈毅同志在军直属队干部大会上作了报告，各单位都组织干部讨论、学习。

1941年5月16日，中原局在盐城西面的湖垛镇召开高干会议，各区党委、各师的主要领导人大多数来参加了会议。这次会议主要是传达讨论中央关于项、袁错误的决定。刘少奇同志就皖南事变的经过、我军失利的内外原因及经验教训作了总的报告。5月17日陈毅同志在会议上讲了话。饶漱石也作了报告。这两次会议的报告我都听了，并参加了讨论。5月20日，根据中央1940年11月的决定，中原局与东南局正式合并，改称华中局，同时成立中央军委华中军分会。

我经过听传达，参与讨论，对皖南事变的前后经过、发生原因、历史教训及今后新四军的战略方针，有了较为明确的认识，心里亮堂多了，对前途充满了信心。皖南事变的罪魁祸首，当然是国民党顽固派。1939年他们就开始策划投降、分裂、倒退的活动，在全国掀起反共逆流。这一年底，顽固派发动了第一次反共高潮，进攻华北的八路军和山西的新军。当被我党我军击退以后，他们紧接着又酝酿发动第二次反共高潮，重点是企图以突然袭击来消灭大江南北的新四军。对顽固派这种倒行逆施，党中央针锋相对，进行斗争。关于新四军的发展战略，皖南新四军的行动等重大问题，中央也对东南局、皖南军部作了一系列重要指示。电报来往频繁，多时中央甚至一天发来两个电报，要新四军军部及皖南部队限期北撤东移。但项英顽固坚持他的右倾错误，这是造成皖南失败的内部原因。正如毛泽东同志为中共中央起草的《关于打退第二次反共高潮的总结》中指出的："这次反共高潮中项英同志的机会主义的失败，全党应该引为深戒。"①如实指出项英同志的错误，是对历史负责，是为着真正深刻总结历史教训。

1940年5月4日毛泽东同志为中共中央起草的给中共中央东南局及新四军军分会的指示（后来以《放手发展抗日力量，抵抗反共顽固派的进攻》为题收入《毛泽东选集》），一开头就有针对性地指出："在一切敌后地区和战争区域，应强调同一性，不应强调特殊性，否则就会是绝大的错误。""均有同一性，即均有敌人，均在抗战。因此，我们均能够发展，均应该发展。这种发展的方针，中央曾多次给你们指出来了。"②中央指示重申了新四军在苏浙皖敌后发展的战略目标和具体要求，阐述了对国民党反共顽固派坚决斗争的原则和策略等一系列重大问题，决定"请东南局和军分会诸同志讨论，传达于全党全军的全体干部，并坚决执行之"。"此指示，在皖南由项英同志传达，在苏南由陈毅同志传达"。"对于全党全军的工作布置，则由项英同志按照中央方针统筹办理，以其结果报告中央。"③但项英同志对中央的批评极为不满，不仅没有作任何自我批评，反而连发三封电报，指责中央，并要求辞职。

高干会议期间，我告诉陈毅同志，项英有一次传达中央（1940年）"五四指示"，曾说过黄山是最好的游击战根据地。陈军长说，项很有可能想

①《毛泽东选集》第2卷，人民出版社1991年版，第782—783页。

②《毛泽东选集》第2卷，人民出版社1991年版，第753页。

③《毛泽东选集》第2卷，人民出版社1991年版，第757页。

去黄山。但南昌尚未沦陷，黄山没有日军，在那里建立抗日根据地是没有理由的。陈毅同志在高干会议的讲话中总结了皖南事变的沉痛教训，明确批评了项英同志的右倾错误。他指出，项的错误是受了王明错误路线的严重影响。陈毅同志还讲到，苏南敌后抗日根据地未能及时开辟，也与王明的右倾错误有关。1937年底，国民党军队在沪宁一线溃败时，在苏南曾丢下数十万枪支和弹药。我们没有能先一步去动员当地人民群众，组织抗日武装，而是畏首畏尾，生怕得罪国民党第三战区。结果，当地的土匪、流氓、青洪帮、忠义救国军等反而抢先了一步，利用散失在民间的枪支弹药，拉起不少与人民为敌的反动武装。当然，苏南也有革命的进步武装，如管文蔚同志组织的丹阳抗日自卫总团（后与老六团合编为新四军挺进纵队）就有几千人，然而这样的队伍毕竟还是太少了。

听了陈毅同志的讲话以后，我曾与余立金同志谈起项英决定向茂林行进和突围的原因。余是当时指挥教导总队作战的，他说，项英确有转向浙江天目山，在那里建立根据地的计议[①]。我们提到项英有过南进计议，是指他在主持新四军军部和东南局工作期间，始终向往并误认为有机会、有条件由他领导，在皖浙闽赣一些山区开展游击战争，创立大片山区根据地。这种机会和条件，大致就是估计日军迟早必将进占皖浙闽赣国民党统治区，我军可以利用此种局面进入并开辟上述地区；或者一旦国民党军队向我皖南新四军发动大规模进攻，我军即可以以山区有利地形为依托，坚持斗争，以求发展。所以，他对皖南一直恋恋不舍，不情愿、不甘心东移、北撤。但他虽有计议，却并没有提出具体的实施方案。何况他所期待的有利局面一直没有到来。皖南事变后，刘少奇同志曾经形象地说过，项英在皖南是"守株待兔"。

我认为，项英同志对中央1940年"五四指示"的态度，是皖南事变遭到失败的一个重要历史关节。中央"五四指示"的内容，经过历史的检验已证明是完全正确的。中央正是在项英迟迟没有坚决贯彻执行关于新四军发展的方针，并且在实际工作中出现了错误，贻误了时机，又孕育着更为严重后果的情况下，适时地提出批评，敲起警钟。"五四指示"的着重点在于说明道理和指明利害，期望项英引起警觉，迅速改正错误，带领新四军坚决完成

---

① 本段所述参见《我对皖南新四军军部情况的片断回忆》，《江苏革命史料选辑》第9辑，江苏省档案局1983年12月编印，第26、27页。

中央赋予的战略任务，迅速向敌后转移。此前，中央已向项英指出，军部及皖南部队应预先有所准备，以免袭击，万不（得）已时，可向苏南陈支队靠拢，再向苏北转移[①]。从“五四指示”后到年底，中央发了许多个电报催促项英执行中央指示。但是项英一面表示同意，一面三心二意，拖延不决，总希望留在皖南，并声称“决心坚持皖南阵地”[②]。

中共中央书记处于12月26日给项英、周子昆、袁国平的指示提出了严厉批评：“你们在困难面前屡次向中央请示方针，但中央远在一年前即将方针给了你们，即向北发展，向敌后发展，你们却始终借故不执行”，“你们不要对国民党存在任何幻想”，“要有决心有办法冲破最黑暗最不利的环境，达到北移之目的，如有这种决心办法，则虽受损失，基本骨干仍可保存，发展前途仍是光明的”[③]。在这之后，项英才于12月28日召开新四军军分会会议，决定1月初北移。

皖南事变遭到全军覆没的境地，是项英一而再，再而三违抗党中央正确指示造成的。到项英最终决心率部撤离皖南时，正如当时在部队中动员那样，是以“扬子江头，黄河新道”为行动目标的。但是，决心下得太迟，既已贻误时机，又无充分而周密的撤离工作准备。遇到顽军阻击，更是优柔寡断，犹豫不决。而且到了此时，还不尊重和接受叶挺军长坚决攻占星潭突围东进的正确意见，仓促改变部署，致使部队陷入绝境。他在身陷重围之后又惊慌失措，甚至离队出走，终于葬送了他作为主要缔造者之一的新四军皖南部队。

皖南事变到现在已经过了50余年，但总是深切缅怀在皖南、在上饶集中营牺牲的同志们，可以告慰同志们的是，你们的后辈已经继承了你们的遗志，中华人民共和国已经屹立于世界东方，有中国特色的社会主义建设已经取得了伟大成绩！

---

① 中共中央文献研究室编：《毛泽东年谱（1893—1949）》中卷，中央文献出版社、人民出版社1993年版，第182、190页。陈毅同志在1940年4月21日、28日两次向中央建议“军部东移”。项英阅后表示同意，转报中央。中央书记处在4月26日复电，“皖南军部以速移苏南为宜”。——作者注

②《皖南事变》，中共党史出版社1990年版，第64页。引自项英等人1940年11月13日给中共中央的电报。

③《皖南事变》，中共党史出版社1990年版，第78、79页。

在华中抗大五分校

抗大五分校和新四军教导总队同为新四军军部直接领导下的干部学校，五分校有很多干部原在教导总队工作或学习过。它起初是1940年11月由刚刚组建的华中新四军、八路军总指挥部决定成立的，陈毅代总指挥[①]兼任校长、政委，参谋长赖传珠兼任副校长，另一副校长冯定兼任政治部主任，以新四军江北指挥部所属江北军政干部学校和苏北指挥部所属苏北抗日军政学校为基础组成。皖南事变后，中共中央和中央军委决定重建新四军军部，抗大五分校直接隶属于军部。

我去抗大五分校报到时，与学校的几位主要负责人见了面。冯定原来是皖南军部军政治部宣传部的教育科长，谢祥军原来是教导总队的大队长，校政治部副主任谢云晖是原军部战地服务团的副团长，所以都是熟识的。他们向我介绍了学校概况。谢云晖着重介绍了教育工作方面的情况。我对调整教育计划及对教导总队刚来到的干部的工作安排，提了一些建议，他们都很尊重我的意见。这样，我实际上已在五分校开始工作。大约过了十天，陈毅同志回到盐城。他到抗大五分校看我，问我担任什么职务。我说没有宣布职务，但已开始帮助他们安排教育工作。陈军长说没有职务不方便，当即决定我任训练部长。没有多久，余立金从上海来到盐城，担任五分校政治部主任。从皖南突围的陶白等同志也都到了五分校。先后从教导总队撤退或突围，分配到抗大五分校工作的干部，约有100人左右。

华中抗大五分校是皖南事变前后在敌人后方办学。为适应这种新情况，必须加强领导，改进教育工作。此时，军部重新确定了五分校的领导班子。陈毅军长仍兼任校长、政委，任命冯定、洪学智为副校长，谢祥军、贺敏学为正、副教育长，余立金仍任政治部主任，总校来的吴胜坤为副主任，我继续担任训练部长，谢云晖调任训练部副部长。这样，抗大五分校的领导核心得到增强，干部队伍也因从皖南撤退或突围的原军部教导总队干部和总校华中大队的先后到达而更为充实。

---

① 1941年11月中旬，中共中央军委发布命令，成立华中新四军、八路军总指挥部、叶挺为总指挥，刘少奇为政治委员，陈毅为副总指挥；叶挺未到职前，由陈毅任代总指挥。——作者注

抗大五分校是抗日战争时期华中敌后举办的规模最大的干部学校。它隶属新四军军部直接领导时共办了两期。第一期从1940年11月至1941年5月，招收学员1478人，内有女生129人。第二期学员自1941年五六月间陆续来报到，7月正式开学，1942年初结业，招收学员1526人。五分校学生的来源，除来自部队和从根据地招收的青年外，有相当一部分来自上海和江南沦陷区，还有不少爱国华侨青年。上海党组织有计划地将已暴露身份的党员和进步群众输送到苏北，大多进了抗大五分校。五分校还在海安、东台等地设立招生处，自动前来报考的青年要经过简单考核，录取者需有初中文化水平。

抗大五分校和教导总队的办学条件都是很艰苦的。那时一无校舍、二无教材，教员也少，靠自己培养。祠堂、庙宇是我们最好的教室。晴天，茂林修竹也可以当课堂。学生没有桌椅，都坐在背包（装着自己的全部衣服）上，在膝盖上搁着书包当书桌。每个人一只搪瓷碗，每个班一只面盆（盛菜），这是吃饭的全部用具。农民家一间十平方米左右的房屋，铺上稻草就可以住一个班（12人至14人）。教员也同学生过着几乎同样的生活，在可能条件下有一间小屋、一张小床，在菜油灯下备课。许多时候是处在频繁转移和作战的状态中，但我们坚持办学。1941年二三月春季反“扫荡”，第一期的一大队调到盐城以北配合新四军三师作战，在收复上岗的战斗中牺牲了一队队长等四位同志。二大队担负战斗警戒任务，校部和其他各队抽调一部分人支援地方工作。在这次反“扫荡”期间，全校作战伤亡、失踪和其他减员216人。第二期学员则经历了两个多月的夏季反“扫荡”。

生活是艰苦的，同时也是活泼和快乐的。大家都对胜利的明天充满信心。每天早晨和傍晚，几乎每个队都充满了歌声和笑声。每当召开大会的时候，会前都要互相挑战、拉歌：“××队，来一个。”“请谁唱，××队。”特别是歌声嘹亮的女生队，常常成为挑战的对象。每个队都有一个救亡室（后称俱乐部），每星期出一期墙报，每个月开一次晚会，把学习和文娱活动配合起来。多么难忘的往事啊！已经过了半个世纪，仍然不时萦绕在我们的脑海之中。前几年我有一次去上海，聚集了30多位新四军教导总队和抗大五分校女生队的干部、学生。她们邀我共进晚餐，还邀来一位男生代表——当年教导总队上干队的学员忻元锡同志。一群白发苍苍的老祖母，仍像十七八岁的小姑娘一样纵声欢笑，全体合唱新四军军歌和抗大校歌，宾馆的服务员看了都非常兴奋。

我在抗大五分校教课，除了讲政治经济学以外，还讲中国革命问题课程[①]。从皖南到苏北路过上海时，我在上海青年书店买到一本吴亮平同志的著作，是论述无产阶级政党在资产阶级民主革命中的两条路线斗争问题的。在五分校，为着教育干部，我联系列宁的《两个策略》[②]和中国当前新的政治情况，与政治教员共同学习讨论，并给干部讲课。盐城还办了鲁迅艺术学院华中分院，鲁艺的干部也常来听讲。听课以常达二三百人。有一次我正讲课，陈毅军长来抗大视察。他见我讲课，叫我继续讲下去，他也拿来一张凳子坐着听讲。他对抗大的教育十分关心。这一年暑期，盐城的几个地方中学联合举办夏令营，我和冯定也应邀去讲课。

薛暮桥著作《中国革命基本问题》。

1941 年 7 月下半月，日军在苏北盐阜地区发动夏季大“扫荡”，企图围歼华中我军领导机关。7 月 20 日，日军分四路进犯盐城。在这前一天，我们刚刚从夏令营回来，就遇到敌机轰炸盐城。晚饭时军部传来命令，华中局和军部向阜宁转移，抗大五分校负责掩护军部后方机关安全转移，副校长洪学智同志兼任盐城卫戍司令员。校部决定，一大队和警卫连留下跟随洪学智行动，其余部分当晚向海边转移。第二天拂晓，一路日军乘坐汽艇进犯盐城。我们的一大队在城内登瀛桥等几处布设水雷，并组成若干游击小组在城内分散活动，骚扰敌人，以保障撤离的单位尽快撤出。随后，洪学智同志率领抗大一大队等，掩护集中在盐城东北狭小地区的军卫生部、供给部等后勤单位

① 参见薛暮桥:《中国革命问题》，中国出版社 1941 年版。

② 现译为《社会民主党在民主革命中的两种策略》，《列宁选集》第 1 卷，人民出版社 1969 年版，第 511—627 页。

不同版本的《政治经济学》。

两千余人，在三天之内分批通过盐城以北的敌人封锁线，安全转移到阜宁。

这段时间，校部领导班子军务繁忙，领导成员经常聚在一起指挥行军作战、讨论问题。我不善于参加军事指挥，决心抓紧时机，总结三年来的教学经验，修改在皖南写的《经济学》，删去一些原来仍然过多的术语解释，改得使它有利于帮助青年知识分子的思想改造。当时几乎天天行军，我背着一个皮挂包，内装两本参考书和十本笔记本，行军时想，驻宿时写。行军一停下来，就赶快抓紧时间写，坐在背包上，用皮挂包当桌子。就这样，在敌后战斗环境下，边走边写，基本上完成了《政治经济学》的修订稿。后来将它交给新知书店在桂林出版①。新中国成立后②，曾由刘少奇同志批示作为干部读物和高中的教科书，翻印几百万册，读过这本书的人更多了。

1941 年 9 月，五分校奉军部命令北上阜宁。除了三大队有两个队由训练部副部长谢云晖率领，留在苏中地区，后来成为建立九分校的基础之外，五分校校部及所属各队越过日军串场河封锁线，安全抵达王桥口集中休整。洪学智同志调任盐阜军区司令员，后任三师参谋长。冯定调军政治部工作，由韩振纪任副校长。全校恢复上课，并进行了反“扫荡”总结，迁往东坎、八滩。二期各队在 12 月底以前先后结业，全校在 1942 年元旦举行了这一期的毕业典礼。学员们分配工作后，五分校又迁回阜宁靠近军部驻地的空寺殷等村庄，迎接新的任务。

在抗大华中总分校

1942 年，华中抗大分校的建制有相当大的变动。至 1941 年底，新四军已在北起陇海路、南至长江、西自津浦路两侧、东抵黄海的广阔区域内，建立了苏中、淮南、苏北、淮北四个抗日民主根据地。新四军的一、二、三、四各师分别在这四个行政区坚持斗争。五师活动的鄂豫边区、皖西地区，六师活动的苏南地区，七师活动的皖江地区，相继打通了与军部的交通联系。华中各地已有三所抗大分校，有的地区创办抗大分校的条件也已成熟。随着

① 《政治经济学》在 1946 年又出了第 3 版。作者在后记中写道：“在此次翻印前又受时间限制，仅能把这本书大致翻一下，并作两处较重要的修改。”——编者注

② 此处时间疑为“新中国成立前后”，因为 1948 年 12 月版的封面上已经有“华北人民政府教育部审定”的字样，1949 年 10 月前各地新华书店有多种翻印版。——编者注

新四军部队的扩大和战斗的频繁，比以往更为迫切需要通过抗大分校短期培训的途径，尽快提高干部的军政素质和领导水平。同时，华中敌后斗争越来越尖锐，战局变化很快，军部举办规模过大的干部学校，活动很不方便。中共中央华中局、华中军分会和新四军军部考虑到上述情况，经中共中央和中央军委批准，决定建立抗大华中总分校。其任务是："统一领导华中各抗大分校的工作，建立华中统一的军事学校教育制度。"总分校同时"接受抗大总校的领导，成为总校的组成部分"，"华中各抗大分校接受总分校领导，成为总分校组成部分。各旅、团教导队接受各分校的领导，成为各分校的组成部分"①。

抗大华中总分校隶属于新四军军部，仍由陈毅兼校长，韩振纪任副校长，谢祥军任教育长。余立金此时去华中局党校学习，军部任命我担任政治部主任，仍兼训练部长。1942 年 1 月 4 日，举行庆祝总分校成立的全校干部大会，陈毅同志到会并讲话。他指出：抗大是军队办的学校，学员来自部队或者毕业后将要分配到部队去工作，他们是要带兵打仗的，所以，既要加强政治理论教育，也应该注意加强军事训练。陈毅同志这番话，对我颇有教益，对我们全面理解和执行抗大的教育方针很有帮助。我在会上也着重讲了加强政治理论教育的问题。

总分校以原抗大五分校为基础组建，成立总分校后新建的五分校划归新四军三师建制。在抗大华中总分校存在期间，共有一所总分校，五所分校②，每所分校的规模都不少于一千人。算起来，华中办的抗大分校数目接近全国总共十二所分校的一半。华中各抗大分校，四分校、五分校曾得到总校派出干部直接支援，十分校离新四军军部较远，主要靠五师自身调配干部，培训教学骨干，其他几个分校，包括五分校在内，其中许多领导成员和教学骨干曾在皖南军部教导总队学习和工作过。

为了加强对华中各分校培训工作的指导，1942 年 8 月 1 日，在苏北阜东（今滨海）县的东坎镇召开了华中抗大总分校与各分校工作会议，亦称教育会议。会议主要议程是研究总分校和各分校的教学，包括教育方针、制度、

---

①《华中局关于抗大工作的决定》（1942 年 6 月 2 日），转引自洪学智、薛暮桥主编:《华中抗日革命熔炉》，华夏出版社 1987 年版，第 19 页。

② 1942 年华中新四军各师办的抗大分校有：一师所属九分校、二师所属八分校、三师所属五分校、四师所属四分校、五师所属十分校；1945 年，七师也办过一个抗大分校。——作者注

20 世纪 80 年代，薛暮桥（左二）在江苏省调研时重返新四军苏北盐城军部。

计划和教材，总结过去工作，交流教学经验。在讨论过程中，有一场颇有意义的争论。有的同志发言认为教育内容应强调讲授马列主义经典著作，指责对前一批学员讲一些属于政治常识的课程，过多地强调联系实际，不符合抗大办学方针。这种意见，实际上 1941 年在盐城时就有人提出来了。总校华中大队有一位政治主任教员，来五分校不久，就批评我们政治教材庸俗，说我们过低估计工农干部对马列主义的理解能力，主张教斯大林的《列宁主义问题》。为此我们曾作过几次讨论。在 1942 年的教育会议上，多数同志不赞成这种看法，认为教育内容的确定，必须考虑敌后的战争环境和学员的实际情况，考虑培训学员的基本要求和目的是要去部队带兵打仗，加强部队军政建设，应坚持理论联系实际的原则和少而精的要求。这些同志指出，进行马列主义教育必须同中国革命的实际相结合，原来华中各分校并不是不讲马列主义的基础知识，而是主张马列主义要中国化，能为学员所理解并运用，何况学校的整个教育都贯穿了马列主义基本原理与中国革命实际相结合的精神。经过充分讨论，大家的意见趋于一致。

陈毅同志很重视这次会议，亲自出席会议并作了总结。他根据党中央关于整顿"三风"（学风、党风、文风）和关于学校教育决定的精神，着重阐述如何正确理解抗大的教育方针，批评了教学中的主观主义和教条主义倾向。他说，"理论与实际一致，所学与所用一致（做什么学什么），教育与作战联系，这是我们军队教育上、学习上应该采取的三大原则。""教员的任务不仅限于讲解书本，而在于帮助学员如何去运用书本知识，以总结其本身的工作经验。学生的任务，不仅限于照读讲义和课目，而在于能领会课目、讲义所包含的精神和实质，并能进一步启发他们对实践经验的了解，提高他们今后指挥作战和处理问题的能力。""为了实践而学习理论，为了打胜仗提高工作而进学校，为了养成一批军队工作干部才办抗大。"[①] 他还说，马列主义不能脱离中国革命的实际，"统一战线"就是中国的列宁主义。陈毅同志这些精辟的论述，辩证地说明了理论与实践的关系，从根本上提高了与会者对于抗大教育方针和目的的认识，也结束了我们教育干部中的这场争论。

这一年，我根据在五分校讲授"中国革命问题"课程的讲稿，修改补充，写成了《中国革命基本问题》一书。这是我为抗大写的第二本教材。经陈毅同志审阅同意后，该书也由新知书店[②]出版。陈毅同志看了书稿以后，曾找我去长谈，讲了他在革命中的经历，证明中国革命的正确方针、政策得来是很不容易的。

抗大华中总分校驻地与华中局党校靠得很近，刘少奇同志常到华中局党校去讲课，我们也争取去听课。少奇同志在盐城时就给华中局党校第一期讲过课，到阜宁，党校已办第二期了。在前前后后几个月时间内，少奇同志讲了《人为什么犯错误》（立场、观点、方法）、《哲学的范畴》《论党内斗

①《对抗大工作的建议》（1942 年 8 月），原载《建军》第 2 期，转引自《华中抗日革命熔炉》，华夏出版社 1987 年版，第 48、49 页。

② 应为中国出版社。——编者注

争》《组织上的纪律上的修养》[1] 和《战略策略问题》。他系统地讲解了我们党在各个时期所犯战略、策略上的错误，特别是大革命失败后白区党组织所犯“左”倾盲动主义的错误。过去虽然读过斯大林的《论战略和策略》，但那是抽象的，现在少奇同志讲课同中国革命的实际密切结合起来了，使大家受到很深刻的教育。可惜没有能把当时他的讲稿保存下来，但他讲的内容与 1945 年党的六届七中全会通过的《关于若干历史问题的决议》基本上是一致的。后来，我也常到华中局党校去讲课，教政治经济学。

1942 年全党进行整风学习，我被编入华中局直属机关的高级班。读到刘少奇同志批评白区党组织“左”倾盲动主义错误的两篇文章，感受很深。我长期在白区工作，对白区某些党组织“左”倾盲动主义的口号和行动，一直感到迷惑不解。如一·二八淞沪抗战时期，不准我们拥护十九路军所进行的抗日战争，而要我们到马路上去写“武装保卫苏维埃”“参加红军”等口号，还说我们准备参加批评托派观点的论战是“学院主义”，等等。此时听了少奇同志的讲课，又读了他的文章，解开了许多疑团，茅塞顿开。我 3 月 8 日写信给即将去延安的刘少奇同志，向他报告我在白区工作时遇到的一些策略问题和我的看法。我们在白区组织中国农村经济研究会、创办《中国农村》，曾经批评乡村改良主义运动，而在西安事变后又本着抗日民族统一战线的方针，主张在抗日救国的共同目标下，建立乡村工作人员的“大团结”。我们的缺点在于宣传对象仅仅及于从事乡村工作的青年和各地知识分子，没有深入到农民群众中去，建立组织上的联系。白区不可能宣传土地革命，我们宣传国民党政府土地法中的“二五减租”政策，以此来动员农民，揭露国民党的欺骗宣传。当时对于能否宣传“二五减租”，我们自己思想上也是不明确的，不能肯定这样做是否正确，所以向少奇同志请教[2]。

农村经济情况的研究是复杂的、困难的。在白区，在《中国农村》月刊宣传党的土地政策更复杂，环境不允许，也不是空喊几句口号就能解决的。如果稍有不慎，刊物立即会被查封，编辑人员立即会遭逮捕、迫害，丧失了

① 少奇同志 1939 年 7 月在延安马克思列宁学院讲了《论共产党员的修养》，在华中局党校讲的《组织上的纪律上的修养》是其续篇。少奇同志讲课情况，参见温仰春著:《少奇同志在华中党校》，载《新四军重建军部以后》，江苏人民出版社 1983 年版，第 474—481 页。

② 参见《关于中国农村经济研究会及白区工作问题——给少奇同志的报告》，薛暮桥、冯和法编:《〈中国农村〉论文选》上册，人民出版社 1982 年版，第 20—30 页。

这块宣传进步思想的阵地。这是由于那时我国的革命尚处于反帝反封建的资产阶级民主革命阶段，正如党的几位领导同志指出的，革命的当前目的是要消灭封建势力，而不是消灭资本主义，相反地，它在客观上将为民族资本主义的发展开辟道路。因此，从理论上来说，我们在解决土地问题的时候，除大力扶助农民（小农）经济外，并不反对资本主义性质的地主经营和富农经营，所以对他们与对封建地主应该采取不同的政策，容许甚至在某种程度上帮助他们发展。

南京国民党政府是代表帝国主义、封建主义、官僚资本主义统治中国，为着欺骗人民，时常提出一些改良主义的口号，尽管他们决不准备真的实行这些改良口号。1932 年我在《新创造》创刊号发表的《浙江省的二五减租》一文，利用官方报纸材料，揭露国民党省党部假惺惺地宣传“二五减租”，当农民真的出来要求减租的时候，省政府就诬陷他们是共产党，逮捕法办。在那时，我们是否可以宣传“二五减租”来动员农民，激化国民党政府与农民的矛盾呢？这是一个值得考虑的问题。

国民党浙江省党部省政府联席会议 1928 年 6 月 26 日公布施行的当年度佃农交租章程，曾经规定佃农地租为正产物的 50%为最高租额，依据此额实行“二五减租”，亦即规定地租最高额为正产物的 37.5%。1930 年南京国民党政府颁布的《土地法》第 177 条规定，地租额以不得超过正产物的 375‰为准。事实上，在白色恐怖的高压下，几乎没有一个地区实行过“二五减租”。我们当时曾经考虑，是否可以公开要求实行“二五减租”，终因不符合党的没收地主阶级土地的土地革命纲领，未作广泛宣传。仅在合法团体作报告时，提到南京政府《土地法》的减租减息条文（利息不得超过年利 20%，同样没有一个地方实行）。如上海基督教青年会举办农村问题报告会，我去作土地政策报告就提到减租减息问题，国民党的中央电台还广播了。

现在想来，这是在国民党统治区可能作的一种公开合法的斗争。孙中山先生的《三民主义》所提出的土地纲领是“耕者有其田”，当然，他不会主张没收地主的土地，而是打算采取各种办法贷款给农民，帮助农民向地主购买土地。国民党政府 1930 年颁布的《土地法》，也提出授权政府照价征收地主的土地，卖给农民。实际上，农民穷得连饭都吃不饱，哪会有钱购买土地！国民党组织的地政学会把这种办法当作解决土地问题的法宝，大肆宣扬，实际上它根本不可能发生任何效果。我们党的土地政策，“打土豪，分田地”，这是最彻底的土地革命纲领，在苏区发挥了广泛动员农民的巨大效果。问题是在白区取得合法地位的《中国农村》，不可能公开宣传这种土地革命纲领。我们只是在叙述18世纪法国大革命和俄国十月革命的时候，对他们的土地政策予以高度的评价，使读者心向往之。我们批评各个派别的乡村改良主义运动行不通，但又不能直率地提出土地革命，这是极大的矛盾。当然，聪明的读者会了解我们的苦心。直到1935年8月中央公布“八一宣言”(《为抗日救国告全国同胞书》)，同年12月瓦窑堡会议确定建立抗日民族统一战线的方针，号召全国人民团结起来，停止内战，一致抗日，特别是我党承诺停止没收地主土地以后，《中国农村》才能大张旗鼓地宣传减租减息政策[①]。

少奇同志接到我的信后，很快在3月15日复我一封约有三千字的长信。信中说我的意见基本上是对的，希望我们能继续研究与讨论。他肯定中国农村经济研究会的工作，认为“应更进一步与乡村改良运动的团体合作，甚至在组织上与他们合并”[②]，不仅在外面，而且到它内部去影响他们，起推动作用，以致影响与推动其上层。他指出，农研会“不应发展成为农民群众斗争的团体”[③]，为了保存它的合法地位，即使有个别分子去领导农民群众的斗争和组织，还应秘密，即在组织上农民斗争团体与农研会没有公开关系。

对于“二五减租”问题，少奇同志作了更详细和精确的答复。他认为，在不同地区，不同时期，“二五减租”口号的性质不同。在广大农民已经起来进行没收地主土地斗争的时候，提出“二五减租”的口号是反革命的，足以使群众迷失斗争的方向，应坚决反对这一口号。广大群众还没有起来，但有可能起来坚决为土地而斗争，并保护斗争胜利的时候，“二五减租”可以作为发动群众组织群众走上土地革命的过渡口号。我们在“二五减租”运动中宣传与准备土地革命，但反革命与改良主义者则可能在“二五减租”中宣传取消土地革命，这是我们与后者的区别。在相当长的时间内群众不能举行革命的进攻，或这种进攻完全没有胜利可能时，我们应利用“二五减租”这

---

① 1937年2月10日中共中央致国民党五届三中全会电正式提出五项要求，四项保证，其中保证之四为“停止没收地主土地之政策，坚决执行抗日民族统一战线之共同纲领”。中央档案馆:《中共中央文件选集》第10辑，中共中央党校出版社1985年版，第135页。

② 刘少奇:《答薛暮桥同志》,《〈中国农村〉论文选》上册，人民出版社1983年版，第17、18页。

③ 刘少奇:《答薛暮桥同志》,《〈中国农村〉论文选》上册，人民出版社1983年版，第15页。

个改良的合法的口号，团结教育群众，等待适当时机。拒绝这个口号是不对的，把它当作我们的斗争目标也是不对的。当前，民族敌人深入国土，不能不放弃土地革命的时候，“二五减租”即成为我们目前的战略口号之一，而不是以前的策略口号的性质了。在根据地内实行“二五减租”，即是战略指导的行动之一。少奇同志强调：“同是一个‘二五减租’口号，在各种不同条件之下，就有各种完全不同的意义和作用。这就表明，策略问题是一个何等复杂的问题！教条主义、公式主义是何等地有害。”[①]

少奇同志在信中是从战略策略的高度来分析问题的。他讲到大革命失败后党的战略问题、战略策略的相互关系问题，革命进攻与实行退却的农村工作方针问题，在主客观条件还没有或不可能准备进攻的地区，利用一切改良可能和合法可能的问题，公开工作与秘密工作结合问题等等。他既是从战略全局出发高屋建瓴地提出问题，又进行了周密细致的具体分析，很有说服力。他说：“必须把这些问题弄清楚，而且不是一般的弄清楚，才能算得真正的布尔什维克。”[②]的确是语重心长，发人深省。

1942 年 12 月，苏北日军集结大量兵力，准备以盐阜区为重点，对新四军军部及其直属队进行“拉网”大“扫荡”。华中局和军部领导决定将军部及直属队转移至淮南地区，以便机动指挥作战。抗大华中总分校随同军部转移。1943 年初，军部抵达盱眙县黄花塘，总分校驻在附近的牛沛湾。根据华中局和军部关于精兵简政、缩小机关、减少单位、加强基层的指示，总分校的干部、教员和学员全部分配到部队和各分校。副校长韩振纪调任二师参谋长，余立金调任二师政治部副主任。我奉命调往延安工作。至此，总分校在成立一年后宣告结束。

从 1938 年 10 月我到皖南新四军教导总队，经抗大五分校、华中总分校，至 1943 年，共做军队教育工作四年多时间。这是我前所未有的全新的一段经历。我经受了严格的军队生活和艰苦的战争环境的磨炼，接触了大量的工农干部和知识青年，系统地讲授了政治经济学和中国革命问题两门课程，并且积累了在训练部门和政治工作部门担负独当一面的领导工作的经验，在

---

① 刘少奇：《答薛暮桥同志》，《〈中国农村〉论文选》上册，人民出版社 1983 年版，第 16、17 页。

② 刘少奇：《答薛暮桥同志》，《〈中国农村〉论文选》上册，人民出版社 1983 年版，第 15 页。

实践中成熟多了。同时，在充满同志友爱气氛中工作，感到非常愉快，真是一段难忘的经历！不仅是我，无论是新四军教导总队，还是抗大五分校的老同志，尽管时光已过去半个世纪，大家见面的时候总是会对那一段时间的学习、工作和同志情谊引起深深的眷恋。老同学至今相逢都特别亲热，常常诉说仅仅半年学习便使自己的思想得到几乎根本性的改造。绝大多数青年学生初来的时候只有满腔爱国热情，经过半年教育就使他们的思想意识从小资产阶级转向无产阶级，懂得了党的政治路线和各项方针政策，懂得不仅要求得民族解放，而且要求得社会解放。这是巨大的思想转变，并在实践中真正表现出来。

那时军队教育中产生这样大的教育效果，有其客观原因和主观原因。第一，震撼全国的抗日战争是对整个中华民族上了一堂很好的政治课。千百万人民被迫奋起保家卫国。日本军国主义的大屠杀，使向来被地主资产阶级压迫剥削的农民奋起斗争，在各个抗日根据地到处涌现“母亲教儿打东洋，妻子送郎上战场”的动人景象。许多知识分子自愿走出学校、课堂，参加抗日救亡运动和抗日游击战争。抗大的学生是工人农民和知识分子中的先进分子，他们上这所大学，一不想当官，二不想赚钱。想的是学好革命道理和杀敌的本领，为国为民不惜付出自己的鲜血和生命。与此同时，国民党顽固派转向消极抗日，积极反共；而在新四军，更有皖南事变这种亲痛仇快的血的教训，也使全国人民逐渐懂得：只有中国共产党才能救中国。

记得在抗日战争胜利、国民党顽固派发动内战的时候，有一位美国新闻记者问我：“美国的人民不关心政治，为什么中国人民连不识字的农村老妈妈都关心政治，如此拥护共产党和愤恨国民党呢？”我说美国的民主党、共和党是“一个半斤，一个八两”，谁上台都一样。中国的国共两党谁胜利，对农村老妈妈来说是生死存亡的大问题，怎么会不关心呢？日本军国主义和国民党顽固派这两个反面教员，激发了新四军教导总队和抗大华中分校学生的民族意识和阶级意识。在这样的基础上，我们的政治思想教育容易收效。

第二，教育内容是讲解毛泽东思想、以毛泽东为核心的党中央的路线政策，这是马克思主义同中国革命实践相结合的理论、思想、路线，这是全国人民从实践中切身体会并衷心拥护的指导思想和正确的方针。学员如饥似渴地勤奋学习。毛泽东的《论持久战》坚定了人们抗日必胜的信心，认识达到胜利必须经历的艰难曲折道路。毛泽东的《新民主主义论》和其他著作为我们指明了民族解放和社会解放的科学理论和光明远景，人们懂得坚决跟着共产党走才是中国人民的唯一出路。党的抗日民族统一战线，团结一切可以团结的力量，增强抗战的力量，是争取胜利的法宝。党中央的每一个文件，延安的《解放日报》、重庆的《新华日报》等报刊的社论、文章，新华社的消息报道，都是我们很好的教材和教育资料。整天生活在这种浓厚的政治气氛之中，怎能不潜移默化呢？

第三，抗大的教育方针和教育方法对学生的思想改造起着重要作用。毛泽东同志把抗大的教育方针集中概括为三句话：坚定正确的政治方向，艰苦朴素的工作作风，灵活机动的战略战术。他指出："这三者是造成一个抗日的革命的军人所不可缺的。抗大的职员、教员、学生，都是根据这三者去进行教育，从事学习的。"① 抗大之所以最革命、最进步，是由于它有中国共产党英明、正确的领导，有革命的教职员用马克思列宁主义、毛泽东思想哺育青年。因此，它才能像一座革命熔炉，把成千上万的革命青年锻炼成钢，成为全心全意为民族、为社会的解放而英勇奋斗的抗日干部和共产主义战士。

正确贯彻抗大教育方针的关键在于真正做到坚持理论与实际相结合的原则。我们的政治教育课程，从社会发展史、政治经济学、抗日民族统一战线到中国革命基本问题，每一门课都同学生的思想实际结合起来。例如讲到封建社会时，就由农民出身的学员诉说地主阶级对农民的剥削；讲到资本主义社会时，就由产业工人出身的学员讲述资产阶级对工人的剥削；讲抗日和反对国民党的反动政策的时候，也由学生联系耳闻目睹的事实来共同讨论。我们把马列主义、毛泽东思想及党的路线政策同学生的思想结合起来，有的放矢地编写和不断修改教材。抗大的政治教育中有一个教员集体备课制度，平时互相听课，星期天交换教育心得，讨论解决各种疑难问题。由于学生出身和文化水平不同，不能不因材施教。教员讲课后，由教育干事进行辅导，晚间参加学生讨论，不但当场解决一些容易解决的问题，而且能把疑难问题及时向教员汇报。在环境比较稳定时，由训练部（处）组织教员互相讨论，使疑难问题得到彻底解决。采取这种教育方法，不但教育了学生，而且教育了教员自己，懂得怎样针对不同的教育对象，利用有限的时间，来收到最大的

---

① 引自 1939 年 5 月 26 日纪念抗大成立三周年发表的文章《被敌人反对是好事而不是坏事》，《毛泽东著作选读》（乙种本），中国青年出版社 1966 年版，第 86 页。

教育效果。

军事教育方面把课堂教学与野外演习结合起来，既提高了来自部队的学生的作战知识和指挥能力，也使得没有参加过战争的青年学生学到了实际作战的本领。在皖南事变中，教导总队的学生在政治处主任余立金同志指挥下，担负保卫军部和掩护突围的重任。许多初次上战场的学生与作战部队指战员同样浴血奋战，坚守阵地，冲锋反击，打得非常英勇顽强。当场指挥作战的叶挺军长，看到他们高昂的士气和灵活的战术，连声称赞。在盐阜区反扫荡作战中，在苏南反击顽军进攻的作战中，学生们都打得勇敢机智，显示了良好的军政素质。

华中各抗大分校和原军部教导总队还有一个办学的有利条件，就是学生来源范围比较广泛。我们不但从各部队接受有作战经验的初中级指挥员和老红军战士，而且由上海和华中、东南其他各省的地下党组织和进步团体动员输送了一大批青年学生和产业工人前来学习，还有不少慕名前来的爱国青年，甚至南洋各地也有不少进步团体多次保送华侨爱国青年归国参加抗战，他们都是先到教导总队或抗大分校短期学习。我们还在江苏、安徽的根据地和游击区招收了一批当地的知识青年。华中和东南各省相对说来，教育比较

20世纪80年代，薛暮桥（前排右一）与新四军的学生合影。

发达，因而我们的学员总的说来文化水平较高，大多有中等文化程度，也有一批大学生，他们思想敏锐，接受新事物较快，在良好的政治环境中进步也快。有不少学员在新中国成立时已经成为师级干部。新中国成立后几十年来，从中央军委各总部到各级军区、军分区，处处都有原华中抗大分校的学生在工作。中央各部门和各省市高级干部行列中，更有为数不少的原华中抗大分校和新四军教导总队的学生。有更多的同志，为了民族解放和人民革命事业献出了宝贵的生命。我们应当永远牢记他们，珍视由无数先烈用鲜血浇灌成长的社会主义祖国和他们开创的事业。

四、在解放区的经济工作实践

留在山东抗日根据地工作

1943年初，为了适应华中敌后日益艰苦的斗争局面，中共中央华中局和新四军军部决定进一步贯彻精兵简政的方针，暂时停办华中局党校和抗大华中总分校。同时，还决定抽调一批高级知识分子干部，按中央规定的指示，送往延安工作，陈毅军长派我领队。我明白，这因为我是中央来电指名抽调的，又是懂得一点军事知识的文人。我率领的这队文化战士，预定从淮南出发，经淮北、苏北去山东，再经晋冀鲁豫、晋察冀、晋绥等解放区，到陕甘宁边区，估计行程约需半年。

我们这支队伍的成员，都是从各个机关、学校调来的文职人员，有些人不习惯于行军。护送的部队感到很棘手，需要我多做工作。走了一段路程，军部派的护送部队回去了，由淮南的地方部队护送。他们的战斗力比较弱，幸而一路没有遇到敌情，只是在淮安附近，发生过一次误会。

那天，我们正在走着，忽然四周围的村庄都鸣枪阻止我们前进。我没有听到机枪声，估计是当地的民兵。这里各个村庄之间都挖了交通壕，以防日伪军"扫荡"，我就告诉大家不要惊慌，指挥队伍进入交通壕内隐蔽。前面村庄的民兵还是阻拦，不许我们进村。这时，主力部队派了一个参谋来侦察。我出示军部发的公文，这位参谋说："好危险呀！两天前有一队伪军穿了新四军的军装，到村里来抢掠。所以，今天他们误认为你们是伪军，报告了主力部队。驻军已经派出一个营来包围歼灭你们。"他领我们到淮北部队的指挥部，部队同志热情地招待我们。次日，改派主力部队护送我们。又过了几天，我们安全地通过陇海铁路两侧的敌占区。

我们在深夜通过陇海铁路时，两旁站着十几个伪军为我们作掩护。华中地区的统一战线工作和敌伪军工作做得比较好。我军与许多伪军据点都建立了关系，他们常常暗中掩护我们。很多伪乡镇长和维持会长在就任前要征求我军同意，如果他们作恶多端，就会被我们的便衣处决。回忆两年前经过苏南，我们从句容去镇江时，途中也是住在伪乡长的家里。那位伪乡长得意地告诉我们，伪政府已有两年不到这里来收税，因为两年前有两个税收员被我军的便衣击毙了。由于民族感情和我军铁的纪律，即使在敌占区，我军也是深得民心，日军是很孤立的。

过了陇海路，就已进入山东抗日根据地。同山东八路军联系上以后，他们就派部队来欢迎我们。这时是 1943 年 2 月，已到春节，部队还送来许多食品慰劳。山东分局书记朱瑞同志亲自来看我们。他知道我是研究农村经济问题的，请我给分局几个机关的干部作报告。我以《中国土地问题和土地政策研究》为题讲了三个问题，其中第二部分是党的土地政策，主要阐述决定土地政策的一些重要原则，强调认识中国革命现时所处的战略阶段，认识中国是个半殖民地半封建的国家，认识中国土地关系的特点，以及革命与改良等等，以便于把握土地政策的基本精神[①]。

朱瑞同志指定分局政策研究室的同志向我汇报工作，请我提意见。当时山东对农村经济政策提的口号不是“减租减息”，而是“增资减租”。我问现在雇工有多少？他们答，一增资就大部分被解雇了。我说现在我们是反封建，不反处于萌芽状态的资本主义经营和地主、富农。朱瑞同志赞成我的意见。

在旧中国，很大一部分知识分子集中在上海和江浙一带。抗日战争爆发后，许多人撤退到武汉等地。武汉沦陷后，除少数人退往重庆、桂林等国民党地区外，大多数到了新四军。所以，新四军中知识分子比较多。相对说来，山东要少得多，知识分子犹如凤毛麟角，视若珍宝。朱瑞同志对我说：“你们再前进，就要改穿便衣，分组出发，不需要你领队了。”他知道我是中央指名调的，罗琼又在延安，不便强留，向我提出要我留在山东工作三个月，帮助他们解决货币斗争问题、减租减息问题和征收公粮问题。我在华中一直是做教育工作的，当时华中已经建立抗日民主政权，发行自己的货币，

① 参见《抗日战争时期和解放战争时期山东解放区的经济工作》，山东人民出版社 1984 年版。

征粮、征税，研究这些经济工作中的实际问题，我很有兴趣，于是同意留下来工作一段时间。

山东有抗大一分校，校长是周纯全，我要求去参观。当时山东正起草新的征粮办法，大家在热烈讨论。我去抗大一分校参观，没有研究他们的教育工作，而参加了他们关于征粮办法的争论。我觉得他们争论的是次要问题，而不是主要问题。山东的征粮办法，是按实产量征收，不按应产量征收。税率是累进的，最高达到实产量的35%。我计算了一下，如果一亩地的实产量从100斤增加到200斤（那时亩产量一般只有一百几十斤），税率提高了，每亩要多交几十斤公粮，留下的不够投入增产的成本，因此增产不增收，农民就不会愿意增产。应该把按实产量征收改为按应产量征收，应产量的调查比实产量的调查也容易得多。所以，回到山东分局后，我就把这个意见报告朱瑞同志和黎玉同志。黎玉是省政府（当时称战时工作委员会①）的主席。他们同意我的意见，要我为报纸写一篇社论，按此意见改定征粮办法。事后我到滨海地区去调查，专员谢辉同志兴高采烈地告诉我，新的征粮办法一宣布，农民就忙着送粪锄草，生产积极性大大提高。我能为山东尽些微力，自己也很高兴。

当时山东根据地的范围，西至津浦铁路，东至黄海，南迄陇海铁路，北抵天津附近，共设置六个行政区。由于是在抗日战争最为艰苦的岁月，我们八路军和民主政府主要是在广大农村活动，大多是在山区建立小块抗日民主根据地，以及它们外围的游击区。各个地区尚未连成一片。从1941年起，山东分局和省政府一直在滨海区坚持斗争。

1943年，中央决定加强山东党、政、军的领导，采取了一系列措施进行组织上的调整。首先是统一军事领导，在1943年3月将八路军一一五师与山东纵队（1942年8月改称山东军区）两支部队的领导机关合并，成立新的山东军区，任命罗荣桓同志担任山东军区司令员兼政治委员、一一五师政治委员兼代师长。9月，朱瑞同志奉命回延安，准备参加党的七大。9月，由罗荣桓同志担任山东分局书记，黎玉同志兼任山东军区副政委，主要分管地方党、政工作。

---

① 战时工作委员会全名是山东省战时工作推行委员会。1943年8月更名为山东省战时行政委员会，简称山东行政委员会。1945年8月13日改为山东省人民政府。——作者注

朱瑞同志原来兼任山东分局政策研究室主任，他去延安前要我接替他的这一工作。我到政策研究室时，工作人员贺致平、王耕今、杨波等同志都刚刚出去作农村调查。我看了他们的调查表格，知道调查的对象是生产力，不是生产关系。我急忙赶到他们的调查地点，为他们另外设计一套调查表格，告诉他们调查的对象应先是生产关系，重点是研究土地问题、租佃关系、借贷关系、雇佣关系等等，以及减租减息政策执行的情况，这样才符合目前农村经济政策的实际需要。租佃、借贷、雇佣等制度是很复杂的，不但各地区不同，而且每个地区都可能有几种不同的制度。因此，如何执行减租减息等等，应按当地具体情况决定，才符合党中央的方针政策。他们作过几次调查，写出几份有价值的调查报告，对于山东分局掌握实际情况很有用处。

为了稳定物价，除了银行加强货币管理以外，还必须有一个能够控制市场的商业机构。1943 年 10 月，省政府决定成立工商局。黎玉同志要我担任工商局局长，我因没有实际工作经验，建议由黎玉同志兼任局长，我任监委，实际上我来主持工商局的工作。这一建议取得他的同意。滨海区的工商局局长石瑛同志是很有工作经验的，他对建立工商局工作起了重要作用。我们将滨海区这方面的经验研究加工，向全省推广。

这年冬天，我有一天路过罗荣桓同志的住所，罗邀请我到他家里去下围棋。我是不喜欢下棋的，只能跟着进去。其实他也并不想下棋，主要是利用这个机会找我谈谈。因为原来朱瑞同志说留我在山东帮助工作三个月，期限早已超过，中央也有电报来催。罗荣桓同志一面复电中央，要求将我留下，一面还要征求我的意见。他说，党中央几次来电要你去延安，我知道罗琼同志也在延安。但我们是要你帮助解决吃饭问题的，不能让你走啊！你自己的意见怎么样？他又语重心长地说：“山东的经济工作还需要你呀！这一年你在山东工作成绩很大，我就不必多说，只想强调一点，经济斗争是我们整个斗争不可分割的一个重要部分。我们很需要有你这样的专家来帮助我们啊！”① 我回答说：“一切由山东分局决定，要我在这里工作多久，我就工作多久。”这样，我就正式成为山东的干部了。

1944 年夏季，省政府召开县长以上干部会议，有许多做群众工作的干部参加。在讨论减租减息问题的时候，黎玉同志委托我就如何具体执行减租减

---

①《罗荣桓传》，当代中国出版社 1991 年版，第 340 页。

息政策问题作报告。这一年来，我通过政策研究室的农村调查，对山东各地农村生产关系已有所了解，就结合各地实际情况做具体分析，指出减租减息政策的具体执行方法。报告连续讲了 3 天，约 12 小时。省政府印发了我的全部报告，后来经过修改，又在《民主导报》上用黎玉的名义发表，这样就能作为组织上的意见，要各地参照执行。山东各地租佃、借贷关系很复杂，各种各样的土地纠纷也不少，不掌握我党土地政策的基本精神及政策界限，不了解具体情况，就不可能正确解决复杂的具体问题。我的这个报告，以《关于土地政策和减租减息工作》为题，收入山东人民出版社 1984 年出版的《抗日战争时期和解放战争时期山东解放区的经济工作》一书。

山东抗日根据地的形势，经过 1943 年的奋战，到 1944 年春天已有很大改善。渤海、鲁南地区基本上改变了过去被敌军严重分割、封锁的状态，鲁中、滨海、胶东地区也有很大发展。一年内共解放 1.9 万平方公里的土地。根据地的面积已恢复并超过了 1940 年的状况。1944 年，山东部队发动了一连串的战役攻势，开始了抗日战争时期实行大反攻之前的局部反攻，屡战屡胜。1944 年共收复县城九座，解放人口 930 万[①]。

1945 年山东的形势更好了，至 7 月初，五个战略地区已互相打通，连成一片。根据地拥有 1700 万人口，20 万八路军正规军和游击队。8 月全区展开大反攻。8 月 15 日日本宣布投降，9 月 11 日解放临沂城。9 月 20 日，山东分局和省政府迁到临沂。这时，原省府秘书长刘居英派赴东北，由我继任省政府秘书长，兼任实业厅长，石瑛同志继任省工商局局长。

在临沂，省政府办了一所山东大学。我常常抽空去讲课。我既没有讲政治经济学，也不是讲中国革命问题，而是讲思想方法和学习方法问题。1942 年我在华中参加整风运动，在讨论整顿学风的时候，曾经学习了毛泽东主席的《改造我们的学习》《实践论》和刘少奇同志在华中局党校讲的《人为什么犯错误》等著作，写了许多学习笔记，到山东后整理补充，在《山东文化》杂志陆续发表。这时再作修改，用作教材，在山东大学讲课。这本教材曾由新华书店出版，书名为《思想方法与学习方法》。此时解放战争正日益扩大，大家注意力集中在战争上，所以这本书在国内没有受到多大注意，想不到日本共产党却把它翻译成日文，作为共产党员学习的课本，发行数比国

① 《罗荣桓传》，当代中国出版社 1991 年版，第 326 页。

内大得多[1]。这还是新中国成立后，日共代表团来我国访问时我才知道的。因为书中所述不属于经济范围，没有选进《薛暮桥学术精华录》。写这本回忆录的时候，我特意把那本书找来重读一下，觉得此书对青年的思想教育可能还有些用，特将它的目录抄录如下：

（1）人为什么犯错误

（2）怎样认识客观世界

（3）理论与实践

（4）立场和方法

（5）我们的学习方法

（6）知识分子的思想改造

那本书写于抗日战争的后期和解放战争前期，书中所根据的事实，由于几十年形势巨变，有些已不复存在，有些内容需要调整。所以此书不宜原样再版，只能供写哲学通俗读本或政治思想教育教材的同志参考。

抗日战争后期，我在山东工作期间，正是党中央发动全党整顿党风，开展大生产运动，准备并召开党的七次代表大会之际。山东解放区在党中央正确领导，特别是在党的七大路线指引下，在军事、政治、经济、文化教育等各个领域取得了重大胜利，这是党的事业胜利前进的硕果。

1945 年秋，罗琼在七大胜利闭幕、抗日战争取得全面胜利的时刻，从延安来到我身边，阔别近六年的夫妻终于团圆。我们的工作一如既往，各就各位，她被选为山东解放区妇女联合会宣传部部长。她请求党派她到基层去，取得了贯彻执行党中央 1943 年决定“妇女工作要以生产为中心”方针的第一手经验。她先是在临沂办生产推进社，组织妇女纺织生产。后来办合作干部训练班，其中大部分是女同志，组织学员同当地人民一起，发展轧花生油生产，以支援人民解放战争。正当沂蒙大战时，我们的第二个女儿小沂降生了。由于我工作十分紧张，无法抽出时间照顾她们母女两人。罗琼在产后一个月，本应休息，但因战争环境，不断转移，生活艰苦，医药缺乏，母女都病了。一直到她们基本恢复健康的时候，我才有条件把她们接到我的驻地。相聚的喜悦却使我们更加怀念远在国民党占领区受煎熬的刚满十岁的大女儿宛琴和我们的母亲。

---

① 此书在新中国成立前后有多种翻印本，并曾经作为初中政治课本，虽然没有统计数字，但发行量应该是很大的。——编者注

对敌货币斗争和工商管理

我留在山东解放区工作，起初主要任务是协助领导进行对敌货币斗争。早在 1938 年，胶东抗日根据地就自己发行货币，称作“抗币”，作为“国民政府”规定银行发行的钞票“法币”的辅币。由于根据地干部缺乏办银行、发放纸币的知识，抗币的信誉不如法币。胶东区下设东海、南海、西海、北海四个专区。北海区的掖县有一个商人在青岛开设过地方银行，青岛被日军占领后，他的银行被日军没收，便回到家乡。北海专区聘请他担任北海银行的行长，因为他有一些知识，所以，北海币的信誉很好。1940 年山东成立省银行时，不称山东银行而称北海银行，发行的货币称“北海币”。

1943 年山东银行发行的面值 100 元的北海币。

1941 年太平洋战争爆发以前，法币仍受英、美两国支援。日军在占领区准许法币流通，以便大量收集法币，送到上海的英、美银行去兑换英镑、美元。所以，法币的币值还比较稳定。太平洋战争爆发后，上海的英、美银行被日本没收，法币已不能换成外汇。日军就在其占领区排挤法币，把法币驱逐到国民党占领地区和我们的抗日根据地来。法币币值大跌，物价猛升。抗币不能再作法币的辅币了，而要降低法币与抗币的比价，以保持根据地的物价稳定。

那时，省政府不了解货币和物价的规律，仍允许法币在市场上流通（因为我党仍承认国民党的“国民政府”），用行政手段强压法币的比价，宣布要用两元法币兑换成一元抗币。但这一法令丝毫不起作用。由于法币能在全国流通，抗币只能在各根据地流通，人民乐于收藏法币，黑市上法币的比值反而高于抗币。日本扶植的伪政府所发行的伪币，我们可以禁止流通。但在敌占区的黑市上，伪币比值又高于法币。在游击区，三种货币同时流通，伪币币值最高，法币次之，抗币最低。

怎样才能够改变这种劣势？这是我们迫切需要解决的问题。我同财政厅厅长艾楚南、北海银行行长洒海秋反复讨论，大胆地提出，要稳定根据地的币值、物价，唯一办法只有驱逐法币，使抗币能够独占市场。当时我已经认识到，纸币所代表的价值决定于它的发行数量，只要不发生通货膨胀，就可以保持物价的稳定。如果我们准许法币在市场流通，法币大量涌进，我们就无法消除市场上已出现的通货膨胀，无法避免物价猛烈上涨。所以要稳定抗币的币值和根据地的物价，唯一办法是驱逐法币。

我的建议得到山东分局和省政府的同意。1943 年 7 月初在报纸上宣布，自 7 月 21 日起停止使用法币，动员人民把法币向北海银行兑换抗币，或到敌占区换回物资。北海银行也把原来用作发行准备金的法币，大量到敌占区换回物资，以免因法币跌价而受到损失。这个消息一公布，市场上法币的比价立即跌到 1 元法币合抗币 6 角，7 月起跌到 5 角。到这年年底，法币 6 元才能换到 1 元抗币。许多地主、商人原来不相信抗币能够占领市场，大量收藏法币，至此后悔莫及，只能把法币按市场价抛出去了。排挤法币使我们换回大量物资，能够用于支持抗币，在物价上涨时抛出物资，回笼货币，提高抗币的币值，物价就自然回落。

驱逐法币后，由于抗币的流通数量满足不了市场流通需要，物价从稳定趋向下落。我们的公营商店和新办的合作社担心物价继续下落，非但不增发抗币稳定物价，反而抛出物资回笼货币。加之进入秋冬农产品收购季节，农民急于出售农产品，物价跌落将近一半，不但使农民受到损失，许多新成立的合作社也因亏损而纷纷倒闭。那时我正赴沂蒙区调查，闻讯立即赶回滨海区。省政府的许多干部把物价的大跌视为喜讯，纷纷向我祝贺。我指出物价上升是坏事，物价如此下跌也是坏事，报告分局应当增发抗币，大量收购农产品，制止物价下落。分局同意我的意见，指示北海银行增发抗币，让新成立的工商局收购农产品，使物价回升。但因银行印刷力量薄弱，新成立的工商局也力量薄弱，错过了秋冬时期大量收购农产品的大好时机。年末物价比停用法币时仍下降一半。1944 年春荒时期，因为政府手里没有足够的农产品来回笼货币，物价上涨到还略高于原来的水平。

由于根据地是在农村，货币发行应当有季节性。秋冬增发抗币，大量收购农产品。到春荒时期，则应抛售农产品，回笼抗币。这样来保持物价的常年稳定。因此，省政府决定加强工商局，使它有力量吞吐物资，稳定物价；并决定银行发行的货币必须以一半交给新成立的工商局，用来收购各种农产品，随时吞吐，以此稳定物价。我们发行的货币没有用黄金、白银、外汇作储备，是用物资来作储备的。随着物价的涨落，工商局随时吞吐物资，调节货币流通数量，以保持币值和物价的稳定。当时各资本主义国家都实行金本位制，不会发生通货膨胀问题。我们这种从实践中取得的规律性的认识，可能是货币学说史上的一个新的发现。

根据地内可以停用法币，但对敌占区的贸易仍然要用法币、伪币，因此，必须规定它们同抗币适当的兑换比率。起初，根据地与敌占区接壤的银行往往强压法币、伪币的比率，引起贸易入超，法币、伪币供不应求，比率回升。我与石瑛同志研究后规定，要按根据地和敌占区物价的变化和各种货币的供求情况，来灵活规定兑换比率。遵守客观规律，不能主观行事。抗币与法币、伪币的比率，在很大程度上决定于贸易的入超与出超。1942 年前为着保护物资，我们曾经盲目禁止土产出口，引起入超。后来改为鼓励有多余的土产出口，主要协助商人经营进出口贸易，以减少日军“扫荡”时的损失。

山东有丰富的出口资源，第一是海盐，这是津浦路两侧人民的必需品；其次是花生油，是上海人民的必需品。过去滨海产盐，由盐商承包，盐商转手倒卖，剥削生产者和消费者，而且没有一个机关来统一组织运销。石瑛同志建议食盐由工商局专卖。过去滨海产盐地区盐税很重，盐民偷税抗税，与政府矛盾很大。专卖后降低产地盐税，以鼓励增产。工商局每隔七八十里设一排盐店，鼓励农民用独轮小车运盐，保障运盐农民能得到合理的运费。运到靠近敌占区时就高价出售，约比当地价高 50%，使敌占区人民也要分担根据地政府的盐税。当时山东根据地有一千多万人口，食盐专卖利润成为公粮以外最大的财政收入。运盐的劳动者远远多于海盐的生产者，他们也得到大量的运盐收入，比产盐的收入多好几倍。由于食盐专卖，对外贸易经济出超，法币、伪币供过于求，它们对抗币的比率可以完全由边缘地区的银行和工商局操纵，更有利于保持根据地的物价稳定。

花生油是第二种出口商品，也由工商局收购，以私商身份运到上海销售，换回军需民用的重要工业品。上海日军也知道这些花生油来自山东抗日根据地，但因市场必需，暗中保护。我们印钞票用的纸张、器材和部分军用物资，就都是用出口花生油的收入从上海采购来的。

与食盐一样专卖的还有烧酒。山东政府原来禁止烧酒，但山东人民喜欢喝酒，从敌占区走私流入，损失很大。石瑛同志建议烧酒专卖，由工商局设立许多酒场，用地瓜（番薯）干酿成烧酒，供应喝酒的人。这也成为财政上的另一项重要收入，在根据地内回笼大量的抗币。山东由于工商局的收入很大，可以适当减轻农民负担。在财政收入中，工商收入和税收合占将近一半，其余的收入是公粮。而华北其他根据地公粮约占财政收入的75%到80%上下。

1945年5—7月间，我们召开了工商管理工作会议，经过一个多月讨论，总结了两年来工商工作的宝贵经验。我向山东分局、山东省政府作了请示报告，还作了十多个小时的会议总结报告。这个报告是根据党中央关于发展经济、保证供给的总方针，又从当时的山东抗日根据地实际情况出发，内容比较实际。报告指出："工商管理局是对敌经济斗争的统一领导机关，从对敌经济斗争中来发展经济，保障供给，为战争服务，为群众服务。它的具体工作按其发展次序来说是：货币斗争，贸易管理，扶助生产，保障供给。也可以说，对外争取对敌经济斗争（包括货币斗争和贸易斗争）的胜利，对内扶助生产建设。通过这样工作以达到发展经济，保障供给的目的。"报告分析生产建设同对敌经济斗争的关系说：生产建设是基本的，如不发展生产，便无丰富的物资来争取贸易出超（增加输出，减少输入），来支持货币斗争。但对敌经济斗争是主要任务，如果对敌经济斗争失败，物资被敌抢夺（如日顽倾销法币伪钞换回我们的宝贵物资，或以一块钱的东西换我们三块、五块钱的东西），生产受敌摧残（如用倾销洋布来打击我纺织业，用压低油价来打击我轧油业），则我发展经济，保障供给便将十分困难。"因此我们提出货币斗争、贸易管理、生产建设三大任务，从货币斗争入手，并用贸易管理支持货币斗争。只有首先争取货币斗争胜利，完成停法（币）禁伪（币）的工作，保护物资，稳定物价，克服经济危机，才能进而谈到发展经济，保障供给"。

我们的工商工作才进行两年，前一年法币猛烈跌价，后一年伪币也猛烈跌价。1943 年 5 月，1 元法币换 1 元抗币。1945 年 5 月，1 元法币换 0.05 元抗币。同一时期，伪币从换抗币 1.5 元跌落到换抗币 0.1 元。如果不是货币斗争的胜利，根据地的经济将受到很大的损失。

报告在全面回顾了过去所取得的成绩、工作中的缺点及思想认识上的不足之后，专就货币斗争、贸易税收、工矿企业等方针政策着重作了阐述。

关于货币斗争，报告指出："排挤法币、伪钞，完成单一的本币、抗币制度，这是我们稳定物价，消灭经济危机之一主要关键。货币政策的基本方针，应当是保持币值，稳定物价。"报告中称我们的货币制度是"物价本位制"，这就是说，"我们的本币既不是同金银保持一定联系（今天金银已经失却交换作用，成为投机对象，它的价格极不稳定，不能用做货币本位），更不是同法币、伪钞保持一定联系。我们的本币是与物价联系，是把物价指数（不是某一种商品的指数，而是若干种重要商品的总指数）作为我们决定币值高低的标准"。

"保持币值和物价的稳定，主要在使本币的发行数量能与市场流通需要保持一定的比例"。至于如何掌握本币与法币伪钞的比价，报告指出，"比价变化"基本上是各种货币币值变动的结果。如果本币币值不变，那么外汇比值便应当随法币伪钞本身币值的跌落而跌落。我们压低法币伪钞比值的目的，是在保护本币，使它不至于受法币伪钞跌价的影响。报告又说，货币斗争的目的是争夺物资。"在我货币斗争胜利以后，我们不但防止物资外流，而且把几万万元法币、伪钞排挤出去，换回几万万元物资"。我们的对外贸易最初通过法币，法币猛跌后我们直接与伪钞交易，伪钞猛跌后我们限定要用本币交易，使敌占区商人不得不贮存一定数量的本币，我们的本币深入敌占区市场。"过去我们抵制法币伪钞来保护物资，同时掌握物资来支持货币斗争。今后我们应当进而扩张本币流通范围，通过货币斗争去争夺敌占区的物资"。

这项政策执行的结果，使我们的货币斗争从防卫战进入了进攻战，取得了很大胜利。1945 年 8 月日本投降后，美国有个经济学家以记者名义来山东访问。他问我山东的货币既无金银作储备，又无外汇作储备，为何能够保持币值和物价的稳定，这是不可思议的奇迹。我说我们有物资作储备。你们有 40%的黄金储备，我们有 50%的物资储备。"我们每发行一万元货币，至少有五千元用来购存粮食、棉花、棉布、花生等重要物资。如果物价上升，我们就出售这些物资来回笼货币，平抑物价。反之，如果物价下降，我们就增发货币，收购物资。我们用这些生活必需品来作货币的发行储备，比饥不能食、寒不能衣的金银优越得多。”①

我还告诉他，在实行纸币制度以后，货币所代表的价值决定于它的流通数量。流通量增加十倍，如果其他条件不变，物价也上升十倍。法币、伪币如此贬值，原因是他们滥发纸币。我们物价相对稳定，原因是我们适当控制货币流通数量。这个道理现在已经是经济学的常识，但当时欧美各国还保持金本位制，这个货币理论似乎还是创见。我同他谈了四个小时，他才懂得这个理论。接着他问我，你认为美国能不能实行这样的货币制度？我说美国现在掌握着世界2/3的黄金，还可以实行金本位制。当时我万万料想不到，三十年后美国也被迫放弃金本位制，也要用控制货币发行数量来稳定物价，并因此而产生弗里德曼的货币主义学说，但比我们解放区迟了三十年。

日本投降以后，法币占领敌占区市场，其币值暂时上升是我们预料到的。奇怪的是伪币的币值也突然上升，敌占区物价下落，抗币与伪币的比率相对下落。许多同志不理解，有人认为：“我们军事上打了胜仗，经济上打了败仗。”我立即召集会议进行讨论，说明伪币币值上升，敌占区物价下降，是因为日军准备回国，把过去掠夺的大量物资在市场上削价抛售，这种现象是暂时的。我们应当利用时机，动员新解放区人民用伪币去抢购物资，避免不久以后伪币跌价的损失。我们自己也乘机在伪币尚未涨价地区（偏僻乡村）大量收集伪币，到物价下落的地区去抢购物资。果然伪币升值不久，就跌为废纸。我们乘此机会向敌占区购得一大批物资。根据地的物价始终稳定，避免大起大落。事实证明，我们在经济战线上也是胜利者，不是失败者。

我在1945年山东工商工作会议上所作的总结报告着重阐述的第二个问题，是关于贸易政策。报告指出，成立工商局后“明确规定对外贸易管理，内地贸易自由的原则”。取消外贸的以货易货，内地的粮食统制。对外贸易管理是为“掌握重要物资争取高价输出，免被敌人廉价掠夺”。如滨海区在食盐管理后，把输出盐价提高一半，花生油管理后，输出油价也提高50%至100%，使政府和人民都得到极大的利益。这样还可以扩大贸易出超，支

①《薛暮桥学术精华录》，北京师范学院出版社1988年版，第153页。

持货币斗争。内地贸易完全自由，工商局插手仅仅是为调剂供求，稳定物价，减少季节性的变动，同时也为扶助群众生产的发展。例如工商局用以合理价格购销棉花、棉纱和棉布的办法来扶助纺织工业的发展，便是一个成功的例子。“所谓贸易自由，也不等于放任自流。为着扶助生产，保证人民需要，我们仍应随时注意各种物资的供求状况，注意物价变化，并作有计划的调剂，保持物价稳定。”用吞吐粮食来稳定便是一个重要例子，同过去的粮食统制完全不同。总之管理内地贸易的目的，是为“掌握物价，扶助群众生产，保证军民生活需要，调整生产者与消费者的利益”。

此外还值得一提的是，工商局办的纺织手工业合作社。山东土纺织业没有基础，抗战爆发后洋布不易进口，而且价格昂贵，连军衣供应也很困难。工商局奉命发展纺织手工业合作社，并提倡种植棉花。按照合作社的原则，合作社应由社员自筹资金，自己来购买原料，销售产品。但由于农民缺乏资金，且无购销经验，发展很慢。工商局就组织农村妇女分组（小合作社）向工商局领棉花，交棉纱；领棉纱，交土布，由工商局发给工资。这样公私结合办社，发展很快，仅用了一年时间，土布已经全部自给，包括军衣在内。我曾总结这个经验，写了《山东抗日根据地的纺织手工业》① 一文，由新华社转发各报登载。

当时有些同志说，这不是民办而是官办，不能称合作社。山东的主要农产品，大部分也由工商局收购销售，这也不符合合作社原则，因而发生争论。日本投降后，临沂工商管理局组织失业人民发展纺织，为军队制作布鞋等，半年时间解决了大部分妇女的失业问题。但不敢称合作社，而称“生产推进社”。直到刘少奇同志在1948年提倡组织以公营为主的供销合作社后，这个争论才算解决。

对于私营商业的政策，我在1945年工商管理工作会议上的总结报告指出，“对商人要一面团结，一面斗争，奖励其一切有利于抗战和人民利益的活动。”“新民主主义经济并不反对私营经济，而是公营、私营和合作社经济的共同发展。我们今天需要削弱封建经济（因为它会阻碍社会经济发展），但不削弱资本主义经济，承认资本主义经济在中国今天还是较进步的生产方

① 原载1944年7月1日《大众日报》，收入《抗日战争时期和解放战争时期山东解放区的经济工作》，山东人民出版社1984年版。

式。”“商业资本是国民经济之一必要构成部分，如果商品经济继续发展，商业必然也就跟着发展。”“另一方面，我们又应认识商人唯利是图，他们的活动对于抗战和人民有时有利，他们的政治态度同样也是两面性的。”应当“把商人分成几种类型，研究适当对策”。报告还说明公营商店与一般私营商店的关系，“我们应当掌握公营商店对敌经济斗争这一特殊任务，把它布置在进出口的重要道路上，并使它的工作比较单纯（仅仅掌握几种重要物资），便于集中力量进行对敌贸易斗争。过去有些地区把大多数的公营商店放在中心地区，使它变成一个大杂货铺”，“甚至排挤私营商店，与民争利，这是完全要不得的”。

我的这个报告受到其他根据地的重视，除山东外，晋察冀根据地也大量翻印，分发各根据地。报告全文有四万多字，我已稍加删节，收入《抗日战争时期和解放战争时期山东解放区的经济工作》一书。

在这一时期经济工作实践中，我对经济科学的一些基本问题，特别是货币、物价问题，逐渐形成了自己的理论观点。我提出的关于抗币的“物资本位”理论、关于纸币流通条件下物价与货币发行同步变化的规律、关于纸币流通中不是“劣币驱逐良币”而是“良币驱逐劣币”的规律，以及通过控制纸币发行进行宏观调控的政策等，都是在实践中形成又反过来对实践起了指导作用。当时，世界上各国货币还都是以金或银为本位，同金银完全脱钩的纸币的流通规律还是经济科学的新问题。我在战争环境和繁忙的工作中，无暇去写专门著作，但在汇编成《山东解放区的经济工作》一书的文件中，多次从工作需要出发予以阐述，并以成功的实践证实它的正确性。到新中国成立以后，在我的经济工作和理论研究中，又得到进一步的发挥和深化。本书在后面若干章节中还将进一步论述。

日本投降以后，国民党反动派立即策划发动内战。毛主席亲自赴重庆同蒋介石举行和平谈判，签订了《双十协定》。山东也同其他解放区一样，曾有一段时间和平空气上升。各个根据地大量发行货币收购中小工厂，建立公产。1946 年的前九个月，各根据地物价普遍上升三四倍，后经中央制止而平抑下来。1946 年蒋介石在全国范围内挑动内战，我奉陈毅同志之命，到淮阴去同苏皖边区政府商量山东部队的供应问题，从此投入伟大的人民解放战争。

到华北财经办事处

在抗日战争夺取最后胜利至内战全面爆发这一段时间里，山东和华中我军进行了大规模战略调动，党和军队的领导机构也相应地作了调整。根据国际国内形势的变化及国共双方的力量对比，中共中央在1945年9月作出决定，“全国战略方针是向北发展，向南巩固”，指示“山东主力及大部分干部迅速向冀东及东北出动”，华中新四军“调八万兵力到山东和冀东，保障与发展山东根据地及冀热辽地区”；并宣布将山东分局改为华东局，华中局改为中央分局，受华东局领导。

1945年10月20日，中共中央任命新四军军长陈毅兼任山东军区司令员。12月3日，中央决定新四军军部同山东军区机关合并，统一领导山东和华中地区各部队，同时组成山东野战军。苏皖边区各部队组成属于新四军建制的华中军区和华中野战军。后来，在1947年1月21日统一整编，撤销新四军、山东军区、华中军区番号，合编为华东军区，并组成华东野战军。

1946年6月，国民党军队围攻中原解放区，对解放区发动全面进攻。人民解放军奋起反击，全国人民进入解放战争时期。

部队的多次大规模调动和日趋频繁的大兵团作战，使我们经济工作者肩负着统一筹划、保障供给、支援前线的重任。我除了去淮阴商讨山东野战军主力南下作战的粮食供应问题以外，由于华中许多同志来到山东，还忙于接待工作。1946年九十月间，我们又一次召开了鲁中、鲁南、滨海三地区工商工作会议，讨论的主题是：“彻底打破和平幻想，准备长期艰苦斗争”。我在会上讲话指出，一年来时局经过几次变化，工商工作也是几经变化，“政治形势变化了，我们的经济工作方针也应跟着变化，打破和平思想立即准备战争。可惜我们转变得太慢了，以至于引来了经济上的危机，这就是物价的高涨，以及财政上的困难”。“加以工商工作同志对于物价高涨的恶果缺乏正确认识，单纯借口‘物价高涨是必然的’而不用主观努力来缓和这种高涨，甚至提倡‘高物价政策’”，“其实这样得来的投机利润是空的假的”。“物资（财富）本身并未增加。至于因此所造成的各种经济上和政治上的损失，那就很难计算。总之，这是一件得不偿失的事情”。我在闭幕时的讲话中强调，“今后工商工作的基本任务，仍应当是调剂供求，稳定物价，扶助生产，保障供给，以争取自卫战争的胜利”。此外，我还着重谈了为调剂供求、稳定物价这一当前的紧急任务所应采取的各项措施。

1947 年 1 月，中共中央决定在晋冀鲁豫地区召开华北各解放区财政经济会议，交换各地区的财经工作经验，讨论各区商品、货币交流及财政问题，以便互相支援，统一对国民党占领区的经济斗争。在日本投降以前，我党领导的抗日民主根据地有 19 块。其中华北、华中抗日根据地很接近，但因敌人封锁，切断交通线，不得不分成几块，所有财政经济工作只能分散管理。日本投降后，我军攻克几十座小城市和大段铁路沿线及两侧地区，各抗日根据地大多连成一片，可以自由来往。但由于国民党“摘桃子”，不准日军向就近的八路军、新四军投降，大城市和许多中等城市由国民党空运军队来接收，使我们的抗日根据地仍处于分散状态。以山东省来说，胶东、渤海和大鲁南三个地区连成一片了；济南、青岛、徐州、海州仍被蒋军占领；陇海铁路以南为华中地区，成立苏皖边区政府，津浦路以西则属于晋冀鲁豫边区范围。已经连成一片的各个根据地，贸易来往频繁，货币需要互相流通。原来对敌占区的经济斗争办法已不适应于新的情况，急需相应地改变经济管理办法，由分散管理逐步走向统一，所以中央决定召开这次会议。

华北财经会议在邯郸以西晋冀鲁豫中央局所在地武安县冶陶镇召开，也称邯郸会议。中央所以选择在晋冀鲁豫开会，不仅因为那里位置适中，而且由于那时国民党军队已无力量全面进攻，只能向陕甘宁边区和山东解放区东西两端进行重点进攻，晋冀鲁豫地区处于相对和平状态，战争干扰较少。各个大解放区都派代表团参加会议。华中、山东两区已经合并为华东解放区，华东局任命我为华东代表团团长，有代表十几个人。我们在春节前从山东出发，行前向华东局请示了参加会议的主要问题，在 2 月底到达冶陶。

参加会议的除华东代表团外，还有作为东道主的晋冀鲁豫代表团，团长杨立三、戎子和同志；晋察冀代表团，团长南汉宸同志；晋绥代表团，团长陈希云同志；陕甘宁边区代表团，团长白如冰同志。这时晋冀鲁豫中央局书记邓小平同志正在准备率领刘邓大军突破国民党军包围，进行外线作战，因此会议由副书记薄一波同志主持。薄一波同志见到我时说，国民党派 70 万大军对山东进行重点进攻，新四军的主力部队移驻山东，山东的负担很重。他问，山东有多少脱产人员？我反请他估计，他估计有 70 万人，我答有 90 万人。一波同志听后十分惊讶，一个省要供应这样多人，如何渡过这个难关？

华北财经会议从3月15日开始举行预备会，3月25日至5月11日召开正式会议，会议分三个阶段进行。第一阶段由各代表团作本地区财政经济情况的综合报告，有些地区还作了专题报告。我除作《山东解放区的财政经济工作》总报告外，还作了《山东解放区的群众生产工作》专题报告[①]。晋冀鲁豫是东道主，除作财经工作总报告外，还分别作了五个专题报告。

第二阶段分别对财政经济工作的基本方针、财政工作和经济工作中的具体问题进行详尽的讨论。内容十分丰富，集中了各解放区经济工作的经验。讨论完毕后大家推举我起草《华北解放区财政经济会议综合报告》的初稿[②]。由于大家等着讨论，我只用三天时间写成了约2.4万字的综合报告初稿。

第三阶段是大会对综合报告进行多次讨论修改，到5月初大体定稿。薄一波同志向中央作了报告，中央派董必武同志前来指导会议。董老大体同意会议的综合报告，由于全文太长，他要我再起草一个只有4000字的会议决定，电报中央。至此，会议圆满结束。

反映在《综合报告》中的几个要点是：

（1）此次会议解决的首要问题是如何保证爱国自卫战争中的财粮供给。“今天战争形势空前紧张，战争中的人力物力消耗空前巨大。因此如何发展经济，保障供给，将比过去更加困难”。报告强调，“必须把战争和生产结合起来，以战争来保障生产，以生产来支持战争。因为生产如不发展，这样大规模的战争很难长久支持；反之，战争如不胜利，则我生产也就无法保障”。

（2）经济工作应当适应战争情况和战争需要，努力发展生产，奖励人民发家致富，纠正害怕富农发展，害怕工商业家发展的保守思想。报告指出，“新民主主义经济是由公营经济、私营经济、合作社经济三者所组成的。在这三种经济形式中，……公营经济今天还不能在解放区经济中占主要地位，今天主要还是发展私营经济和合作社经济……在私营经济中，资本主义私营经济是应当扶助的……但在今天战时的农村环境中，私营资本主义经济因受客观条件限制，亦不能占主要地位。所以扶助小生产者的私营经济……便应当成为我们经济工作中的主要任务。”

---

① 我作的两个报告已收入《抗日战争时期和解放战争时期山东解放区的经济工作》。——作者注

② 参见薛暮桥、杨波主编:《总结财经工作迎接全国胜利——记全国解放前夕两次重要的财经会议》，中国财政经济出版社1996年版，第56页。

薛暮桥、董必武、杨立三（右起）在一起。

（3）为着适应战争和经济发展的需要，在组织领导方面必须逐渐从分散走向统一。“在今天的情况下，如不逐渐从分散走向统一，则我部队的机动和经济发展必将因此增加许多困难。所以我们一致拥护在党中央的直接领导下，成立华北财政经济办事处，来调整各地区的货币贸易关系，并在财政上作适当调剂。”

（4）必须明确解决几个思想问题。第一个是独立自主的思想。“我们曾经一度把独立自主的思想模糊了。如在生产建设中认为手工业生产决不能与机器生产竞争。因而甘心依靠外货，放松了对我手工业的保护政策”。“有些公营商店不去经营土产，而来推销洋货”。第二个是缺乏长期战争的思想。“去年停战协定公布后，我们曾经一度对和平过高估计”，大搞所谓“和平建设”，妄想百废俱兴。应当认识这次爱国自卫战争的长期性，因而必须努力开源节流，争取财政收支上的大体平衡。并应扶助群众生产，从发展经济中来保障战争供给。第三个是依靠农民为农民服务的思想。“生产建设必须特别重视农业生产和农村手工业的发展；金融工作必须为农民服务，为农业生产和农村手工业服务”。第四个是照顾整体的思想，克服山头主义、本位主义思想。“此次会议决定邻区物资交流应与内地贸易采取同样的政策”。“邻区货币互相支持，并在财政上作互相调剂。协助贫穷地区，避免苦乐不均现象”。

（5）强调贸易工作和金融货币工作为生产服务（今天又应当为战争服务），加强对敌经济斗争。贸易工作是“对外管理，对内自由”。“对外贸易管理目的是在争取有利交换，保护生产，支持货币斗争”。“所以我们必须奖励土产输出，限制外货输入，争取贸易出超；只有出超才能争取贸易上的主动地位”。管理办法是“统一管理，分散经营”。“对内贸易主要调剂供求，平稳物价，借以发展生产，繁荣市场”。

报告指出，“货币工作的基本方针，是独立自主，平稳物价，保护人民财富，保证生产发展。”为要达到平稳物价的目的，我们首先必须排挤法币（把法币逐出我解放区市场），使我本币在市场取得独占地位。各地经验均可证明，在我没有排挤法币以前，本币币值总是跟着法币币值的跌落而跌落，本币排挤法币以后，法币对我的影响也就大大缩小了。本币在市场上取得独占地位以后，必须慎重掌握货币的发行数量，以免引起物价的剧烈波动。为此必须：①“争取财政收支大体平衡”；②“掌握一定数量的粮食棉布等重要物资”；③“在秋收以后和春荒时期，货币流通需要数量多少不同，也应当作适当调剂。”“如能掌握上述三点，便可以把物价相对稳定下来”。

作出解放区停用法币、建立独立自主本币市场的决定，是经过一番争论的。起初个别地区有些同志认为，解放区只能以法币为主，本币只能依附于法币，与法币保持固定的兑换比例；我们不可能保持物价的稳定，只可能保持与法币比价的稳定。有的地区（如华中），前几年虽然没有停用法币，而他们因法币不断贬值，就不断改变本币同法币之间的比价，以保持本币币值和物价的相对稳定。但是在山东和晋冀鲁豫，则已在货币斗争中取得了胜利，停用法币，建立起了独立自主的本币市场。经过讨论，建立独立自主本币市场的主张得到与会同志的公认。

在中央到达西柏坡后，中央主管经济工作的任弼时同志曾找我谈了三四个小时，肯定邯郸会议的决议是正确的。事后回想，个别地区有些同志所以主张本币应与法币保持固定比价，是事出有因的。因为那些地区财政赤字庞大和外贸逆差太大，还不具备战胜法币的客观条件。

当时各解放区的币值和物价高低不同，而且不断变化，总的趋势是物价在以不同的速度缓慢地上升。经过计算各地区的货币发行量和物价变化之后，我们发现，不管情况如何变化，解放区每人平均货币流通量大体上相当于30斤小米的价格。货币发行多的地方物价就高，货币每增加一倍，物价也增加一倍，结果还是相当于30斤小米。这样就发现了一个规律，即如果其他条件不变，货币发行与物价同步增长的规律。如果解放区人口扩大一倍，货币发行量大体可以增加一倍，而物价不致上升。

在农产品产销不同季节，应按市场流通需要，增加或回笼货币。这又是一个货币流通的规律，即货币发行量应当符合于商品流通需要的规律。我们在山东就有过这方面的成功实践，积累了以经济手段进行宏观调节以保持物价稳定的经验。在总供给增加而市场需求不足时（秋冬季节），采取扩张性货币政策；在市场需求过旺而供给不足时，采取收缩性货币政策，以达到总供给与总需求的动态平衡。

（6）城市工商业政策。报告中说，“日本投降以后，我们解放许多中小城市，因此如何管理城市，便成为一个迫切需要解决的问题。过去一年半中，我们所解放的城市，比较大的商号大都生意清淡，只有集市空前繁荣，小商贩和小手工业特别活跃”。“造成这种现象的客观原因，第一是战争环境，……第二是官僚豪绅等旧统治者的没落”。但也不应当忽视我们政策上的偏差，如个别地区个别同志以领导乡村斗争的经验去领导城市斗争，过高增加工人的工资，亦有地区对贸易自由的各种不必要的限制，不正确的货币政策，增加输出输入困难，以及公营企业依靠特殊地位排挤私营企业。这些政策上的偏差，虽是个别地区各自采取的，也应引起我们注意，迅速予以纠正。

1947年10月24日，党中央正式批准邯郸会议的决定和综合报告，认为“这次财经会议总结了华北各解放区财经工作经验，并正确地提出和解决了今后财经工作的方针与政策”。指示各地：“这些决定应即坚决执行。”并决定设立华北财政经济办事处，统一领导华北各解放区的财经工作。由董必武任主任，各解放区各派一名代表任副主任。

会议结束后我回山东向华东局报告会议情况。由于国民党七十万大军正在重点进攻山东解放区，我只能作简要报告，华东局未能召开会议进行讨论。我就随华东局从渤海区转移到胶东区。1947 年 9 月初，华东局接党中央来电，要我代表华东局到华北财经办事处任副主任，多带些干部立即去中央。这时国民党军占领了陕甘宁边区大部分地区，毛主席和周恩来同志等仍在陕甘宁边区指挥作战。中央成立了以刘少奇同志为首的中央工作委员会，驻在晋察冀解放区平山县的西柏坡村，指导各解放区工作。我接电报后，随部队星夜穿过胶东地区敌军的防线，从胶东到胶西，再到渤海区。

我离开山东的那段时间里，罗琼由于山东省妇联正、副主任均转移到胶东，她代理主持省妇联工作，兼任山东大学合作专修科主任，从沂蒙转移到渤海区，同渤海区妇联一起工作，总结山东妇女支前、生产、土改的经验。她还在农村搞土改，并抚养我们的二女儿。由于工作紧张、生活艰苦，母女二人大病一场。当我 9 月到渤海区时，她们二人病情初愈。病中全靠渤海区妇联主任刘孟同志、新知书店山东分店储继同志及医药卫生部门同志的细心照顾，请医寻药，才得康复。

薛暮桥在西柏坡。

当我接到党中央调令后，华东局又接到中组部调罗琼到中央妇委工作的电令，据说是邓颖超同志提出的。调令在手，罗琼母女虽尚未完全恢复健康，我们仍冒着初冬的寒风，在 10 月初乘敞篷大卡车离开山东。随行的有孙揆一、王耕今、杨波、高星华、尹伯兮等。到石家庄时，石家庄刚刚解放，正在指挥作战的朱总司令接见了我。再前进到平山，已是 10 月中旬。我住在离西柏坡村只有三四里的夹峪村华北财经办事处驻地，见到了董必武同志。代表晋冀鲁豫解放区的杨立三同志，代表西北解放区

（晋绥和陕甘宁解放区合并组成）的汤平同志，已先我到达。晋察冀解放区的南汉宸同志是和我同车到达的。董老领我们到西柏坡去看望了刘少奇、任弼时同志。这样，华北财经办事处在10月下旬正式成立。杨立三、南汉宸、汤平和我任副主任，我兼任秘书长，王学文同志任研究室主任。办事处的干部大部分是各副主任带来的，有五六十人。除了华东来的，还有吕克白、廖季立、黄剑拓、黄韦文等。董老亲自主持办事处的全部工作。

华北财经办事处的组织规程在我们到达平山之前的8月已经被中央工委批准。主要任务是："在中央及工委领导下，统一华北各个解放区（东北解放区不在内）的财政经济政策，指导华北各解放区财政经济工作的执行。"并规定："除特别重大的问题需经中央及工委会讨论并通过中央局执行外，在一般经常的行政问题上，可直接指挥各解放区的财经办事处执行之。"具体任务是："（1）制定华北解放区国民经济建设的方针；（2）审查各解放区的生产、贸易、金融计划，并及时作必要的管理和调剂；（3）掌握各个解放区的货币发行；（4）指导各个解放区的对敌经济斗争；（5）筹建中国人民银行；（6）审定各个解放区的人民负担；（7）审查各个解放区脱离生产的人数及其编制与供给情形；（8）审核各个解放区的财政预算并作出必要的调剂方法。"组织规程规定，华北财办内部办事机构设秘书处、财政组、经济组、军事供给组、调查研究室五个单位。军事供给组由杨立三兼任组长，经济组由我兼任组长，财政组由南汉宸兼任组长，汤平也参加财政组的领导。

当时在各解放区之间亟待解决的问题，是地区之间的经济关系从分割逐步走向统一。石家庄解放后，晋冀鲁豫和晋察冀解放区完全连成一片，陕甘宁、山东解放区的形势也从敌军进攻转为我军反攻。各解放区之间的金融贸易关系必须适应新的情况，逐步建立统一指挥，联合行动。为此，1948年3月中央令财经办事处在石家庄召开各解放区的金融贸易会议，制定统一的方针政策和行动计划。西北区代表团由贾拓夫同志率领，晋察冀代表团由宋劭文、姚依林同志率领，晋冀鲁豫代表团由林海云、胡景沄同志率领，华东代表团由陈穆同志率领。

石家庄金融贸易会议讨论了支援战争、恢复生产与稳定物价之间的关系，三者的核心是货币的发行政策、使用方法。其次是各地区之间货币的固定比价、自由兑换问题，逐步走向中国人民银行统一发行。再次是撤除各解

1948 年 3 月，薛暮桥（前排右二）与华北财经办事处同事合影。

放区之间的关税壁垒，各解放区之间实行自由贸易。山东的食盐专卖也改为各解放区联合经营。最后是随着中小城市的解放，除公营经济、合作社经济和个体经济外，还存在私营工商业，一系列的政策问题均待解决。会议于 5 月结束，董老委托我作了综合报告①。

报告指出：去年邯郸会议以来，各解放区认真执行了党中央批准的方针政策，现在“我华北各解放区的金融贸易工作，已经逐渐从各自为政走向统一。我们已经建立了财经工作的统一领导机关，取消了各地区间的关税壁垒，调整了各地区间的货币关系，且在部分地区开始了军用器材采购（主要依靠华东地区）和食盐运销（华北地区）的统一管理”。“但我们仅仅取消了各地区的关税壁垒，而未做到各地区物资的有计划的调剂。各种货币做到了互相支持，而未做到自由流通，统一发行，使各地区的物资交流仍然遇到严重困难。在对敌经济斗争上，我们也只有了比较一致的方针政策，而无统一的组织领导，使我们的步调不完全一致，有些地区甚至互相抵触”。石家庄

① 参见薛暮桥、杨波主编：《总结财经工作迎接全国胜利——记全国解放前夕两次重要的财经会议》，中国财政经济出版社 1996 年版，第 367 页。

会议就是为了讨论和解决这些问题而召开的。

关于金融工作，报告指出，我们的货币政策是要稳定物价，但与支援战争发生矛盾。“在这样大规模的人民解放战争中，财政收支是很难做到完全平衡的”，“所以我们只能减少财政透支，而不应当不顾战争需要，要求完全避免财政透支”。“我们的发行政策要照顾到战争，照顾到发展生产，还要照顾到物价的平稳。”“战争供给是必须保障的，但应尽可能多依靠人民的直接负担，少依靠货币发行（这是一种间接负担，同样落在人民身上）；但在今天这样紧张的战争情况下，亦不可能不发行若干货币来暂时解决。”报告对发展生产和稳定物价也做了论述，提请大家认真认识并正确解决这三者之间的矛盾。报告还提出“如何逐渐统一各地区的货币”，“货币统一不单纯是一个技术问题，它与财政统一有着密切关系”，“统一货币的方针已经确定了，我们现在所要研究的是统一的步骤。……准备在一年以内，完成华北各解放区的货币统一工作”。报告还详细论述了货币斗争，信贷工作，城市金融工作的方针政策，以供各地参考。

关于贸易工作，报告指出，去年蒋管区物价猛烈上涨，今年上涨更猛。我区比较平稳，但去年亦上涨了二三倍，高于抗日战争时期。在物价上涨中，我们的贸易工作更要做好调剂供求，来保护生产和人民生活，务使物价平稳上升，避免剧烈波动。“对外贸易的主要任务，是推销各种剩余土产，采购各种军用器材、重要生产资料和一部分民用必需品，争取有利交易。”“为着加强对敌经济斗争，我们的对外贸易必须步调一致，必须有统一的税则税率，共同的进口出口计划，并在一定的范围内统一领导。”“内地贸易除调剂供求、平稳物价外，还要组织各地区之间的物资交流，使各解放区结合成为一个整体，并保障供销，扶助生产发展。”报告还指出：“在土地改革中要慎重处理私营工商业的问题，坚决保护他们的财产不受侵犯。没收官僚资本应有明确的界限，且应当由高级党政机关决定。”

这时我们已在中央直接领导之下，综合报告是遵照中央指示，提出具体意见，所以中央很快就批准了这个报告。

总起来说，我在这段时间里，一共起草过三个重要报告。第一个是1945年5月的《山东工商管理工作的方针和政策》，这可以说是抗日战争末期的经济工作经验总结；第二个是1947年5月邯郸会议的综合报告；第三个是1948年5月石家庄会议的综合报告。后两个报告虽然只隔一年，都是

《总结财经工作 迎接全国胜利》一书收录了这三份报告。

在解放战争时期，但前者是在蒋军战略进攻的末期，后者是在我军全面展开战略反攻、人民解放战争即将取得决定性胜利的时刻。形势发生明显的变化，所以提出的问题和对策也有明显的变化。到1948年年中，我们实质上已在为我军进入大中城市，迎接全国胜利，逐步实现财政经济工作全国统一而着手进行各项准备了。把这三个报告结合起来看，对研究抗日战争时期和解放战争前期我们的经济情况和党的经济工作的方针政策是很有用处的，是研究这个时期的经济史的很有价值的资料。

在中财部和中财委

1948年4月23日，周恩来副主席从陕北来到西柏坡，26日毛主席也来了，这里就成为党中央领导核心的驻地。恩来同志到了以后，我们向他报告华北金融贸易的情况。他听了以后说："不能再搞联合政府了（指华北财经联合办事处），要搞统一经济。"此后不久，党中央决定取消华北财经办事处，成立中央财政经济部，董必武同志任部长，我任秘书长。财办的副主任杨立三同志任军委总后勤部部长，南汉宸同志负责筹建中国人民银行，准备发行全国统一的货币（即人民币）。

周恩来同志这时任党中央军委副主席兼总参谋长，我们大家称他周副主席。他习惯于在晚间办公，规定处理财经、后勤工作的时间是晚10时至次晨2时。董老年高，晚间早睡，由我和杨立三两人按时到周副主席的办公室，在他的直接领导下处理日常工作。为此他叫我们两人到作战室（即他的办公室）去，向我们详细讲了解放军的全部编制、作战计划等机密情况。他说这里是"作战室"，讲的一切要绝对保守机密。从此，我们两人实际上就成为周恩来副主席管理经济（主要是战争供应）工作的秘书。不久，中央决定把晋冀鲁豫、晋察冀解放区合并成为华北区，成立华北局，少奇同志兼任华北局第一书记；成立华北人民政府，董老出任华北人民政府主席。中央财政经济部实际上由周副主席直接领导。

新成立的中国人民银行设在石家庄，1948年12月1日开始发行全国统一的人民币。在这以前，华北地区已经统一发行冀南币（原晋冀鲁豫货币），华东地区已经统一发行北海币，这两种货币等价流通。此外，还有晋察冀币、西北农民币、陕甘宁币（当时称“边币”）等，仍在流通。由于军费开支浩大，财政入不敷出，不得不靠银行透支，因此物价仍然不能稳定。为着保持冀南币与北海币等几种货币的比价，中央决定各地增发货币须经中央批准，并令中财部五天上报一次各地物价情况。人民币发行后，停止发行各解放区货币。冀南币、北海币均按100∶1兑换人民币。这样各解放区、野战军的财政开支，约有半数由中央用人民币供给了。中央令各地区提出1949年财政收支预算和要求，发行人民币的数额，经中央审查决定。

1987年12月，在“周恩来研究国际学术讨论会”上作题为“周恩来同志的经济指导思想”的发言。

为了审批各地货币发行和财政预算，我向周副主席报告了在邯郸会议和石家庄会议中所得出的货币流通规律，即在其他条件不变的情况下，物价与货币发行数量同步增长；各解放区不论货币发行多少和物价高低，每一人口的平均货币流通量都相当于30斤小米。抗日战争以前，全国平均每人的货币发行量大体上是银洋3元。解放区大多在农村，商品流通远不如城市，所以货币发行量大体上是银洋1元，即相当于30斤小米的价格。如果货币增加1倍，物价也上升1倍，仍是30斤小米。按照当时生产和生活水平，每100个居民只能养活两个脱产人员，超过此数就要依靠“外援”，即由中央发行货币来供应。我们依靠这些规律和数据来审批各地的货币发行和财政预算，大体上做到公平合理。周副主席对我说，做经济工作必须懂得经济规律，掌握各种数据，否则肯定是要犯错误。

上面谈的关于每100个居民只能养活两个脱产人员的结论，是我根据财政供给与人民负担的关系计算的。按照当时华北解放区的一般状况，人民平均收入在400斤小米上下，脱产人员的开支约4000斤小米。根据经验，人民负担最高不能超过20%，超过此限，人民生活就很困难，因而脱产人员不能超过2%，这样才能达到收支平衡。事实上，除了华北解放区外，山东、西北、东北各解放区的脱产人员均超过2%，因此人民负担不了。形成的亏空，一部分靠工商税收等来解决，大部分靠发行货币透支来解决。脱产人员不超过2%，是保证财政收支平衡的必要条件。如果脱产人员超过2.5%，而又单靠发行货币透支解决，就有危险了。

从1948年初开始，国民党政府发行的法币由恶性膨胀走向崩溃。1月至3月法币发行量在三个月内增加一倍，四五月间两个月增加一倍，6月份一个月就增加一倍。到8月份，法币发行总额达到604.5万亿元，如加上东北流通券，发行总额达到660万亿元的天文数字。物价犹如脱缰之马，飞速猛涨，每个月都有一两次剧烈波动。国民党占领区的物价，1948年8月比抗日战争爆发时上升150万倍，人们开始拒收法币，农村中出现实物交换的情况，城市中出现金银、外币变成流通手段的趋势。国民党政府迫于法币崩溃的形势，于1948年8月19日宣布“币制改革”，以金元券取代法币，同时冻结物价。金元券每元兑换法币300万元。在一段短时间内，国民党占领区物价突然稳定，而且略有下落。他们的报纸大肆吹嘘物价如何稳定。

有一天早晨，周副主席（他白天睡觉）叫我去，要我研究这个问题，晚饭后开会讨论。我与中财部的同志共同研究，看出这是由于国民党占领区用高于物价指数一倍的价格兑换法币，使货币流通量减少一半，金元券的币值提高一倍。同时，金元券刚刚发行，市场上一时现钞不足。这些因素导致国民党占领区物价的短暂稳定。我们判断，由于国民党政府每月的财政赤字都靠发行货币来弥补，三个月后其货币发行量将增加一倍，物价必然继续上涨；也有同志估计能够稳定半年。

晚间讨论时，周副主席和刘少奇、任弼时等同志都来参加。讨论结束，周副主席作结论同意我们的意见，估计国民党占领区物价至多只能稳定三个月，并叫新华社按此精神发表评论。结果，国民党政府在1948年8月19日是以2.2亿金元券收兑660万亿旧法币，到10月底，金元券发行额已激增至15.9亿元。通货如此膨胀而又强制限价，使黑市物价在10月底已比8月19日的限价上涨六倍左右。11月1日，国民党政府被迫宣布放弃限价政策，物价立即如同洪水决堤，一发而不可收拾。算起来，国民党政府实行"币制改革"只有两个半月就物价猛涨，证明我们的预测是完全正确的。周副主席对此补充说，比预期提早半个月，是因为我军又打了几个大胜仗。他在这里说的是我东北野战军在9月12日至11月2日取得了辽沈战役的胜利，解放东北全境；华东我军在9月16日至24日攻克济南；以及华东、中原两个野战军协同作战，于11月6日开始发起淮海战役。

国民党政府摇摇欲坠之时，更加滥发货币。金元券发行额1949年1月达208亿元，4月猛增至5万多亿元，5月底增加到68万亿元。物价上涨之猛，开创了古今中外的空前纪录。金元券发行不到十个月就彻底崩溃。有人统计，从1936年至1949年，在国民党统治下，货币发行共增加1768亿倍，物价上涨2500亿倍，其他任何国家的通货膨胀和物价上涨纪录都远远望尘莫及了。

临近人民解放战争全国胜利这段时间，周副主席特别重视货币问题。因为不但国民党占领区的军费开支绝大部分靠增发货币，我们解放区也不能不部分地增发货币来弥补财政赤字。人民币发行以后，地方货币停止发行。各地的公粮、税收等都由地方掌握，中央唯一能够支配的是人民币。周副主席亲自掌握人民币的发行权，以此来公平合理地支援各野战军和地方的需要。

1949年1月31日北平和平解放，南汉宸同志立即进城接收国民党的金融机构，把中国人民银行总行迁至北平。周副主席命我于2月2日赶赴北平，先见南汉宸，协助清查印钞票所需要的凹版机和纸张，计算印刷能力；同时按他的指示去见已先到北平的陈云同志和董必武同志，请示货币发行方针。董老偏重稳定物价，按每月上升10%计算。陈云同志说：货币发行方针应当首先保证解放战争的需要，其次才是稳定物价。三大战役胜利后，战争将向全国展开，军费开支浩大，物价应按每月上涨20%计算，甚至有可能达到30%。为什么要首先讨论这个问题，因为这关系到人民币的印制计划。当时人民币的最大票面额已为50元和100元，按陈云同志的方针就应当准备印制500元和1000元的人民币，否则就不可能满足需要。

1949 年中国人民银行发行的第一版人民币。

我回西柏坡后，立即向周副主席报告。他同意陈云同志的意见，并且告诉我，中财部即将改为中央财政经济委员会，由陈云同志任主任。周恩来同志的工作作风向来是认真细致，他根据我所提供的印钞能力，来具体规划什么时候开始印制 500 元、1000 元的大票面额人民币，各种面额的印制比例，以便既满足战争需要，又不过分刺激物价。我从晚 10 时工作到次日晨 6 时，画出各种面额人民币印制进度表，立即电告南汉宸同志。此后，周副主席不但决定人民币的印制，更重要的是由他决定人民币的分配，每一次都要他批准。当然是批给各中央局和各野战军，再往下如何具体分配，则由下面自己决定。

周副主席对我们的态度和蔼可亲，但要求是很严格的。任何一件事，在决定前都要详细询问，要我们提出建议，由他来作决定；再由我们起草复电，由他批发，一天也不能耽误。为着立即答复他的问题，我把重要事件和数据抄在一个小本子上，随身携带，以便随时答复他提出来的问题。2 月末，大连市委来电，说大连造纸厂（当时解放区唯一能造印钞纸的工厂）造纸的铜线网，被蒋军掠夺运到天津去了，请天津市委立即查明送回大连。这时周副主席正参加党的七届二中全会，有几天没有到办公室来办公。我为中央起草给天津市委的电报，用急电自己批发。周副主席看到后批评我办事太草率，以为发一个电报就一定能把事情办妥。他立即亲自命令派一辆卡车，要我当晚（已经子夜一点钟）派一干部专程去天津询问，批评我还像一个“书生”，没有战斗作风。幸而我派的干部到天津时，天津市委已把铜线网送到大连，这才使他心情平静下来。他心中想着铜线网迟到大连一天，就要少制造多少印钞纸，影响军费供应，他批评我是有充分道理的。

在这同时，刘少奇同志常找我去谈经济政策问题，特别是合作社问题。2月8日，我请刘少奇同志为中财部的干部（也有其他单位的干部参加）作《关于新中国经济建设的方针与问题》的报告。报告除谈了新中国的五种经济成分，特别是对民族资本主义经济的政策外，还详细地谈了合作社问题，这是从我国当时小农经济仍占绝对优势的实际情况出发的。他说："有的同志问，国营经济与合作社经济何者重要，生产合作社与供销合作社何者重要。不要这样提问题，两者都重要。国营经济与合作社经济应当互相结合，建立同盟。我们今天要同资本主义竞争，谁领导了市场，谁就领导了国民经济。用什么办法领导市场，不能用行政命令，而必须通过供销合作社，用商业办法战胜资本家。"俄国十月革命胜利后，列宁认为领导小农经济比领导资本主义经济困难得多。我国用供销合作社把小农经济团结在国营经济的周围，使私营经济陷于孤立，社会主义国营经济就开始取得在市场上、后来取得对整个国民经济的领导地位。

受少奇同志谈话和报告的启发，我写了一篇题为《论新民主主义合作社》的文章。文内指出："新民主主义的合作社，是新民主主义国家扶助农民、手工业者以及广大消费者，并进而改造小农业和小手工业的主要工具。""今天合作社经济的主要任务，应当是扶助小生产者和广大的消费者，帮助他们解决生产中和生活上的各种困难，并在国营经济领导之下，与私营资本主义的投机破坏行为作斗争。"文章分析了合作社经济的形式及其作用，认为合作社经济主要采取三种形式，即小型的生产合作社（农业生产中的互助组、变工组、手工业生产中的小型合作社）、供销合作社和消费合作社，还有信用合作社、运输合作、医疗合作等，也在群众生产和人民生活中起了部分作用，但它们一般可以成为供销合作社或消费合作社的兼营业务，不一定要成为单独的组织。文章强调，"要发展合作社经济，通过合作社来扶助广大的农民和手工业者，并使他们的个体经济逐渐地集体化，在国营经济的领导下，一步步地朝着社会主义方向前进"。

这篇文章写好后，我送给刘少奇同志审阅。当时中央机关忙于自西柏坡迁往北平，此文被捆在少奇同志的档案中，未经他过目。直到1986年，才由原中央文献研究室刘少奇组发现，归还给我；1988年在《薛暮桥学术精华录》上公开发表。

1949年3月13日，中共中央七届二中全会胜利闭幕。3月25日，党中央和解放军总部由西柏坡移至北平。我与中财部和中央其他机关的大部分同志也在此时进入北平。中财部住在香山慈幼院。此后周副主席的工作更忙，我们不能天天见面了。但他一有空就找我去问经济工作情况。不久，陈云同志来到北平，领导新成立的中央财经委员会的工作。我们在东交民巷和正义路的转角处找到一个办公室，我和廖季立同志先搬到城里。陈云同志又调来曹菊如、钱之光二同志帮助工作。这年7月12日，中财委搬到朝阳门内一个大院（原是清朝的九爷府）办公。除原在香山的中财部的干部外，宋劭文、周荣鑫同志等华北财委的干部也并入中财委，已有干部五六十人。

中财委成立后的第一件大事是稳定物价。过去以为大城市解放后能够容纳更多的人民币，物价可望稳定。事实恰恰相反，我们在财政经济和金融流通领域内所面对的情况更加复杂，一方面是开支日益浩大；另一方面是国民党统治垮台后遗留的问题甚多，流通领域同样存在着尖锐的斗争，需要经过巨大的努力，才能有效地遏制通货膨胀，控制和稳定物价。

首先是要确立人民币为唯一通货的地位。随着解放区的扩大，人民政府以人民币收兑和排挤金元券，将它从流通领域驱逐出去。这方面的工作本没有什么障碍，却遭到银元、黄金和外币的对抗。国民党统治下长期的通货膨胀在流通领域遗留两个突出的后遗症：一是投机活动猖獗，不但工商业资本投机成性，而且形成一批专事投机的资本，在市场上兴风作浪；二是人们对货币存在着不信任的心理，一有风吹草动就纷纷争购银元、黄金和外币。当人民币开始大量进入市场时，投机资本就哄抬金银、外币价格，阻挠人民币占领市场，并刺激物价上涨。

在全国经济中心上海，由于金融投机分子哄抬，从1949年5月27日全市解放到6月9日短短十几天内，银元价格上涨五倍，黄金、美钞也按相似幅度上涨。许多商人继续以金银而不是按人民币计价，银元买卖遍布大街小巷。为此必须坚决取缔金银、外币投机，将其排斥在货币流通领域之外。6月3日，上海军管会禁止一切外币在市场流通，外汇外币均须存入银行，任何人不得经营和买卖。6月10日，又禁止以金银计价和流通，取缔黑市交易，一举查封金融投机市场的集中点，逮捕大批投机奸商，分别处以徒刑和罚款。同时大造舆论，广泛发动群众，取缔银元黑市交易。在上海制止金融投机风潮，为人民币全面占领市场扫除了障碍。但这只是胜利的起步，并没有结束通货膨胀。

由于进行三大战役，百万大军过江，以及向全国大规模进军，军费开支日益浩大。各大城市陆续解放，人民政府要为恢复工业、交通、安定社会秩序，支付大批经费。而且，接收一个城市，尤其是大城市，就等于接收一个被国民党丢弃的“烂摊子”。被俘的国民党军人，除自愿回家者外不能遣散。原国民党政府机关及相关机构的公职人员，除有罪行的已经逃跑外，其他人员也需要收容下来。至于文教卫生等机构的人员，当然全部收容，量才录用。这就在财政上背了一个“大包袱”。

上述种种原因造成财政支出飞快增长，而收入却因战争状态而增长很慢。1949 年除东北地区财政赤字较小（占支出的 5.5%）以外，关内地区的财政赤字，占全部支出的 65.9%。从 1948 年 12 月至 1949 年 12 月，人民币发行额从 185 亿元增加到 3 万亿元①，增长 160 多倍。这样的通货膨胀速度也是解放区前所未有的。尽管这主要是由于向全国胜利进军出现的特殊的暂时现象，但不论出于何种原因，只要通货膨胀，物价也就必然上涨。

1949 年 4 月，平津解放不久，平津、华北和西北地区出现第一次物价大波动。天津的综合物价指数，5 月中旬比 3 月份上涨 1.2 倍。政府一面疏通粮食运输，掌握粮食和其他物资，在国营贸易公司之下分别建立粮食、花纱布、百货、山货等专业公司，并在平津建立 40 个粮食、纱布营业处和零售店，直接供货，平抑物价；一面设法吸引游资，紧缩通货，开办“折实储蓄”，保证存款者不因物价波动而遭损失，促进了存款的增长。至 5 月中旬，这次物价涨风逐渐平息。

1949 年 7 月物价又一次暴涨，涨势比 4 月间更猛。我百万大军过长江以后，向全国进军需要更多财力物力，新解放大片地区需要中央拨款支援。又加 7 月份华东、华北先后暴雨成灾，上海先是粮价暴涨，随即扩展到纱布等价格上涨，地区扩展至天津、武汉及中原一带。上海是全国投机资本家的大本营，他们囤积居奇，哄抬物价，不惜借取黑市高息贷款，从事投机。7 月 15 日上海日拆暗息升至 35‰（折合月息 105%），80% 的黑市放款被用于粮布投机。7 月 16 日一天，上海每石米价由 5 万元升至 6.7 万元。因此，陈云同志率宋劭文等同志亲赴上海，筹划如何稳定物价。

---

① 此系人民币旧币面值。1955 年人民币以新币代替旧币，1 元兑换旧币 1 万元，即现时流通的人民币面值。——作者注

鉴于这次物价波动是粮食和纱布带头上涨，政府花了很大力气从华东各省及中原、华北、东北调运粮、棉、煤、盐等物资支援上海，使上海纺织业摆脱缺乏进口棉花而大批停产的局面，在7月份全部开工。国家掌握着充足的物资，向市场抛售棉纱、棉布、大米、面粉，控制物价上涨幅度。在打击投机活动方面采取必要的行政手段，加强管理，查办不法奸商，对承认错误表示悔改的投机商人予以教育释放，对极少数情节恶劣罪犯予以刑事处分。上海还对工人、学生、公教人员实行平价配售粮食，以照顾广大劳动人民的利益。历时一个多月，物价波动在8月初平息下来。综合物价指数上升幅度，天津为2倍，上海为1.5倍。

7月27日至8月15日，陈云同志在上海召开华东、华中、华北、东北、西北地区的财政经济会议。陈云同志在几次会议中指出，物价上涨的根源是通货膨胀，通货膨胀的根源是军费开支浩大，财政入不敷出，只有在战争胜利结束，财政收支趋向平衡的时候，才有可能稳定物价。在目前，我们可能做到的是掌握粮食、纱布等重要物资，有计划地吞吐，与投机资本家斗争，控制物价上涨。会议确定的全力支持解放战争彻底胜利和尽可能控制物

1949年冬，薛暮桥、罗琼夫妇与大女儿薛宛琴、二女儿薛小沂在一起。

价上涨幅度的方针，大大提高了我们在稳定物价斗争中的主动性和计划性。

上海解放后，我们连去上海接女儿探望老母的时间也没有。在上海开财经会议结束后，宋劭文同志要回京，我拜托他把我在上海的大女儿宛琴带回北京。当时宛琴已经14岁了，从她懂事起，就没有见过自己的爸爸妈妈，而且祖母嘱咐她不要问爸爸妈妈在哪里。祖母虽然十分疼爱她，总不能代替父母，她日夜想念我们。解放军刚进上海，她在大街上站了半天，总希望在队伍中突然发现自己的父母。我们呢，夜以继日地紧张工作，躺在床上时，往往想起她和老母亲。罗琼经常带着歉意地说：我欠女儿、老母债太多了。我总安慰她说，当女儿长大，知道我们在干什么的时候，会谅解我们的。那时干革命、照顾家，确实难以两全。

1952年，薛暮桥夫妇和三个女儿薛宛琴、薛小沂、薛小和在北京北海公园。

新中国成立了，我们家可以团聚了，女儿想父母，父母想女儿的梦圆了，这是多么高兴啊。当宋劭文同志把宛琴介绍给我们的时候，心情的激动，难以用语言来表达。二女儿小沂从托儿所回来，看见了自己的亲姐姐，高兴得又拥抱又亲吻。小沂虽然生活在我们身边，进城以后，就送到托儿所，进小学时就住校，真正生活在一起的时候也很少。三女儿小和是1951年出生的，她的情况和二女儿差不多。罗琼和我工作都很忙，没有假日，没有不工作的夜晚。罗琼总不断地念叨着，我们欠三个女儿的债越来越多了。孩子们也习惯于家庭就是办公室的生活方式，看到我们在家工作，就一声不响地到外面去玩了。进了小学，假日回家，总是自觉地做完老师留的作业。三个女儿都是“三好”学生，成绩优良，我们深深地感谢托儿所、学校的老师和在家照顾女儿的阿姨（保姆），是她们代我们尽了父母的一部分责任。

五、新中国成立初期的经济工作

在政务院财政经济委员会工作

1949年10月1日，中华人民共和国宣告成立。中央人民政府政务院下设财政经济委员会（按习惯仍称“中财委”）、政法委员会、文教委员会等机构，分管各部的工作。中财委主任是陈云同志，副主任是薄一波、李富春、马寅初等同志。马兼任上海市副市长，常住上海。我被任命为秘书长，兼私营企业局长。周荣鑫、孙晓邨、杨放之任副秘书长，宋劭文任计划局局长。

当时中央各部的部长、副部长有近半数是民主人士。私营企业局的副局

1949年10月，政务院财政经济委员会成立时的合影。第三排左一为薛暮桥。

长吴羹梅、千家驹也是民主人士。我负责处理中财委的日常工作，参与了稳定物价，抑制通货膨胀，调整私营工商业，照顾各部民主人士，帮助他们同党员部长及副部长密切合作等工作。工作很忙，白天工作八小时，处理各部的事情，接待来访民主人士；晚上工作四小时，批阅公文、电报。在创业时期，百废待兴，任务非常繁重。

1949 年秋冬，人民解放军向华南、西南迅速进军，军费开支又有增加。全国军政公教人员迅速增加，已超过 700 万人。新解放区急需大量物资（主要是粮食、纱布）支援，但华北主要产粮区受灾减产，物资供应不足。秋收后粮棉收购也需要增加货币投放。由于货币发行速度继续加快，出现了严重的通货膨胀。10 月底，人民币累计发行比同年 7 月增加近三倍，到 11 月底更比 7 月增加六倍以上。投机商人乘机活动，抬高物价，在北方主要囤积粮食，南方主要囤积纱布。于是，在 11 月份发生了新中国成立前后的第三次物价大波动。

由于有了前两次平息物价波动的经验，我们对货币和价格运动的规律已比较熟悉。党和政府处理此次物价波动，表现了高超的领导艺术和巧妙的斗争策略。当时国家掌握可做商品调用的粮食不下 50 亿斤，国营中纺公司掌握的棉纱和棉布接近或超过全国产量的一半。有这样的实力足以削弱涨风，问题是怎样和何时向市场抛售才能取得最好的效果。中财委在 11 月中旬具体分析市场上商品和货币的流通情况，预计物价综合指数要比 7 月底上升 2.2 倍，才能使两者大体平衡。在此之前，上海一度连续平价抛售粮食和纱布，但因时机不当，未能稳定物价，反而使大量游资涌进上海，投机商人得以低价购入，坐待高价抛出。因此，应在中财委领导下，全国统一部署，统一行动，选择适当时机，打垮投机势力，刹住涨风。

各地紧张地进行准备，一方面是加紧物资调运，将粮食、纱布、煤炭等调集于重点地区；另一方面尽量设法紧缩通货，统一现金管理。政务院规定所有国营企业收入现金必须于当日存入中国人民银行；同时指示中国人民银行采取一系列措施，如除特殊批准者外，一律暂停贷款，以往贷款按约如期收回，暂停支付工矿投资和收购资金，缓发地方经费，推广折实储蓄等等。人民银行很快就掌握了全国存款总额的 80%，在金融市场独占领导地位。

11 月 25 日，各大城市统一行动，大量抛售粮食、棉布。投机商人认定物价还将上涨，不惜高利拆借巨款，继续吃进。但国营公司实力雄厚，敞开抛售后逐步降价，投机资本遭到沉重打击。几天之内，就将这次波及地区最广、持续时间最长、物价涨幅最大的涨价风潮平息下去了。这一次，国家不仅能够主动地对付物价波动，而且能够有计划有步骤地达到预定的要求。无论是物价总指数，还是主要商品的价格，都平息在预计的水平上，这是极大的成功。事后，一位资产阶级代表人物说，6月银元风潮，中国共产党是用政治力量压下去的；此次仅用经济力量就能稳住，是上海工商界料想不到的。

1950年2月，出现第四次物价波动。这是因为人民解放战争虽已接近尾声，但军费仍降不下来，而政府负担公职人员的数目进一步扩大，巨额财政赤字主要靠大量增发货币来弥补。我们原来期望，经过有计划的安排，能争取物价缓慢地上涨，并控制在一定的幅度之内。但是，2月6日国民党反动派飞机轰炸上海，将发电厂炸毁。上海全市工厂，除少数有自备电力的以外，大都被迫停工，人心动荡，商人只购不售，投机资本伺机兴风作浪。因而从二六轰炸到春节前后的半个月时间内，主要是上海、天津、汉口、西安等几个大城市，再次发生物价涨风。

中财委自2月9日起，采取增产节约、抛售物资、紧缩通货等一系列措施，制止涨风。上海以外的各地纺织厂延长生产时间，突击增产。还规定本年度减发军衣，停止机关、部队、团体向市场买布。上海2月9日的米价，每石27万元（系新中国成立初发行流通的老人民币）[①]左右。粮食公司在2月份平均每日抛售大米2万石，占市场成交总额的80%，使米价在春节前后稳定在每石28万元的水平。因前几次物价波动后棉布与粮食比价偏低，准备适当调整粮布比价。花纱布公司从3月初开始控制价格，保持粮布合理比价。与此同时，政府在上年12月发行1.2万亿元人民胜利折实公债，各界认购款项在2月、3月份基本交齐，紧缩了银根，这次涨风迅速平息。

总起来看，新中国成立前后出现了四次物价大波动，其根本原因在于财政收支不平衡，货币发行过多。自1948年12月至1950年2月1日，人民币发行额从185亿元增加到4.1万亿元，增加220余倍。这样严重的通货膨胀，是人民解放战争空前大规模胜利进军所产生的特殊的暂时现象。我认为，不论采取何种措施，只要通货膨胀，物价就必然上涨。要使物价真正稳定下

---

① 1955年3月1日起，发行新的人民币，新币1元兑换老币1万元。——作者注

来，必须消灭财政赤字，制止通货膨胀，使货币发行和商品流通同货币的需要量之间保持平衡。

另一方面，在存在严重通货膨胀的情况下，虽然物价上涨为必然之势，但十几个月内连续出现四次暴涨风潮，则主要是投机资本兴风作浪的结果。1949年，私营工商在工业总产值中占2/3，在社会商品零售总额中占85%以上，私营银行、钱庄的势力很大。投机资本猖獗对物价波动起了很坏的作用。我们稳定物价的经验表明，制止投机，平息涨风，虽有必要采取一定的行政手段，但主要还是要依靠经济手段，壮大社会主义国营经济的实力。

掌握足够数量的物资，是在市场上战胜投机势力、平息涨风的物质保证。从1949年7月开始，经过几个月紧张工作，国营贸易公司已能掌握大部分的商品粮，并控制了煤炭供应量的70%、棉纱的30%、棉布的50%、食盐的60%。从1949年7月至1950年2月的八个月内，国营贸易公司仅在上海抛售的米、面、纱、布四种主要商品，就回笼货币5000亿元。有些投机资本家以月利40%拆借高利贷资金，用于囤积物资，指望春节期间粮价暴涨。结果国营贸易公司连续大量抛售，物价突然稳定，他们的存货卖不出去，受到毁灭性打击。

在稳定物价的最后阶段，我与贸易部副部长姚依林同志在周恩来总理和陈云同志领导下，每晚收集上海市场情况，提出次日粮食、纱布等商品的牌价，报周、陈审批，在深夜电告上海。周总理和陈云同志的工作效率令人惊叹，真是运筹帷幄之中，决胜千里之外。党和人民政府终于在短短一年时间内，将连续12年（1937年至1949年）的恶性通货膨胀及物价猛烈上涨的局面迅速改变过来。

稳定物价的胜利，使我国的民族资本家感到震惊，也受到世界各国友好人士的称赞。上海刚解放时，有些资本家说："共产党军事上打100分，政治上打80分（还有美中不足的地方），经济上打零分。"言外之意将来还要靠他们管理经济。他们根本不相信党和人民政府能够稳定物价，到这时才服气，相信共产党能够管理中国的经济了。

为了实现财政收支平衡，恢复和发展国民经济，需要进一步统一全国的财政经济工作。1949年各个解放区连成一片之后，随着货币的统一，交通邮电管理、部分物资调度、物价管理、税则税目税率规定等也陆续实现统一。但就财政经济的全部工作来说，基本上仍旧是分散管理。财政收支并未规定统一管理办法，公粮、税收大多由各大区或省市管理。这不利于财力物力的统一使用，不利于节约支出、平衡收支、紧缩通货，不利于建立物价稳定的正常秩序。为此，中央人民政府在 1950 年 3 月 3 日颁布《关于统一国家财政经济工作的决定》。其中主要规定是：统一全国财政收支，使国家财政收入的主要部分集中到中央，除批准征收的地方税外，所有公粮、税收一切收入均由中央人民政府财政部统一调度使用；统一全国物资调度，清理全国仓库物资，所有库存物资由中财委统一调度，合理使用，各地国家贸易机关的物资调动，由中央人民政府贸易部统一指挥；统一全国现金管理，指定人民银行为国家现金调度的总机构，一切军政机关和公营企业的现金，除留若干近期使用者外，一律存入国家银行。中央关于统一财经的决定迅速付诸实施。自 3 月份起，全国已基本上转入和平状态，财政收入逐步增加，赤字大大减少。结果很快就在四五月间实现了财政收支平衡，为弥补财政赤字而发行货币的局面终于结束了。

1950 年 4 月初，中央决定调整工商业，改善公私关系和劳资关系。中财委的工作重点也逐步转到调整私营工商业，推动城乡物资交流方面。因为物价稳定，恶性通货膨胀时期所产生的虚假购买力突然消失，一时出现市场需求不足。先前不但投机资本家抢购囤积物资，一般资本家多留存货等待涨价，就连普通市民也大多储备一些必需的粮食、棉布和日用百货。现在这些无须储存，有两三个月时间各种商品销不出去。资本家没有钱买原料、发工资，许多私营工商企业濒临倒闭。

调整私营工商业，首先是收购工商业资本家的存货，帮助他们恢复生产，改善经营管理，并对部分行业实施加工订货合同。对纺织和棉纺工厂，主要采取国家拨给原料，由私营工厂加工，领取加工费的办法。机器制造业、橡胶工业及一部分造纸工厂，则采取国家订货方式，向私营工厂提供大部分或全部所需原料，其成品卖给国家。在新中国成立前，各解放区农村已普遍建立供销合作社，负责收购粮食、棉花等类农产品，现在推广到全国范围。供销社掌握绝大部分农业原料，基本上可以保证供应。

为了进一步调整公私关系，中财委决定于 5 月 8 日由私营企业局召开上海、天津、武汉、广州、北京、重庆、西安七大城市工商局局长会议，并邀请若干资本家代表参加。会议由我主持。资本家在会上纷纷诉苦，说我国的工业品在国内销售不了，建议鼓励出口。各大城市的工商局长也在为当地土特产销不出去而发愁，要求国家收购。我看到当时市场萧条，主要是因为经过长期战争和制止通货膨胀后城乡商品交流堵塞所造成，并不是真正的生产过剩。所以，经向陈云同志请示，我在会上向大家说明，目前生产过剩是暂时现象，只要恢复12年战争所破坏的城乡物资交流，工业品和农产品都是可以找到销路的。

陈云同志到会作了总结。他具体分析了商品滞销和生产过剩的主要原因和次要原因，指出："目前的不正常的滞销状态一定会过去，原因是货物的囤积量并不多。社会上棉纱存量估计有50万件，而社会需要量约为120万—150万件。"他预计土地改革后农民购买力将会提高，提出在开拓工业品销路时要以收购农产品来增加农民购买力。在列举解决工商业困难各种办法的同时，强调需与稳定金融的政策相辅而行，他形象地说："现在政府挑的是'两筐鸡蛋'，不要碰破一头。金融稳定对工商界和绝大部分人民是有利的。"①

随后，中财委又召开各省市工商局长会议，提出恢复城乡物资交流的新任务。陈云同志曾经指出，这不仅是农村问题，而且是目前活跃中国经济的关键。农副土特产品卖出去了，就增加了农民的购买力，促进城市工商业的发展，减少或消灭城市中的失业现象，城市购买力也会跟着提高。工商业繁荣，又增加了国家的税收，减少财政上的困难，物价更趋稳定。实际情况正是这样。1950年冬和1951年春，各地纷纷举办城乡物资交流大会，不到半年，就解决了工业品的滞销问题，安然度过暂时困难，城乡购销两旺，市场开始繁荣。

1951年底，毛泽东同志在国家机关和国营企业内部发动了一场反贪污、反浪费、反官僚主义的"三反"运动。这显示了我们党在执政以后极为重视保持艰苦奋斗革命传统，防止资产阶级思想腐蚀，坚决惩治腐败行为。尤其是处决天津地委书记刘青山、张子善两个大贪污犯，更是振聋发聩、祛邪扶正的重大举措，获得社会各界人士和广大人民群众的衷心拥护，影响深远。随着"三反"运动的全面展开，1952年1月，党中央决定在私营工商业中发动一场反对行贿、反对偷税漏税、反对盗骗国家财产、反对偷工减料和反对盗窃国家经济情报的"五反"运动。据一些单位揭发出来的情况，一切重

① 《扭转商品滞销》（1950年5月25日），《陈云文选（1949—1956）》，人民出版社1984年版，第89、91页。

大贪污案件的共同特点是私商和蜕化分子相勾结，共同盗窃国家财产；不法资本家对国家干部的引诱侵蚀，几乎无孔不入。在国民经济恢复和发展过程中，在抗美援朝的军需供应中，资本家中进行违法犯罪活动的人日趋增多，严重损害了国家和人民的利益。因此，进行这种运动，是必要的、有成效的。但也出了一些偏差，带来一些消极影响和后遗症，在一定程度上挫伤了民族资产阶级的积极性。

由于“三反”“五反”运动来势很猛，对经济生活产生相当影响。一部分经济部门的工作几乎停顿，国营企业的业务活动受到冲击，大批私人工商户停业、半停业，资本家惶恐不安。许多地区出现生产下降、市场清淡、税收减少、失业增多等情况。中央在1952年2月开始调整运动部署，决定适当缩短运动持续时间，推迟或暂不开展“五反”运动，并采取措施，维持经济生活的正常运转。此后，又做了许多工作，放宽政策，改进方式，核减和推迟违法资本家退财补税，等等。5月份以后，“五反”运动事实上基本结束，转入定案处理和工商业调整工作。

“五反”以后，有一段时间，许多资本家借口缺乏资金，经营消极。陈云同志建议扩大加工订货，放宽优惠条件。他主张在规定私营工厂所产工业品的价格和加工费的时候，按社会需要情况，分别给资本家以10%、20%以至30%上下的利润。商业利润一般不应超过工业利润，个别的超过也可以，但不允许投机倒把[①]。党中央在1952年11月15日专门发出关于调整商业的指示，指出在国营经济和合作社已经占领商业主要阵地的前提下，允许私人资本经营零售业务和贩运业务；要适当扩大批零差价和地区差价，取消对私商的不合理的限制。经过多方面的工作，资本家的积极性被重新调动起来。资本家说这是国家用“人工呼吸”的办法把他们救活的。但是，在投资办新厂或改造老厂方面还是诸多观望，抱残守缺，或者要求国家投资变为公私合营企业。

在这段时期内，为着让陈云同志集中精力考虑重大问题，我尽量承揽了中财委的机关工作。凡是自己办得了的，尽可能自己办，不麻烦上级；自己决定不了的，就向薄一波副主任请示。有许多日常业务工作，转给计划局宋

---

①《市场情况与公私关系》（1952年6月11日），《陈云文选（1949—1956）》，人民出版社1984年版，第173页。

劭文同志去处理，周荣鑫同志和秘书处长廖季立也帮助处理了许多工作。周总理和少奇同志习惯于夜间工作，有时深夜两三点钟还打电话来。我把保密电话机装在床头，一伸手就可以接到电话。

由于操劳过度，我在 1951 年 2 月患了高度的神经衰弱症，住医院和在家休养一个多月。4 月初，跟薄一波同志去上海调查，其间又昏倒一次。5 月中旬回京，一次在处理公文电报时突然呕吐、昏倒，不能见阳光，不能听噪音。到医院去检查治疗，苏联专家用“睡眠疗法”医治，昼夜吃安眠药，昏睡了 18 天。回家后无法工作了，中财委把我送到青岛去疗养。休息三四个月后回来，开始每天试做半天工作。

这一段时间，我将中财委的日常工作完全交给周荣鑫、杨放之同志，自己着重处理几件重要工作：

第一，接管由中英合资创办而被英方实际控制的开滦煤矿。该矿生产的煤主要销往日本。新中国成立后英籍总经理去日本签订销售合同，取得预付款后逃往英国。继任的华籍总经理于 1952 年 4 月以“经济困难达于极点”为由，申请政府代管。我主持组织华人股东进行接管，在清理资产中证明资不抵债。根据中央决定，在同年 5 月收归国营。

第二，接管英美烟草公司。新中国成立后，我国虽然准许外资企业继续经营，但外商常把盈利偷汇回国，用银行的贷款支付工资。该公司也不例外。同时，它已失去在我国垄断烟草供产销的特权地位，经营亏欠，资不抵债，自愿交给中国经营。这样，国内的外资企业所剩无几了。

还有一件大事，是对国内最大的化肥厂永利化学工业公司所属南京厂实行公私合营。此前因农业生产没有恢复，该厂生产的化肥销路不好，全部由商业部收购代销。1952 年陈云同志预见到，随着农业生产的恢复和发展，化肥需要量将日益增大，决定投资改建和扩建南京永利厂，将其作为实行公私合营的试点。公司经理、化学家侯德榜（后任化学工业部副部长），为着扩大生产能力，同意吸收国家投资，实行公私合营。合营后进行技术改造，该厂生产大大增加，利润和分红也大大增加，原资本家股东皆大欢喜，为此后发展公私合营企业开辟了道路。

新中国成立前，我国是一个经济落后的半殖民地半封建国家。由于长期战争和国民党的反动统治，国民经济遭到严重的破坏。在新中国成立以后，经过 1950 年至 1952 年三年的努力，我们在抗美援朝的同时，进行了土地改革，并胜利完成了国民经济的恢复工作，治愈了战争创伤，实现了财政经济情况的根本好转。至 1952 年底，全国工农业总产值比 1949 年增长 77.5%，其中工业总产值增长 145%，农业总产值增长 48.5%，工农业主要产品的产量均已超过历史最高水平。这就为有计划地进行大规模的经济建设打下了基础。

我在 1952 年曾写了《三年来中国经济战线上的伟大胜利》一文，刊载在《学习》杂志上。文章概述了我国财政经济情况的逐步好转、经济的恢复发展和经济性质的改造，并展望了今后的经济建设。随后，又汇编了一本《三年来新中国经济的成就》，收录这一时期毛泽东、刘少奇、陈云、李富春等和我自己的重要经济论文，由人民出版社出版。

对社会主义改造认识的逐步深化

我国国民经济的社会主义改造，主要是确立社会主义国营经济的领导地位，在生产资料所有制方面对农业、手工业和资本主义工商业实行社会主义改造。这一过程，从 1949 年开始，到 1956 年基本完成，只用了七八年时间；而我们对这一问题的认识，则是在漫长的岁月里曲折发展并逐步深化的。

新中国成立前夕，在中国人民政治协商会议通过的、起着临时宪法作用的《共同纲领》中，并没有提出社会主义改造的任务。在政协讨论时，有些人士提议把中国的社会主义前途写进《共同纲领》。刘少奇同志代表党中央答复说，“要在中国采取相当严重的社会主义的步骤，还是相当长久的将来的事情。如在《共同纲领》上写上这一个目标，很容易混淆我们在今天所要采取的实际步骤”[①]。因此，《共同纲领》明确规定：“中国人民政治协商会议一致同意以新民主主义即人民民主主义为中华人民共和国的建国的政治基础。”“凡有利于国计民生的私营经济事业，人民政府应鼓励其经营的积极性，并扶助其发展。”它逐一列举国营经济、合作社经济、农业和手工业者的个体经济、私人资本主义经济和国家资本主义经济五种经济成分，强调“使各种社会经济成分在国营经济的领导之下，分工合作，各得其所，以促进整个社会经济的发展”。

---

① 《加强全国人民的革命大团结》（1949 年 9 月 21 日），《刘少奇选集》上卷，人民出版社 1981 年版，第 435 页。

上述规定和方针，同毛泽东同志历来的观点是完全一致的。他在《新民主主义论》《论联合政府》以及在中共七届二中全会的报告中，多次反复地论述了新民主主义的经济形态、它的几种主要经济成分及其性质，特别指出允许资本主义生产发展的原因是由于中国经济还十分落后。他说："由于中国经济的落后性，广大的上层小资产阶级和中等资产阶级所代表的资本主义经济，即使革命在全国胜利以后，在一个长时期内，还是必须允许它们存在；并且按照国民经济的分工，还需要它们中一切有益于国民经济的部分有一个发展；它们在整个国民经济中，还是不可缺少的一部分。"① 类似这样的观点，他在新中国成立初期发表的其他讲话中，也曾反复阐述过。

可见，新中国成立以前和刚成立的时候，我们党的领导者充分估计中国经济的落后性，认识到在革命胜利以后的长时期内应当允许多种经济成分同时存在，允许私人资本主义中一切有益于国民经济的部分有所发展；我国进入社会主义的新时期，将是一个稳步前进、逐步过渡的过程，这是将来才能实现的事情。正因为这个缘故，我们没有照抄苏联在无产阶级夺取政权后没收一切资本主义经济的政策，而是认为根据中国的国情，要有一个相当长的新民主主义时期才能过渡到社会主义。在实践中，我们在三年国民经济恢复时期基本上也是按照上述战略方针去做的。

在国民经济恢复时期，伴随着确立社会主义国营经济的领导地位，稳定金融、物价、打击投机资本的斗争，实际上已经开始了对私人资本主义经济实行社会主义改造的进程。在当时的情况下，确立社会主义国营经济的领导地位，就是夺取市场的领导权，由国营经济控制市场价格，而使物价涨落不再取决于投机资本的兴风作浪。稳定物价，首先要加强金融管理。政府公布了金银外币管理办法，禁止金银外币在市场上自由流通；同时，加强对私营银行、钱庄的管理和监督，取缔投机交易和"地下钱庄"。

我国的民族资本主义十分脆弱，私营银行和钱庄绝大部分支持投机资本，用高利吸收社会闲散资金，供应投机商人囤积物资，哄抬物价。一旦物价突然稳定下来，投机商人当然纷纷破产，作为投机资本支柱的银行也陷入困境以致倒闭。此时，群众不敢再向私营银行、钱庄存款，国家又规定国营

① 《目前形势和我们的任务》（1947 年 12 月 25 日），《毛泽东选集》第 4 卷，人民出版社 1991 年版，第 1254—1255 页。

企业和国家机关的现金必须存入国家银行。从1950年3月起，到同年年底，国家银行的存、放款和汇兑业务增加五倍以上，掌握全国98%的存、放款，余下的2%，存入由私营银行、钱庄联合组成的公私合营银行。所以，金融业是率先引导私营银行走上国家资本主义道路的。到1952年12月，除少数华侨银行外，全部私营银行实行合并，转为公私合营，对金融业全行业进行了社会主义改造。

国家资本主义是我国对私人资本主义实行社会主义改造的基本过渡形式。如前所述，它有各种初级形式和高级形式。其初级形式，在工业中，主要是加工、订货、统购、包销；此前还有由国营商业临时或定期以合理价格向私营工厂收购一定数量的产品，这种收购是不固定的更低级的国家资本主义形式。在商业中，有经销、代销以及批购零销，主要是在实行粮布统购统销以后发展起来的。国家资本主义的高级形式便是公私合营。

由国家资本主义的过渡形式实行对资本主义工商业的社会主义改造，是我国国民经济社会主义改造的一个重要特点，也是一种较为成功的实践。

我国对小农经济的社会主义改造，实质上起始于供销合作社在全国范围的建立，即首先是在流通领域，随后才在生产领域，逐步引导个体农民走上社会主义道路。供销合作社的普遍建立，疏通了城乡物资交流的渠道，提高了农民的购买力，推动了农业和手工业生产的恢复和发展。供销合作社收购绝大部分粮食、棉花、油料、糖料以及毛、麻、茶、茧等主要农产品，可以利用价格政策来调节各类农产品的产销数量。50年代初期，我国就是按照各类农产品的供求情况，不断调整价格，使产销基本平衡，并在各类农产品中保持合理的比例关系。这样，逐步把农业生产纳入国家计划的轨道，基本上割断了资产阶级与小生产者的联系，建立了国营商业和农民的联盟，巩固了国营经济在市场上的领导地位。

1950年7月，全国合作社工作者第一届代表会议在北京举行。我们向刘少奇同志汇报了会议情况，并请他来作报告。少奇同志在7月25日到会讲话。他指出，供销合作社应当是半社会主义的，它建立在个体经济的基础之上，这一点不同于社会主义国营经济；另一方面，它取消了对劳动人民的中间剥削，因此也不同于资本主义经济。他说，供销合作社应当有从中央到地方的各级领导机构，这样才能成为国营经济与个体经济之间的桥梁，并把像汪洋大海那样的个体经济纳入国家计划的轨道。

早在1949年6月少奇同志所作《关于新中国的经济建设方针》的报告中就详细地论述过合作社问题[①]。他的观点和我国发展供销合作社的实践，同列宁关于合作社的理论和主张也是一致的。可以说是在中国的具体条件下，实现了列宁去世以前期望在苏俄实现的重要主张。

我国对农业、手工业和资本主义工商业的社会主义改造，是在进入大规模有计划的社会主义经济建设时期，党中央决定过渡时期的总路线之后全面展开的。从1950年至1952年，社会主义工业在工业总产值中的比重从34.7%上升到56%；国家对私营工业的加工订货已占私营工业总产值的56%，国营商业在批发额中所占比重从23.2%上升到60.5%，国营商业和供销合作社在零售额中所占比重从11.6%上升到34.4%。在农村中，全国范围的土地制度改革基本完成时，参加互助组的农户已占总农户的40%，半社会主义性质的初级农业生产合作社有3600多个，手工业生产合作社（组）的成员也发展到23万余人。这是我国在生产关系方面开展社会主义改造的客观基础。

过渡时期的总路线是毛泽东同志在1952年提出的。他从1952年秋开始酝酿，1953年6月15日在中央政治局会议的讲话中作了比较完整的论述。同年12月最后正式确定，并载入1954年《中华人民共和国宪法》。过渡时期总路线明确了中华人民共和国的成立标志着从新民主主义到社会主义过渡时期的开始，而不是原先认为的那样，在完成新民主主义革命之后要经过相当长时间的新民主主义的改革和建设，然后再采取步骤逐步过渡到社会主义。这在认识上当然是一种深化，也反映了历史的必然；但在实际执行过程中一再加快前进的步伐，导致产生一些消极的影响，这是一个历史的教训。

自1953年12月起，我国对粮食等主要农产品开始实行统购统销。这是粮食产需矛盾、供求矛盾加剧的产物，同时，也作为贯彻实施过渡时期总路线的重要步骤，构成对个体农民实行社会主义改造的组成部分。

1952年全国粮食丰收，总产量3278亿斤，超过战前最高水平1936年产量的9.3%。但城乡粮食供应面迅速扩大，城镇人口从1949年的5765万人增加到1953年的7826万人，增长35.8%；1953年农村吃商品粮的人口增加

---

① 参见《关于新中国的经济建设方针》（1949年6月），《刘少奇选集》上卷，人民出版社1981年版，第426—431页。

到1亿人，返销农村的商品粮达到317亿斤。在1952年7月至1953年6月粮食年度内，国家收入和支出相抵，有40亿斤粮食缺口。另一方面，土改后农民生活改善，人均消费粮食从1949年的370斤增加到1952年的440斤。农村自给性消耗增多，国家征收公粮和经市场收购粮食总额在粮食总产量中所占比重，从1951年至1952年粮食年度的28.2%下降到1952年至1953年粮食年度的25.7%。1953年小麦受灾，减产70亿斤，灾后农民惜售，夏粮征购大大减少。私商收购占全国上市粮食总额的30.1%，同国家争夺粮源的斗争日趋尖锐。私商抬高粮价，在其活动频繁地区，一般市价高出牌价20%—30%。粮价波动将引起一系列物价波动，严重威胁整个物价的稳定。人心不安，大规模经济建设也很难进行。

面对这种日趋严峻的、并将长期存在的粮食购销形势，中财委从1951年底就开始酝酿粮食统购问题，后在1953年会同有关部门研究拟定了多种方案。经过广泛征求意见，反复对比筛选，认定唯一可行的只有实行统购统销。1953年10月2日，毛泽东同志主持中央政治局扩大会议对此进行讨论，并作出决定。他指出，我们经济的主体是国营经济，有两个翅膀，一翼是国家资本主义（对私人资本主义的改造）；一翼是互助合作、粮食征购（对农民的改造），这一翼，如果没有计划收购粮食这一项就不完全。他把粮食征购和互助合作合称为改造个体农业的一翼，与国家资本主义一起成为“过渡时期社会主义体系构成的两个重要分支部门”①。

实行粮食统购统销，包括计划收购、计划供应、国家严格控制粮食市场以及中央对粮食统一管理等四项互相关联的措施。在这之后，又相继对食用植物油、棉花和棉布实行统购统销。这一制度一直延续到1985年初才最终由合同定购制所取代。统购统销对于渡过粮油棉布供应难关，稳定物价，保障人民生活，支援国家建设，都起过积极作用。与此同时，强迫命令，买“过头粮”等现象时有发生，造成党和国家与农民关系的紧张。其主要弊端是割断了农民同市场的联系，限制甚至排除了价值规律在农业生产和农产品经营中的作用，抑制了农民的生产积极性。

农业合作化起初还是比较谨慎的。1953年12月，中央制定了《关于发

---

① 薄一波：《十二，统购统销的实行》，《若干重大决策与事件的回顾》上卷，中共中央党校出版社1993年版，第256、257、263、264页。

展农业生产合作社的决议》，提出“积极领导，稳步前进”的方针，以发展农业生产合作社为中心环节，推动互助合作运动的前进。1955年3月31日，毛泽东同志作了《关于农业合作化问题》的报告，宣告“在全国农村中，新的社会主义群众运动的高潮就要到来”，批评“某些同志却像一个小脚女人，东摇西摆地在那里走路”。他以浙江在同年春季整顿农业生产合作社中解散1.5万个包括40万农户的合作社为例，严厉批评所谓“坚决收缩”的方针“是在一种惊慌失措的情绪支配下定出来的”。他把围绕这个问题的分歧概括为“上马”与“下马”之争，“看来只有一字之差”，“却是表现了两条路线的分歧”。

在这之后，农业合作化运动急速发展起来。1954年6月，全国加入农业生产合作社的农户约为农户总数的2%，1955年6月增加到14.2%；而1955年底入社农户已达农户总数的63%，1956年底更扩大到96.2%。1955年秋季以前，农民一般都是参加以土地入股、统一经营为特点的半社会主义性质的初级农业生产合作社。以生产资料社会主义集体所有制为基础的高级农业生产合作社，在此以前还是试办性质，约有五百多个社，包括约四万个农户。至1956年底，加入高级社的农户猛增到农户总数的87.8%。这就是说，在掀起农业社会主义改造的高潮后，不到两年时间就在生产资料所有制方面完成了对一亿多农户的社会主义改造。

我国农业合作化虽然发展过快，但起初并未受到农民的反对。从初级社变为高级社，土地从农户私有变为合作社公有，是有少数人反对的。1956年秋冬我在青岛写书时，曾对这个问题进行调查。结果发现反对的大多是军属、工属、干属。那些家在农村的军人、工人、干部本人已经脱离农业生产，但家庭曾经分了地，可以享受土地分红。一般农户普遍反对土地分红，因此从初级社到高级社的过渡，在农民中没有遇到多少阻力。但从根本上说，土地毕竟是广大农民祖祖辈辈所梦寐以求的，在土地改革中分到了土地，他们愿意有一段时间发展小农经济是很自然的。取消封建制度，发展小农经济，在一定历史阶段对于发展农业生产有利。说农民早已普遍存在合作化的强烈要求，也是不符合历史情况的。合作化以后，农民的劳动积极性下降，确是事实。后来又匆忙搞起人民公社化运动，加上其他因素，导致生产大幅度下降，经过多年调整才逐步得到恢复和发展。

从长远来看，土地从农户私有变为合作社公有，对提高农业生产力还是有利的。过去土地非常分散，土地改革时为了好坏土地搭配，每户都有好几块地。最大的田块还不到一亩，田埂占地很多。土地公有化以后，可以除去不少田埂，进行土地平整，由小块变成大块，这有利于实行机械化耕作和机械化的水利灌溉。合作化后，农田水利建设进展很快。现在实行以家庭为单位的联产承包责任制，仍须保持并继续发挥这方面的优点，不要倒退为每户种几亩口粮田的小农经营。将来仍应当实行专业化，逐步向适度规模经营发展。

手工业合作化在党的过渡时期总路线公布以后也进入了全面发展阶段。1954 年，全国个体手工业从业人数约 2000 万人，其中独立的个体手工业者 800 万人，农民兼营商品性的手工业生产的约 1200 万人。手工业生产对整个国民经济具有重要作用，但手工业者个体经济经营极端分散，生产规模极端狭小，技术落后，劳动生产率十分低下。他们在新中国成立前处于商业资本的控制之下，新中国成立后逐步摆脱了这种控制，同社会主义经济密切联系起来。从供销合作入手，发展到生产合作，是对个体手工业者实行社会主义改造的主要途径，其具体形式是手工业供销小组、手工业供销合作社和手工业生产合作社。1955 年底，全国手工业合作社（组）员发展到 220 万人，约占个体手工业从业人员的 27%。到 1956 年底，全国 92%的手工业者已经组织起来，他们的产值在全部手工业产值中占 92%，基本上实现了手工业合作化。

个体手工业的合作化加速了手工业的机械化。有许多由个体手工业和小作坊合并而成的手工业合作社，在政府帮助下，迅速发展成为机械化的中型工厂，成为后来第二轻工业局（此前称手工业合作总社）所属工业的重要构成部分。但过早过急地集中生产和统一计算盈亏，不顾客观条件盲目合并办大社，造成小商品的品种花色减少，质量降低，供销失调等现象。在党的十一届三中全会以后，一批新的个体经济和私营企业发展起来，才逐步恢复了花色品种多样的特色。

随着农业合作化高潮的到来，资本主义工商业也掀起了全行业公私合营的高潮。对私营工商业的社会主义改造，陈云同志一直是比较谨慎的。国民经济恢复时期，我兼任私营企业局的局长，对私营工商业的社会主义改造有些盲目乐观。有一次，他在批阅我所起草的关于私营工商业的文件时说：中华人民共和国万岁！时间长着呢，何必这样匆匆忙忙地去限制它们。他还对我说，要让私营工业发展，发展起来后还在中华人民共和国，跑不到外国去，最后还会变成国家的财产。这是因为陈云同志深知，由于中国经济落后，而且受到长期战争的破坏，单靠国营经济是满足不了人民需要的，必须让私营工商业也恢复起来，并得到一定的发展。他是认真执行公私兼顾、统筹安排方针的。这既加速了国民经济的恢复和发展，又团结了工商业资本家，让他们自愿地接受社会主义改造。当时还鼓励资本家开办新厂，国家还没有多少力量投资于经济建设，所以上海私营工商业的投资比国家投资还多一点。

1952 年以后，陈云同志对公私合营工作首先组织试点，取得经验，再作有计划的扩展。1954 年 1 月，中央对公私合营确定了“巩固阵地、重点扩展、作出榜样、加强准备”的方针。同年 9 月，国务院公布了《公私合营工业企业暂行条例》。有了试点的成功经验，树立了榜样，又规范了具体实施办法，很快就有一批私营工厂要求实行合营。由于合营后国家投资改进机械设备，生产率提高，红利一般是增加的，所以资本家乐于接受，有相当一部分对公私合营确实出于自愿。到 1954 年底，全国公私合营工业的户数有 1700 多户，职工 53 万多人，产值 50 多亿元，占全部私营及公私合营工业产值的 33%。

这时，实行公私合营的主要是大中型企业，剩下来的小型和比较落后的中型企业处境困难，有相当大一部分也要求公私合营。工商业联合会陈叔通主席曾来看我，说：“国家把肥肉都吃完了，剩下来一把骨头，国家不能像资本主义国家那样把它们扔到垃圾桶中去”。要求全部接受下来，改为公私合营。那时，有许多各具特色的中小企业还是能够独自经营的，而另一些与国营、公私合营企业剧烈竞争的企业确实难以生存了。因此，他们愿意实行全行业的公私合营。

到 1955 年 6 月底，全国实行公私合营的工厂有 1900 多个，其产值相当于资本主义工业总产值的 58%。商业方面，在 32 个大中城市，国营和合作私营商业在商品零售总额中的比重已占 52%左右，国家资本主义形式的商业占 22%左右，纯粹私营的商业只占 25%左右。不少地方出现了全行业公私合营。上海有八个行业实行全行业公私合营。北京的面粉厂、机电厂和棉布店也都实行了全行业公私合营。1956 年初各城市要求实行全市性的全行业公私合营的高潮，就是在这样的基础上掀起的。

陈云同志感到进展太快，带来许多新的问题。新合营的工厂绝大多数规模较小、设备落后。他建议将一部分小厂并入大厂，以先进带动落后，有许多小厂可以合并为大厂，便于进行革新改造；剩下太落后的厂只能淘汰，厂主把工厂交给国家后核定资金，领取定息。这是对全国工业结构的一次大改组；他还建议，小手工业不要合并得太多，其中相当大一部分仍应当分散经营；许多有传统特色的小商品，应当由原企业独立生产。继续分散经营的小手工业作坊、小商店可以挂“公私合营”的招牌，仍然自负盈亏，实际上仍是私营。那时候，公私合营成为一股风，不承认他是公私合营，他们觉得不光荣；如果一挂公私合营招牌就发固定工资，吃“大锅饭”，政府也背不起这个大包袱。

国务院采纳了陈云同志的意见。北京的东安市场就仍由100多家私营商店组成，各具特色。1958年“大跃进”后，把绝大部分小商店和手工业作坊合并了，东安市场变为与国营百货大楼类似的市场，原来有许多小商品的特长也随之消失了。各种商品几乎都是单一化，品种花色大为减少，满足不了人民需要。

实行全行业公私合营后，国家必须对新合营的企业合并改组，不可能单独计算红利，改为统一按5%年利计算定息。连原先已经公私合营的企业也是如此。从此，利多利少一样、赚钱赔本一样，吃“大锅饭”的现象泛滥全国。实行5%定息后，原企业主的收入大大减少。为着照顾他们的困难，国家宣布原企业主和资方代理人都由国家予以录用，工资不减，希望他们能够逐渐改造成为自食其力的劳动者，摘掉资本家的帽子。对于资本家的代表人物，国家都在政治协商会议安排职务，各民主党派也选举他们参加领导，因此，大家还是比较满意的。

私营企业主和资方代理人中多数有经营管理经验。陈云同志几次指出，这是一笔比资本更宝贵的财富，希望国家派出的企业管理人员能同他们好好合作，认真发挥他们的才能。可惜后来强调“以阶级斗争为纲”，对这一宝贵的财富并没有能够好好利用。“文化大革命”中，不但取消定息（一共领了10年，仅为原股份的50%），许多资本家以至民主党派的许多领导人也成为造反派的“专政”对象。直到粉碎“四人帮”后，才恢复他们的政治地位。

在对农业、手工业和资本主义工商业实行社会主义改造的问题上，我的认识是曲折发展、逐步深化的。1957年春，我对当时经济工作中正在发展的“左”倾错误，心存疑虑，写过一篇题为《经济工作中的若干理论问题》的手稿[①]。稿中说，“最近我研究中国经济问题，接触到一些理论性、方针性问题。这些问题关系很大，经验很少，需要经过详细讨论”。我提出了四个问题，第一，“社会主义经济是否需要百分之百的社会主义，是否可容许小商品经济甚至资本主义经济在一定时期、一定范围内存在，并有一些发展，然后慢慢改造它们？”第二，“社会主义国家应当采用什么办法来使消费品的生产能够适合人民的多方面和多样性的需要？”第三，“怎样能够在社会主义建设中保持国民经济各方面的平衡？”第四，“在我国目前的条件下，国家的基本建设投资应当首先用于什么方面？”

关于第一个问题，我指出：“历史上任何一种经济制度，都没有把其他经济成分完全消灭。资本主义经济在它发展的过程中，长时期地利用了封建经济，直到现在还在广泛利用小商品经济，但是并没有因此而动摇了资本主义经济的统治地位。原因是资本主义对其他经济成分的优越性和资产阶级的政权，保证了它可以领导其他经济成分，而不至于被其他经济成分所篡夺。”

我写到，现在“我们一方面在继续改造余下来的、已经微不足道的非社会主义经济成分；另一方面，最近一个时期又有一些个体经济，甚至资本主义经济（例如地下工厂）生长出来。对于这些新产生的个体经济和资本主义经济究竟采取什么态度？”

“从理论方面讲，生产关系必须同生产力相适应。”“我国还广泛地存在着落后的手工业，并普遍地存在着利用人力和畜力耕作的农业。在这种物质基础上，我们还只能够建立集体所有制的社会主义经济，而且还必然会保留着一部分个体经济。手工劳动是个体经济的物质基础，在手工劳动广泛存在着的地方，不能期望个体经济不再产生、不再发展。如果个体经济发展起来，也就不能完全没有资本主义经济。”

“再从实际方面来讲，在社会主义经济还不可能完全满足人民生活需要的条件下，个体经济甚至资本主义经济在一定范围内的发展，对发展生产是有利的，对满足人民需要也是有利的。”“在某些不重要的部分，在社会主义经济还不能达到的角落，就很可能暂时让个体经济和资本主义经济来填补。到这些个体经济和资本主义经济发展到一定程度的时候，再对它们进行社会

---

① 该文收入《薛暮桥选集》，山西经济出版社 1985 年版，第 28—33 页；《薛暮桥学术精华录》，北京师范学院出版社 1988 年版，第 204—211 页。

主义改造。如果我们采用这种方法，对国家和人民可以是利多害少。”

可见，这时我的看法还是坚持早先我们党的观点，即在革命刚胜利以后的新中国在发展社会主义经济的同时，仍然容许多种经济成分同时存在，并在一定范围、一定程度上容许有益于国计民生的非社会主义经济成分的发展。这种认识有相当的针对性，可以说是对社会主义改造中出现的问题所作的最初的反思。由于手稿涉及的问题重大，我准备只用作内部讨论。不久就遇到接二连三的政治运动及“大跃进”的发动，这些问题的研究随之搁浅，讨论稿也就搁在一边了。

1957 年，中共中央宣传部要我主持写一本具体叙述我国社会主义改造发展过程的书。这一年冬，我同苏星、林子力同志去青岛，三人合作写了《中国国民经济的社会主义改造》。几经修改，在“大跃进”的 1959 年 8 月初次出版。为了扩大对外宣传，中宣部决定把它译成英、法、日、俄四种外文出版。当时各方面对于社会主义改造如此快地胜利完成，一片叫好声，我也没有认识到这样做是搞得太快、太彻底。当时只看到我国国民经济的社会主义改造，对于当时国民经济的发展所起的积极作用，而没有认识到这样做的消极后果。这本书根据农业、手工业和资本主义工商业改造过程中的一系列统计数字，对社会主义改造的历史背景、发展过程和取得的成就系统地进行了论述，而对改造中的缺点，则估计得不够。

薛暮桥著作《中国国民经济的社会主义改造》。

粉碎“四人帮”以后，这本书在 1977 年 4 月又改写出版。那时“左”的指导思想在党内仍然占着统治地位，修正稿非但没有改正原来的一些错误认识，而且大量选录了《毛泽东选集》第五卷中的有关言论，把社会主义改造中急于求成的思想从肯定方面表述得更加突出了。到 1978 年党的十一届三中全会后，根据解放思想、实事求是的方针，对过去的社会主义改造问题上的认识进行了反思，才有了进一步的认识。

党的十三大提出社会主义初级阶段的理论后，我在 1988 年 10 月写了《从新民主主义到社会主义初级阶段》一文，进一步研究我国国民经济的社会主义改造问题，并对我国的社会主义经济的某些理论问题和实践问题进行新的探索。文章先发表在中共中央党校的《理论动态》第 802 期上，随后作了少许修改在《求是》杂志 1989 年第 1 期发表。

这篇文章系统地回顾了我们党的领导同志关于新民主主义经济和社会主义经济的论述，以及国民经济恢复以后党内出现的某些分歧，认为少奇同志 1949 年在天津的讲话"对安定民族资产阶级、纠正党内的过'左'思想（怕同资产阶级接触，不敢用坦率的态度宣传党的政策）起了重要作用"；1951 年 3 月他在全国政协学习座谈会的报告中所说的"中国共产党现在是为巩固新民主主义制度而斗争"，应当说并没有什么错误[①]。

这篇文章概要地阐述了我对新民主主义历史时期向社会主义的过渡问题的看法，指出，"在经济十分落后的中国，新民主主义应当是一个较长的时期，不宜匆匆忙忙消灭个体经济和私营企业。社会主义改造原定十五年完成，结果四五年时间就基本完成了，显然要求过急。社会主义改造虽然是胜利完成了，但留下了不少后遗症"。

我重申，"衡量某一种经济成分应当消灭还是应当继续发展的标准要看它是否有利于生产力的发展。50 年代的新中国，资本主义所能容纳的生产力远没有完全发挥出来。在广大农村，包括内地的许多中小城市，社会主义还远不能满足生产和交换的需要，私人资本主义还有利于社会生产力的发展"[②]。

我还指出："新中国没收官僚资本，把它转变成为社会主义国营经济，也有利于生产力发展。那时由于广大工人阶级对共产党的热情拥护，国营经济确实生龙活虎，生产情况显著地超过私人资本主义经济。但在社会主义改造完成，消灭私营企业，国营经济完全处于垄断地位以后，没有私营企业同它竞争，就逐渐僵化，再加统负盈亏的'大锅饭'、'铁饭碗'的管理制度，国

---

①《论中国经济体制改革》，天津人民出版社 1990 年版，第 78 页。

②《论中国经济体制改革》，天津人民出版社 1990 年版，第 78—81 页。

营经济的活力就逐渐降低了。”我认为，社会主义国营经济“应当在市场竞争中来战胜私人资本主义经济，以巩固自己的领导地位。同时，为着满足生产和流通的需要，应当保留私营工商业特别是个体经济，使之在国民经济中起必要的补充作用。过早地消灭它们，对生产力发展和人民生活是十分不利的”[①]。

在这篇文章中，还追述了中央领导同志在1956年社会主义改造高潮以后曾经试图弥补某些失误的情况。由于“彻底的社会主义改造使国家背上一个很大的包袱，且使生产和流通中留下许多空隙无人填补，许多种小商品和土特产在市场上不见了，给人民生活带来很大的不便，使生产力受到很大摧残”。“全行业公私合营后，不久就出现地下工厂。毛泽东在1956年12月曾找统战部、工商联、民建会的负责人谈话，表示地下工厂因为社会有需要，就发展起来。要使它们成为地上，合法化，可以雇工，开私营工厂，订合同，20年不变”[②]。刘少奇同志也作过专门研究，他说社会主义经济不能满足社会需要，可以让一部分私营企业继续存在，让它们来“钻社会主义经济的空子”，满足人民对国家还照顾不到的那部分市场的需要。空子钻得大了，国营经济就来弥补，让私营企业去钻新的空子。我还记得，陈云同志在1956年召开的党的第八次全国代表大会上，曾作《社会主义改造基本完成以后的新问题》的重要发言，指出：“为了改变过去为限制资本主义工商业所采取的办法，并有效地纠正在社会主义改造过程中由于缺乏经验而发生的一些错误，必须采取一系列新的措施。”他建议：改变过去对私营工商业实行的统购包销办法，允许对一部分商品实行选购和自销；让许多小工厂单独生产，把许多手工业合作社划小、分组或按户分散经营；把粮食和经济作物以外的许多副业产品归农业合作社社员个人经营；改变某些不利于生产的价格政策，实行优质优价，新产品适当提价和对一部分小土产采取自由采购、自由贩运的办法，以促进生产，“只有大量增产，才能保证整个市场价格的稳定”。他认为，“在社会主义的统一市场里，国家市场是它的主体，但是附有一定范围内国家领导的自由市场，……作为国家市场的补充”[③]，等等。但是，

---

①《论中国经济体制改革》，天津人民出版社1990年版，第78—81页。
②《论中国经济体制改革》，天津人民出版社1990年版，第78—81页。
③《陈云文选（1956—1985）》，人民出版社1986年版，第1—14页。

这些讲话当时不仅没有得到重视，而且在 1958 年开始的极左思潮中都被彻底否定了。这样，也就谈不上纠正失误，反而是愈益推向极端了。

1978 年党的十一届三中全会之后，经历了十多年改革开放，取得了辉煌成就。现在正转向建立社会主义市场经济的目标，积累了经验，可资对照比较。我们应当按照今天的认识水平，来客观地、历史地估价我国的社会主义改造。当时在一个拥有六亿以上人口的社会主义大国，基本完成生产资料所有制的社会主义改造，当然是一件了不起的大事；而且在进行改造的最初阶段，我们确实在改造的方式和途径上创造了一些有别于苏联模式的成功经验。但是，失误也是值得注意的，并且后来在极左思想的指导下，发展到极为严重的地步。

就社会主义改造本身而言，据我看，主要的失误可以概括为两句话：第一句是“搞得太快了”。急于求成，急躁冒进，这在 1981 年党的十一届六中全会通过《关于建国以来党的若干历史问题的决议》之后，大家都看得很清楚，认识都是一致的。第二句是“搞得过头了”。“彻底”消灭私人资本主义经济和个体经济，抑制甚至摧残生产力的发展，挫伤人民群众的积极性，使得国营企业丧失活力，国家经济发展滞后，人民生活没有得到应有的改善，有的地方还更困难了。我觉得，对此值得再作深入研究。在这个问题上，会有些不同的看法，应该容许进一步的探讨，以期更深刻地总结历史的教训。

在国家计委和国家统计局工作

在完成国民经济恢复工作的基础上，中央决定 1953 年开始实行第一个五年计划。从此，我国进入大规模有计划的经济建设时期，相应地在经济领域中逐步建立起计划经济的管理体制。

在这以前，中央决定东北地区在实行计划经济方面先行一步，以取得经验。从 1950 年起，我国政府就聘请苏联的计划、统计专家，帮助东北人民政府编制年度计划。以后，这批苏联专家转来北京，协助中财委计划局开始编制第一个五年计划。1952 年下半年成立直属于中央人民政府的国家计划委员会，同时成立了国家统计局。国家计委由高岗任主任，李富春任副主任。计委委员中，除我外，有张玺、马洪、安志文、王光伟等同志，他们大多是从东北调来的。我因患严重的神经衰弱症，自己要求辞去中财委秘书长职务，改做统计工作。政府任命我为国家计委委员和国家统计局局长，从此走上新的工作岗位。

国家统计局于1952年8月成立，原先中财委计划局有一个统计处，1950年进行过一次内容简单的全国工矿企业普查。1952年，毛泽东主席为着了解工农业生产情况、各种经济成分和阶级成分的比例关系，要求我们进行现代工业、手工业、农业、个体工商业和工人、农民两项调查。由于任务紧迫，由中财委直接领导，动员各大区及省、市、自治区的党委来完成这一调查统计工作，从而培养了一大批调查统计干部，为建立各级统计局做了必要的准备。

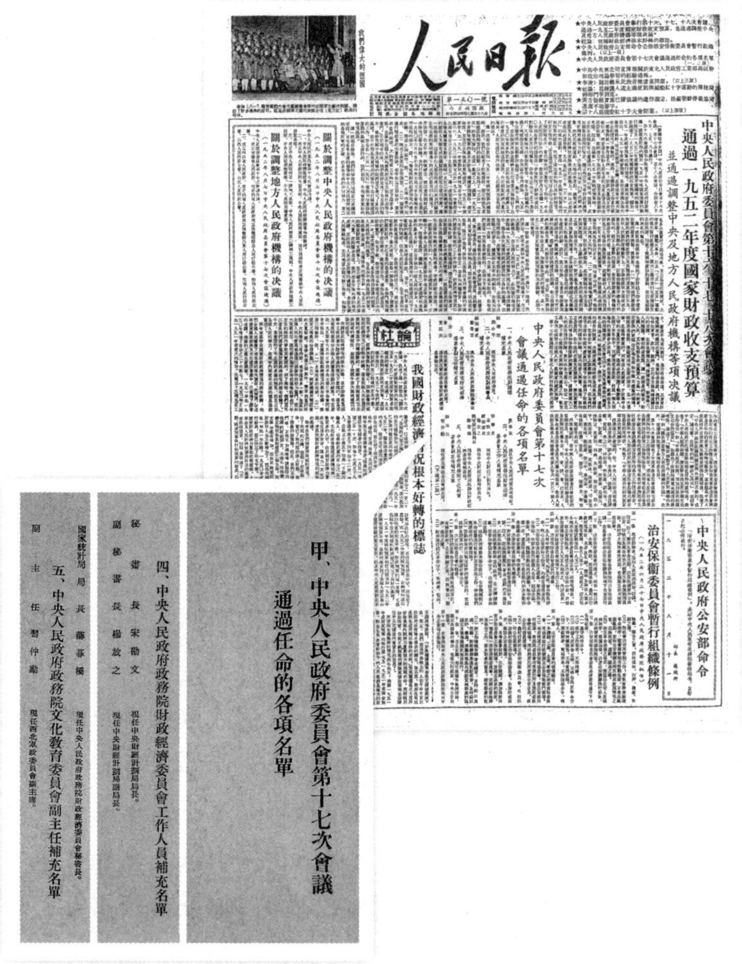
人民日報

通過一九五二年度國家財政收支預算

並通過調整中央及地方人民政府機構等項決議

關於調整中央人民政府機構的決議

關於調整地方人民政府機構的決議

中央人民政府委員會第十七次會議通過任命的各項名單

中央人民政府公安部命令

治安保衛委員會暫行組織條例

甲、中央人民政府委員會第十七次會議通過任命的各項名單

四、中央人民政府政務院財政經濟委員會工作人員補充名單

秘書長 宋劭文 現任中央財經計劃局局長。

副秘書長 楊放之 現任中央財經計劃局副局長。

國家統計局局長 薛暮橋 現任中央人民政府政務院財政經濟委員會秘書長。

五、中央人民政府政務院文化教育委員會副主任補充名單

副主任 習仲勳 現任西北軍政委員會副主席。

1952年8月7日，中央人民政府任命薛暮桥为国家统计局局长。图为当时《人民日报》的报道。

国家统计局成立时，我们规定统计工作必须配合国民经济的计划管理，为编制计划提供必要的统计资料，并利用统计资料来及时检查计划的执行情况。我们学习了苏联经验，布置一整套年报、月报、快报等定期统计报表，许多统计报表都是由苏联专家帮助设计的。但是，我国的情况与苏联不同，当时还存在大量私营工商业、小手工业和个体农民。苏联的统计工作已有二三十年经验，苏联专家把他们的统计报表照搬到中国来是难以行得通的。

苏联纳入国家计划的工业品有三千多种，中国只有三百多种，其中只有三十多种有统计资料，其余都是参考有关资料估计的。为此就要求统计局增加统计报表，特别是工业生产、基本建设报表。由于要求过高，下面报不上来，计委与统计局之间就常常发生矛盾。实际上，从 1951 年初，中财委就在苏联专家帮助下陆续颁发各种统计报表。但因统计力量薄弱，许多报表报不上来，报上来的质量也很差。尽管我们对苏联的一套统计报表已经尽量做了精简，仍然同我国各级统计机关和基层企业的统计干部的力量距离很大，客观需要同主观力量之间的矛盾十分突出。

1953 年 5 月，我们对统计报表要求减少数量，提高质量，掌握重点，稳步前进；统计资料一要准确、二要全面、三要及时。计划部门要求我们年底、年初就报送全年预计数字，以便及早编制下一年的经济计划，并在每月初就报送上月的全部统计数字。从统计局本身的条件来说，准确、全面、及时三项要求是互有矛盾的。要及时就不可能全面，也很难准确。按规定，所有大小企业都要填报统计报表，月报表的统计资料收集一个月还汇总不起来。我只好尽量精简报表，采取重点调查方法，来满足计委的要求。

当时我国有大中型国营企业约两千个，占国营企业总数的 20%，它们的产值占产值总额的 80%；小企业数目占 80%，其产值仅占 20%。我们缩小统计范围，重点是列入国家计划的工业生产和基本建设企业。对重点要求严一点，不列入国家计划的部分要求宽一点。列入国家计划的部分也要掌握重点，对大中型企业严一点，对小企业宽一点。先把占产值 80%的大中型企业的统计资料汇总起来，对小企业按历来比例估算，争取半月甚至十天上报。到月底，小企业报表也上来了，准确数字汇总结果，一般与重点调查加估算的数字相差很小。就这样，实行重点调查与估计推算相结合，解决了准确、全面、及时之间的矛盾。

对私营工商业和农业的统计报表是由我们自己设计的，比较切合中国实

1953 年 4 月，薛暮桥（前排左二）到河北省东光县检查工作。

际情况。农业方面，我有过 30 年代农村调查的经验；尤其是在解放区，为着指导生产，征收公粮，创造了典型调查、估计推算的办法。先调查播种面积，再把丰歉不同的地区划分几类，每类选几个典型进行“实割实测”，再按各类所占比例进行估计推算。这叫“划类选典”，实际上是比较简单的抽样调查。

苏联统计专家不提倡搞调查，主张全面布置统计报表。1954 年冬，我奉命率领一个技术合作代表团去苏联访问。我向苏联国家计委的老副主任和国家统计局的老局长请教，问他们苏联 30 年代的计划统计方法，知道那时候苏联广泛采用抽样调查，只有重点行业、重点产品才进行全面调查，计划管理比较灵活。苏联的老统计局局长斯塔洛夫斯基同志还把自己所著《抽样调查》送给我。我回来后向李富春同志交出两个谈话记录。李要计委印发学习，但仍然不能得到在我国的苏联专家的同意。此后，我们对农业生产，除布置定期报表外，逐步推行“实割实测”的统计方法，以避免由于政治气候不同而故意虚报瞒报所产生的误差。

对私营工商业，我们利用工商管理局和税务局的资料。广泛实行加工订货、统购包销以后，统计的资料更多。对私营工商业、个体农业、手工业进行社会主义改造的统计，更是我们自己布置进行的。此外，我们还布置了职工和农民两种家庭收支抽样调查，对了解情况、决定政策起了良好作用。

1954年，党中央召开七届四中全会，解决高、饶反党联盟问题。李富春同志继任国家计委主任，我和计委原来的几个委员任副主任。我除主管统计工作外，还要帮助计委工作。周总理和陈云、富春同志都感到计划方法过于集中，命我组织一个小组，包括主管综合计划局的计委副主任杨英杰和综合计划局局长廖季立，研究如何精简计划统计报表。

杨在苏联专家的支持下坚持反对精简报表，为避免伤害同苏联专家的关系，我们几次进行讨论，仍未获具体结果。1957年印度总理尼赫鲁来中国访问，我陪同陈云同志会见尼赫鲁，他向我，接着又向周总理表示，希望我们邀请印度统计专家马哈拉诺比斯（曾经担任联合国统计委员会主席）来中国访问，周总理同意了。马哈拉诺比斯来中国后，向我们推荐抽样调查方法。周总理接见了他，并同意统计局派两名干部到印度去学习。

如上所述，统计工作的创业过程，是一面认真学习苏联经验，一面又同苏联专家争论，力求使统计工作符合中国实际情况的过程。我们打算以全面统计（包括重点调查）为主，抽样调查为辅，包括30年代我们在农村中“划类选典”方法，逐渐形成中国自己的统计制度和统计方法。我在统计局关于统计工作的言论，在1986年由统计出版社汇编出版《薛暮桥统计论文集》。该书“序言”扼要叙述了新中国统计工作的建设过程。其中《第一个五年计划期间我国统计工作的初步经验和今后任务》一文，是1957年9月我在第六届全国统计工作会议上的报告，也是我对统计局成立以后统计工作的经验总结。

至于计划方法，虽经多次讨论，并有改进，但高度集中的苏联计划管理方法仍占统治地位。按照苏联的计划管理体制，“计划是法律”。各地发现估计有错，要求修改计划，须经国家计委批准。计委不断应各地各行业要求修改计划，有些部门和地区，直到当年12月，还在修改这一年的年度计划。人们戏称为“一年四季编计划，春夏秋冬议指标”。

在这期间，我负责接待了以副首相金一为首、计委主任李钟玉为副的朝鲜计划工作代表团。这一时期，大家都在学习斯大林的《苏联社会主义经济问题》和苏联的《政治经济学教科书》。书中提到轻工业赚钱，重工业赔钱，战后轻工业品七次降价，都是社会主义经济的客观规律，我对此表示怀疑。经查阅苏联的资料，知道在第二次世界大战时期，苏联的重工业产品和农产品收购价格未变，市场出售的轻工业产品涨价五六倍，战后七次降价，仍比战前高一倍上下，说明上述现象不是客观规律，而是对战时农、轻、重产品比价极不合理所作的必要调整，是暂时的经济现象。朝鲜在抗美战争时，农产品收购价提高八倍，统配粮的销价未提，轻工业品没有提价，农产品与轻工业产品价格发生反剪刀差。如果按照苏联的办法，轻工业品降价，财政赤字将大增，会感到困难。我把苏、中、朝的价格进行对比，并告诉他们苏联轻工业降价的实际原因，朝鲜与苏联的情况相反，不应当降低轻工业品销价，而应当降低农产品的收购价。他们看后采纳了我的意见，农产品降价后生产反而迅速上升。

那时苏联计委物价局不重视价值规律，各类产品的比价极不合理，还硬说都符合客观规律。苏联中央统计局的国民经济平衡司司长索波里对此很不赞成。1956 年我们统计局的副局长孙冶方同志到苏联统计局去考察学习，听了索波里的意见，深为赞赏，回国后建议请索波里到我国来讲学。索波里同冶方一样，特别重视价值规律，主张产品价格必须符合它的价值；但要计算各种产品的社会必要劳动，感到束手无策。他说，统计部门广泛应用电子计算机后，这个问题可能解决。

当时中苏两国都实行计划价格，都不主张让价值按照市场供求情况自发调整产品价格。冶方同志虽然提出要把计划、统计工作放在价值规律的基础上，但主张国家自觉寻找价值来制定计划价格，反对让价值规律自发调节市场价格。这样，价格背离价值的现象是永远无法避免的。直到 1984 年党的十二届三中全会以后，才提出用商品经济来代替产品经济，明确社会主义计划经济必须自觉依据和运用价值规律，要尽可能使大多数产品的价格按价值规律进行市场调节。这个问题才算从认识上得到解决。在“文化大革命”中，索波里的讲学被指控为“裴多菲俱乐部”，我和冶方同志都因此而受到严厉批判。

我国第一个五年计划（1953—1957 年）的制定和执行是比较稳妥的。第一个五年计划实际上是由陈云、李富春同志在苏联专家的帮助下制定的。中央确定第一个五年计划的首要任务，是要建立我国社会主义工业化的初步基础。但我们对于大规模的工业建设缺乏经验，资金、设备、技术等方面都有不少困难，以美国为首的西方国家还对我国实行封锁、禁运，在这样的主客观条件下，苏联的帮助对我国社会主义工业化的起步具有十分重要的意义。

正因为缺乏经验，第一个五年计划不得不在边编制、边执行、边修改的情况下进行。从 1952 年 8 月中财委制定第一个五年计划轮廓草案起，到 1955 年 7 月全国人民代表大会通过为止，前后达三年之久。这个计划的核心，就是要集中力量进行以苏联帮助我国设计和建设的“156 项工程”（最初为 141 项）为中心的、由限额[①]以上的 694 个项目组成的基本建设，以奠定我国工业化的初步基础。为此，苏联方面不仅承担了设计和设备供应任务，还派出大批专家到现场帮助选择厂址，指导施工和设备安装。

“一五”计划不论在发展速度还是建设规模上都比较谨慎，留有余地的。在执行中，各方面的配合和衔接比较好，因而整个计划得以提前和超额完成。工业生产年平均增长速度，计委在编制计划时提出增长 18%；中央决定为 14.7%，要求在执行年度计划时力争超过，结果增长达到 18%。农业年平均增长速度，计划规定 4.3%，实际完成 4.5%。但在个别年度中，也曾有过小的失误。

制定 1953 年的年度计划时，因无经验，把前几年的财政结余 30 亿元也用作基本建设投资，致使建设规模过大。那时，我们不了解这 30 亿元财政结余都已由银行借给国营商业部门用做流动资金，以此掌握批发货源，巩固国家在市场的领导地位。于是造成“一女两嫁”，财政平衡出现困难。1953 年 6 月至 8 月，政务院连续开了两个月全国财经工作会议，讨论财政经济问题，批评财经工作中的某些缺点、错误。会上政务院作出关于增产节约的决定，度过了这一年的财政困难。

由于 1953 年发生一次小冒进，编制 1954 年和 1955 年的国家计划时就更注意留有余地，执行中超额完成计划，比较顺利。1955 年底，毛泽东同志再次强调批判右倾保守思想，号召争取提前完成过渡时期的总任务。他在杭州和天津分别同一些省、市、区党委书记商定农业十七条，发给各省征询意见，于 1956 年 1 月形成农业四十条草案。后又经过两次修改，1958 年在党的八大二次会议通过，1960 年 4 月提交二届人大二次会议正式通过，定名

---

① 基本建设项目实行分级管理。按总投资多少确定一个数额，称为限额。如 1954 年钢铁工业投资限额为 1000 万元。限额以上项目一般为国家重点建设项目。——作者注

《1956年到1967年全国农业发展纲要》（简称《农业发展纲要四十条》）。纲要要求到1967年，粮食产量比1955年增加1.5倍，棉花产量比1955年增加两倍，急于求成的思想再次抬头。

1956年出现一次大的冒进，主要表现为过多过快地扩大基本建设规模，急于提高经济建设的速度。1955年10月，中央批准国家计委提出的1956年国民经济控制数字，规定基本建设投资112.7亿元，比上年预计增长30.4%。各省市、各部门则层层加码，从153亿元一直增加到200多亿元，比上年预计完成数增加一倍以上，而当年财政收入只增长9.29%。几经压缩，基建投资仍然高达139.6亿元。限额以上基本建设项目，从“一五”计划规定的五年内建设694个，建成455个，追加到建设800多个，建成500多个。周总理和陈云同志多次召开会议，并经中央政治局和国务院一再研究，认为在反对保守主义的时候，必须同时反对急躁冒进思想。这就是反冒进的由来。由于从年初开始就大力压缩基建指标，明确提出反对冒进，终于遏制了盲目冒进的势头，避免了国民经济的严重失调。

鉴于编制计划是非常艰难的工作，党中央决定及早编制关于发展国民经济的第二个五年计划（1958—1962年），以便提交党的第八次全国代表大会审议。早在1955年夏国家计委就汇总国务院各部提出的建议，编制出第一个“二五”计划指标的方案，于10月5日报送党中央、国务院讨论。随后，对经济形势的估计出现了新的变化。1955年12月27日，毛主席在《中国农村的社会主义高潮》一书的“序言”中指出：“现在的问题还是右倾保守思想在许多方面作怪，使许多方面的工作不能适应客观情况的发展，……因此不断批判那些确实存在的右倾保守思想就有完全的必要了。”在这种思想指导下，当时正在召开或即将召开的计划会议、基本建设会议、财政会议就大大加温了。国务院各部门自动否定了原来向国家计委报送的第一个“二五”计划方案，把粮、棉、钢等重要指标都大大提高了，1956年1月14日，国家计委将各部门提出的第二个“二五”计划方案汇总报送党中央、国务院讨论。

1956年6月周总理亲自在北戴河主持编制“二五”计划的工作，7月3日至5日，周总理召开国务院常务会议，认真仔细地分析了当时国内外形势，“一五”计划的成就、经验及存在的问题，周总理指出：“第一个方案冒进了”，“第二个方案也是不可靠的、危险的”。例如第二个“二五”计划方案规定1962年产粮6400亿斤，产棉7000万担的两个指标，周总理认为合作化后虽然农业增产了，但水、旱灾害总要起作用。农业指标算高了，农业税、轻工业利润、基本建设投资和财政预算等一系列数字都要受影响。周总理、陈云同志主张把1100万吨钢产量指标也降下来，不赞成把钢产量作为衡量工业化水平的唯一尺度，钢少搞些，别的就都可以少些。经过三天讨论，周总理强调，编制计划的指导思想必须把各项计划指标放在积极而稳妥的基础上，既要反对右倾保守的偏向，又不能急躁冒进。“现在要精打细算，搞一个比较可行的、实事求是的方案。”周总理、陈云同志又指出，编计划必须从综合国力出发，正确规定积累与消费的比例，要估算“二五”期间可能筹到多少资金；计算生产力，除计算人力条件外，还要计算有多少物资条件。这样国务院各部门多次修改计划，国家计委多次汇总上报，先后大约修改了六个方案。毛泽东审阅了三次，他原来对第二个方案是满意的，还认为其中有些主要指标低了。由于国内外条件制约，没有坚持原来的意见，最后取得了共识。确定“二五”计划到1962年钢产量达到1050万—1200万吨，粮产量达到5000亿斤左右，棉花产量达到4800万担。计划指标和计划的框架基本定下来了。

当时国家计委主任李富春同志和第一副主任张玺同志正在苏联商谈第二个五年计划期间苏联的经济援助项目，周总理要我负责起草“二五”计划的建议文件，由国家计委长期计划局副局长陈先同志协助。我们根据手中掌握的资料，很快就估算出1957年的国民收入总额，再以“二五”时期工业生产年增长15%、农业生产年增长5%计算（“一五”时期工、农业年增长分别为18%和4.5%），估算出“二五”时期国民收入总额为4000亿元。积累按25%计算，“二五”时期的投资总额应为1000亿元，而“一五”时期积累占24.2%，投资额为588亿元。

我们向周总理和陈云同志汇报了上述估算。他们基本同意这个投资总额。陈云同志还说，农业年增长5%，是高了一些，因为农业有丰有歉，荒年还要减产，要留有余地。接着，我们参照“一五”时期的比例，将投资总额在各部门之间进行初步分配，与在北戴河的各部部长共同讨论，定出主要产品可能达到的产量。与此同时，国家计委各局进行详细计算，计算结果与我们的估算数字基本一致。框架定了以后，我们用了大约一个星期时间写出《建议》的第一稿。

在周总理那里，对《建议》初稿作了反复讨论、反复修改。常常是边念边议，讲思路，当场改。周总理还自己动手，多次作了修改。基本定稿以后，提交中央政治局讨论。毛主席主持了政治局会议，周总理作了简要说明。讨论后，毛主席基本同意，决定回北京后再作修改。我就随毛主席、周总理回到北京。

这时张玺同志已经回国，我同他对《建议》再次稍作修改。我同张玺都住在百万庄，常常晚7点钟开始在我家客厅讨论，到深夜结束。由于我是参加了《建议》起草的，修改意见主要由张玺提出来，认真讨论。当时帮助修改的还有房维中同志。因为时间紧迫，我们连续讨论了几天。修改完毕后我们同到总理办公室，向总理报告。总理对于每处修改都要询问，我和张玺一一作答，一直讨论到次日早晨。

《建议》定稿以后，在北京起草了周总理将在党的八大作的《关于发展国民经济的第二个五年计划的建议的报告》(以下简称《报告》)。这第二个文件主要是说明《建议》的，主持执笔的是邓力群，参与起草的有梅行、房维中，陈先同志提供情况和数字。我和张玺参加了这个报告的讨论修改。

在《建议》和《报告》起草审议过程中，周总理和陈云同志提出许多重要的观点。周总理强调，“二五”计划的制定必须从实际出发，既要充分肯定“一五”计划执行中的巨大成绩，也要实事求是地指出工作中发生的一些缺点和错误，在总结经验教训的基础上，有针对性地提出方针、政策和措施。他指出，计划要有明确的战略目标，“二五”计划期间要建立社会主义工业化的巩固基础，争取大约经过三个五年计划在我国基本上建成一个完整的工业体系。他特别提出，基本建设规模不能超过生产资料供应的可能。陈云同志提出了财政收支、信贷收支、物资供求、外汇收支的四大平衡原则。

我在分析“一五”计划执行情况时发现，1953年和1956年两次冒进，都是基本建设规模过大，使得物资供应紧张；而1955年基建规模较小，物资供应就比较充裕，钢材还暂时过剩，从而表明社会主义国家物资经常短缺的根本原因，在于基建规模的过度扩张，必须控制基建规模总额来保持物资供求平衡。上述这些对社会主义经济运行规律的认识是在实践中逐步体会到的，都写进了关于“二五”计划的《建议》和《报告》中。这种规律性的认识，对目前和今后的宏观经济调控，主要是间接调控，仍然会起指导作用。

1956年9月召开党的第八次全国代表大会讨论通过了《关于发展国民经

济的第二个五年计划的建议》[1] 和周恩来总理所作的报告。《建议》和《报告》都是既积极又稳妥，既反保守又反冒进的实事求是的计划。可惜在 1958 年“大跃进”的冲击下，八大确定的政治路线、组织路线以及“二五”计划建议，均未能执行，实际上是统统被否定了。

对价值规律的研究

五六十年代，我国经济界、理论界对社会主义经济理论问题的研究，有过两次热潮。大体上，从 1953 年初学习斯大林的《苏联社会主义经济问题》开始，以探讨价值规律及其作用为重点，掀起了第一次热潮。其间经过争论，在 1959 年 4 月关于商品生产和价值规律讨论会前后达到高峰。

我们国家计委在学习《苏联社会主义经济问题》，讨论多种经济成分下的经济规律时，绝大多数同志认为，社会主义国营经济受社会主义经济规律（主要是有计划按比例发展规律）支配；私人资本主义经济和个体经济完全受价值规律支配，后两者不受社会主义经济规律影响。我觉得这样说忽视了从各类经济成分的联系上说明经济规律的作用，也反映了对价值规律的作用还认识不足。

我认为，当时私人资本主义经济的大部分已经通过加工、订货、经销、代销等政策，在相当程度上受国家计划管理。个体经济（主要是农民）在供销合作社领导下，国家可以通过价格政策，即利用价值规律来调节，把小商品生产纳入国家计划。因此，这两种经济也部分地受社会主义经济规律的支配，价值规律的自发调节作用已经部分地受到限制，并因此有可能对整个国民经济的主要部分实行计划管理。另一方面，国营经济在部分限制价值规律自发作用的同时，要利用价值规律来领导私营经济，采取符合价值规律的正确措施，加速工农业生产的恢复和发展，并使国家能够掌握有关国计民生的重要物资，掌握市场价格。价值规律对于国营工业的生产也有一定影响。在计算成本、规定价格、实行经济核算的时候，仍不能不、而且不应该不考虑价值规律。国营工业所生产的消费品和一部分要在市场出售的生产资料，不

---

①《中国共产党第八次全国代表大会关于发展国民经济的第二个五年计划（1958—1962 年）的建议》，《中国共产党第八次全国代表大会文献》，人民出版社 1956 年版，第 842—859 页。

仅在生产过程中会较大程度地受价值规律影响，而且在流通过程中还要在一定程度上受价值规律调节。

1953年5月，我将上述观点写成一篇题为《价值规律在中国经济中的作用》的论文，在当年《学习》杂志第9期发表。文章具体分析了价值规律对不同经济成分的作用，并且指出：如果认为有了人民民主专政和国营经济的领导，“认为我们的国家计划可以无限制地支配整个国民经济，完全否认价值规律的作用，而不了解国家计划还只能在一定的范围内和一定的程度上起调节作用，这样我们便会急躁冒进，在决定政策、制定计划时犯严重的错误。这种错误将使我们脱离实际，脱离群众，损害工农联盟，损害人民民主统一战线，因而有可能使我们的建设事业遭到失败”[①]。我的观点逐渐得到多数人的同意。不久，苏联把这篇文章译成俄文发表，并将它编入《1953年社会主义国家经济论文集》(共收集十个国家的十篇论文)。

随着社会主义改造的逐步完成，我在这五年中，连同《价值规律在中国经济中的作用》在内，一共写了四篇关于计划经济和价值规律的文章，由中国青年出版社汇编出版。这也可以说是我从实践的角度研究计划规律和价值规律相互关系问题的开端。其中，1957年2月发表的《再论计划经济与价值规律》，已将重点移到论述国民经济的社会主义改造完成以后，在实行计划管理时，价值规律仍然要起作用。文章指出，国民经济计划管理范围“不适当的过分的扩大，也有可能对我们的国民经济带来严重的恶果”。国家计划只能调节一切经济活动中最主要的部分，即对国民经济的发展最有决定意义的部分。国家实行计划管理，可以分别不同情况，采取三种不同的方法：国家用直接计划来管理的经济活动，价值规律被利用来作为经济核算的工具；国家用间接计划来管理的经济活动，需要在一定的范围内利用价值规律来进行调节；在国家计划管理以外的经济活动，主要让价值规律来自发地调节，国家只能给予一定程度的影响。

在这几年和此后一段时间，我多次说到价值规律已经受到限制，甚至说受到严格的限制。这是由于我们广泛实行计划价格，生产资料实行计划调拨，粮食和棉布等消费品实行计划供应，价格开始背离价值。我当时是赞成计划供应制度的，认为某些重要消费品在供不应求时如果不限制价值规律的

---

①《薛暮桥选集》，山西经济出版社1985年版，第17页。

自发作用，任其涨价，那么，富人仍可充分满足需要，穷人就不能满足需要；实行计划价格和计划供应以后，便能同样满足需要。有些同志过分强调计划价格和计划供应的优越性，说对各类产品都应当广泛采用。我则认为这是在产品供不应求时不得已而采取的办法；最好能做到供求平衡，尽量缩小计划价格和计划供应的范围。

在社会主义社会价值规律的作用是否受到限制的问题上，孙冶方同志曾经同我发生争论。他在 1959 年发表的名著《论价值》中，针对我的论点说，价值规律既然是客观规律，它就不能加以限制；限制价值规律，同取消或者改造价值规律犯着“同样”的错误[①]。他的批评，从文字表述的严谨要求来说是对的。我在说到价值规律受到限制时，本意是指价值规律的自发作用受到限制；同样，说到“反对无限制地利用价值规律”，也是指的“反对无限制地利用价值规律的自发作用”，略去“的自发作用”五个字，容易引起误解，说明表述上不确切。

但实际上，冶方同志是承认价值规律的自发作用已经受到约束的。他说：“价值规律在没有自由市场或自由市场受约束的条件下，它变得不灵敏了，可是它存在着。因此，我们更应重视它，通过计算去寻找它、发现它、尊重它，并进一步掌握它，使它为我们服务；要不然它将比惩治资本家更残酷地来惩治我们。”[②] 这同我在《再论计划经济和价值规律》中所说，“我国在社会主义改造事业取得决定性的胜利以后，正因为价值规律的自发作用已经受到严格限制，因此有意识地利用价值规律，就有更重要的意义”。二者的观点并没有什么实质上的差别。

1959 年我在《社会主义制度下的商品生产和价值规律》一文中进一步说：“价值规律既是客观规律，就永远自发发生作用，决不会自觉发生作用。正如斯大林所说，不管你是否认识它，欢迎它，它总是照样发生作用。……规律本身不能自觉地发生作用，但人可以自觉地来运用规律。”这里说的价值规律自发地发生作用，是指价值规律的客观性，价值规律作为客观的经济规律，它发生作用是不以人的意志为转移的。我在其他地方说的要限制价值规律的自发作用，具有另一种含义，是说对许多重要产品要制定计划价格，

① 参见孙冶方：《论价值》，《经济研究》1959 年第 9 期。

② 孙冶方：《社会主义经济的若干理论问题》，人民出版社 1979 年版，第 6 页。

使它不受价值规律自发作用的影响而不断上下摆动，以保持物价的相对稳定。总起来看，在这个问题上，我同冶方同志之间的分歧是逐步缩小了。

关于社会主义制度下的商品经济和价值规律问题，我国理论界在学习《苏联社会主义经济问题》以后，大致上接受了斯大林的观点。苏联在20世纪三四十年代，对于社会主义社会有没有商品，曾发生激烈的争论。斯大林的《苏联社会主义经济问题》作了仍然存在商品的结论，其原因是还存在两种所有制，在全民所有制和集体所有制之间还必须存在商品交换。至于全民所有制内部各企业之间的交换，因为交换双方是一个所有者（国家），所以已经不是商品交换，只存在商品的外壳。我国理论界对此几乎一致赞同，而且一般也都认为社会主义的计划经济是受国民经济有计划按比例发展规律支配的，价值规律仅被用来作为经济核算的工具。孙冶方同志在1956年11月28日发表《把计划和统计放在价值规律的基础之上》一文，对上述流行的观点提出异议，从而在我国理论界展开了激烈的争论。赞成他的观点的人很少，不赞成的人居多。

1959年4月，中共中央宣传部在上海召开规模较大的经济理论讨论会，亦称商品生产和价值规律讨论会。事前要各学术研究单位和知名的经济研究工作者都准备好发言稿。中国科学院哲学社会科学部的经济研究所是会议的主持者，当然需要写一篇有分量的发言稿。冶方同志是该所所长，但他当时在苏联考察。经济所的发言稿让骆耕漠同志负责起草。骆是倾向无商品论的，认为在社会主义社会，价值规律基本上已不起作用，批评了孙冶方的观点。于光远、姜君辰和我共同阅读了这篇草稿。我认为这只能作为骆个人的观点，不能代表经济研究所，并讲了我自己的观点。于光远那时是中宣部科学处长，分工主管哲学社会科学部，他作结论要骆按照我的观点改写。结果写出来的仍然不符合于我的观点。我因此不得不自己写了一篇论文，交给大会书面印发。

我写的这篇论文把社会主义社会的商品分为三类：一是全民所有制和集体所有制之间的交换，是完全的商品；二是全民所有制企业职工用他的工资购买的消费品，也是商品，但不是完全意义上的商品，因为劳动力已经不是商品，不同于商品与商品之间的交换；三是全民所有制内部企业与企业之间的交换，从整个国家来说，已经不是商品交换，但各企业要独立进行经济核算，它们相互之间还必须等价交换，所以还部分地带有商品交换的性质。这

20 世纪 50 年代，薛暮桥在家中工作。

反映了当时各类产品实行计划生产、计划分配、计划交换的实际状况，是以产品经济为基础，不是以商品经济为基础的。我的这种观点一直持续到 70 年代。

商品生产和价值规律讨论会开始以后，中宣部电请我去参加会议，会上争论很多。所以我又作了一次补充发言，题为《社会主义制度下的商品生产和价值规律》。我除了强调理论与实际相结合，说明为什么要研究商品生产和价值规律之外，还就会上争论的问题表示了自己的看法。孙冶方在会议快要开完时才回国，在会上没有发言。在这年夏天，他利用一个月的休假期间，写了一篇长达五六万字的《论价值》。这篇论文，连同 1956 年的《把计划和统计放在价值规律的基础上》等论文，使他后来受到不公正的批判。

批评冶方同志的文章大多认为他不承认社会主义经济是计划经济，而把它看成类似于资本主义社会价值规律仍在支配一切经济活动的商品经济。其实，冶方同志在其他的文章中主张国家对基本建设投资必须进行严格的计划管理，主张对各种重要产品由国家按照它的价值来制定价格，不能让价值规律来自发调节。因此，对他的上述批评是片面的、错误的。

在 1959 年那次学术讨论会上，关于计划和市场的关系有许多争论，其中之一是对所谓“太极图”论的不同看法。许多同志认为二者的关系像个太极图，计划规律起作用大的地方，价值规律起的作用就小；计划规律起作用小的地方，价值规律起的作用就大。我和冶方同志都反对这种把价值规律同计划规律对立起来的“太极图”论，认为“国家计划和价值规律同时起作用；在某些具体场合，国家计划必须遵守价值规律，才能有效地来调节生产和流通”①。这同党的十三大报告中所说“计划和市场都是覆盖全社会的”相类似。但因坚持计划生产、计划分配、计划交换制度，自己的说法往往互相矛盾，这是用产品经济取代商品经济的必然结果。

冶方同志曾批评我也把价值规律作为国家计划的对立物，因为我说过，“国家对人民公社生产所起的作用显著地增强了……价值规律所起的作用是显著地缩小了”。后一句话确有严重语病，应当说“价值规律的自发作用是显著地缩小了”。前面所引的提法，在某种程度上是受当时人民公社“一大二公”错误思想的影响，所以我在《社会主义经济理论问题》一书中已将它删掉了。冶方同志同时又引用我的另一句话：“认为承认了国家（计划）起决定作用，价值规律就不起作用；或者承认价值规律还起作用，就必须贬低国家（计划）所起的作用，这样的认识都是不完全的。”说我前后两段话互相矛盾，看来他是同意我后面所说的那句话的。

当然，分歧是有的。我国绝大多数经济学家一直是把价值规律同商品生产和流通联系起来研究，认为价值规律是商品生产和商品流通的规律，在商品经济消灭以后，价值规律也就不起作用。我也持这种观点。冶方同志不同意这种意见。他认为社会主义社会中存在两种价值规律：一种是商品价值规律，另一种是产品价值规律。后者在商品经济消灭后的共产主义社会将继续起作用。

人们通常所说的价值规律，就是各种商品的价格必须符合于它的价值，即社会必要劳动量的规律，以保证各种商品能以同样多的社会必要劳动量互相交换，也即进行等价交换。所有社会主义国家都没有用社会必要劳动量来表示的价值指标，而只有用货币量来表示的价值指标，也就是通常所说的产值。它不是价值的实体，而是价值的货币形态，是用货币来表现的交换价值，即价格。如果价格高于或低于价值，它的供求关系就会发生变化，高于

① 《社会主义经济理论问题》，人民出版社 1979 年版，第 60 页。

价值，生产就上升，需求下降，直到供过于求，促使价格下降；如果价格低于价值，就向相反的方向发展。通常所说的价值规律的调节作用，就是指价格围绕价值而上下运动的规律。这种价值规律，在商品生产和商品交换消灭以后，自然也就不存在了。但这可能是相当遥远以后的事情了。

冶方同志认为，价值规律不应仅仅是指上述规律，在商品经济消灭以后，直到共产主义社会，人们仍有必要计算各种产品所消耗的社会必要劳动量，力求以最少的劳动消耗取得最多的社会产品（使用价值），并且要使全社会的劳动在各经济部门进行合理分配。冶方同志认为这是不同于商品价值规律的产品价值规律，在共产主义社会，这是最重要的经济规律；在社会主义社会的全民所有制经济中也已经存在。各国营企业都要争取以最少的劳动消耗，取得最多的适合于社会需要的产品。如果大家都重视这种价值规律，就能大大提高生产的经济效益。这样，他给予价值规律以更广泛的含义。

尽管许多同志，我也同样，仍不同意冶方同志所说共产主义社会还存在价值规律，不同意将商品经济消灭后的节约劳动消耗包括在马克思通常所说的价值规律的范围以内，但他所说以最少的劳动（包括活劳动和物化劳动）消耗取得最多的社会产品的规律，不但在将来，特别是在目前的经济实践中，是有重要意义的。因为不管投入，只管产出，盲目追求生产增长速度，不管经济效益的弊病，仍然相当普遍地存在着。

如上所述，那次关于商品生产和价值规律的讨论，不但初步提高了人们对于价值规律及其作用的认识，而且也联系到经济实践，在理论探索上某些方面有所创新。然而，那时的讨论，归根到底，仍然是在苏联式计划管理体制的框架内的争论，是以建立在“产品经济”基础上的计划管理为前提的。我国几乎所有经济学家，包括我和孙冶方在内，都还没有跳出苏联式计划管理体制的框框，都是主张国家对重要产品必须制订生产计划，实行计划价格，进行计划分配的。这样，就把价值规律建立在产品经济，而不是商品经济的基础之上了。

冶方同志也说：“社会主义经济不同于资本主义经济的地方，除废除了私有制，没有了剥削以外，就在于以计划代替了市场，以计划分配代替了买卖。”他还说：“在商品经济中，价值规律是通过商品流通，通过市场竞争来起作用，来体现自己的，因而它带有破坏性，而在计划经济中，是应该由我们通过计算来主动地去捉摸它的。当时很多经济学家所说的价值规律，实际上就是意味着主张通过自由市场，通过竞争来决定价格……这样的‘价值’，不仅在将来的共产主义社会不会有，就是今天在我们的社会主义社会中也已经不存在了。”

在五六十年代，我国经济学界关于社会主义制度下商品生产和价值规律的讨论，虽然有所收获，在某些方面有所进展，但毕竟在认识上还有很大的局限性。实际上，也正是由于在理论上认识有缺陷，在实践中又一再违反客观规律，因而终于在经济建设中受到客观规律的极大惩罚。

六、三年“大跃进”和五年调整国民经济

对“大跃进”的异议

新中国成立后的前八年，国家用三年时间治愈了十二年战争的创伤，使工农业生产恢复并超过历史最高水平，胜利完成了第一个五年计划，建立了工业化的初步基础，基本上完成了对生产资料所有制的社会主义改造；与此同时，还进行了抗美援朝战争，迫使美国第一次签订了“没有胜利的和约”。由于取得了这样的辉煌成就，在“左”的思想指导下，许多同志的头脑开始发热，急于求成思想在全党和全国范围内急剧膨胀。1956年，在一些同志的思想上出现了层层提高计划指标、忽视综合平衡的急躁冒进情绪。对此，中央政治局和国务院多次研究，认为必须在反对保守主义的同时，反对急躁冒进思想。但毛泽东同志对此很不以为然。在1957年九十月间召开的党的八届三中全会上，以及在1958年1月南宁会议和3月成都会议上，他对1956年的“反冒进”多次进行了尖锐的批评，说“反冒进”给群众的积极性泼了冷水，砍掉了“多快好省”“农业发展纲要四十条”和“促进委员会”，使国民经济出现了1957年的“马鞍形”，是犯了方向性的错误；并把这个实际工作中的问题提高到马克思主义和非马克思主义的高度来分析，他说：一种是马克思主义的冒进，一种是非马克思主义的反冒进，究竟采取哪一种，我看应当采取冒进。他强调说，今后不要再提反冒进的口号，要提反对右倾保守的口号。同时，又多次以《人民日报》社论的形式，把批评反冒进逐步公开以壮声势，并推向高潮，为以后提出三面红旗，即社会主义建设总路线、“大跃进”和人民公社奠定了思想和政治基础。

1958年5月党的八大第二次会议，正式制定了“鼓足干劲，力争上游，多快好省地建设社会主义”的总路线。正如《关于建国以来党的若干历史问

题的决议》中指出的那样:“社会主义建设总路线及其基本点，其正确的一面是反映了广大人民群众迫切要求改变我国经济落后状况的普遍愿望，其缺点是忽视了客观的经济规律。”这种夸大人的主观能动性、忽视客观经济规律的错误，在“大跃进”运动中表现得十分突出。

1958年发动的“大跃进”运动，是从农业“大跃进”开始的。1957年九十月间召开的八届三中全会，既是批判反冒进的开始，也是发动农业“大跃进”的开始。全会基本上通过了毛主席主持制定的《1956—1967年全国农业发展纲要》(即“农业四十条”)。在贯彻执行这个《纲要》的过程中，上面带头号召提前实现，各省、市、自治区相继响应。《人民日报》以社论的形式大造声势，称我国已进入“一天等于二十年的时代”，宣扬“人有多大胆，地有多大产”的豪言壮语。在这种气氛下，各地报告的1958年预计产量节节上升。1957年我国实际产粮为3700亿斤，1958年8月农业部报告北戴河政治局扩大会的1958年预计产粮为8000亿斤，会议核定公布的数字为6000亿—7000亿斤，分别比上年增长60%—90%。但实际的粮食产量为4000亿斤。

同农业“大跃进”并驾齐驱的是以全民大炼钢铁为标志的工业“大跃进”。早在1957年底，党中央就根据毛主席在访苏期间的讲话，提出要用15年时间，在钢铁等重要工业产品的产量方面赶上或超过英国的目标。1958年7月冶金部向毛主席报告，钢产量肯定可以超过700万吨，努一把力有可能达到800万吨。毛主席听后十分高兴，要各级党委讨论，越讨论指标越高。不久毛主席提出要比1957年翻一番，达到1070万吨。当时李富春同志在医院治病，一个月后出院，听到这个消息说:“山中方七日，世上已千年。”表示惊讶。这年8月在北戴河召开政治局扩大会议，正式通过钢产量1070万吨的计划，并在报上宣布;同时宣布这年粮食产量可以达到7000亿斤。

在“大跃进”中，浮夸风狂飙突起。报纸用红字报道许多地区粮食亩产量超过1000斤，多得吃不掉了，于是宣传“放开肚子吃饭”。大炼钢铁的计划更是主观想象。1958年8月确定当年产钢1070万吨，而1月至7月累计只产钢380多万吨，后五个月要产钢690多万吨。眼看有完不成的危险，就决定大搞群众运动，实行书记挂帅，全党全民大炼钢铁。除新建十万个小高炉(称小洋群)外，还造了大约六十万个土高炉(称小土群)。许多地区把砖瓦石灰窑也用来炼铁，炼出的铁丝毫无用处。10月间中央召开电话会议，广东省的陶铸同志说土高炉炼铁是弄虚作假，白白浪费煤炭，建议降低钢产量指标，停止弄虚作假，未被采纳。直到 1959 年春核实产量以后，才取消土法炼铁、炼钢，但仍保留十万个小高炉。小高炉炼一吨铁，要消耗的煤比大高炉多五六倍，而且质量不好。但因为是毛主席提倡的，许多地方宁愿让大高炉缺煤而减产，不敢取消小高炉。

高指标的直接后果是迫使各级党委和政府虚报产量。这年 8 月统计局召开全国统计工作会议，那时我已调离统计局，没有参加会议，有五六个省的统计局局长来看我，说省委要统计局报假账，不报就要受处分，如照省委的意图报，又违反统计纪律，怎么办？我说现在“大跃进”，势不可当，只能听省委的话，将来总有一天中央会问你们真实数字，你们仍要做好准备，随时可以把实际数字拿出来。果然，到 1959 年 4 月，周总理就要我到统计局去核实 1958 年的统计数字。我同统计局的同志研究，把 1958 年统计公报中的钢产量据实从 1100 万吨核减到 800 万吨（剔除土钢），粮食产量从 7500 亿斤核减到 5000 亿斤，后来又核减到 4000 亿斤。

在“大跃进”的形势下，1958 年 11 月 21 日到 27 日在武昌召开政治局扩大会议，随后又开了八届六中全会。会议根据原来公布的统计数字制订 1959 年年度计划，钢产量为 1800 万至 2000 万吨，粮食为 1.05 万亿斤。陈云同志看到这个计划难以完成，曾建议不要公布会议确定的钢、煤、粮、棉四大指标，以免造成被动，又未被采纳。这个计划公布不久，就看出行不通了。1959 年 3 月 25 日到 4 月 5 日，中央在上海召开政治局扩大会议和八届七中全会。在会上，毛主席批评了经济工作中存在的一些问题，指出计划要“留有余地”“多谋善断”。根据毛主席的意见，会议对 1959 年的计划指标作了调整，钢产量定为 1650 万吨。国家计委有些同志认为这个指标也难达到。这个意见反映到周总理那里，总理听后感到不安。

不久，毛主席要陈云同志再作研究。陈云同志经过多方面调查，征求各有关方面的意见，包括听了冶金工业部六次汇报以及国家计委有关局的意见，最后又经中央财经领导小组讨论，把 1959 年钢产量的指标定为 1300 万吨。这年 8 月，周总理向人大常委报告，把 1959 年钢的计划数字减为 1300 万吨，粮食减为 5500 亿斤。这一年实际完成的钢产量是 1387 万吨；由于大办人民公社，粮食降到 3400 亿斤，比上年还少 600 亿斤。在完成征购任务后，农民吃不饱饭，有些地区饿死了人。据人口调查报告，1960 年全国人口比 1959 年减少 1000 万人。

除了生产力方面的“大跃进”外，生产关系方面也搞“大跃进”，首先是办高级社，并大社，不久又大办人民公社。把小社合为大社的探索，早在合作化高潮中各地已在进行。对建立新的农村基层组织结构问题，在中央和地方的领导同志中也有所酝酿。1958 年 8 月上旬，毛主席在河北、河南、山东视察，发现一些乡村把高级合作社合并，一个乡成立一个人民公社，说了“还是办人民公社好”。毛主席的讲话在报上公开发表后，各地一呼百应，迅速掀起了大办人民公社的高潮。同月中旬的北戴河会议，决定要在全国大办人民公社。到 10 月，报纸宣布人民公社已在全国农村普遍建立起来。“瞎指挥”“浮夸风”“共产风”随之严重泛滥。许多人民公社大体上包括一个乡（几千户），整个公社作为一个核算单位，统一分配，实际上取消了等价交换原则。与此同时，以大队为单位办公共食堂，吃饭不要钱，称为半供给制，后来名义上改为三七开（三分供给制、七分工分制），实际上是倒三七，在公共食堂吃饭，分不到多少工分，按劳分配的原则也不执行了。这样就大大削弱了社员劳动的积极性。北戴河会议《关于在农村建立人民公社问题的决议》虽然指出人民公社还是集体所有制，不是全民所有制，但又说在集体所有制和全民所有制之间没有隔着万里长城，有些地方再过三四年，有些地方再过五六年，就可以从集体所有制过渡到全民所有制；并且说从社会主义到共产主义也为期不远了。

1958 年冬，许多生产队为着保护自己的劳动成果，抵制“共产风”，瞒产私分粮食。1959 年春，毛主席发现并开始批评刮“共产风”的错误。接着要大家研究划小统一核算的范围。1961 年 3 月中央制定了《农村人民公社工作条例（草案）》（后被称为“农业六十条”），规定“三级所有，队为基础”，即以生产队为基本核算单位，由生产队统一分配，国家、公社、大队、生产队之间进行等价交换。此后又允许取消公共食堂，让农户自起炉灶，在家吃饭。等价交换和按劳分配的原则在一定程度上得到恢复。但由于价格背离价值和评工计分的困难，这些原则并没有完全实现。粮食、棉花等农产品的征购、统购任务过重。从公社、县甚至到省，各级层层干预生产队的生产计划，生产队仍没有真正的自主权。

在这段时间里，中央于 1958 年 5 月决定成立咨询性质的中央财经小组，由陈云同志任组长。陈云指定我担任秘书。当时我还任国家统计局局长、国家计委副主任，陈云说：小组需要你全力以赴，你就调离这两个单位的工作，在国家经委兼任副主任，只参加党组讨论，不主管日常工作。这样我就成为中央财经小组专职秘书了。小组的任务是调查研究，向中央反映情况，出一个供中央领导同志看的内部刊物，名叫《经济消息》，由我主管，骆风任主编，上面还有一位副总理领导。陈云同志很重视这个刊物，指出刊物的任务是向中央下“毛毛雨”。这是因为有些单位写给中央的经济报告，往往长达一两万字。毛主席说：“这是下一百厘米的倾盆大雨，没法看。”所以《经济消息》每篇稿子一般只有两三千字，有的更短，仅几百字，分别报告各方面的重要情况。陈云同志还指出，要报告各种不同意见，既报喜，又报忧，可以喜忧各半，或三（忧）七（喜）开。由于刊物编得比较活泼，毛主席喜欢看，有时指示把某些稿子印发中央领导同志阅读。在“大跃进”中，《经济消息》发表一些报道，指出某些试验田和小高炉等投入的成本大大超过它的产值，得不偿失。这时就有一些同志说我们是“算账派”，“只算经济账，不算政治账”。

1959 年庐山会议前夕，毛主席曾批评“瞎指挥、浮夸风、共产风”。会议开始时，毛主席提出读书、形势等 18 个问题，以后周总理又增加了一个国际问题，总的精神是要总结“大跃进”以来的经验教训。会议的前段时间主要是纠“左”，少奇同志从山上打来电话，要《经济消息》收集一些“大跃进”中诸如大炼钢铁、种高产试验田等投入多、产出少的资料寄去。我意识到可能引起争论，就把资料送请富春同志审阅后转交。后来，会议突然转向反“右”，富春同志把这些资料扣住了，使我们免受一次批评。这个刊物一直办到“文化大革命”时才停刊。

在这段时间里，理论界也很混乱。1958 年人民公社化后，“学术权威”陈伯达说人民公社与国家之间的交换已经不是商品等价交换，公社内部更不存在商品交换，“无商品论”出现了。为着证实这个“理论”，武汉大学曾经组织教员学生二三百人，到人民公社去了三个月。他们不是调查实际情况，而是专门搜集有利于这个观点的材料。调查报告刚写好，毛主席说“人民公社还是集体所有制，还要进行商品等价交换”，报告就拿不出来了。

1958 年 9 月，张春桥在听到毛主席关于破除资产阶级法权的议论后，写了一篇文章《破除资产阶级的法权思想》，把工资制看作是资产阶级法权的表现，宣传供给制的优越性，主张取消工资制。此文发表在上海《解放》半月刊上，得到毛主席的好评，并以《人民日报》编者的名义，加上按语，予以发表，助长了平均主义和“共产风”的滋长。人民公社成立以后，提倡办公共食堂，吃饭不要钱，剩下来的作为工分，称为“供给制与工分制相结合”。一些领导干部在理论认识上对什么是社会主义和共产主义也产生了误解。1960 年 2 月，周总理在广东从化办了个读书会，在读书会中，有人提出按劳分配是不是客观经济规律，这也成为需要讨论的问题了。

“大跃进”时期还夸大宣传人的主观能动作用，贬低客观经济规律的作用。1958 年下半年，有些报刊纷纷宣传“人有多大胆，地有多大产”，“只怕想不到，不怕做不到”，等等。

在这个时期，我冒着风险写了《社会主义经济的高速度和按比例发展》（指出高速度必须按比例），《客观规律和人的主观能动作用》等几篇论文，批评“过分强调人的主观能动作用，比较忽视物质技术条件和客观经济规律”。1959 年还作了一次批评“大跃进”的内部报告，并受一位领导同志委托，写了题为《一年来大跃进的经验教训》的材料。该文除落实了被夸大的统计数字外，指出：在“大跃进”中“过分强调高速度，比较忽视按比例”；“只重视多快，不重视好省”；“去年普遍提倡的炼土铁、炼土钢，事前并没有经过慎重的研究和试验。……一股风建成了二百万个土高炉，后来又建成几万个小洋高炉，现在有大部分不能利用，因此而造成的损失是重大的”；在农村，还造成粮食、棉花熟了不收和杀猪宰鸡等损失；再加上人民公社刮了一阵“共产风”，把生产队的产品无代价上调，“吃饭不要钱”，“放开肚皮吃饭”，造成了粮食等很大浪费，并损害了农民劳动的积极性；由于没有认真安排人民生活，出现了“生产大跃进，供应大紧张”等使人难以理解的现象。材料虽然写得含蓄，但仅这几点已足够上纲上线地被批判为“右倾机会主义”了。尽管材料未曾拿出来用，但我仍因此在经委党组受到严厉批判。帮助我收集资料的廖季立、季崇威同志被戴上了“右倾机会主义”帽子，后来平反了。我则作了两次检讨，还未过关。

参加政治经济学读书会

1959 年 11 月，我参加了刘少奇同志在海南组织的学习苏联的《政治经济学教科书》（社会主义部分，第 3 版）的读书会，读书会从研究苏联社会

1959 年 11 月，薛暮桥（右五）参加刘少奇（右二）组织的海南读书会。

主义建设的经验教训中，探索在中国具体条件下建设社会主义中的重大问题①。对我来说，参加读书会，是极其难得的机会，在会上受到了教育，启发了思想。

1959 年 11 月初的一天，中央办公厅杨尚昆主任来电话，要我和王学文同志第二天就乘专机到海南岛去陪伴刘少奇同志学苏联的《政治经济学教科书》。少奇同志利用他的休假期间学习。参加学习的还有陶铸、林李明，海南岛的地委书记及王光美等同志。那时我正在经委党组检讨“右倾错误”还没有过关，经请示经委党组书记，他准许我去。到海南岛，一面读书，一面想着检讨，开始时我仍忐忑不安，听了少奇同志的发言，心情就平静下来了。

少奇同志规定大家上午读书（他自己在深夜还加班读书），下午讨论，每天讨论一章。讨论时，一般先由我和王学文同志讲一讲某一章的要点和我们的看法，接着大家讨论。在讨论到什么是社会主义的问题时，我说社会主义是从资本主义到共产主义的过渡时期，从有较多的资本主义痕迹到逐渐消灭这些痕迹，成为共产主义。我还说不但发展到共产主义有两个阶段，社会

① 1959 年底，作者将刘少奇在读书会上的发言归纳成 18 个问题，并在李富春组织的上海读书会上作了传达，1960 年 2 月在周恩来组织的广东从化读书会上印发了这个发言记录稿。1980 年作者又按当时的笔记稍作补充，以“刘少奇同志在政治经济学（社会主义部分）读书会上的发言”为题发表在《理论研究资料》增刊上。——编者注

主义发展过程中也要分成几个阶段，中国目前可能还在社会主义的“低级阶段”。少奇同志对我的意见表示赞同，说很能启发思想，因此他对这个观点又作了充分发挥，讲得很透彻。他说，不能把社会主义当作一个固定不变的历史时期，要把社会主义看成是从资本主义到共产主义的一个漫长的过渡时期，并把这个过渡分为若干个小的过渡，从这个观点来看，社会主义应当是不断发展、不断变化的。在社会主义时期，必然要保留资本主义社会遗留下来的一部分东西，如商品货币关系等。他指出，即使从两种所有制发展到一种所有制（全社会公有制）以后，只要分工和按劳分配还存在，商品就不会消失。对于《教科书》说国营企业之间相互交换是产品不是商品的观点，少奇同志认为它是“特种商品”，在计划分配外还可以进行市场交换。现在回忆起来，当时是在庐山会议批判“右倾机会主义”之后，急于过渡的思想在全党广泛流行，有些同志估计 15 年到 20 年可以过渡到共产主义。在这样的气氛下提出和肯定社会主义“低级阶段”的思想，是要承担风险的。

在谈到速度和比例的关系时，少奇同志说，高速度必须按比例，有人要万马奔腾，结果什么都满足不了。过去几年优先发展重工业，这并不错，但工业搞得多了一些，重工业的比重也大了一些，失去了合理的比例关系。如果不多，为什么要下马？因此现在要执行以农业为基础，发展轻工业，同时搞重工业的方针。少奇同志的这些观点，现在看来是理所当然的，但在“以钢为纲”的“大跃进”时期，特别是在庐山会议批判“右倾机会主义”以后，实是难能可贵的。

在“大跃进”和人民公社化运动中，许多同志都在不同程度上有轻视客观经济规律的倾向，但少奇同志在读书会中始终强调要重视客观经济规律，强调要从中国的实际情况出发。他说:“《教科书》是一本好书，但有缺点。苏联的同志往往根据自己的经验去看别的国家的经验，这一点我们应当警惕。把自己的经验看作是普遍真理，把别人的经验看作是特殊情况，这样的看法是很片面的。”

少奇同志在学习中那种平易近人的态度，给我留下了深刻的印象。他在学习中从来不把自己看作高人一等，而是虚心听取别人意见，别人有一点好的意见，他就予以肯定，所以读书会开得很成功，大家都感到很有收获。读书会持续了一个月，12 月上旬我回到北京时，还想着“检讨”的事，后来才知道薄一波同志已保护我过关了，内心非常感激，这样就能轻装上阵了。

海南读书会举办的时候，全党上下都在开展反右倾机会主义斗争，在那种气氛下，很难实事求是地探讨问题，在同志们的发言中（包括我自己在内）都有“左”的思想。会后，许多领导同志先后下农村，在基层蹲点，深入群众，调查研究，了解真情，“左”的指导思想才逐步降温。

参与起草和贯彻调整国民经济的方针

在“大跃进”中，李富春同志在1959年6月各经济协作区办公厅主任会议上，曾讲到要吸取“大跃进”中计划工作的经验教训，注意克服矛盾，加强计划的综合平衡工作。1960年7月上旬，他要我起草一个关于调整国民经济的向中央的请示报告，并讲了一些他的想法。我早已有调整的想法，欣然接受了这个任务。报告起草完毕后，经他认真修改，提交在北戴河召开的中央工作会议讨论。报告提出要对国民经济进行调整、巩固和提高。当计委党组向周总理汇报时，周总理很赞赏富春同志的意见，在这基础上总理又增加“充实”二字，完整地概括为“调整、巩固、充实、提高”的八字方针。报告得到毛主席和党中央的批准。从1961年起，这个方针就成为整个调整时期的指导方针。经过全党全民五年的艰苦努力，终于在1964年基本完成了调整任务，整个国民经济开始全面恢复。

制定、贯彻、执行这个方针，经过了大量艰巨复杂的工作。当时毛主席号召大兴调查研究之风，他派了得力的助手组成几个工作组，深入基层调查研究。少奇同志、陈云同志亲自到家乡调查研究。在1961年3月，我和罗琼到浙江省萧山县去蹲点调查。萧山同杭州只隔钱塘江大桥，交通方便。一到农村，就看到农民把原来当作绿肥的红花草（学名紫云英）煮了当饭吃，把种的绿肥都吃光了。我们还发现妇女普遍干超负荷的重劳动；吃食堂，肚子吃不饱；干集体劳动，孩子无人管；妇女儿童普遍患病。这都挫伤了农民的积极性，损伤了劳动力。

当时农民议论最多的是公共食堂，1958年冬开始提倡在公共食堂集体吃饭，吃饭不要钱，甚至提倡“放开肚皮吃饭”，把一年的口粮在半年中吃完了。农民分不到口粮，除原有的少量存粮外，只能吃瓜菜野草。1959年农业大减产，情况更为严重，但是公社干部不敢反映农民的呼声。我们调查时，公社干部仍然大讲“供给制”好，参加调查会的大队、生产队干部有意见也不敢说。后来我找十多个农民来座谈，农民看公社干部陪着，讲话还有顾虑。开始说："三七开供给制好。"我问为什么好，他们说过去是半供给、半工分，现在三分供给，七分工分（实际上公共食堂把2/3的收成吃完了，分不到多少工分）。在这以前，毛主席的秘书田家英来看我，说毛主席正考虑取消公共食堂，要我们调查。我对农民说，取消供给制，粮食完全分给你们自己管理好不好？农民喜出望外，说那就更好了。

当时公社要为我们两人单独开饭，我们坚决不同意。到公社食堂去吃饭，已比大队好得多，虽能勉强吃饱，但油水太少。公社向县委报告，县委急着派一位副县长来请我们吃饭，除猪肉外还杀了一只鸡。我愤愤地说，鸡快要绝种了，你们还要杀鸡请客？副县长说这是公鸡，我说："听农民说几个村子才有一只公鸡，农民抱了母鸡去配种，杀了公鸡，鸡蛋怎能孵出小鸡。"说罢坚决搬到另一桌去吃饭。副县长无可奈何，只能把请客的菜送到医院去给病员吃了。

当年6月，陈云同志决定到他当年搞农民运动的家乡青浦县小蒸公社去蹲点调查，带着周太和同志和1927年在当地参加过农民运动的顾复生、陆

1961年薛暮桥（二排左五）随陈云（二排左四）开展青浦调查。

全等三位青浦的老干部。他要我去主持调查工作，并先去一个星期，研究调查项目。我去后召集公社干部开会，知道这里农民最关心的是生猪公养还是私养问题、种双季稻问题和自留地问题等。陈云同志来后决定先调查这些问题。在调查中，他亲自听取了公社党委的两次汇报，召开了十多次调查会，多次访问农民家庭，还亲自找他认识的几个老农民来谈话。在这以后，又到杭州、苏州，找了与青浦县情况相仿的嘉兴、嘉善、吴县、昆山等县的县委书记和一些大队的支部书记座谈研究养猪、种双季稻和自留地等问题，还找了与青浦条件不同的浙江萧山、江苏无锡两县县委的同志，调查研究种植情况。

“大跃进”以来，生猪的下降幅度很大，全国生猪的存栏数已由1957年的14589万头下降到1960年的8226万头。为了迅速改变这种情况，中央确定“公私并举，私养为主”的方针，但上海实行的办法仍是“公私并举，公养为主”，上海市属县的猪、鸡曾两次没收归公（一次是人民公社化以后，一次是庐山会议以后），两次发还。陈云问农民：“猪、鸡没收对，还是发还对？”农民答：“上面说没收也对，发还也对。”陈云问：“你们敢不敢养猪？”农民答：“还不大敢，说不定哪一天又没收了。”陈云说：“发还是对的，没收是错的。以后不没收了。”农民听了皆大欢喜，喜讯当天就传遍全公社。次日（7月1日）公社放假一天，农民几乎家家都到别的公社去抢购仔猪，并把自己的小船划出去抢捞水浮莲作猪饲料。陈云同志深有感慨地说：“政府犯了错误，必须向人民认错，否则人民就不会相信国家的新政策。”对于母猪，是公养为主还是私养为主，全国还没有统一的规定，青浦县按上海市规定，母猪只能由大队或生产队公养，不准农民私养母猪。事实上，农民私养母猪，由于精心照顾，产仔猪多，死亡少，所以发展快。公养母猪产仔少，不能保证仔猪的供应，养猪业就很难发展起来。经过调查，工作组得出结论，要改变生猪连年下降的局面，必须多产仔猪，而要多产仔猪，必须把母猪下放给农民私养，这是今后养猪事业能否迅速恢复和发展的一个关键。陈云同志亲自写了一份调查报告，建议准许农民私养母猪，但没有受到上海市委的重视。

在“大跃进”的年代，许多地方把种单季稻改为种双季稻，作为增产粮食的主要措施。从表面上看，如果气候适宜，种双季稻确实可以增产，但全面算账，往往得不偿失。青浦虽然比苏南无霜期稍长一点，仍不适于种双季稻。上海市为着增产粮食，强迫农民普遍种双季稻。按公社主观计算，种双季稻比种单季稻产量高一点。实际上种双季稻，每种五亩晚稻要留一亩秧田，秧田不可种早稻。种双季稻每亩要多花二三十斤种子，没有从总产量中扣除。至于种双季稻多花的劳动力和买化肥的钱更没有人计算，实际上种双季稻的收益低于种单季稻。陈云同志经过详细计算，认为种不种双季稻，种多少，要因地制宜，建议上海市属县少种一点双季稻，但也没有被上海市委采纳。直到党的十一届三中全会后，农民才逐步改种一稻一麦，劳动减轻，成本降低，亩产量并没有减少，实际收入还显著增加。

还有一个上海市向青浦县派购鲜鱼的问题。青浦县靠近黄浦江，原来许多农民晚间到黄浦江打鱼，黎明到上海出售。后来上海市有关单位规定，青浦县每月要向上海市供应若干担鲜鱼。青浦县就不准农民把打到的鱼运到上海出售，要先运回青浦，卖给青浦的水产公司，再运到上海去完成青浦县的供应任务。这不但增加来回两次运输，而且把活鱼运成死鱼。陈云同志认为太不合理，亲自找青浦县委谈话，要他们取消这种不合理的办法。但因上海市委不肯取消这种供应制度，他的建议终于无法实现。陈云同志气愤地说:“一个党中央的副主席，连这样一个小问题都解决不了，实在对不起老百姓。”

我随陈云同志在青浦调查一个月，目睹上级的瞎指挥，深感这是造成三年困难的根本原因。青浦农民的生活确实很苦，其他许多地方已开始取消公共食堂，青浦农民还被迫在公共食堂吃饭，一个农民一日三餐，每餐一大碗稀粥，实在吃不饱。农民听到陈云同志来了，很高兴，以为一定能够增加口粮。陈云同志经过一个时期调查后，召集几个他熟悉的老农谈话，告诉他们：全国粮食歉收，许多地方还不如你们，现在国家还没有力量增加口粮，只能自己想办法，如少种一点双季稻，增加一点自留地（养猪户给饲料地），多养猪，多打鱼等；这样明年每天吃一顿干饭，后年吃两顿，大后年吃三顿。老农点点头说，只能如此，不能一步登天。

因为吃不饱，种晚稻时，农民无力完成插秧任务，公社决定“包插到户”。这种分片包干制度，使插秧任务勉强完成了。老农告诉陈云同志，插秧质量不好，肯定要减产。陈云问怎样才能避免，老农说要联系产量，“包产到户”，陈云同志听后沉思良久。回上海后，得到安徽省“包产到户”的调查报告，陈云要我和周太和共同研究，我们研究的结果是“包产到户”肯定可以增加生产，但劳动力少、子女多的农户将要减少收入，生活更加困难，不敢完全肯定这个办法，说“包产到户”既有优点，也有缺点。1962 年春，“包产到户”得到愈来愈多的同志赞许，邓子恢同志向少奇同志竭力推荐“包产到户”，而此时安徽省委已批评“包产到户”是“方向性错误”，少奇同志说暂时不要作结论，让大家试验。

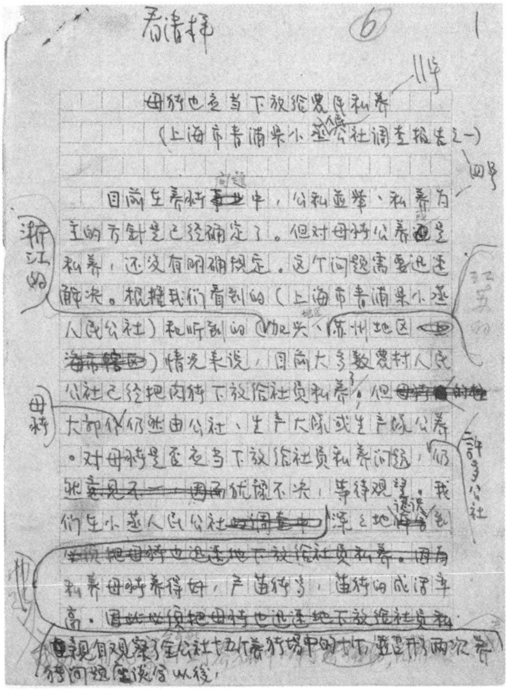
母猪也应当下放给农民私养
（上海市青浦县小蒸公社调查报告之一）

薛暮桥手稿：青浦县小蒸人民公社调查报告之《母猪也应当下放给农民私养》。

从青浦调查回京以后，1961 年 8 月 8 日，陈云同志给当时任中共中央总书记的邓小平同志写了一封信，请他转送三个调查报告给党中央。这三个调查报告是《母猪也应该下放给农民私养》《种双季稻不如种蚕豆和单季稻》《按中央规定留足自留地》。如果当时实行了这三个报告所提出的主张，将对恢复和发展农副业生产、稳定人心、克服当时的严重困难产生积极作用，后来的事实证明了这一点。

由于庐山会议错误地批判了“右倾机会主义”，1960 年的生产指标仍然定得过高。钢产量定为 1800 万吨，执行的结果，虽然“超额完成”了计划，实际上是吃了老本。事实表明，1960 年 9 月中央在转发国家计委《关于 1961 年国民经济计划控制数字的报告》的批语中提出的要把农业放在首要地位，使各项生产、建设事业在发展中得到“调整、巩固、充实、提高”的方针是正确的，但由于没有贯彻落实，工农业生产全面下降和市场供应紧张的趋势越来越明显。陈云同志决定对国民经济有严重影响的钢铁、煤炭的生产情况进行调查。1961 年，煤由上年的 3.97 亿吨下降到 2.78 亿吨，钢由上年的 1866 万吨降到 870 万吨。1962 年煤又降到 2.2 亿吨，钢降到 667 万吨。为了扭转这种局面，必须弄清楚下降的原因。陈云同志同煤炭部和冶金部的党组同志分别开了长达一个月的座谈会，讨论得非常详细，我也参加了。调查完毕后，我按陈云同志的指示起草调查报告，指出大滑坡的原因：第一，煤和钢的计划产量大大超过了综合生产能力。据陈云同志计算，钢的综合生产能力只有1200万吨，煤的综合生产能力只有2.5亿吨，1960年的产量都是超负荷运转逼出来的。实践证明，陈云同志的计算很准确，钢产量到1965年才恢复到1232万吨，煤产量到1966年才恢复到2.52亿吨。第二，由于超负荷运转，设备不能按时检修，损坏严重。这几年要轮流停产检修，今后几年的重工业，不但需要"先生产，后基建"，而且需要"先维修，后生产"。第三，小高炉炼铁浪费煤炭。小高炉炼一吨铁耗焦炭两三吨，大高炉只要半吨。由于小高炉耗煤过多，使若干大高炉因缺煤而停止生产。第四，煤矿这几年只顾采煤，矿井没有掘进，坑道没有延长，几乎把所有能采煤的工作面都采完了。今后要掘进、延长，创造新的工作面，需花两三年时间。因此煤炭产量到1964年仍将继续下降，1965年、1966年才能回升。第五，粮食、副食品的供应减少，煤矿、钢铁职工的体力下降，需要酌量增加粮食、副食品的供应，而这也需要时间。陈云同志的报告，得到周总理的高度赞赏，说这一下把原因和问题说清楚了，进一步调整的决心也好下了。

参加落实经济调整的几次重要会议

由于经济调整的进展，到1961年底，经济方面开始出现有所好转的迹象，但总的来说，经济困难的局面还是很严峻的。对于经济形势的估计，党内的思想认识并未统一，调整工作遇到一些阻力，难以深入下去。为了总结经验，统一认识，加强团结，克服困难，中央决定召开一系列重要会议，我也参加了。第一个会是扩大的中央工作会议，出席的有中央、中央局、省、地、县五级领导干部7118人，后来习惯地把这次会议称为七千人大会。会议于1月11日开始，2月7日结束。会上印发了少奇同志代表中央作的"书面报告"，对当时的经济形势、1958年以来的工作、工作中发生的缺点错误及其后果、经验教训以及民主集中制等重大问题作了全面的、深刻的、实事求是的分析和论述。经过会议充分讨论，少奇同志又在会上讲了一次话。这次会议在当时的历史条件下应该说是开得比较成功的。它发扬了民主，进行了批评和自我批评，因而达到全党团结的目的。但是在当时历史条件下，谁都不敢批评"三面红旗"，因而就不可能把困难的原因说深说透，就不可能达到克服困难的目的。

但是，这样大规模的会议，不可能进一步具体地部署经济调整工作，因此，在七千人大会后不久，又在少奇同志主持下，在中南海西楼召开中央政治局常委扩大会议（即西楼会议）。会议根据七千人大会的精神，对国民经济面临的严峻形势进行了更深入的分析，把七千人大会上没有涉及的或未能充分展开讨论的问题讲深讲透。在会上，少奇同志指出，只有暴露了问题，才能解决问题。周总理建议对国民经济进行大幅度的调整。陈云同志就当时的财政经济情况和克服困难的办法作了重要讲话。陈云同志指出：“目前的处境是困难的。对于存在着困难这一点，大家的认识是一致的。但是，对于困难的程度，克服困难的快慢，在高级干部中看法并不完全一致。”陈云同志认为困难主要表现在五个方面：农业减产；基本建设规模超过国家财力物力；通货膨胀；投机倒把现象；城市人民生活水平下降。他接着提出六条解决措施：一是把当时初步拟定的1963年至1972年的十年经济规划分为两个阶段，前一阶段恢复，后一阶段发展；二是减少城市人口，“精兵简政”；三是采取一切办法制止通货膨胀；四是保证城市人民的最低生活需要；五是把一切可能的力量用于农业增产；六是国民经济的发展必须以农业为基础，必须按照“农轻重”的次序来安排计划。陈云同志这篇讲话深得少奇同志的赞赏。与会同志也都同意陈云同志的讲话。少奇同志还建议召开国务院全体会议，请陈云同志再展开讲一讲，陈云同志接受了这个意见，并建议国务院会议扩大到各部委党组成员参加，由富春、先念同志和他共同传达西楼会议精神。

2月26日，国务院召开有各部委党组成员参加的扩大会议，李富春同志作了《关于工业情况和建设速度问题》的报告，李先念同志作了《当前财政、信贷、市场方面存在的问题和应当采取的措施》的报告，陈云同志作了《目前财政经济情况和克服困难的若干办法》的报告。这三个报告进一步阐述了七千人大会和西楼会议精神，把经济生活中遇到的问题彻底摆开了，提出的措施也很有力。特别是陈云同志的报告，对问题讲得很透彻，克服困难的办法讲得很具体，对大家认识全局，统一思想，正视困难有很大的帮助，从而坚定了全党同志克服困难的决心和信心，受到与会同志的热烈拥护。当时农业大幅度减产，1961年同1957年比较，粮食减产八百多亿斤，棉花等经济作物和畜牧产品也减产很多。农业生产恢复速度的快慢，直接影响到粮食的进口、工业的速度、基建的规模等财经工作的整个部署，而对于农业恢复速度的快慢，党内还有不同的意见。陈云同志在分析了农业生产条件的变化以后说："总的看，好坏两种条件相抵，现在的条件可能不如过去。"[①]"农业的恢复大约要三年到五年"[②]，"我们工作的基点应该是：争取快，准备慢"[③]。在此基础上，陈云同志还提出把当时拟定的1963年至1972年十年规划的初步设想分为恢复和发展两个阶段。所有这些精辟的论述，使各部委的领导同志和财经部门的全体同志从"超英赶美"和"十年规划"等框框中摆脱出来，对集中精力搞好调整工作，起了极大的促进作用。会后，陈云同志命我整理他的报告记录，我整理以后，又经邓力群同志作文字修改，再送少奇同志。经政治局常委讨论同意并报毛主席批准后，把陈云、富春、先念三位副总理的报告，连同中央的批语，一并印发全国省军级干部学习并贯彻执行。

西楼会议以后，党中央决定恢复中央财经小组。少奇同志指示陈云同志，将财经小组从过去的咨询机构改为决策机构。新成立的中央财经小组由陈云同志任组长，李富春、李先念同志任副组长，成员包括周总理、谭震林、薄一波、罗瑞卿、程子华、谷牧、姚依林和我。我作为陈云同志的主要助手，仍兼任财经小组的秘书。1962年3月7日和8日，召开中央财经小组成立后的第一次会议，研究如何进一步贯彻落实西楼会议和国务院扩大会议的精神问题。在会上，陈云同志除了重申把"十年规划"分为恢复和发展两个阶段的主张外，着重讲了1962年国民经济计划的调整问题。他指出："现在调整计划，实质上是要把工业生产和基本建设的发展放慢一点，以便把重点真正放在农业和市场上。"[④]他说："农业问题，市场问题，是关系五亿多农民和一亿多城市人口生活的大问题，是民生问题。解决这个问题，应该成为重要的国策。"[⑤]他还语重心长地说："我们花了几十年时间把革命搞成功了，千万不要使革命成果在我们手里失掉。现在我们面临着如何把革命成果巩固

①《陈云文选（1956—1985）》，人民出版社1986年版，第184页。

②《陈云文选（1956—1985）》，人民出版社1986年版，第191页。

③《陈云文选（1956—1985）》，人民出版社1986年版，第184页。

④《在中央财经小组会议上的讲话》（1962年3月7日），《陈云文选（1956—1985）》，人民出版社1986年版，第199页。

⑤《在中央财经小组会议上的讲话》（1962年3月7日），《陈云文选（1956—1985）》，人民出版社1986年版，第201页。

和发展下去的问题，关键就在于安排好六亿多人民的生活，真正为人民谋福利。”[①] 应该说，陈云同志的这两次讲话，对于纠正“大跃进”以来决策上的重大失误，使我国国民经济重新走上健康发展的轨道，起了决定性的作用。陈云同志建议正式规定 1961 年至 1965 年五年为恢复时期，争取 1965 年粮食生产恢复到 1957 年水平。

第一次财经小组会议以后不久，陈云同志就因病去杭州疗养，由周总理直接领导中央财经小组的工作。1962 年 4 月 2 日至 4 日，中央财经小组举行扩大会议，吸收有关各部委党组负责同志参加，听取并讨论国家计委提出的《关于调整 1962 年国民经济计划的报告》。会后，财经小组又继续讨论了两天。原来确定的 1962 年国民经济计划（草案）的主要指标为：工农业总产值 1400 亿元，其中农业总产值 450 亿元，工业总产值 950 亿元，当年生产原煤 2.51 亿吨，钢 750 万吨，粮食 2986 亿—3014 亿斤，棉花 2034 万—2049 万担。这些指标虽低于 1961 年的实际数字，但仍然过高。会议根据陈云同志指示的“计划指标必须可靠，而且必须留有余地”的精神，调整为：工农业总产值 1300 亿元，其中农业总产值 420 亿元，工业总产值 880 亿元，原煤 2.39 亿吨，钢 600 万吨，粮食 2890 亿斤，棉花 2063 万担。

调整计划确定以后，周总理又亲自领导我们起草《中央财经小组关于讨论 1962 年调整计划的报告（草稿）》。参加起草小组的除我外，还有邓力群、梅行、顾明、许明、吴俊扬、廖季立等同志。报告突出地强调：第一，大幅度削减基本建设规模。国家预算内基本建设投资由原计划草案的 60.7 亿元削减到 46 亿元，这是 1953 年以来基本建设规模最小的一年。坚决停建、缓建一批没有条件继续建设的项目，不要怕“伤筋动骨”，同时要合理使用有限的财力物力，确保一批重点项目和支援农业，满足市场、出口需要的工业项目继续建设并按时投产。第二，除砍掉十万个小高炉外，对那些消耗大、成本高、质量差、效益不好、经过整顿仍然亏损的企业和那些原料、燃料、动力供应不上或生产任务严重不足的企业，要下决心“拆架子”“收摊子”，坚决关、停、并、转。第三，大力压缩城镇人口和减少职工。在“大跃进”中，城镇人口从 1957 年的 9900 万人，增加到 1961 年的 1.3 亿人，职工总数

---

① 《在中央财经小组会议上的讲话》（1962 年 3 月 7 日），《陈云文选（1956—1985）》，人民出版社 1986 年版，第 201 页。

从2450万人猛增到5000万人。这样庞大的职工队伍和城镇人口，是已经大幅度下降的农业生产、首先是粮食生产根本负担不了的。自从中央提出调整方针以后，1961年已压缩城镇人口1000多万人，其中精减职工873万人，但仍然超过了当时农业生产的承受能力。因此确定再压缩城镇人口1000万人，其中精减职工850万人。动员那些“大跃进”时进城的农民返回农村，加强农业生产。动员一部分家在农村的职工回家务农，解决口粮问题，以缓和城镇粮食和副食品供应的紧张状态。调整计划的报告起草完成后，周总理命我送到杭州向陈云同志报告，得到了他的同意。这个调整计划，正如陈云同志所说，实质上是要把工业生产和基本建设的发展放慢一点，以便把重点真正放在农业和市场上。没有这样的调整计划，“大跃进”和人民公社化所造成的严重困难是很难克服的。但在“左”倾错误还没有从根本上得到解决的当时，这样大幅度的调整计划，很可能被认为是要砍掉毛主席的“三面红旗”，是冒了很大风险的。要不是刘少奇同志、周总理和邓小平同志的支持，是不可能得到毛主席同意，用中央名义批准和转发下去的。

1962年5月7日到11日，党中央又在北京召开工作会议（通称五月会议），中心议题就是讨论中央财经小组的调整报告。会议由刘少奇同志主持，在京的中央政治局常委、政治局委员、中央书记处成员、各大区中央局、党中央和国务院各部委负责同志参加了会议。少奇同志、周总理和小平同志都在会议的最后一天讲了话。他们和到会同志一致同意调整报告对形势的分析、所下的决心和采取的重大措施。会后，中央财经小组又吸收会议中提出的意见修改补充，将这个调整报告报送中央，经毛主席批准，于1962年5月26日发到全国贯彻执行。随后，国务院又组织若干个工作组，由有关部委的负责同志带队，国家计委和国家经委派干部参加，到各大区和重点城市，同地方同志一道落实压缩城镇人口、精减职工、削减基本建设规模以及关停并转企业等各项任务。这一大幅度调整国民经济的工作，使严重困难的局面得以迅速扭转。

1962年夏季，中央在北戴河召开八届十中全会。会前召开了中央工作会议和全会的预备会议，整个会议的过程长达两个多月。会议原定的主要任务是讨论农业、粮食、商业和国家支援农业的问题，重点是要讨论和通过《关于进一步巩固人民公社集体经济、发展农业生产的决定》《农村人民公社工作条例修正草案》和《关于商业工作问题的决定》。在8月6日的大会上，毛主席作了关于阶级、形势、矛盾的讲话，强调社会主义社会中一定范围内存在的阶级斗争。以后又在会上多次讲这个问题，会议风向就转为着重讨论阶级斗争问题和批判所谓“黑暗风”（指西楼会议和五月会议以来对经济形势的估计）、“单干风”（指主张包产到户、实行责任田的意见）、“翻案风”（指彭德怀同志的“万言书”等事件）和“三自一包”（指自留地、自由市场、自负盈亏、包产到户）。这样，又把进行不久的对扭转困难局面起了重要作用的纠“左”变成了反“右”。鉴于1959年庐山会议的教训，对会议精神的传达作了严格的限制，防止了扩大化。全会以后，在国民经济的调整方面，还是继续贯彻执行“八字方针”和西楼会议、五月会议确定的各项重要措施，经济工作没有受到很大的冲击。但是，再次强调阶级斗争，在政治上造成的消极后果是很严重的。

1963年9月，中央召开工作会议，认真分析了当时的经济形势，认为1963年我国国民经济的发展，确实出现全面好转的局面，但问题仍然不少，特别是农业生产还没有恢复到1957年的水平，吃、穿、用的商品供应还很紧张；整个工交系统，特别是基础工业的调整还有大量工作要做；企业还需要大力整顿。基于这样的分析，会议确定再用三年时间继续进行调整、巩固、充实、提高的工作。把1963年至1965年这三年作为一个过渡阶段，1966年再开始实施第三个五年计划。过渡阶段的主要任务是：农业生产要达到或超过1957年的水平；工业生产水平要在1957年的基础上提高50%；国民经济各部门的主要比例关系应在新的基础上取得基本协调；经营管理工作要走上正常轨道。为了实现上述任务，经济工作必须遵循以农业为基础、以工业为主导的发展国民经济的方针；解决吃穿用，加强基础工业，兼顾国防和突破尖端技术的方针；调整、巩固、充实、提高的方针；奋发图强、勤俭建国、自力更生、迎头赶上的方针。中央工作会议作出的这些决策，对于统一干部思想，防止形势稍有好转就想大干快上的“左”的倾向，保持健康发展的势头，争取国民经济的根本好转有重要意义。

在9月中央工作会议的正确决策下，经过1964年全党、全国各条战线上干部和广大人民群众的努力，恢复经济的工作取得了巨大成就。1964年12月三届人大一次会议在北京召开，周总理在《政府工作报告》中宣布，调整国民经济的任务已经基本完成，工农业生产已经全面高涨，整个国民经济已经全面好转，1965年要继续完成调整工作中尚未完成的任务，大力掀起工农业生产的新高潮，并为1966年开始的第三个五年计划做好准备。形势的发展，正如中央预料的那样，到1965年底，工农业总产值按当年价格计算达到2235亿元，其中农业833亿元，工业1402亿元。按可比价格计算，同1957年相比，工农业总产值增长59.5%，其中农业增长9.9%，工业增长98.1%。工农业之间的比例关系、工业内部的各种比例关系以及积累与消费之间的比例关系，已趋于协调。财政收支已趋于平衡并略有结余。市场上社会购买力和商品可供量之间，在总量上已经平衡，全国零售物价和集市贸易的价格大幅度回落。特别令人高兴的是，在国民经济最困难的时期，在松辽平原建成了大庆油田，结束了我国靠洋油过日子的时代；我国的原子能工业，在攻克了几千个难关之后，终于在1964年10月16日在我国西部地区试爆成功第一颗原子弹。事实证明，我国国民经济的调整时期已经结束了。

在全国物价委员会及参加“四清”运动

在三年困难时期和经济调整时期，党还分配我一项重要任务，就是研究“大跃进”中由于决策失误而带来的物价问题。在“大跃进”中，农业和轻工业相继大幅度减产，基建规模急剧扩大，职工人数猛烈增加，导致社会购买力同商品可供量之间出现了严重的不平衡。加上财政连年赤字（核实后的1958—1960年的赤字高达170亿元），货币投放过多（1960年的货币流通量比1957年增加1.4倍），从1960年下半年起，物价开始猛涨。当时市场商品由国营商业统一供应，对价格实行计划管理制度。商品不足就限量供应，不足部分通过集市贸易购买。多余的货币转向集市贸易，使集市贸易的价格涨至计划价格的7—8倍，其中粮食价格比计划价格高10—20倍，一斤粮食要1—2元，一个鸡蛋要0.5元，一斤猪肉要5元，一只鸡要10多元。在这种情况下，国营商店的小商品价格稳不住了，也纷纷上涨。1961年国营商业所供商品的计划价格比1960年上升5.7%，包括高价、市价等各种价格的零售物价总指数，1961年比1960年上升16.2%。因此，如何稳定物价，就成为一个迫切需要解决的问题。

1961年夏季，中央工作会议决定要成立全国物价委员会，并提名我任主任。会后迟迟没有执行。1962年3月8日，中央财经小组成立时，周总理又提出此事，当即决定除我任主任外，刘岱峰、刘卓甫两同志任副主任，把全国物价委员会（以下简称“物委”）成立起来。从此，一项艰巨而复杂的任务又落到我的肩上。

早在物委成立以前，为了缓和市场供应的紧张局面，就决定要大力恢复和发展农业及轻工业生产，削减基本建设规模，减少职工和城镇人口。这些是根本性的重大措施。在物价政策方面，国务院决定，从 1961 年起，扩大定量供应商品的范围，降低定量供应的标准，保持这部分商品的价格稳定，亏损由财政补贴。当时国家规定的定量供应商品有十八类，从粮食、棉布、猪肉到肥皂、火柴等，地方自己规定的更多。商品定量很低，如城市居民每人每月只供应猪肉 2 两，每年供应棉布 6 尺，满足不了需要。农村居民的定量更低，如棉布每年只供应 3 尺。由于口粮普遍不足，缺乏营养，许多地方都发生浮肿病，甚至非正常死亡。定量供应虽然满足不了需要，但稳住了这部分生活必需品的价格，使人们能够维持日常最低限度的生活需要。对于许多人民必需而又亏损严重的小商品，则略微提价。这些办法自然满足不了人民的基本生活需要，因此不能不在计划供应、计划价格之外，再找一些出路。

当时，有些同志认为，市场上货币流通量增加一倍多，我们的计划价格不变，多余的货币必然挤向集市贸易，引起集市贸易价格猛涨，如果我们把计划价格也提高一倍，集市价格就有可能下落。因此建议大幅度提高计划供应商品的价格，吸收市场上多余的货币，促使集市贸易价格自然下落。少奇同志命李先念副总理（当时主管财贸工作）与姚依林同志（当时任商业部长）和我共同研究。我指出，如果计划价格提高一倍，为着不降低农民生活，农产品的收购价格也应当提高一倍；为着不降低职工的生活，工资也应当提高一倍；结果货币发行量也将增加一倍，而市场上的商品供应量并未增加，价格已上涨一倍，通货膨胀问题依然无法解决。面对这样的困难局面，我认为只能让十八类重要消费品的计划价格不变，实行定量供应，对许多管不住的小商品，让它稍稍涨价。

陈云同志同意我的意见，他还提出，并经中央同意，在保证定量供应商品的价格继续不变的情况下，在定量之外出售几种高价商品，既可回笼货币，又可以满足一部分高收入者的需要。这项措施是由城市到农村逐步推开的。先是在全国各大城市逐步开始供应高价糖果和高价糕点。1962 年 2 月以后，把高价糖果的供应范围扩大到全国所有城市和农村，高价糕点的供应范围扩大到一切大中小城镇，即 1.3 亿人口的地区。以后陈云同志又建议每年增加供应几千万双尼龙袜子，并利用全国各地库存的山珍海味等高级副食品，开设高价饭馆。后来又陆续决定对自行车、手表、缝纫机、酒、茶叶、针织品等商品，要凭工业券购买，并以高价出售一部分。

当时，定量计划供应的商品是市场的主体，高价商品和集市贸易则是计划供应的补充。国家向农民收购农产品，计划内是平价，计划外的是高价。少奇同志说，农民"高价向国家出售计划收购以外的农产品，用低价购买国家的工业品，不符合等价交换的原则"，他提出对农民应实行"高对高，低对低"两种价格政策。"高对高"是指计划收购以外按议价收购的农产品，国家也按议价供应工业品，即高价对高价；"低对低"是指国家按计划价格收购的农产品，也按计划价格供应工业品，即平价对平价。平价供应的工业品有定量限制，满足不了农民需要，因此在平价之外实行议价供应。国家按计划收购多少农产品，就按计划价格供应他们多少工业品。农民以高价向国家出售农产品，国家也以高价向他们供应工业品。用这个办法，也回笼了一定数量的货币，具体数量当时没有统计。上述高价商品从 1961 年至 1964 年共销售三年，大约回笼货币 50 亿元。由于生产逐步回升需要增拨一点流动资金，实际净回笼货币 45 亿元。这对于减少市场上的货币流通量（从 1961 年末的 125.7 亿元减少到 1964 年的 80 亿元），对稳定物价，起了很大的作用。

随着农业生产的逐步恢复，物价逐步趋向稳定。从 1962 年起，华东地区农业生产开始回升，集市贸易价格在华东地区首先开始下降，其他地区也开始扭转生产下降、物价上升的局面。有些同志对这种形势估计不足，对能不能稳定物价缺乏信心，这反映在当年 8 月的北戴河会议上，对如何控制物价的问题出现了两种不同的意见。一种意见认为，必须主动提高计划价格，才能使计划价格和集市贸易价格逐步接近起来。另一种意见认为，国民经济已经开始好转，我们已经有可能平抑集市贸易价格，使物价逐步稳定。两种意见争执不下。后来，中央通过了《关于商业工作问题的决定》,《决定》对物价问题指出："党的政策是要在发展工农业生产的基础上，继续稳定市场，稳定物价。对于物价的不合理的部分，应该分批分期地、慎重地进行调整。"我在物委的工作中，就是遵循这一方针，并结合当时的实际情况贯彻执行的。

物价工作涉及各部门、各地区、各个不同行业以及国家、企业和职工之间、工人和农民之间、生产经营者和消费者之间方方面面的实际利益，因此，在确定具体的价格政策时，经常会出现不同意见，需要由全国物委来统筹协调。

1962年召开第一次全国物价会议时，仍有不少同志要求提高许多种农产品的收购价格、许多种工业品的出厂价格和销售价格，认为只有马上提价才能迅速恢复农业生产，解决工业企业的亏损问题。农业部门说农产品价格太低，农民每年损失60亿至70亿元。工业部门说因为原材料涨价，产品不准涨价，工厂损失100亿元。劳动部门说因为物价上涨，工人每年损失30亿至40亿元。对此，我冷静地指出，调整物价，既不能增加国民收入，也不会减少国民收入，只会变更国民收入在国家、工人和农民之间以及部门和地区之间的分配比例。大家算账损失200亿元，这笔钱到哪里去了呢？根本原因是这几年由于工农业减产，国民收入减少300亿元，分摊到了大家头上。因此，只有咬紧牙关忍受困难，把工农业生产搞上去，增加国民收入，大家才有出路，国家才能兴旺。1961年国家为了迅速恢复农业生产，已经大幅度提高了农产品的收购价格（比1960年提高28%，比1958年提高34.8%），所以今后几年农产品的收购价格要稳定下来，只能进行个别调整。

我根据中央《关于商业工作问题的决定》的精神提出，物价工作的任务，一是要稳定，二是要调整，1963年的任务主要是稳定物价。这就要求我们在发展工农业生产的基础上，继续实行稳定物价的政策，做到基本稳定，略有调整。在物价稳定之后，再慎重地对物价进行全面的调整。这个意见，被大家接受了。认识统一后，具体办法也就有了。会议确定：（1）农产品的收购价格要尽可能保持目前的水平，棉花准备适当提价，其他农产品的价格基本不动，个别调整；（2）重工业产品的价格也采取基本不动、个别调整的方针；（3）为了支援农业生产，农业生产资料的价格要在节约成本的基础上逐步降低；（4）消费品的零售价格，凡属于人民生活最必需的十八类消费品的价格，要继续保持稳定，只对部分商品的价格进行有升有降的调整；（5）采取各种有效的具体措施，继续平抑集市贸易价格。实践证明，这些方针和措施是正确的。据统计，1963年平均零售物价总指数比上年下降39.2%，其中平价商品下降0.8%，高价、议价商品和集市贸易价格分别下降40%到50%。这一年农产品的收购价格（包括牌价和议价）比上年下降6.6%，其中牌价下降1.4%。集市贸易价格经过两年大幅度下降，到年底平均还比牌价高40%上下。其中粮食还高2.3倍，食油高1.2倍，猪肉高45%，

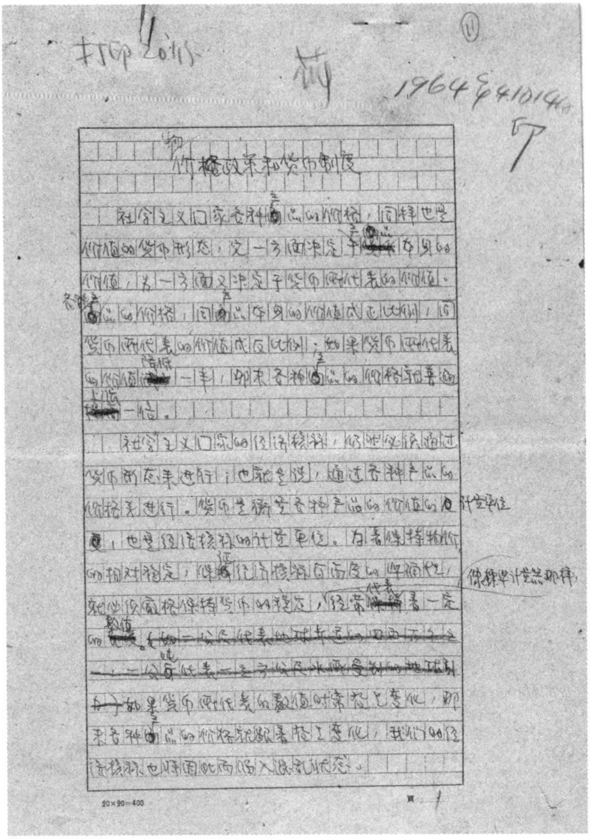

薛暮桥手稿:《物价政策和货币制度》。

鸡蛋高39%，蔬菜和许多种三类农副产品的市价已接近牌价。

1964年2月召开了第二次全国物价会议，我们根据市场物价已趋于稳定的新情况，认为已经有可能对市场供应困难时期所形成的物价关系中的不合理部分，逐步进行调整，实行稳定与调整并重的物价政策。在市场供应困难时期，我们为了安定职工生活，坚决稳住粮食、棉布等主要消费品的计划价格。同时，为了保证供应和回笼货币，又不得不提高许多种次要消费品的价格，这些措施在当时是必要的，但在商品供应情况好转以后，过去提价较多的次要消费品如不降价，销售就有困难。某些主要消费品（如粮食）提了购价不提销价，形成购销价格倒挂，也带来许多矛盾。因此，在物价已经基本稳定的情况下，开始有计划地对不合理的价格关系进行调整，就是必要的了。

对于稳定与调整并重的物价政策，也有不同的认识。有些同志把稳定物价和冻结物价等同起来，只要稳定，不要调整。有些同志只赞成降价，不赞成任何商品提价，认为一提价就不能保持市场和物价的稳定。我对大家说，社会主义国家的各种商品价格，不能不考虑价值规律的作用。尊重价值规律，合理调整价格，才能有利于发展生产，扩大销售，形成合理的市场供求关系。稳定与调整并重的政策，是从国民经济全局出发的，是根据生产发展情况和市场供求变化趋势作出的，有利于合理调整工农关系、城乡关系以及其他社会经济关系，有利于加快国家建设和持久地稳步地提高人民的生活水平。经过讨论，大家同意这些看法。

物价调整中难度最大的是解决农产品价格，主要是粮食价格的购销倒挂问题。粮食购销价格倒挂，除增加国家财政补贴外，在农村中还引起很大矛盾。产棉区的粮食由国家按低于收购价的销售价定量供应，数量是有保证的，能够勉强吃饱。产粮区首先要完成数额相当高的征购任务，因此反而保证不了农民自身的需要。再加上经济作物区特别是产棉区生产发展快，收入显著地比产粮区高，产粮区对此意见很大。根据这种情况，我建议，在1964年首先提高农村中返销粮的销售价格，提高到购销拉平。那时，对实行这个政策我们是很担心的，怕吃返销粮的经济作物地区的农民反对，也怕引起经济作物轮番提价，整个物价就稳不住了。但实际上提高返销粮价格的工作进行得很顺利，因为经济作物区的农民也感到这样做是合理的。在提高农村中返销粮的销售价格后，由于城市粮食的销售价格没有提，又发生粮价城乡倒挂（粮食销售价城市低于农村）的不合理现象。为此，我又建议，提高城市粮食的销售价格至购销拉平，把提价的收入作为粮价的补贴，加到工资中去，实际上是在调整物价的同时，要对工资进行相应的调整，这又是一个新的课题。

为了促进国民经济的进一步发展，1964年夏季以后，我们开始研究如何对物价进行全面的调整。在1964年召开的第三次全国物价会议上，我们宣布物价已经稳定，这是继新中国成立初期在恶性通货膨胀中稳定物价后的又一次重大胜利。今后的任务要以调整为主，并提出全面调整的方案。会后，经过进一步研究，于1965年7月至8月间提出了《第三个五年计划期间全面调整物价的初步设想》。同年10月，又召开第四次全国物价会议，对全面调整物价的方案进行具体安排。我们的《初步设想》曾得到中央的批准，可惜，不久就开始史无前例的“文化大革命”。在十年动乱期间，中央担心物价发生大波动，影响社会稳定，决定冻结物价。在这期间，各类产品的生产成本发生了巨大的变化，致使价格与价值严重背离，物价的不合理现象比60年代初期更显著了。

我一直认为，在物价的计划管理制度下，价格往往背离价值，不利于调节各类产品的按比例发展，达到供求平衡，所以在物委工作期间，我主张必须对物价不断进行调整。由于当时商品供应很短缺，还不能放弃计划供应制度，只能不断调整计划价格，不敢大规模地放开物价，由价值规律去进行市场调节，也不敢大幅度地进行调整。直到党的十一届三中全会后的1979年，国务院才下决心大幅度提高农产品的收购价格：粮食统购价格提高20%，超购部分在此基础上再加价50%；棉花平均提价50%；油料平均提价25%，超额加价50%。这次调价，18种主要农副产品的收购价格平均提高24.8%，估计当年可使全国农民增加收入70亿元，大大提高了广大农民的积极性，有力地推动了农业生产的发展。

在任物委主任期间，我对货币同价格相互关系的理论作了进一步研究。社会主义制度下各类商品的价格，在市场供求基本平衡的情况下，主要取决于两方面的因素，一方面取决于商品本身的价值，另一方面取决于货币所代表的价值。如果货币所代表的价值下降，各类商品的价格就会普遍上涨，反之就会下降。所以，为了保持物价的稳定，首先必须保持币值的稳定，使货币也像其他计量单位那样经常地代表着一定的数值。那么，作为价格尺度的货币，它本身的价值究竟应以什么为标准呢？在实行金本位制的时候，货币是以一定数量的黄金（英美等国）或白银（旧中国）所包含的价值为标准的。在废除金本位后，这就成了一个争论的问题。有一种意见认为，货币既然是价值的尺度，它理所当然地应当经常地代表着一定数量的社会必要劳动时间。但是事实告诉我们，各类商品的品种、规格、款式十分复杂，它们所消耗的社会必要劳动时间不仅难以计算，而且在生产技术不断进步的趋势中，同样劳动时间所生产的产品不断增加，因此，同一产品所包含的劳动时间不断减少。如果货币固定地代表着一定数量的劳动时间，各类产品的价格就会不断下降，谁还愿意投资增加生产或对旧设备进行技术改造呢？

所以，为了稳定物价，我们的货币不应当经常地代表着一定数量的劳动时间，而应当经常地代表着一定数量的社会产品。从历史上看，自从产生货币以来，任何货币从来不曾直接同一定数量的劳动时间保持过固定的联系，只是同某一种充当一般等价物的特殊商品保持固定的联系。这种特殊商品，长期以来就是黄金和白银。金银同其他产品一样，随着劳动生产率的不断提高，它们的价值（社会必要劳动时间）也逐渐减少。但相对来说，变化的幅度不大。因此用金银来代表货币的价值，可以保持物价的长期稳定，这就是资本主义国家实行金本位时的情况。

在废除金本位制、实行纸币制度以后，黄金的价格就像断了线的风筝一样，扶摇直上。纸币所代表的价值应以什么来作标准呢？我得到马克思“货币是一般商品的等价物”的理论启示，并总结40年代在山东同国民党统治区进行货币斗争的经验，认为纸币所代表的价值，应当符合于全部社会产品的社会必要劳动的变化，具体的检验方法就是综合物价指数。从理论上说，在一般情况下，如果物价指数上升，就是货币贬值，反之就是货币升值。当然，物价指数变动的因素很复杂，具体情况还得具体分析。马克思在《政治经济学批判序言》中说，纸币是货币发展的最高形态，所以按综合的物价指数来规定货币所代表的价值，是比按金银的价值来作货币所代表的价值的标准更进步，也是更高的发展阶段。但我的这个思想，在很长时期内得不到社会的承认。直到70年代，金融界中有些人士仍然认为离开了黄金，货币的价值就没有依据。我反问说：“请问这些理论家，有谁能够说出现在一元人民币是代表多少黄金呢？”过去黄金是供应数量最稳定的商品，因为现在的黄金储量是几百年长期积存下来的，每年的生产和消费数量在总储量中只占很小的比例，其价格的变动对物价的总水平不起决定作用。在废止金本位制以后，黄金成为最大的投机对象，它的价格最不稳定，大起大落。如果把我们的货币再同黄金联系，物价涨落就无法控制。

我们说最理想的货币是能保持综合物价指数基本稳定的货币，这绝不是说各类商品的价格应当固定不变，稳定物价绝不是冻结物价。在生产发展中，各类产品成本（社会必要劳动时间）的下降幅度是不同的。一般来说，农产品、矿产品受自然条件限制，成本下降最难，有时还要上升；加工产品一般来说成本下降最快，产量愈大成本愈低。所以物价管理部门除稳定物价的任务外，还有随着供求关系和成本的变化而调整物价的任务。调整物价并不就是普遍涨价，或普遍降价，在正常的情况下（既没有通货膨胀，也没有过度紧缩），应当是某些商品涨价，某些商品降价。升降相抵以后，应该使物价总指数大体上能保持基本稳定（年增2%—3%，个别年度至多不超过5%）。

通货膨胀和稳定物价的关系，是多年来我最关心的问题。我常说，物价普遍上涨，这实际上是货币贬值。货币所代表的价值少了，按这已缩短的尺度来衡量物价，物价自然就普遍上涨。在我任物价委员会主任管理物价的时候，就是按照我的货币与价格相互关系的理论来作指导方针的。理论与实际相结合，这是我们在这个时期管理物价取得成功的根本原因。由于我既不空谈理论也不就事论事，所以我的经验可能是有一定的指导意义的。那时李先念副总理很信任我，我的意见常被采纳，领导的支持，使当时的物价工作得以顺利展开。

自从毛主席1962年在党的八届十中全会上作了关于阶级、形势、矛盾的讲话后，阶级斗争问题又被突出地提了出来。为了“反修防修”，防止“和平演变”，毛主席决定在全国城乡发动一次普遍的社会主义教育运动，农村的运动以清理账目、清理仓库、清理财务、清理工分为主要内容。1964年夏，中央召集各部部长、司局长级干部开会，要大家轮流到乡村去参加“四清”运动。我报名第一批参加，被分配到江苏省句容县。和我一起去的有物价委员会、国家计委、统计局的机关干部和医务人员约二三十人，还有由江苏省派来的扬中县的干部（各县互相交叉清查）二三十人。在镇江经过一个月的学习，出发到句容，住在长河大队。当时纪律很严，住在贫下中农家中，与农民同桌吃饭。苏南原是比较富裕的地区，但句容县仍然很穷。农民一天吃三餐粥，一盘没有油的煮白菜。一大碗粥对我来说是可以吃饱的，但一般年轻人可不行，一个多月下来，就有好多人饿瘦了。我看这样很难持久，就决定自己办食堂，按伙食标准吃饭。

在镇江学习时传达了许多过“左”的做法，一下去就让社队领导干部都“靠边站”，人人清查过关，社队工作由四清工作队代为管理。我不赞成这样的办法，主张查出问题才能处理。这年底党中央召我们（工作队负责人，一般为部长级干部）回京开四清工作会议，由少奇同志提出若干政策问题。会议刚结束，毛主席又决定把我们召回去重新开会，通过了《农村社会主义教育运动中目前提出的一些问题》（简称“二十三条”），决定城乡社会主义教育的内容一律为清政治、清经济、清组织、清思想（仍称“四清”）。文件强调阶级斗争，指出运动的重点是整“党内走资本主义道路的当权派”，这些“走资派”有些在地方，有些在中央，有些在幕前，有些在幕后……当时我们感到奇怪，但并没有意识到一场大的政治风暴即将来临。

回到句容后，我们四清工作组的副组长（扬中县干部）对我说他们打了一个大胜仗，把生产队和大队的干部几乎都关起来了，他们都交代了贪污数字。晚间我与北京来的干部研究，发现疑点甚多，大家都肯定这是“逼供信”。当时已经快到阴历年底，我们说服扬中干部，随便关人不符合党中央的政策，决定把被关的干部都放出来，并集合他们谈话，宣布交代的数字作废，好好回去过年，明年实事求是交代问题，工作组与他们共同讨论处理办法。并召扬中干部谈话，要他们不要泄气，回去冷静地想一想，人家用这种方法对待扬中的干部你们服不服气？过年回来后传达党中央的“二十三条”，交代政策，最后证明我们的处理是对的。全公社只有一个生产队长是坏人，贪污霸占，打骂群众，奸污妇女，开了斗争会。春节以后，春耕快到，我们决定所有生产队工作都由原生产队长自己去领导，保证农业生产的正常进行。

1965 年 3 月初，李先念副总理打来长途电话，要我一个人回去制定 1966 年到 1970 年的五年调整价格规划，我就回到北京。

七、在十年内乱中

被批斗审查

回顾十年“文化大革命”，从我亲身经历及所见所闻来看，这场运动根本不能称作革命，而是一次损害党、破坏社会主义事业的全国大内乱。毛泽东同志错误地发动和领导了这场运动，使党的民主集中制受到严重破坏。林彪、江青、康生、陈伯达等人利用手中的权力，进行了大量祸国殃民的罪恶活动，蓄谋夺取最高权力。这场所谓的“文化大革命”，使我们的党和国家遭到了新中国成立以来从未有过的严重挫折和损失，给全国各族人民带来深重的灾难。

1980 年党中央为总结新中国成立以来社会主义革命和建设的经验，在邓小平同志领导下，开始起草《关于建国以来党的若干历史问题的决议》草案，发动四千余人讨论，我也参加了讨论。大家认真负责，畅所欲言。党中央集中了同志们的思想，反复修改，经 1981 年 6 月 27 日党的十一届六中全会讨论通过，正式发表了《关于建国以来党的若干历史问题的决议》。我完全拥护这个决议。

十年内乱中，绝大部分党政机关陷于瘫痪，各级领导干部从国家主席、党的总书记到基层干部，从开国元勋到后起之秀，大都被打倒。我当时是国家计委副主任、全国物价委员会主任，兼管《经济消息》，又常写文章、作报告，是中央文革阴谋打倒的人物之一。1967 年初陈伯达、戚本禹亲自到国家计委看大字报，煽动群众打倒计委领导，包括我在内。到 1967 年“一月夺权”、批“二月逆流”（实际是老一辈无产阶级革命家的二月抗争）前后，造反派掀起了批斗我的高潮，一个星期批斗三四次。批我自己的大会，揪我参加；批领导我的中央负责同志的大会，我作为“黑干将”，揪去陪斗。在每次批斗会中，耳朵里装满了混淆黑白、颠倒是非的胡言乱语，坐“喷气式飞机”，一站就是两三个小时。斗争会越开越多，搞得我头昏脑涨，腰酸背痛，精神、肉体均难忍受。

批斗我的第一个“罪状”是“三反分子”。造反派把我的文章、讲话编成《反革命修正主义分子薛暮桥毒草选编》，从中摘下只言片语，掐头去尾，上纲上线。在大字报上批，在批斗会上讲。把我两篇正确的、当时并没有发表的文稿，诬蔑为“两棵大毒草”。一篇是《一年来大跃进中的经验教训》，另一篇是《经济工作中的若干理论问题》，这两篇文章的内容，在前面第五章、第六章已有讲述。对前一篇文章，造反派抓住了“大炼钢铁得不偿失”等问题来批。对后一篇文章，抓住文中提出的一个问题，即“社会主义经济是否要百分之百的公有制”来批。我认为从我国国情出发，可以公有制经济为主体，允许非公有制经济为补充，这样有利于发展生产力，有利于国计民生。造反派抓住这些问题上纲上线，狠批狠斗。

1967 年 2 月上旬，李富春、李先念两位副总理给物价委员会造反派来电话说：“薛暮桥不是三反分子，犯了错误，给他时间认真检讨。”电话是下午 4 点钟打来的，当天绝大多数战斗队纷纷贴大字报，拥护两位副总理的指示，恢复我的工作。由此可见，绝大多数干部、群众是不赞成打倒我的。只有人数很少的并非物委的两个战斗队没有表态。几天后，其中一个战斗队的头子，自认为有中央文革作后台，气焰嚣张，竟在国家计委、天安门贴大字报，“要同两位李副总理辩论”。批斗我的真实意图曝光了，矛头是指向副总理、周总理的。那时正是毛泽东同志支持中央文革错误地批所谓“二月逆流”以后，批我的大字报、大会更多了。我被戴上了几顶大帽子，除“三反分子”外，还有走资派、资产阶级反动学术权威、反革命修正主义分子、贩卖苏联统计的祖师爷、叛徒等。但大帽子之下，没有站得住脚的事实根据。

到 1967 年冬，大约是 11 月，我们全家被“勒令”搬出地处百万庄的部长楼。在我家工作 15 年，帮助扶养我们的小女儿、操持家务的杨晓华同志，也被“勒令”离开我家，到计委食堂炊事班工作。造反派指定我们家搬到真武庙，给了两间房子，同一位姓张的老太太合住一套房子。当我们搬去时，他们已经知道我是“走资派”。搬去当晚，老太太的儿媳妇杨奇秀同志（工程师，住在另一套房间里）回来了。罗琼主动和她们婆媳两人谈，说我们是被审查的被批斗的干部，在共同生活中，如果你们有意见，欢迎随时提出。

她们通情达理地说，你们有什么错误，党有党纪，国有国法，你们有党和政府管，我们是邻居，住在一起，生活上互相照顾。过几天，张老太太对人说，看他们哪里像“走资派”，是“落难书生”。住在那个区的大都是计委、物委的干部，对我们常有议论，老太太转告我们，并安慰我们，照顾我们。1969年冬，我和罗琼要离京赴“五七干校”，她们请我们吃饺子，作为送行。我们年仅16岁的小女儿小和一个人留居在那里，她们也很照顾。当小和下乡插队时，她们全家为她送行。她们同我家原本素不相识，完全是出于不赞成这样的“革命”而如此对待我们的。

当康生等人妄图用抓叛徒的恶毒手段，陷害刘少奇同志和一批忠诚于党、忠诚于革命的领导同志的时候，对我也由批斗现实问题转到“审查”我的历史问题。1968年3月18日，所谓“人民法庭”成立了。审讯的主题是我在30年代同国民党上海市党部的关系，他们怀疑我同国民党暗中勾结，抓的突破口是我主编的《中国农村》月刊因发表了上海文化界救国会的一封公开信而被封禁之后，又准予复刊，这件事是找什么人交涉的。我说是吴觉农同志去交涉的，找了什么人，当时没有告诉我，我不知道。他们死揪着这个问题不放，审讯了一个星期，“开庭”12次，最后一次军代表来了，大概他看出了是在搞逼供信，制止了这种做法。从此“勒令”我不能回家，被关押在我的办公室里，当时通称“牛棚”。“文化大革命”后，吴觉农同志告诉我说：这件事是他找国民党上海市党部书记长潘公展交涉的，那时确实没有对你讲。他还说：当潘知道这个刊物是蔡元培先生题写刊名，孙晓邨、冯和法两位先生是代表人，南京农村复兴委员会作为发行地址，并经法租界巡捕房登记注册等情况时，当即同意复刊。

追查我历史的另一个问题，是1927年我被捕后出狱问题。我在“文化大革命”以后知道，造反派到杭州反省院调查了七次，连批准我可以保释出院的档案也查到了。但其中有些人仍死揪住这个问题不放，不肯罢休，硬说我是“叛变出狱的叛徒”，我坚决不承认。

我一贯忠诚拥护毛泽东同志的领导，完全相信他的领导是正确的；但对搞这样的“文化大革命”，内心颇不以为然，不理解为什么要这样搞。在这种状况下，应该怎么办呢？我回想过去几次运动——延安的抢救运动，1959年的反右倾机会主义运动等，来势也猛，最后绝大多数人的事实搞清了，党为他们平反昭雪，向他们赔礼道歉。于是我在残酷斗争中，虽然被逼违心地作了无数次检讨，但绝不捏造事实。这样做是为了避免被整死，以后还可为党为人民作贡献。对“叛徒”这顶帽子，我始终没有承认。

与此同时，我尽量抽时间学习毛泽东著作，通读《毛泽东选集》四卷达四遍之多，每读一遍都用不同颜色的笔把重要段落画线标记，有关文章读的遍数更多。边读边同自己的思想、工作对照，觉得自己的言行是符合毛泽东思想的，没有错，更增强了信心，深信我的问题一定能搞清楚。我写了学习毛主席著作的心得，抄写了毛主席的诗词“不管风吹浪打，胜似闲庭信步”，压在桌子上的玻璃板下。专案组看了很生气，想撕下来，但这是毛主席诗词，他们未敢动手。

我的处境如此，罗琼也是如此。她作为全国妇联书记处第一书记、党组副书记，主持日常工作，被扣上“三反分子”“走资派”等大帽子，不断被批斗，1968 年 6 月 10 日被关进“牛棚”。我的三个女儿（薛宛琴、薛小沂、薛小和）受我们两人的连累，处境异常困难。她们都是北京师大女附中的优等学生。宛琴毕业后靠自己学习优良，通过考试，留学苏联。小沂在高中毕业那年就被吸收入党，这在当时是少有的，毕业后考上哈尔滨军事工程学院。小和正在初中二年级学习，成绩突出，名列前茅。她们都是爱党、爱国、爱社会主义，热情拥护毛主席的青少年。在“文化大革命”初期，她们积极响应毛主席的号召参加了运动。但当我和罗琼被批斗后，造反派污蔑她们是“黑帮子女”，挨批挨关挨打，连我们年仅六岁的小外孙也未能幸免。1968 年，我的大女儿宛琴、大女婿文石斧本来是西安重型机械研究所的技术骨干，工作出色，造反派以莫须有的罪名，污蔑他们是“薛暮桥伸向重型机械研究所的黑手”，被揪斗、游行，关进“牛棚”八个月，小外孙也住进了“牛棚”。二女儿小沂被造反派贬为“可教育好的子女”，剥夺了她参加正常活动的权利，被圈在“可教育好子女”学习班，不准外出。三女儿小和在北京，年仅 16 岁，同我们生活在一起，受牵累更为直接，不断遭受造反派追逼、污蔑。有一天几名造反派在街上围攻追打她，她就和两名同学一起，逃到警察亭下暂避，不敢回家。杨晓华同志在精神上安慰她，生活上照顾她，留她在家吃住，还拿出自己的钱来为小和、小沂买布缝衣。

小和在如此处境下，还肩负着照顾在“牛棚”里父母的艰难任务。每隔一段时间，她用节省下来的生活费，或用卖旧货的钱，给我买些吃的东西送来。我的老警卫员周可德同志，仍然在做保卫工作。当他在传达室值班，远远看见小和时，就去接她，周从小道把东西送给我。我看见了东西，就像看见了小和，看见了亲人，一股暖流涌上心头。1968 年冬，小和下乡插队，被分配到山西最贫苦的雁北地区山阴县农村。临行前，军代表允许她向我告别。很久没有见到自己的女儿，做梦也想着她们，今天能见一面，悲喜交集。因为旁边有专案组的人监视，我控制了自己的感情，理智地对她说，我们家几代是地主，今天你去当农民，是家庭的光荣，国家的需要，下去好好劳动，接受劳动人民的再教育。小和默默地点着头。这一天，是我住在“牛棚”中最高兴的一天，也是最怀念亲人的一天。

这段时间，对孩子们的考验是严峻的，我的三个女儿都自信自己的父母是忠于人民，忠于党，忠于革命，努力工作的老革命。皖南新四军教导总队的学生张西雷同志，通过她的女儿对小沂说：你们的父母都是好人，他们的问题会搞清楚的，你们不要担心。在当时历史条件下，这几句简单的话，对她们是很大的鼓舞，更增强了她们的信心。她们在艰难的条件下，努力劳动，认真自学，准备将来为党为人民服务。

我的母亲住在上海大哥薛鹤龄家，受“文化大革命”的惊吓，1967 年 8 月病逝。当收到电报时，全家悲恸，大家呆呆地坐着，眼泪往肚子里流。我既没有在病床前侍候，又没有奔丧的自由，只能寄些钱请大哥办理后事。我的弟弟薛遐龄，在苏州一所中学教英文，造反派胡说他“里通外国”，被批斗得很凶。1968 年，他被人从楼上推下去摔死了。“文化大革命”后，经过调查，证明完全是受冤而平反。

此情此景，虽然使我非常难受，极不理解，但我深信我们党是能够改正错误，制定正确的路线、方针、政策，引导国家形势好转的。

1969 年 6 月初，出乎意外地造反派头子来了，通知我可以回家，我当然高兴。回到家里一看，灰尘满屋，罗琼没有回来，我就给小和写信。邻居张老太太很热情，给我送来一壶开水，帮我收拾房间。回家几天，就与物委干部到京郊去帮助麦收。这时我已 65 岁，过去没有做过重体力劳动，割麦的第一天就不能弯腰，第二天跪着割，第三天坐着割，后来他们分配我脱粒。星期六回来，两腿浮肿，躺在床上不能翻身。杨晓华同志来帮助我换洗衣服。以后几个月，白天按作息时间上班（早去半小时打扫公共场所），与刘岱峰、刘卓甫（物委副主任）和张翼飞（物委办公厅主任）四人在一个房间，由造反派安排我们的学习、工作和劳动，晚上一个人回家。没多久小和回来了，父女团聚，说不尽的高兴。三个月以后，罗琼才被批准回家，三个人久别重聚，满脸喜泪，说不尽的话语，道不完的别情，忧国忧民忧家庭。当时就听说还要出去劳动改造，过了“牛棚”关，又得去过“劳动改造”关。过了“五关”，总能见光明得解放，这一点我是有信心的。

在“五七干校”

1969 年 12 月 1 日，林彪发出所谓“一号备战命令”，把北京各机关的干部都送到农村去劳动。毛泽东同志曾有过号召干部到农村去劳动锻炼的“五七指示”，所以各机关都办“五七干校”。国家计委、国家统计局、全国物价委员会在湖北襄樊合办了一所“五七干校”。千余名干部于 1969 年年底到襄樊以北的几个农村劳动，干部称“五七战士”，被错误打成“走资派”的人称“劳动改造”，并允许少数家属随行。后来听说全国妇联造反派曾几度同国家计委军代表商量，想卸包袱，把罗琼作为我的家属，送到计委“五七干校”去。军代表说：她是高级干部，将来问题搞清了，计委很难分配她适当的工作，没有接受。罗琼先我到全国妇联办的河北衡水县“五七干校”去了。从此一家五口，天各一方，心连着心，遥望着被隔离在东南西北的亲人。

“五七干校”是按军队序列编组的，我分配在三连，在“五七战士”监督下劳动。他们大都年轻力壮，我早已超过劳动力半劳动力的年龄，也同他们一起劳动。插秧时，我一天走来走去运送秧苗，平常分配去看水泵；收获时分配去看场，防止偷盗，兼打麻雀，这些说是轻活，但轻中有重。1970 年，连里种了一块花生地，当地农民很少种花生，孩子们爱吃，到成熟时，常来偷挖。而收获花生不是一次收得尽的，要多次反复拣收。那年拖到冬天，地底下还有花生，昼夜要守护。有一天雨雪交加，连部派人在夜里去守护，派谁，谁也不去，看来只有我这个“走资派”去了。在雨雪中，我坐在板凳上，环顾四周，防止小偷，满身淋湿，冻得发抖，这是轻活，还是重活？虽然环境恶劣，但我脑子很清楚，还在想着白天写的《社会主义经济问题研究》（此事下边详述）一书中的问题，果然有些新的思路。到清晨 6 时，有人来接班，我回宿舍就把夜里想的内容写出来，到 8 时早餐后，才睡了一觉。

冬天分配我去烧猪食，烧的是旧式锅灶，我拿一把一把柴草送进火门，注意力集中在火势旺不旺，火星爆出来，烧着我的棉裤也不知道。当烧掉我半个棉裤脚时才发现，自己把火打熄了。这是我唯一的棉裤，只好穿着破棉裤走来走去，风从洞里吹到我全身，冻得真难熬。人们议论纷纷，多数人以同情的眼光看着我。这时在二连的杨晓华同志听到了，她不顾人们一再胡说她同“走资派”划不清界限，赶快带着一块新布、棉花、针线来帮我缝补，我穿上了补好的棉裤，不仅身上暖，心里更暖。杨晓华同志在炊事班工作，她分到一些好吃的东西，例如鸡蛋、鸡、鸭等，总节省下来送给我吃。炊事班的同志支持她这样做。但造反派不准她同我来往，她把东西放在我的床上，不讲话就走了。在干校三年中，她一直这样照顾我。罗琼、小和来探亲，也是她照顾。原是我的秘书贲纯同志的妻子冯淑云同志，也尽可能暗中帮助。在那种环境下，同志式的深情厚谊，使我精神上得到很大宽慰，也看清绝大多数群众、干部不赞成这种打倒一切的大内乱，我们党能够依靠大多数干部、群众来纠正这场大错误，我的问题一定能得到解决。

再说到领导同志，余秋里同志在北京，大约也听说我在干重活，专门打电话给干校的领导说：薛暮桥老了，不要分配他干重活。后来我才能真正做一些轻活了，有时和女同志们编在一队，在一群劳动者中就只有我是男人。

薛暮桥在襄樊“五七干校”劳动。

女同志笑着说："现在薛暮桥变成半边天了。"经过一段时间劳动，我的劳动能力也逐步增强了。

连里的驻地旁有四分地闲着，连部派我一个人在这块地上种西红柿。幼苗成长起来时，需要肥料。这时正逢小和第一次来探亲，她帮我劳动，两个人挑水挑粪、浇水施肥。西红柿长得枝叶茂盛，硕果累累。我看到一个一个鲜红的西红柿，颇感自豪。送到厨房去，"五七战士"吃得美美的，对我也另眼相看了。我自己在劳动中治愈了多年的失眠症，白天劳动累了，晚上不吃安眠药，睡得很香。这可以说是"劳动改造"的成绩吧！

小和第二次是同罗琼一起来的。她们的来到，对我是莫大的安慰。我在干校政治上处在封闭状态，除听广播、看报纸外，内部的事情什么也不知道。连小学生知道的事，也不让我知道，至于文件更不让看。关心国家大事，对我来说比吃饭更重要，少吃一餐饭可以忍受，政治上的饥饿使我实在难受。罗琼处境同我一样，小和好些，她告诉我们党和国家这时期发生的大事，林彪、陈伯达之流阴谋篡夺国家主席，陈伯达被拘，林彪企图杀害毛泽东同志的阴谋暴露了，乘飞机逃走，飞机坠毁在蒙古人民共和国的土地上。这些国内外人所共知的事情，都是小和来了告诉我的。她们的来到，分担了连部给我的劳动任务，还替我洗衣洗被，清理日常用品，重活都是小和干。

她们作为"走资派"的家属，从远方来探亲，吃住无人过问。还是原在李富春同志家担任管理员的陈高云同志，给我们找了一间放农具、杂物的房子，清理出可以放一张床的地方，用木板、长凳帮助我们搭起一张床。我们三个人总算有了一个落脚的地方。亲人在一起，再挤再差也高兴。陈高云同志对我们的关怀照顾，至今还铭刻在心间。

罗琼、小和假期到了是要走的。临走时小和眼泪汪汪，我安慰她说：我在这里能吃，能劳动，能写书，能睡觉，不是很好吗？你们别担心。那些阴谋篡夺党和国家最高权力的罪魁祸首，已经开始受到惩罚，他们总有一天会全部覆灭的。

在挨批挨斗、"劳动改造"中，我牢记着"文化大革命"前陆定一同志（当时的中宣部部长）给我和孙冶方、于光远三人分配的任务，写一本政治经济学教科书。那时我欣然接受。但当我在工作岗位上的时候，很难抽出时间有系统地研究和撰写。在"文化大革命"中，虽然被批判、审查，干扰我的思想，折磨我的肉体，但我总想很好地完成中宣部给的任务。不论如何困难，也要把书写出来。在“牛棚”里学了《毛泽东选集》，写了第一、第二稿。在“五七干校”及1973年至1975年在北京，重读了《马克思恩格斯选集》《列宁选集》《资本论》，写了第三、第四、第五、第六稿。但是有两个问题自己总是未能突破。一是指导思想，坚持毛泽东思想为指导，但对林彪、“四人帮”设置的重重“禁区”，不敢越雷池一步，第一稿的书名就是《毛泽东主席论社会主义经济》，也摆脱不了斯大林对社会主义经济问题的某些形而上学的思想束缚，很难实事求是地研究问题。二是原想写一本有完整体系的政治经济学教科书，写来写去，困难很多。由于这样，写出来的稿子，同“文化大革命”前的文章比较，进步不多。

直到粉碎“四人帮”以后，经过两年徘徊，党的十一届三中全会公报发表，党和国家把工作重点转移到社会主义现代化建设上来，实行了伟大的历史转折。邓小平同志号召解放思想，实事求是，团结一致向前看；又指出要完整地准确地理解毛泽东思想。这时，拨乱反正，分清是非，使我如同拨开云雾见青天，敢于打破“禁区”，以实践为检验真理的标准，实事求是地探讨问题。我力求运用马列主义基本原理，从我国国情出发，探讨我国社会主义革命和社会主义建设的经验教训，研究当时还没有解决或没有完全解决的一系列重大经济问题，以加深对社会主义经济的规律性的认识。我国社会主义建设的历史不长，经验不成熟，当前很难写成一本完整的系统的教科书。我只想把自己几十年来从事经济工作的心得体会写出来，供后人参考。两个自己几年来难以突破的问题，终于在党的十一届三中全会精神指引下解决了。我在几位同志热情、积极的帮助下，写成了第七稿，这就是1979年12月出版的《中国社会主义经济问题研究》。以后随着形势发展，思想进一步解放，又加以修改，1982年3月出版了修订本。在第八章中将叙述这本书的内容。

在“五七干校”还有一个收获。“五七干校”的“五七战士”，经过与我共同劳动和生活两年多时间，对我有所了解，认为我劳动积极，学习勤奋。有时他们也来和我讨论一些经济理论问题。在1971年，报纸时常发表世界货币危机的消息，美元对黄金比值不断下降，金融市场一片混乱。国内报刊上发表的评论，很少能够说明事实真相。他们要我谈谈这个问题，这是“文化大革命”以来第一次有人要我讲话。我原原本本地讲了第二次世界大战以后货币制度的变化，从金本位制转变到市场上流通的都是纸币，但人们可以随时向银行兑换黄金。为着保证货币信用，各国政府都规定货币的法定含金量，即黄金的法定价格（例如 1 盎司黄金换 35 美元），并规定发行纸币要有一定数量（一般是 40%）的黄金储备，以保证纸币的兑现。第二次世界大战以后，全世界的黄金约有 3/4 集中到美国，其他国家无力保持黄金储备。1949 年召开世界货币会议，决定美元用黄金作储备，其他国家大部分用美元来作储备，美元成为世界货币。到六七十年代，由于美国国际贸易有大量逆差，再加上国外驻军开支浩大，国际收支逆差更大，美元不断贬值，影响国际货币制度的稳定。1971 年美国宣布美元贬值 10%，每盎司黄金的法定价格从 35 美元提到 38 美元，但美国仍然无力保证美元兑换黄金，黄金的市场价格远远超过法定价格，金本位制已经无法维持下去。后来美国宣布废止金本位制，每盎司黄金的市场价格超过 100 美元，黄金成为最主要的投机对象，价格暴涨暴落。再用黄金来作衡量价值的尺度已经不可能了，为着稳定币值，必须控制纸币发行数量。“五七战士”听了，认为我说得很明白，从此对我的态度有了明显转变，人际关系渐趋和谐。

曲折中得解放

1972 年 4 月间，我看到《人民日报》一篇社论，明确指出：经过长期革命斗争中锻炼出来的老干部是党的宝贵财富，现在必须要正确执行党的干部政策，批判林彪极左的政治路线和组织路线，消除“左”和右的干扰。我反复阅读，仔细研究，觉得这是党的声音，很高兴。后来又听说林彪事件后，毛泽东同志在周恩来总理积极有力的配合下，抓落实干部政策，督促有关部门尽快结束专案审查，恢复一些领导同志的职务，把大批下放劳动或“靠边站”的重要领导干部重新安置到领导岗位上。这消息同《人民日报》社论的思想是一致的。我感到老干部解放有望，为期不远了。但能否落实，怎样落实，还不得而知。

1972 年 5 月，支部书记叫我写一份检讨材料，说检讨得好，可以提前解放我。事后有位同志偷偷告诉我，计委党组来了电话，要提前解放我，恢复我的工作，但要先经群众讨论通过。这是意外的好消息。但要群众通过就难了，“文化大革命”以来，“走资派”的任何检讨，都从不会得到群众满意的。我怎么办呢？我不工作已经五年多了，总希望能早些为党、为国、为人民工作，于是我又违心地给自己戴帽子，如“走资本主义道路”“修正主义

1972 年夏，薛暮桥、罗琼夫妇从“五七干校”回京后在天安门广场留影。

分子”“资产阶级学术权威”等等，认为只要群众通过了，回到北京可以向周总理和计委党组写信说清楚。我的检讨写好后送给支部书记看。果然他说检讨太不深刻，没有上纲上线，要我说成“敌我矛盾”。我改写一遍，尽量加码，但决不承认敌我矛盾，因此他们仍不满意，再写第三稿。群众开会时读了我的检讨，支部指定三人发言（都是预先写好稿子的），异口同声地说我的检讨太不深刻。但是最后支部书记还是按计委党组决定，宣布解放我，恢复组织生活，报上级批准。这样我就回到北京了。我的老秘书司更生同志告诉我，余秋里和谷牧同志说已经决定恢复我的计委副主任的职务，分工管理统计、物价两局，这两局的局长也来向我汇报工作。机关党委恢复我的组织关系，把省军级的秘密文件也给我看了。我按原计划写信给周总理和计委党组，说明我在“五七干校”的检讨是违心的、夸大的，重新实事求是地写了检讨。

我回京后，同志们出于内心的高兴，纷纷来探望。我的老秘书司更生同志、贲纯同志为我找房子，给我送来了衣被、食品，司机同志主动为我开车。因为还没有公开宣布解放我，不少同志是冒着风险来的。第一批是新四军教导总队的干部张西雷、汪溪等同志，几十年的同志深情，念念不忘。罗琼的表弟、一级工程师吴中伟夫妇，提着食品来探望……大家为国家形势好转而高兴，同志亲友相聚，互相祝贺。我的大女儿薛宛琴、女婿文石斧携带小外孙文小刚来北京探望我们；二女儿薛小沂及未婚夫张康平，拿了哈军工的文凭，却分配在张家口劳动，他们也一起回来，在当年 8 月 15 日结婚了；三女儿薛小和办了困退，从山西回到我们身边。全家团圆，无比欣慰。

薛暮桥、罗琼夫妇与三个女儿、外孙女团聚。

不料为时不久，形势又逆转。江青反革命集团靠极左思潮，蒙蔽群众，蓄谋篡夺党和国家的最高权力，此心不死。他们把矛头直指周恩来总理，指责《人民日报》《光明日报》批极左思潮的文章是错误的、反动的。这时，毛泽东同志又不接受林彪事件的教训，当周总理等一批领导干部同江青等一伙尖锐对立的时候，他又错误地支持了江青一伙，把林彪一伙说成是极右，只许批右，不许批“左”。周总理等老一辈无产阶级革命家纠正“左”倾错误的努力受挫了。在这种形势下，国家计委解放我并恢复工作的报告送到中央组织部时，部长郭玉峰（“四人帮”的干将）出来阻挠，不批准恢复我的组织生活！更不分配工作。一个月后，又把我的组织关系割断了，什么文件都看不到。等了一段时间，我不得不再回到干校。大女婿文石斧送我到干校，帮助我整理衣被用具，分担连部分配给我的劳动任务。先我解放的罗琼到国家计委去看王代表（军代表），提出两点要求，一是说我已68岁，在“五七干校”继续劳动，力不胜任，请调我回京；二是我的三女儿薛小和已从农村回来，分配到内燃机厂，厂团委准备吸收她入团，请计委给内燃机厂写一封证明暮桥同志的信。王代表通情达理，对罗琼的两点要求都答应了。

当晚即电话告知“五七干校”，让我回京。1972年12月初，我回到了北京。小和入团证明书在陈高云同志具体帮助下，很快寄给内燃机厂，小和要求入团的愿望实现了。1973年7月，国务院机关事务管理局分配红霞公寓的一套房子给罗琼，我们总算有了一个家。由于我没有恢复党的组织关系，计委无法分配工作，我利用这段时间认真读马列著作，写《中国社会主义经济问题研究》第五、第六稿，从12万字扩大到20万字，但只是根据切身经验，系统地总结过去工作中的经验教训，没有什么新的创见。我还研究凯恩斯的学说，读了美国经济学家萨缪尔逊著的一本书，书中介绍凯恩斯认为通货膨胀可以永远消灭经济危机的主张。1975年11月，我应邀参加国际问题研究所召开的世界经济问题会议。我发言指出，近百年来经济危机的根源是资本主义制度的内在矛盾必然要引起的生产过剩，库存增长到一定限度，就会引起物价下落，许多工商企业亏本破产，甚至银行倒闭。像1929年第四季度开始的世界经济大危机，物价突然下降30%，而且持续四年之久，许多工商企业破产，引起银行也纷纷倒闭。罗斯福总统获得国会通过，实行过去资产阶级一直反对的国家干预，宣布美元的法定含金量减少40%，同样多的黄金储备可以多发纸币60%上下。货币贬值立即引起物价上涨，工商企业转亏为盈，纷纷扩大投资，银行也有足够的资金来恢复营业了，这就是所宣扬的通货膨胀使经济危机突然消失的奇迹。因此，就在1936年出现凯恩斯的学说，当时资本主义世界视为奇迹。我还指出，通货膨胀引起虚假的购买力的增长，物价上涨引起市场的虚假繁荣，这并不能消灭资本主义制度必然要产生的生产过剩的根源。到虚假购买力消失，库存物资增加到超过市场需要的时候，又会发生另一次经济衰退。资本主义国家为防止经济衰退而不得不提高通货膨胀的幅度，来创造新的虚假的购买力。当物价上涨达到一定程度的时候，资本主义国家就会害怕市场混乱甚至货币制度崩溃（当时有些权威的政治家就已预言可能会有一天货币制度突然崩溃），转而控制货币发行，降低物价上涨幅度，不惜因此而出现短暂时间的生产萎缩甚至负增长。此后资本主义国家将在生产萎缩和物价上涨之间进行抉择。物价上涨和生产萎缩交替出现，其结果就是后来出现的通货膨胀与停滞同时并存，即“滞胀”。国际问题研究所所长姚仲明同志很重视我的发言，把发言稿印发。后来我写成文章，以《凯恩斯主义能否消灭资本主义经济危机》为题，现已收集在天津人民出版社出版的《论中国经济体制改革》一书中了。

1973 年毛主席称赞邓小平同志“人才难得，政治思想强”。1974 年夏周总理病重，10 月 4 日毛主席提议由邓小平同志担任国务院第一副总理。1975 年 1 月上旬党的十届二中全会，选举邓小平同志为党中央副主席，接着四届人大全体会议选举邓小平为副总理。2 月宣布邓小平为第一副总理，在周总理患病期间，由小平同志主持日常工作。这一系列决定，使“四人帮”的阴谋落空了。在小平同志主持下，真正落实了党的干部政策，解放了大批早就应该解放的老干部。

我回北京后的三年中，计委党组也曾几次讨论我的问题。但主管人员说我在国统区曾发表过“反动”文章，当时有些领导同志不了解白区情况，问题就搁置下来了。邓小平同志出来主持工作时，国家计委由谷牧副主任代理党组书记。党组又一次讨论我的问题，主管人员仍说我发表过“反动”文章。谷牧同志问在什么刊物上发表的，他答在《新华日报》发表的，谷说真是笑话，《新华日报》是党报，怎么会发表反动文章？这件事的事实是这样的：所谓的“反动”文章，就是 1938 年 1 月 25 日我所写的动员知识分子到新四军去的一篇“来论”（在社论位置发表的）。这篇文章是陈毅同志在南昌时要我写的。文章写完的时候，陈毅同志已离开南昌，我也赴长沙，就把文章送徐特立同志审阅，徐老看后，直接送《新华日报》。那时《新华日报》还不能公开动员知识分子到延安去，到新四军去，只能说到西北去，到东战场去，当时的读者看了也明白。而审查我的主管人员却不懂，他认为是送到国民党部队去，因此是“反动”。后来调查清楚了，党组决定恢复我的组织关系，我才真正得到了解放。

1975 年国庆节，我和许涤新同志参加了国庆宴会，荣幸地最后一次聆听周总理的讲话。次日，我的名字出现在参加宴会的名单中，由《人民日报》发表了，这就等于向全国宣布我已经解放。由于受我牵连而被审查的同志（如沪杭甬铁路的钟鼎祥等）也因此得到解放了。我趁热打铁，向计委要求分配工作，被分配为计委经济研究所的顾问，同时被分配担任顾问的还有许涤新、齐燕铭两位同志。经济研究所所长是于光远同志。我多年争取的解放，为党为人民再作贡献的愿望终于实现了。

小平同志代理周总理主持政务后，根据毛主席的指示，一定要把生产搞上去，对各方面的工作进行整顿，经济情况迅速好转。这年 8 月，国家计委根据小平同志的指示，草拟了《关于加快工业发展的若干问题》（当时称为

“工业二十条”），决定进一步加快工业企业的整顿工作。有一个大企业的经理来看我，他深有感触地说，挨批几年，现在总算盼到抓生产是合法了。可是，1975 年 12 月总理病危，“四人帮”策划的所谓“批邓、反击右倾翻案风”运动开始了。国家计委的“工业二十条”也被当作“毒草”来批。我们三个顾问衷心拥护邓小平同志代周总理主持国务院工作，商量决定不参加这场运动。1976 年 1 月周总理逝世，举国哀悼。江青在周总理遗体面前，不脱帽致敬，举国愤慨。“四人帮”广泛散发三本小册子，把政研室起草的《论全党全国各项工作的总纲》、计委起草的“工业二十条”、科学院的《汇报提纲》，当作“三株大毒草”来批，其中一本是批“工业二十条”的，“四人帮”命令各工厂狠批。我和经济研究所副所长王向升同志到工厂去调查，发现工厂里谁也不愿意批判，冷冷清清，可见这是非常不得人心的。

有一天中央文史馆长、民主促进会副主席杨东莼同志来找我。他衷心拥护邓小平同志，但在“批邓”运动中要表态。他拿着一个书面发言稿说：在“批邓、反击右倾翻案风”的会上，“不能不说几句违心的话”，请我提意见。我说：“你是民主人士（秘密党员），何必表态。”他说被迫表态，不表不行。我看了说：“轻描淡写地说几句就算了。”哪知道杨因此被围攻，说他同邓小平同志“心心相印，念念不忘，恋恋不舍”。把杨逼得精神失常。“四人帮”垮台后，我去医院看他，他仍向我痛哭。我说现在是该让我们笑的时候了，让批你的人去哭吧。他才微现笑容。但因病情严重，从此一病不起，离开了人间。

1975 年冬发表所谓“毛主席的最新指示”，指出等价交换、按劳分配都是“资产阶级权利”，张春桥、姚文元利用毛主席的指示，大做文章，批评等价交换和按劳分配，胡说这会产生新的资产阶级。国家计委经济研究所在讨论这个问题的时候，徐禾同志坚持按劳分配原则，受到几个风派人物围攻。我发言支持徐禾同志，风派未敢反驳。粉碎“四人帮”后，《红旗》杂志编辑部开会讨论“按劳分配”，主编邓力群同志要我首先发言，我引经据典说明社会主义时期必须坚持按劳分配原则，狠批张春桥、姚文元的谬论。与会的有四个青年理论工作者，受“四人帮”影响，听了大为惊奇，公推一位与我有亲戚关系的同志晚间登门拜访。我捧出《列宁选集》，翻出列宁当年的有关言论，联系我国实际，详细说明在建设社会主义时期必须坚持按劳分配原则，说得这位青年同志口服心服。

八、在党的十一届三中全会前后

摆脱“左”倾思潮的束缚

1976年10月6日，中央政治局采取果断措施，粉碎“四人帮”，结束了“文化大革命”这场灾难。但是在1977年和1978年这两年，纠正错误路线的工作徘徊不前，遇到严重阻碍。当时担任党中央主席的华国锋同志在粉碎“四人帮”时是起了重要作用的，但在指导思想上继续搞“左”的一套。他坚持“凡是论”（即“凡是毛主席作出的决策，我们都坚决维护，凡是毛主席的指示，我们都始终不渝地遵循”），坚持“无产阶级专政条件下继续革命”的错误理论；拖延和阻挠恢复老干部工作和平反冤假错案的进程，拒绝许多同志请邓小平等被打倒和“靠边站”的一批老同志出来工作的要求；在经济工作方面则继承过去二十多年的“左”倾错误，在建设上急于求成，再次追求不切实际的高速度，在生产关系处理上急于向“大”和“公”过渡。1977年提出两个“大办”：一是要求全国在三年内基本实现农业机械化，二是要求全国在三年内普及大寨县，每年要有1/3的县建成大寨县，并向以大队为基本核算单位过渡，许多地方又刮起“穷过渡”之风。1978年，经济建设上出现了一次冒进，基建投资比上年增长50%。总起来看，这两年我们党并没有从“左”倾思想束缚下解脱出来，还处在徘徊之中。直到1978年底党的十一届三中全会，才开始了伟大的转变，把工作重点转到社会主义现代化建设上来，从错误路线向正确路线转变。

在这两年中，领导上给我安排了工作，我把主要精力放在批评二十多年来“左”倾错误、特别是经济政策的错误上面。由于我离开本职工作已经多年，迫切需要深入实际了解情况，以便提出恳切的意见，因此我决定从调查研究做起。

1976年秋，我和王向升（计委经济研究所副所长）等数人到山东省调查。那时杨波同志在山东省任计委主任，杨波抗战期间在山东解放区、新中国成立后在统计局都同我一起工作。他陪同我们到烟台地区。10月上旬，他接到省委电话叫他立即回济南，临行前他告诉我“四人帮”解决了。当时中央还有一位部长在烟台，他的秘书星夜从北京赶来，带来了“四人帮”已经被抓起来的内部文件。我看了文件喜出望外，几年来一直压在心头的大石块落地了。

我在威海市（当时属烟台地区）调查时，市委向我们详细地报告了经济发展情况。威海面海背山，地区很小，那时市区只能容纳3万居民。因地势所迫，他们把工厂向附近农村扩散。我去参观一个办得很好的地毯厂，职工约100人，把地毯的编织扩散到农村去，共有两三千农家妇女在村里织地毯，织好后交工厂检验整修，一年盈利150万至160万元。厂内每一职工平均年净产值接近1.5万元，劳动生产率相当高。市委书记告诉我说农民织地毯后富起来了，每户都有几千元存款。我说你们只看到一头，还没有看到另一头。现在全国平均每一工厂职工所创净产值3000多元，你们的地毯厂人均创造净产值近1.5万元，其中有一部分是农民为你们创造的，国家农民双方都得到好处，这应当成为你们工业的发展方向。市委特别重视我的意见，把这意见广为宣传。烟台市也是面海背山，当时只有15万人，听到这个消息，决定把工业向农村扩散，把这作为烟台工业的发展方向。此后几年烟台地区的乡村工业发展很快，1987年我再去时，参观了该地区的牟平县，他们由于发展乡村企业，资金雄厚，已能向烟台市投资办大企业，并向烟台招工。过去是农村人口向城市流，现在出现了城市职工争着到农村去的新现象。

当时烟台农村地区水产、水果两业赚钱最多，要支援粮食生产，所以这两业归大队管，而一般农业生产则归生产队管。在我将要离开烟台的时候，市委召集各县负责人开会，准备响应“农业学大寨”的号召，统统升级为大队统一管理。我觉得不妥，向省委报告了自己的意见，得到省委同意。我劝他们不要急于过渡，市委接受了。但所有制“升级”的风声已经传出，有的生产队已把公积金分光，还准备处理其他公共财产。幸亏纠正及时，较快地挽回了影响。后来我再去烟台时，市委说我这个建议使烟台避免了很大的损失。

这时胡耀邦同志出任中央党校校长。我去见他，要求借几间房间，让我和徐禾、吴树青、余学本三位同志（都是中国人民大学教员）住在党校合写《中国社会主义经济问题》。耀邦同志很支持，我们在党校住了三个月，共同讨论，分工写作，批判的锋芒是针对“四人帮”的。这一稿援引经典著作较多，在理论上有所提高，但是所有经典著作都不能直接提供解决我国经济现存问题的答案。要解决我国经济现存的问题，必须到基层去，深入实际进行调查研究。写这本书的愿望只好暂时搁置下来，再次深入实际进行调查研究。

当时农业落后的严重性越来越明显。从1957年到1977年，粮食产量从3900亿斤增加到5700亿斤，21年中粮食平均年增长速度只有2%，与人口增长速度相等。我认为靠“农业学大寨”不能解决问题，关键是要改变政策，农业是否要走人民公社道路，还需要重新研究。

1978年初夏，我又同王耕今、何建章、吴凯泰等六位同志到安徽、江苏去作调查。当时万里同志在安徽开始搞农村改革。我先到大别山老苏区的金寨县。这时金家寨已经变成水库，每人平均只有二分地，但有七亩山。过去“以粮为纲”，专在二分地上下功夫，山区堆积着丰富的资源，公社不管，也不准社员把满山的树枝、笋壳等林产品运出去卖。前年我在山东烟台附近的长岛也曾看到，这里全是小岛，岛上耕地少，但有辽阔的海面，有丰富的水产资源，由于要“以粮为纲”，不重视利用水面。我曾提出要“靠山吃山、靠水吃水”，重视多种经营，但被有些同志认为这是违背党的“以粮为纲”的基本方针的。这次看到了大别山区的情况后，更坚定了我的认识。回合肥后我召开座谈会，讨论如何利用山区资源。省供销合作社主任说，新中国成立前农村的小土产由小商小贩运到城里去，满足城市人民的需要。现在小商小贩被消灭了，供销合作社连完成国家计划收购的产品都很困难，顾不上小土产。每年春天报纸动员农民种葵花籽、蓖麻籽等土产，秋天没有人来收购，烂在山上，运出去的比新中国成立前少了70%—80%。他感慨地说：“让小土产烂在山上是社会主义，让农民把它们运到城市去销售是资本主义，我想不通。”这话对我很有启发，以后我到处呼吁应当准许商贩长途贩运，以搞活农村经济。

我们从合肥南下到达泾县后，我重访了新四军皖南军部旧址，回想我1938年投笔从军来到云岭，时间已过去40年了，感慨万分，赋诗一首：

回首当年炮声隆，
八省健儿赴江东。
桃李数千半捐躯，
血染江山遍地红。

千古奇冤今已雪，
更喜铁帚除四凶。
几经风霜存傲骨，
暮年犹望立新功。

之后我们又回到滁县地区。陪同我们调查的省委和地委政研室主任一路上再三向我们反映，农村应当试验“包产到户”。60年代这里实行“包产到户”，对农业的发展起了推动作用，但后来受到批判，被迫放弃，农业生产又停滞不前。他们说农民欢迎“包产到户”，应当允许试验。我认为实际工作同志在实践中提出的意见很好。我看到万里同志在安徽的改革试验，认为这很可能是农业生产力的一次新的解放，我很赞成。

到滁县调查时，地方同志告诉我，江苏省常在苏皖边区高价收购安徽的农产品，把价钱提高了，他们对此很反感。我想到“文化大革命”前在南京郊区看到江苏大量收购安徽的农产品，有名的“南京花生米”就是靠安徽运来的花生来保证敞开供应的。我对他们说，要奖励输出土特产品，这对输出和输入地区都有好处。要奖励农产品的地区交流，让安徽农民多赚点钱，我看没有什么不好，应当鼓励。

离开滁县后我到江苏去，王耕今等则继续去凤阳调查。凤阳是“四人帮”影响下破坏很严重的地方，当时农民很穷，连口粮也有一半要靠国家供应。农民没钱买口粮，靠银行贷款，有借无还。凤阳产高粱，向来农民靠用高粱秆扎扫把赚几个钱，“四人帮”说这是“资本主义的尾巴”，村干部把扎扫把的工具都没收了。王耕今劝县委把工具发还农民，让农民赚点钱还银行贷款。县委不敢，说恐怕到冬天又会受批判，说是“刘少奇又回来了”。看来纠正“左”倾错误，落实党的政策，实在是迫切需要。

1977年我在中央党校时，江苏省委汪海粟同志曾来看我，邀请我回家乡调查。我离开安徽来到苏南地区，这里同安徽相比是另一番天地，不但还有农村副业，而且社队企业已经相当发展，比烟台也早走了一步。江苏是首先试行财政承包责任制的，在完成财政承包任务以后，多余部分归省所有，因而大大提高了增加财政收入的积极性。省委请我研究这个问题。我邀苏、锡、常三个市、县负责干部开会，他们说省里已实行承包制，为什么不让市、县承包？省的积极性要调动，市、县的积极性为什么不调动呢？此话听起来也有道理。接着我又邀请十几个大厂厂长座谈，他们齐声说，每次权力下放，总是下放到各级地方政府，从来没有人想到要下放到企业。现在企业利润全部上缴，连折旧费也上缴一半，工厂要造一个厕所也要申请政府投资，一点自主权都没有，计划规定企业只准简单再生产，不准扩大再生产，后者要经上级批准。企业未经上级批准，不能进行技术更新，试制新产品也必须经上级批准拨款。管得这样死，经济怎能发展起来？这些意见使我深受启发，看来要搞活企业，必须解决企业经营自主权问题。在1979年我研究经济体制改革问题时，把这些意见吸收进去了。

苏南地区社队工业（现称乡镇企业）发展较早，原因是这里靠近上海，许多人到上海去当产业工人，各乡都有上海退休的老工人，成为社队工业的技术骨干。特别是无锡，新中国成立前上海的机械工人是“无锡帮”，所以这时无锡乡村机械工业发展很快，制造各种大机械工厂不愿生产的小机器、小设备以及零配件。社队工厂接受各部门、各地区的订货，所需钢材由订货户供应，还可以节省一点来装备自己。无锡社队工厂的机械设备，几乎全是他们自己生产的。社队工业除有退休老工人作技术骨干外，他们还与上海各工厂有密切联系，常常到上海去找订货，采购所需要的原材料。这些乡镇企业搞得很活，因而发展速度远远高于国营工业。但是1978年国家计委提出要把社队工业也纳入国家计划，由江苏计委统一安排订货计划。这个主观主义的要求，使大家迷惑惊惶，乡镇企业靠省里的订货怎能吃饱肚子呢？我出了一个主意，说你们接受各部、各地区包括上海在内的订货，报告省计委，就算是纳入国家计划了。省计委也苦于无法安排社队工业的生产计划，同意了我的意见，一场瞎指挥的灾难总算避免了。

这时苏州市与吴县、无锡市与无锡县、常州市与武进县各自独立，各县受苏南专区领导，与市分立，市、县之间常有矛盾。吴县在苏州市的自来水水源地办一个小化肥厂，污染水源，发生种种矛盾无法解决。我建议市、县合并，但是要把吴县、无锡县、武进县三块“肥肉”割出去，专区又不愿意。后来江苏省委决定取消专区、地市合并，由市管县，苏、锡、常三个市不但管自己的县，还管几个邻近的县。如无锡市除管无锡县外，还管江阴、宜兴两县。在无锡市支持下，不但无锡县发展很快，江阴、宜兴两县也先后发展起来了，苏州、常州两市也是如此。

苏南地区向来同上海的经济联系特别密切，超过它们同南京的联系，农村许多手工业品，过去是由上海收购出口的。但是由于实行块块分割的计划管理制度，有一时期江苏要把这些手工业品自己收购出口，上海就在上海的市属县另辟出口产品的生产基地，使苏南受到损失。我建议经济区划要同行政区划分开，在经济上，可以建立以上海为中心，包括苏南、浙北（杭、嘉、甬）的大上海经济区，自愿结合，发展横向经济联系，不设行政管理机构。后来我的建议被采纳了，并且扩大为以上海为中心，包括江苏、浙江、安徽、江西四省的更大范围的大上海经济区，可以定期开会交换意见，不设行政管理机构。过了两年，我提出建议，主张全国以大城市为中心，通过中小城市横向联合，建立不同层次的经济网络，用来代替过去的条条分割和块块分割的计划管理体制①。

这时农村改革尚未开始，生产队对农业生产没有自主权，如何耕种都由上级统一规定。无锡县的一个生产队长对我说，“无锡县只有一个生产队长，就是县委书记，什么事都由他说了才算”。后来我问县委书记，他说：“我也只是半个生产队长，像种百分之百的双季稻，农民都反对，我也不赞成，但省委坚持种，我也无法改变。”回南京后我向汪海粟同志建议种一半双季稻，以免抢收抢种时劳动力过于紧张。汪说不行，江苏粮食外调任务很重，苏南不种双季稻就无法完成。我知道在江苏许多地方种双季稻不会增产，只会增加成本，特别是劳动力投入。几年后在农村实行家庭联产承包责任制，没有什么人再种双季稻，亩产量和总产量都没有减少，成本、特别是劳动力却大大节省了。

调查研究使我对实际情况了解得更深入了，我自己的思想也从“左”倾思潮的束缚下逐渐解放出来。我深深感到，林彪、“四人帮”的罪行必须彻底揭露批判；但是，只揭露批判林彪、“四人帮”是不够的，还必须纠正过去二十多年的“左”倾错误，否则我国社会主义现代化建设是不能走上正确

---

①《关于经济体制改革的一些意见》和《经济结构和经济体制的改革》，收入《论中国经济体制改革》，天津人民出版社 1990 年版。

轨道的。所以，为了真正做到“拨乱反正”，必须进一步总结二十多年来经济工作中的经验教训，下决心批判多年来占统治地位的“左”倾指导思想，纠正错误政策，并且改革过分集中的经济管理体制。

撰写《中国社会主义经济问题研究》一书

在当时“凡是论”盛行的情况下，要总结历史经验教训，批判50年代后期以来的“左”倾思潮，纠正“左”的错误，还是一个不准逾越的“禁区”。因为这是同毛泽东同志1957年以后一些错误相联系的。二十多年来，我们绝大多数同志尤其是领导干部，“左”的错误只有多少之分、深浅之分、觉悟迟早之分，而没有有无之分。少数同志认识得早一些，但往往还心有余悸，不太敢讲。要冲这个“禁区”，实非易事。

我经过再三考虑，决定向中央领导同志倾诉我的意见。1978年4月，我写信给邓小平、李先念同志，这封信[①]主要谈了三个问题：

第一是关于农轻重比例和如何把农业搞上去问题。我在谈了农业发展缓慢和农民生活困难的情况后说，“所以产生这种情况，除大办人民公社外”，主要是“实行了一系列过‘左’的政策，使农民对集体经济的积极性受到严重的损害”。我赞成增加对农业的投入，“但我认为比这更重要的是提高农产品收购价格，改善农民生活，提高农民对生产的积极性”。我赞成农业机械化，“但农业机械化中问题很多，其中特别重要的是如何提高农业机械化的经济效果，确保机械化能够增产增收”。我不赞成一哄而起。

第二是有关综合平衡和计划管理体制问题。二十多年的经验是“一统就死、一放就乱”，如何做到“统而不死，放而不乱”，这个问题到现在还没有得到解决。“在目前新的跃进形势中，中央建设项目的盘子又越来越大，地方工业、社办工业都在大干快上。”“万马奔腾，会不会使现在已经存在的不平衡状态继续扩大？”“过去曾有‘按长线平衡’和‘按短线平衡’之争，看来按‘长线’平衡，必须把‘短线’拉长。如果‘短线’拉不长，‘长线’就会被迫缩短，而要拉长‘短线’，不是一两年就能奏效的。在编制长期规划中，必须特别做好综合平衡工作，务使各部门之间的不平衡日益缩小，而

---

① 此信收集在《论中国经济体制改革》，天津人民出版社1990年版，第89—96页。

不至于继续扩大，要高速度就必须按比例”。

第三是总结历史经验问题。“为着迎接新的建设高潮，需要认真总结过去28年的经验教训，特别是1958年‘大跃进’和接着所做调整工作的经验教训。这一次经济发展的大曲折，给我们很深刻的印象”。当时大家对于总结“三面红旗”的教训仍然心有余悸，把这当作“禁区”不敢问津；要总结“大跃进”以前经济工作的教训更是不可思议。因此我在信中说，“如果没有中央负责同志出来说话，是很难打破这个‘禁区’的”。“我提出这个问题，估计是会受到许多同志批评的”，“希望你们予以指示”。

此信发出后，计委研究所有位借调来的同志感到害怕，表示决不参加冲“禁区”。但不久，《光明日报》发表了评论员文章“实践是检验真理的唯一标准”，一场关于真理标准、实际上是对党的思想路线的讨论，在全国逐步展开。从中组部长改任中宣部部长的胡耀邦同志推动了这场讨论；秋季，邓小平同志提出“解放思想、实事求是”，还说马克思主义也是要发展的，批评“凡是论”。我受到鼓舞，下决心冲“禁区”。我感到总结二十多年经验教训、批评“左”倾错误，不是三言两语能说清楚的，需要写出系统的论著。1978

1979年夏，《中国社会主义经济问题研究》写作班子成员薛暮桥（前排左二）、苏星（前排左一）、何建章（前排左三）、余学本（后排左一）、吴凯泰（后排左二）在青岛合影。

年 10 月，我向计委党组提出组织一个小班子到外地去写书的报告，计委党组批准了。参加这个写书班子的同志有苏星、吴凯泰、何建章、余学本。这年 11 月，正是十一届三中全会的前夕，我们到杭州去开始写书。要在几个月内写出这样一本书来，就要下很大的决心。我们规定上午 8 时—12 时，下午 2 时— 6 时为写作时间，我自己带头，一直严格遵守。当时在杭州有许多从原国民党陆军监狱出来的难友，都想来看我，我请难友钟鼎祥通知大家："一律不要来看，待我离开杭州前约请大家同来叙谈，并请大家吃一顿饭。"

12 月下旬，我们在杭州见到了党的十一届三中全会公报，这是一个天大的喜讯。这次会议是新中国成立以来我党历史上具有深远意义的伟大转折。全会结束了两年来党的工作的徘徊局面，开始全面纠正"文化大革命"中及其以前的"左"倾错误。这次会议，坚决批判了"两个凡是"的错误方针，高度评价了关于真理标准问题的讨论，确定了解放思想、开动脑筋、实事求是、团结一致向前看的指导方针；果断地停止使用"以阶级斗争为纲"的口号，作出了把全党工作重点转移到社会主义现代化建设上来的战略决策；提出了要注意解决国民经济重大比例严重失调和加快农业发展的要求，并且初步提出了经济管理体制改革的问题。公报指出："现在我国经济管理体制的一个严重缺点是权力过于集中，应该有领导地大胆下放，让地方和工农业企业在国家计划的指导下有更多的经营管理自主权；应该着手大力精简各级经济行政机构，把它们的大部分职权转交给企业性的专业公司或联合公司；应该坚决实行按经济规律办事，重视价值规律的作用，注意把思想政治工作和经济手段结合起来，充分调动干部和劳动者的积极性；应该在党的一元化领导之下，认真解决党政企不分、以党代政、以政代企的现象，实行分级分工分人负责，加强管理机构和管理人员的权限和责任，减少会议公文，提高工作效率，认真实行考核、奖惩、升降等制度。"这些政策上的重要转变，标志着我们党重新确立马克思主义的思想路线和政治路线，开拓了我国社会主义现代化建设的新时期。

党的十一届三中全会极大地鼓舞了我写书总结历史经验教训的热情。我们仅仅花了三个月的时间，就写出了《中国社会主义经济问题研究》的第七稿。这期间经过元旦和春节，我们连过年过节也全都忘掉了。

我在这本书中想要表达的中心思想和主要内容，是下列一些问题：

首先是要强调建设社会主义必须遵循客观经济规律。历史经验证明，客观规律是“无所在、无所不在”的。当你的行动符合它的时候，它似乎并不存在，而当你违反它的时候，它就使你受到惩罚。总结成功的经验固然能教育我们认识规律，总结失败的教训更能教育我们。人们是在成功和失败的比较中取得实践经验，从而认识事物发展规律的。过去二十多年我们对社会主义经济规律的认识很不完全、很不深刻，屡次受到惩罚。今天应当认真总结历史经验，从中找出规律性，提高认识，并且不断研究新情况、总结新经验，使之不断进步。我在此书的绪论中一开始就说，写书的目的，是要“探讨我国社会主义革命和社会主义建设的历史经验，并研究现在还没有解决或者没有完全解决的一系列重大经济问题，以加深对社会主义经济运动规律的认识”。全书的结束语，我用的标题是“研究和运用社会主义经济发展的客观规律”。

其次，我想系统论证：过去二十多年我国社会主义建设多次遭受挫折，是因为我们从“左”的方面违背了客观经济规律，犯了“左”倾错误。

第一，我批评了在生产资料所有制问题上急于过渡的错误。在第一章中，我首次公开论述1959年海南岛读书会上所讨论的观点，认为现在历史“向我们提出一个新的问题，社会主义是否也需要分几个阶段？”在小生产广泛存在的国家，“社会主义存在一个低级阶段，我国现在正处于这个阶段”。我在这里所说的社会主义“低级阶段”并没有达到党的十三大提出的“初级阶段”的水平，只是初步探索。那时主要是说我国的社会主义除全民所有制外，还广泛存在集体所有制，而且今后集体所有制应当有发展；当时还没有提高到在社会主义公有制占主体地位条件下多种经济成分同时并存的水平。由于当时农业家庭联产承包责任制还只是在四川、安徽两省少数地方试点，本书初版还没有提到这个问题。当时我主要限于批评1958年以来“一大二公”的错误指导思想，批评一而再、再而三地急于“提高公有化程度”的错误，包括1977年至1978年“农业学大寨”中穷过渡的错误。这些错误根本违背生产关系一定要适合生产力发展的客观规律，使生产发展受到严重损害。对于第一个五年计划时期包括“三大改造”的某些做法，我当时已产生了怀疑，但一来还没有形成清晰的看法，二来受到当时政策的约束，所以没有展开讨论。因此，这本书基本上还是保持着“拨乱反正”的基调。

第二，批判违背按劳分配规律的错误。新中国成立以来，由于受战争年代供给制和小资产阶级平均主义思想影响，按劳分配实际上没有认真贯彻。

三年“大跃进”和十年“文化大革命”期间，更进一步歪曲甚至否定按劳分配原则，实际工作中平均主义盛行。这本书在批判这些错误时，进一步探讨按劳分配的客观依据。我提出了劳动力归劳动者个人所有问题（当时在个人所有前还加上“部分地”三个字，不久我主张这三字也应取消）。为着证实这个观点，我引用马克思的话，说劳动者和生产资料不同的结合方式，使社会结构分为各个不同的经济时期。历史上的三种阶级剥削制度，它们的区别不仅在于生产资料所有制的不同，更加重要的是劳动者和生产资料的结合方式不同。奴隶制、封建制的劳动者全部或部分归奴隶主、封建主所有，“在资本主义社会，物质生产资料归资本家所有，而劳动力则归劳动者自己所有”。在社会主义社会，生产资料已归社会公有，而劳动力则仍归劳动者个人所有，因此决定了以等量劳动换取等量产品的按劳分配制度。劳动者仍然把劳动当作自己谋生的手段，他们还不能不计报酬地为社会劳动。我认为这是社会主义不同于共产主义高级阶段的最重要的特征。我强调按劳分配的长期性以及巨大进步和积极作用，批评现实生活中违背按劳分配的现象，并对劳动报酬制度的改革提出了一些设想。

第三，批评过去在商品货币和价值规律问题上的错误。“大跃进”和“文化大革命”时一再出现否定社会主义商品货币关系的激进“左”倾观点。在实际工作中把计划同利用价值规律作用对立起来，经常违背价值规律，给社会主义经济发展带来很大危害。在这本书中，我力图从理论上阐明社会主义条件下商品生产和商品交换存在的必然性，指出正确利用价值规律的重要性，并对商品流通体制的改革提出初步设想。

在谈到商品货币关系的时候，过去我囿于“劳动力不是商品”的成见，认为国营企业把消费品卖给职工，还不是完全意义上的商品交换。在这本书里我指出：由于劳动力还归劳动者个人所有，劳动者以自己的劳动换取货币再从国营商店购买相应数量的消费品，从这方面来说，他们又是两个不同的所有者，所以也是商品交换关系。至于国营企业与国营企业之间的交换，它们虽然属于同一个所有者（国家），但各国营企业都必须独立进行经济核算，自负盈亏。各企业在互相交换的时候，都必须承认对方的经济利益，因而这种交换同样具有商品交换的性质。这些看法比“文化大革命”以前的认识是前进了一步。对于商品流通，这本书批评过去流通部门对商品交换统得过多，管得过死，对发展社会主义经济不利。生产单位应当有权销售一部分自己的产品，不一定完全通过国营物资和商业部门。过去生产资料由物资部门调拨，对产需双方都很不便，因此物资供应也应当像商业部门那样，采取商品交换办法，设立销售机构，从行政分配变为商品交换。对于消费品的供应，现在城市商业基本上由商业部门一家包办，流通渠道太少，流通环节太多（国营商业要经一二三级批发站才能到零售部门，不准产销直接见面）。今后应当增加流通渠道，减少流通环节，国营工厂有权自销国营商业不收购的产品，社队可以在完成交售任务后把农副土特产品自己运往城市销售，而且要允许小商贩长途贩运。这在当时对发展社会主义商品经济是一个有实际意义的建议。

对于价值规律，我国流行的政治经济学教科书大体上是这样表达的，“价值决定于社会必要劳动量，各种商品必须按照它的价值互相交换”。我在书中提出了新的解释：要全面认识价值规律，必须认识它的运动状态。由于供求关系变化，各种商品的价格常常高于或者低于它的价值，价格偏离价值，引起供求关系变化，导致价格向另一方向变动。实际上价值规律是通过价格以价值为中心上下波动来实现的。我认为规律是事物的运动规律，价值规律应当把供求规律包括在内。在这点上，我同孙冶方同志过去的意见又有不同，过去他曾主张社会主义社会商品的价格必须符合价值，不应当随市场供求情况变化而变动。

那时我国还相当普遍地实行计划价格和计划供应制度，所以本书说价值规律的作用仍然受到国家计划的限制。尽管我们在理论上可以主张价值规律的作用不应当受到限制，但在实践中目前还做不到。我的这个论断，虽然一再受到冶方同志的批评，但只要我们实行计划价格，不让价格在市场上受价值规律调节，价值规律的作用实际上是受到限制的。所有实行计划价格的国家，价值规律的作用都受到人为的限制。冶方同志说价值规律是客观规律，是客观规律就不应当予以限制，但他同样坚持实行计划价格，反对市场价格，在这种情况下，价值规律的自发调节作用事实上还是受到限制。从这一点来说，我和他的观点（主张对重要产品制定计划价格）并没有根本性的区别。我们的共同缺点是，对于计划经济体制和价格管理体制需要做根本性改革，当时都还缺乏认识。

第四，批评急于求成、盲目追求不切实际的高速度，违背国民经济按比例发展规律的错误。国民经济按比例发展是社会化生产的客观要求，社会主义经济建设必须遵循这一规律。过去二十多年，我们很多同志没有很好研究这个规律，总是想生产增长速度越快越好，建设规模越大越好，盲目追求高指标，片面强调“以钢为纲”，忽视综合平衡，其结果是国民经济比例失调，发展受挫。想要高速度，结果反而是低效益，高速度跌下来变成低速度，叫作“欲速则不达”。我在书中具体分析了50年代至70年代期间许多同志并未清楚了解的经济建设的曲折历程及经验教训，强调要高速度发展生产，就必须自觉地经常地保持按比例。按比例才能得到有效益的速度；比例失调，经济发展一定遭遇挫折。不过，当时我对于这种发展方式是由集中计划经济体制造成的这一点虽有一些感觉，还没有形成很明确的观点，同时，限于当时的现实体制条件，我提出，为了纠正盲目追求高速度的错误，应当下决心对国民经济进行调整，解决长期积累的国民经济主要比例关系严重失调问题。

在批判二十多年经济工作中“左”倾错误、强调按规律办事的基础上，这本书也尝试对经济体制的改革进行初步的探索。我说：“我国现行的经济管理体制，基本上是学习苏联在斯大林时期所采取的办法。它的特点是片面强调高度集中统一”，“按行政系统、行政层次主要用行政办法进行管理”。在这种体制下，企业成了“钟表中的一个零件，不会自己活动，要靠一个发条来推动；而不是有机体中的一个细胞，有自己的生命力，能够自己生长繁殖”。我认为，“我们要尽量少用行政命令来干涉企业的经济活动”。我主张对这种体制进行改革，“计划只能规定经济发展的方向、主要比例，不能规定细则，否则会把经济管死”。“要使企业摆脱那种拨一拨，动一动的‘算盘珠’状态，使它们有充沛的活力”。我主张，“多利用经济手段来调节企业的经济活动”。所谓经济手段，主要是“税收政策，价格政策，物资供应政策，投资政策，信贷政策”。这些意见，都还很不成熟，这本书还没有作充分论述，特别是这里还没有涉及一个根本性的问题，即计划与市场的关系。这个问题在1979年至1980年还刚刚开始在内部进行讨论。

这本书的初稿在杭州写了三个多月，1979年春节后回到北京。回北京后立即把印好的初稿分送给国内知名经济理论工作者，在一个多月时间内收到近百封回信，提出许多宝贵的修改意见。4月初我带领原班人马去无锡，住在太湖饭店，按照原来的作息时间埋头工作。与此同时，孙冶方同志也带领四位同志在同一层楼里写他“文化大革命”时期在牢狱中所想好的《政治经济学》的腹稿，计划按《资本论》的格局写出一本巨著。我们两班人马，刻苦写作，时而交换意见，这是一段愉快相聚的时日。万万想不到，回到北京后不久，得知冶方同志患有肝癌，他自己尚不知道，我深为担忧和痛惜。

此书在无锡修改约两个月，回北京征求意见。7 月末又到青岛最后定稿，于 8 月底完成，立即送人民出版社。1979 年 12 月第一版就与读者见面了。第一版印数 5 万册，不到两个月就一抢而空。日本《经济新闻》发表一条消息说：中国有一本书，跑遍全北京都买不到，这就是薛暮桥所著《中国社会主义经济问题研究》，北京各经济机关、公司和北京各国大使馆都想买，也买不到。这条新闻曾在《参考消息》上转载。“文化大革命”前长期担任中央宣传部部长的陆定一同志推荐这本书为干部必读材料和高等院校经济系的教科书。人民出版社大量翻印，共印 300 万册，仍然满足不了需要。于是人民出版社提供纸型让各省、市、自治区人民出版社自己翻印，到 1983 年初，印数已达 650 多万册，在三年时间中总销量接近 1000 万册。与此同时，外文出版社翻译成日、英、法、西班牙四种文字出版，日本还自己出版了本书的

四种版本的《中国社会主义经济问题研究》。

日文本。自己翻译出版这本书的，还有前联邦德国、南斯拉夫等。

此书在相当大范围内批判了当时泛滥全国的“左”倾思潮，所以出版后几年内曾经获得相当多的好评。党的十一届三中全会以后经济体制改革首先在农村迅速发展。短短几年内，农村中改变了人民公社制度，推行了家庭联产承包责任制和统分结合的双重经营体制，在这方面，这本书已经落在实践的后面。1984 年党的十二届三中全会，作出关于经济体制改革的决定，确认“全面改革经济体制的条件已经具备”，决定加快以城市为重点的整个经济体制改革的步伐，改革事业就在全国范围迅猛发展起来。扩大地方和企业的自主权，缩小指令性计划，扩大指导性计划，明确指出社会主义计划经济必须自觉依据和运用价值规律，逐渐用市场调节来代替计划调节。实践的发展，超过了这本书的观点，到党的十四大提出以建立社会主义市场经济为目标，此书已没有多少指导作用，但在 70 年代末，此书曾在理论上为经济政策上的“拨乱反正”发挥了积极的促进作用，并预示了经济改革时代的到来。

在杭州写书期间，知道北京正在开理论工作务虚会。我看了一些简报和材料后，决定写个书面发言，题为《根据实践经验来回顾二十多年的经济工作》，这个发言，讲话比较敞开，简要地叙述了二十多年来我国经济发展的经验教训，特别是“左”倾错误所造成的严重损失和给我们的沉痛教训。我指出:“我们在经济工作中确实做了许多蠢事，可就是一直不敢承认错误。明明主要的倾向是‘左’了，硬要说是右了，还要反右，结果是越反越‘左’。弄得经济几起几落，大起大落，发展缓慢，有时甚至是停滞、倒退。”“如果我们按照两个‘凡是’办事，那就别想认真进行什么总结。”分不清是非曲直，就不能把社会主义建设引上正确轨道。这个书面发言得到中央一些同志的赞许，并在中央党校《理论动态》上发表（后收入 1984 年内部发行的《薛暮桥经济论文集》)。这年 3 月初我回到北京，14 日到国家经委企业管理研究班以《经济工作必须掌握经济发展规律》为题作了个报告，在干部中开始公开讲述我在《研究》和《回顾》中阐述的思想。从反映来看，多数干部对我的观点是持赞同态度的。

出访美国、中国香港

在这里我还想记述一下我去美国的访问。1979 年 10 月 2 日，我作为顾问和马洪同志作为团长应美国哈佛大学等五个名牌大学的邀请到美国去访问，同行的还有鞍钢副总经理孙鸿志（副团长）和廖季立、梅行、何建章等同志。此行的目的是考察美国经济管理教育方面的经验，这对于我国现代化建设是一个很重要的问题。美国对培养管理人才比培养科学技术人才更重视，报考经济管理学院的学生比科技学院的学生更多，更难录取。我国当时对此还没有重视。在哈佛大学欢迎宴会中，主人请我讲话，我着重讲了中国现在进行农业、工业、国防和科学技术的四个现代化，并说现在看来，这四个现代化离开了管理的现代化是不行的。后来我会见美国一位获得诺贝尔奖的经济学家，他刚访问中国后回美，我问他这次访问对中国最深刻的印象是什么？他说中国地大人多，资源丰富，也已经有了一定数量的技术设备，最落后的是经济管理，这话对我印象很深。此后他经常谈到这个问题，由于科学技术和由此所引起的管理方法的不断进步，美国对经济管理的教育不是专讲书本知识，而要求不断创新，对教授的选拔也以有没有创新能力作为重要标准。

美国除了开设许多经济管理学院培养青年学生外，还很重视在职领导人员的再教育，许多经理每隔几年回学校接受短期（一两个月）教育，学习新的知识。在职干部培养班也采取哈佛管理学院的“案例”教育方式，由受教育者讲述自己在某一方面的成功经验，经过大家讨论，由教员精选并协助整理成为一个一个的“案例”。哈佛大学经常保持3000个案例，供学生选择学习。新经验不断产生，所以不断产生新案例，以此来代替已经过时的旧案例，使实践经验不断更新。我们在达拉斯曾参观一个在职领导人员的培训学校，主人让我们进教室坐在后面旁听，当时有一个女经理正在讲她的经验，教授和五六十名学员（都是经理一级的领导人员）专心听讲，讲完后集体讨论，最后由教授作结论。其余时间学员自己选择对自己有用的案例学习。这种教育方法是值得我们学习的。回北京后，我曾去北京大学就经济管理教育问题向师生作了报告。

此次去美不仅考察经济管理教育问题，我更关心的是研究资本主义经济的运行状况。1978年，我在国内曾经参加一次国际问题研究所召开的关于凯恩斯主义的讨论，我指出凯恩斯主义用适度的通货膨胀可以避免像30年代初期那样的世界经济大危机，但可能导致经济滞胀。此次来美路经法国，听到1盎司黄金的价格突然从400美元暴涨到600美元（后来最高曾达800美元），各国货币信用动摇，市场混乱。到美国后与经济学家交谈中，我询问美国对此有何对策？他们回答说，财政部部长已经宣布，把联邦储备银行的再贴现率提高到17%（后来又提高到19%），以紧缩货币流通数量。我问这样会不会引起经济衰退，他们回答说资深的经济学家已经预测明年的国民生产总值可能出现2%的负增长。当时美国的物价指数上升已经达到两位数（大约18%上下），再不实行紧缩政策，将导致国民经济巨大的混乱，所以决定抛弃实行了大约二十年的凯恩斯主义，采取弗里德曼的货币主义。这种现象，符合一年前我在国内反复指出过的用通货膨胀来刺激生产增长的必然结果。我说：用通货膨胀来刺激需求、避免生产过剩，只能提高虚假的购买力，过一时期生产又将过剩，被迫进一步提高货币供应和物价上涨的幅度；物价上涨达到一定程度时，就会引起市场混乱，甚至货币信用危机，被迫放弃凯恩斯主义。我的预言实现了，所以我一点也不感到意外。

那时在美国，凯恩斯主义者与货币主义者正在进行激烈争论，在华盛顿时，一次宴会上一位凯恩斯主义者说弗里德曼想用紧缩货币发行数量来抽紧银根失败了，因为贴现率提高后欧洲美元流回美国（因为美国存款利率显著地高于欧洲），两星期内流回200亿美元，货币流通数量反而多了，物价降不下来。其实在我看来，弗里德曼的看法总的说来还是对的，只不过物价下降的速度比原来预期的慢。其原因是，30年中流到欧洲去的美元约6000亿元，流到亚洲的约2000亿元。如果这些国外美元有半数流回国内，美国仍难避免通货膨胀。因此弗里德曼原期望紧缩通货后物价会很快下落，结果比预期迟了两年。由于物价下落较迟，1980年国民生产总值是零增长，不是负增长。实行了30年凯恩斯主义的美国，下这样大的决心来紧缩通货，稳定物价，这是值得注意的。

在资本主义国家，用紧缩通货来稳定物价，将出现经济萎缩，而用通货膨胀来避免经济萎缩又不能避免物价上涨，这个矛盾如何解决，我曾向几位教授请教。他们的答复是，“这像婆婆同媳妇吵架一样，是无法避免的”，因而不值得讨论。我觉得这种态度是可笑的。有一天代表团同布鲁斯金学会会谈，总统首席经济顾问舒尔茨（经济学家，不是后来任国务卿的舒尔茨）来与我们会见，我想不可能不讨论这个问题，便向他提出上述问题。舒尔茨回答说，我们是经常讨论这个问题的。但这问题过于复杂，短时间内说不清楚。我表示理解，不要求进行具体讨论。在资本主义国家，由于生产社会

在美国过 75 岁生日。

化和生产资料私人占有这个基本经济矛盾而时常出现生产过剩，投资萎缩，因此要用通货膨胀来刺激投资。社会主义国家与此相反，常常出现的是生产供不应求，投资过热，在这种情况下有人还想用通货膨胀来刺激生产的超高速增长，我称他们是“不懂凯恩斯主义的凯恩斯主义者”。

那时美国正在进行总统选举，有一次宴会中，教授们问我你对总统选举有何意见。我说，“我对你们的总统竞选不感兴趣，共和党、民主党，谁当选都一样”。教授们也对他们的“三权鼎立”有意见，说总统、议会互相牵制，很难作出一个英明的决定。他们称我们的十一届三中全会作出的决策是一个划时代的转变，说美国的总统除华盛顿外，只有林肯和罗斯福作出了果断的决策。罗斯福的英明决策，一是在 1934 年对国民经济实行政府干预，那是在经济危机达到国民经济濒临崩溃时才得到议会同意的。二是对日对德宣战，如果没有珍珠港事件，议会也不会同意。另外，两党轮流执政，常常出现决策上的短期行为，只求任期内有声有色，把困难推给将来。那 10 年，美国的财政赤字巨大，国债达到一万多亿美元，相当于半年的国民收入；与此同时，由于外贸大量入超，从最大的债权国沦为最大的债务国，现任总统对此是不会担心的，目前仍在按此方向继续发展。

在美国访问期间，正赶上我 75 岁的生日。当地工商各界三赠蛋糕以表祝贺。我在归国前夕游览加利福尼亚州海滨时，赋诗一首：

望洋何须再兴叹，
万里波涛一日还。
豹鸥竞渡迎远客，
晴雨争妍助盛餐。

宾主祝酒念半百，
工商赠糕度三诞。
东来喜逢西惜别，
燕京重见应更欢。

1980年10月，我应香港《经济导报》报社的邀请到香港去讲学，参加的有廖季立、季崇威、杨培新、何建章、张培基等同志。我在讲学中指出，由于中国经济发展水平很低，在这样的基础上建立的社会主义，只能是公有化水平较低的中国式的社会主义。社会主义必须建立在社会化大生产的基础上，而社会化大生产是必须以商品经济的充分发展为前提的。过去我们不认识社会主义经济是建立在生产资料公有制基础上的社会主义商品经济，把社会主义经济当作可以完全由中央计划机关来集中管理的统一体，不承认企业应当有相对的独立性，它们必须通过市场把自己的产品当作商品互相交换，并对自己的行为负一定的责任。以上几位也分别作了演讲，最后我作了总结发言，在答复中国会不会复辟资本主义时说："我们不主张让资本主义死灰复燃，但对资本主义也不必过于害怕，有一点也可以，现在还不可能叫资本主义绝种。"我在香港的这些讲话，引起香港舆论界的轰动，每天十几种报纸纷纷发表评论。此次会议的演讲和问答全文，由《经济导报》报社用中英文在香港出版（书名《中国经济发展新趋势》）销往许多国家。次年春天我去日本参加"中日经济知识交流会"首次会议时，大来佐武郎先生一见面就出示他刚从香港买来的这本书，我则出示1937年日本出版的《支那农村经济概论》，大家抚掌而笑。

我在去香港途中，曾在深圳停留一天。那时深圳还是一片荒郊，只有一条小街，但有几个合资工厂已在修建。那时每天有四千名以上侨胞回国探亲，星期天可达一万人。深圳农民很穷，街上没有土产出售，我问为什么不种些香蕉、柑橘卖给侨胞，答复是这些水果都由政府统购，香蕉每斤一角七分钱，谁也不愿意种。晚间我与市政府同志座谈时，提出三条建议：一是要先搞市政建设，如公路、电话等；二是要搞服务性行业，解决外商食宿等生活上的问题；三是要使周围的农民富起来，办法是取消水果、土产的统购政策，准许农民议价自销，靠侨胞赚钱。这些意见，不知怎么很快就传到香港，次晨9点我上火车前，在深圳就看到香港的报纸，登载昨晚我的三条建议，但与原话出入很大。

从香港回来时路过广州，习仲勋、杨尚昆同志热情接待，要我在中山堂作个报告。我除讲了调整改革等大事外，也提到“我来广州吃不到香蕉、柑橘，你们用北京的苹果来招待我，听说原因是政府低价统购。在路上农村中可以买到五角钱一斤的香蕉，建议让农民按市价运到广州来自己销售，让农民多赚点钱没有什么坏处”。这个意见被省委采纳了。

回北京后我又到上海调查，在上海开了五六次座谈会，对经济管得过死有了更多的体会。如上海线带业历来由商业部门统购包销，因为品种规格太少，用途不广，积压滞销。后来商业部门准许线带工厂自销，品种规格增加，立即变为供不应求。线带是一个小行业，其他行业只要取消统购包销，也可以大大发展。在上海还参观了一个生产资料交易市场，他们改变过去生产资料均由物资管理部门统一调拨的办法，准许各局、公司、工厂把多年在仓库积压的产品拿到交易市场来推销，使许多订货困难的产品得到供应，缓解了多年来许多种生产资料一面积压、一面脱销的困难。那时生产资料交易市场只有几十间破平房，我建议改建为生产资料交易大楼，让各局、公司、大工厂派出购销小组，常驻交易大楼互通有无。当时我的建议未被上海重视，三四年后被物资部门采纳，成为物资分配体制的一项重要改革。

九、1979年至1984年期间关于调整的建议和改革的探索（上）

关于调整的争议

党的十一届三中全会以后，中央进一步研究党的工作重点转到社会主义现代化建设上来所面临的任务。1979年年初，邓小平同志在理论工作务虚会议结束时的讲话中指出：为了使我们的经济走向正常的稳定的发展，要下决心进行必要的正确的调整，并且必须认真解决各种经济体制问题①，以便为实现四个现代化打好稳固的基础。3月下旬，中央政治局会议决定，要下决心用几年时间调整国民经济，坚持按比例发展。4月初，召开了中央工作会议，讨论和贯彻中央关于调整国民经济的重大决策，提出“调整、改革、整顿、提高”新的八字方针，指出调整是当前国民经济全局的关键，要在调整中改革，在调整中整顿，在调整中提高。会议提出了调整国民经济的一系列原则和措施。

中央的这一决策是十分正确的。当时国民经济比例失调实际上已很严重。第一，农业严重落后。按人口平均的粮食占有量大体上还停留在1957年的水平，按人口平均的棉油占有量则低于1957年的水平。许多地方农民口粮不足，城市中则只能凭票限量供应。农业的发展严重落后于工业发展和人民生活改善的需要。第二，轻工业发展滞后。多年来基本建设投资集中投向重工业，对轻工业的投资所占比重很小，1978年这一比重只有5.7%，低于“一五”时期水平。主要轻工业产品如棉布等市场供应十分紧张，也只能凭票供应，不能满足人民生活需要。第三，能源、原材料、交通运输过度紧

---

①《坚持四项基本原则》（1979年3月30日），《邓小平文选》第2卷，人民出版社1983年版，第161页。

张。电力供应不足，大批工厂被迫停工半停工，20%左右的工业生产能力不能发挥作用。煤炭短缺，铁路、港口运输经常堵塞。与此同时，钢铁、机械等工业盲目发展。重工业内部比例也严重失调。第四，积累和消费之间比例失调。将近二十年农民平均收入和职工平均工资没有提高，人民生活没有改善，而积累率却一直在30%以上，1978年又高达36.5%。国家建设和改善人民生活之间的关系处理得极不协调。总之，国民经济的主要比例关系即农轻重之间、重工业内部以及积累和消费之间的比例关系都处在严重失调状态。

国民经济比例失调，是过去二十多年特别是“文化大革命”十年中长期累积起来的，冰冻三尺，非一日之寒，而1978年新的冒进则使矛盾激化并进一步暴露出来。过去二十多年，我们在农村中盲目提高公有化程度，搞“穷过渡”“割资本主义尾巴”，是农业长期落后的主要原因。与此同时，在经济建设上，一再追求不切实际的高速度、高指标，超越国力，盲目扩大基本建设投资。在计划方法上搞所谓“以钢为纲”，凭空提出一个钢产量的高指标，不顾综合平衡的实际可能，逼着各方面向高指标看齐，这就使比例失调一步步加重。到1977年、1978年，经济工作中错误指导思想仍未纠正过来。在农业上不抓政策落实而继续提倡“穷过渡”，以致在气候条件良好的情况下却不能增产。1977年编制十年规划时，又凭空提出到1985年钢产量要达到6000万吨（后来到1985年实际达到的是4679万吨）的高指标，以此为目标，提出要建设“十大钢铁基地”“十大石油基地”“八大煤炭基地”等过高计划。1978年基建投资一加再加，并且不顾外汇支付和国内配套能力的限制，一窝蜂地从国外引进成套设备。物资供应全面紧张，到处停电缺煤，财政也发生困难。国民经济比例失调问题进一步暴露出来了。当时我在和一些同志议论时曾经说：这不又在搞“大跃进”了吗？

由于我们已经有过“大跃进”的痛苦教训，所以这一次中央作出调整的决定是很及时的。当时如果我们任其发展下去，过不了几年，经济建设肯定会再次遭到重大挫折。为了使社会主义现代化建设顺利发展，必须坚决纠正冒进的错误，把国民经济的调整放到首位，根本改善国民经济的比例关系。当时理论界有的同志认为应当把改革而不是调整放到首位。我认为这不是好主意。改革应当为经济发展服务，它的每一个重大步骤都应当取得促进经济正常发展的良好效果，否则改革容易遇到挫折。经济稳定协调的发展，是改革顺利推进的重要条件。当时，在改革的步骤上应当首先促使农业生产上升，使农轻重比例向协调方向发展，发挥促进调整的作用，为调整服务。

1979年3月我从杭州回京后不久就听到中央工作会议精神，感到衷心拥护。但同时我也看到，当时贯彻这一决定相当困难，原因是国民经济比例失调由来已久，许多干部习以为常，对调整的必要性缺乏认识。多年来人民生活必需的农副产品和轻工业品如此匮乏，但许多干部已经是看惯了，不懂得问题的严重性和它的根源。还有许多干部急于求成的情绪十分强烈，不少地区、部门迟迟不下决心采取得力措施压缩基本建设规模。即使在国家计委这样的宏观经济战略决策部门，也有同志未能摆脱对高速度、高指标、高积累的追求和“以钢为纲”的计划方法，对过去制定的十年规划恋恋不舍。在这种情况下，调整工作的进展十分缓慢。

针对这种情况，我在内部作了一些报告，宣传调整的必要性、重要性。7月11日我在中央党校作了题为《国民经济的综合平衡》的报告。我指出，这一次调整同上一次60年代初的调整有不同的特点。上一次调整时，工农业生产严重下降，大家已吃不饱肚子，都知道不调整是不行了；这一次提出调整时，工农业生产在上升，人民生活还略有改善，大家感觉不到有调整的必要。实际上国民经济比例失调由来已久，现在已相当严重。我针对当时认识上的一些问题，具体说明调整的必要。这年11月，我访美回国后在鞍钢写访美报告，鞍钢的领导同志要我作关于目前经济形势的报告。这个报告的内容传到辽宁省委，省委第一书记任仲夷同志要我在沈阳停留两天，在省委干部大会再讲一次①。这次面对省委和省政府干部，我讲得比较敞开。我从总结我国社会主义改造和社会主义建设中“左”倾错误的历史教训谈起，批评1977年至1978年继续存在的“左”的错误，指出国民经济比例失调的严重性，强调要统一思想，痛下决心进行国民经济的调整。关于社会主义改造，我指出，过去总是说我国国民经济的三大改造是完全成功的，现在看来，有成功的经验，但问题不少。问题不仅是搞得“太快”，而且是搞得“太彻底”了。使生产受到破坏，发展缓慢。革命的目的是发展生产力，但过去有一种为革命而革命的倾向，认为革命越彻底越好，结果有时候破坏了生产。我批评前两年不抓政策落实而继续提倡“穷过渡”的错误，主张推进农村改革，发展多种经营和商品生产，以促使农业迅速发展。关于社会主义建设，我分

---

① 参见《当前我国经济若干问题》，人民出版社1980年版，第67—68页；《论中国经济体制的改革》，天津人民出版社1990年版，第97—110页。

析过去盲目追求高速度、高指标、高积累和违背综合平衡，推行“以钢为纲”计划方法的危害，批评 1977 年制定十年规划时凭空提出 6000 万吨钢的高指标的错误。我指出，要实现这样的高指标，并且硬要使煤、电、运输都跟上去，这要把建设规模扩大到什么程度？积累率恐怕又要达到 40%以上了。20 年来人民生活没有多少改善，再要缩小消费的比例，人民对于社会主义会有什么看法？我认为不能为生产而生产，发展生产的目的是改善人民生活。我强调要坚决把 6000 万吨钢的高指标降下来，大大压缩基本建设规模，而努力把农业、轻工业搞上去，并调整重工业内部的比例关系。积累率最好保持在 25%或略高，最多不要超过 30%。这样调整，工业生产增长速度会暂时下降，这没有什么可怕的，调整好比例关系，工业发展速度会回升而且发展得更好。来年应继续压缩基本建设投资。最后，我强调一定要统一思想，坚决贯彻中央的决策。

以上意见，同十一届三中全会和中央工作会议的精神是一致的。但是报告的内容传到国家计委，有的同志表示很不赞成。有不同意见是正常的，引起争论使问题探讨得更深入，也是好事。

不同意我的意见的同志认为，优先发展重工业是客观规律，重工业的比例总是越来越大，农业越来越小；积累是扩大再生产的源泉，提高积累才能提高生产增长速度。有的同志计算，1979 年积累率降为 33%，工业生产增长速度已从 14%降到 8%，1980 年决不能把积累率压到 30%以下，再要压缩投资，连简单再生产也难维持，今后几年生产增长速度会持续下降，到 1985 年可能降到零。所以有的同志说，积累率降到 25%，生产就不可能发展，随着人口增加，人民生活会下降。他们特别不同意我批评社会主义改造“太彻底”的看法，认为怎么能批评 1956 年的合作化高潮呢？

由于存在意见分歧，在国家计委内部曾多次争议。1980 年 4 月，姚依林同志接任国家计委主任。在第一次党组会议上，廖季立同志批评过去计划工作的错误，他认为要保持一定的发展速度，应当使经济结构“轻型”化，即在压缩投资的同时，提高农业和轻工业的比重。加快农业发展主要靠政策，不需增加很多能源消耗，也不要多少投资。我也作了发言，姚要我写成书面意见。我以《编制五年十年计划的方针》为题，把发言写成书面稿①。批评过

---

① 参见《论中国经济体制改革》，天津人民出版社 1990 年版，第 111—119 页。

去盲目追求高速度、高积累，片面发展重工业，破坏国民经济按比例发展的错误，主张切实执行农轻重并举的方针，按农轻重次序安排计划。我指出，在正常情况下，积累是扩大再生产的源泉，重工业（在有机构成提高基础上）必须优先增长，这是没有疑问的，但是目前情况是多年来比例失调、重工业片面发展、积累率过高。必须下决心调整，从走过头的地方退回来，这才是真正遵守客观规律。从长期来说，重工业所占比例会逐步提高，积累率也会随经济发展水平的逐步提高而略有提高，但从目前现状来看，必须把过高的积累率降下来，把重工业的速度和比例退下来，加速农业和轻工业的发展。1980年应当下决心继续调整，改变去年调整工作不得力的状况。对于加快农业发展问题，我建议除增加投资和提高农产品的收购价格外，还要尊重生产队和农民的自主权。在生产队内部，也可以划分作业组甚至以户为单位，实行责任制，联系产量，多产多得。实行这个政策，劳动生产率至少可以提高一倍，多余的劳动力可以用于多种经营，发展社队副业、社队工业。这些副业发展起来以后，必须解决运销问题，可以由供销合作社代销，也可以让社队运到城市去自己销售。这样，农民增加收入，城市增加供应，好处大得很。这些意见，在当时可以说是我对调整和改革的指导方针提出的建议。姚依林把发言稿送到国务院财政经济委员会（1979年3月建立，陈云同志为主任，李先念同志为副主任，姚依林同志为秘书长）扩大会议上去讨论。经过讨论，中央的决定是继续坚决贯彻调整方针，计委内部的争议最后停息。

对经济体制改革的初步设想

1979年，政府在着手调整国民经济的同时，开始对我国经济体制的改革进行大胆的探索。作为一个经济研究和政府决策的咨询人员，我对此极其关心。

早在1978年下半年，许多同志在总结历史教训时就开始讨论经济体制改革问题，认为我国现行体制非改革不可，在1978年7月至9月国务院召开的务虚会上，有的同志提出，为了加快我国四个现代化建设，现行苏联式计划经济体制必须改革，建议实行“计划经济和市场经济相结合”的体制。到这年12月，党的十一届三中全会作出了一系列具有重大历史意义的决策，其中包括确认改革经济体制的必要。但是，社会主义经济体制改革对我们来说还是一个新问题，虽然当时有的社会主义国家进行改革已有多年，但终究还没有一个成功的实例。而且我国有自己独特的国情，符合我国国情的改革道路，要靠我们自己来探索。三中全会确认了改革的必要性，但是改革的具体方案还有待在实践中逐步探索。

十一届三中全会后，党的领导层曾经对苏联式计划经济体制的缺陷和改革方向进行探讨。1979 年 3 月，陈云同志根据 50 年代后期以来的经验指出：过去苏联和中国实行计划经济体制的一个缺点，是只有有计划按比例这一条，没有在社会主义制度下还必须有市场调节这一条。他认为已有的经验表明，在整个社会主义时期经济必须有两个部分：计划经济部分和市场调节部分，前者是基本的主要的，后者是从属的次要的，但又是必需的，是有益的补充。问题的关键是直到现在我们不是有意识地认识到这两部分经济同时并存的必然性和必要性，还没有弄清这两部分经济在不同部门应占有的不同比例。在今后经济的调整和体制的改革中这两部分比例的调整将占重要地位[①]。陈云同志的这一思想，早在 1956 年党的八大一次会议上就曾提出过，他不赞成立即建立清一色的公有制和完全排斥市场调节的经济体制，主张允许非公有制经济成分和市场调节发挥补充作用。提出这一主张，在当时是一个很大胆的创见，有重要意义。但是这一主张没有得到重视，在“文化大革命”期间还受到严厉的批判。1979 年改革开放之初，重新提出这一主张，强调的重点是要发挥市场调节的作用，虽然它基本上还没有摆脱高度集中的行政指令性计划经济体制的整体框架，但是针对过去二十多年经济体制日益僵化的情况，这是一个最初的突破，对体制改革的起步是有力的推动。1979 年 4 月召开的中央工作会议在计划和市场问题上，也赞成陈云同志的观点。在当时，理论工作者和实际工作者差不多都是拥护这一主张的。此后，许多同志、包括我自己正是沿着发挥市场调节作用的思路，在理论上和政策上对体制改革作进一步探索，思想有了进一步的发展。

1979 年我在理论上进一步研究的同时，对当时改革的实际步骤也很关心。我一直认为，具体改革措施的选择，要从经济建设的实际需要出发，解

---

① 陈云:《计划与市场问题》(1979 年 3 月 8 日),《三中全会以来重要文献选编》(上)，人民出版社 1982 年版，第 68—71 页。

决经济发展中的现实问题。改革的每一个步骤都应当取得促进经济发展的效果，这样才能使改革顺利推进。当时我们首先是抓农业的改革，开始推行家庭联产承包责任制，这一改革大大加快了农业的发展速度，取得很大的成功。在城市中，从扩大企业自主权入手，改革国有企业管理体制，对此我也是赞成的。除此之外，我还关心当时已很紧张的劳动就业问题，主张改革劳动就业制度，并推动所有制结构的改革。我主张改革清一色的两种公有制并存的格局，允许多种经济成分并存。重视城乡集体经济的发展，允许个体经济发挥补充作用。

1979年初我在杭州写书时，听说上山下乡后回城的待业青年要求就业，到省府大院请愿。我看了现场，并同省委书记铁瑛同志议论过。这一年全国待业人员已达2000多万人，其中回城青年700万人，留城待业青年320万人。许多城市发生请愿事件，已经影响社会的安定。我对日益尖锐的就业问题进行了研究，认为要解决这个问题，必须纠正"左"的错误，改革所有制结构。不从理论上找到事物的根本，孤立地研究某一项具体管理制度，是找不到出路的。3月我回京时，正好劳动部召开座谈会邀请我参加并讲话，7月中央党校请我作报告。我在讲话和报告中分析了劳动就业问题尖锐化的原因，并提出广开就业门路的建议①。

我谈到，全国刚解放时城市中失业人员达到400万人，几乎和工业企业职工总数相等。当时失业人员可以自找门路，在国家帮助下通过"生产自救"只花一两年时间就解决了问题，但是以后我们的社会主义改造走过了头，盲目追求纯而又纯的公有制。农村中个体经济全部纳入生产合作社并改成人民公社，在人民公社内部大砍"资本主义尾巴"，堵塞了多种多样的生产就业门路，在城市中私营企业统统改成公私合营以后又转为国营企业，个体经济统统组成合作社，以后多数过渡成"大集体"或国营企业。此后全部职工由劳动部门管起来统一分配，一切劳动就业都归劳动部门统一安排，由劳动部门给每个人发一个"铁饭碗"去吃"大锅饭"，把城市中待业人员自找门路的可能也堵塞了。这20年来，个体经济改造之后就不允许再有新的个体经济产生，集体经济建立以后，除70年代一些局部的特殊情况外就不

---

① 参见《当前我国经济若干问题》，人民出版社1980年版，第139—146页；《论中国经济体制改革》，天津人民出版社1990年版，第515—534页。

能再产生新的集体经济组织。原有企业职工人数越来越多，冗员充塞，劳动生产率下降，但仍不能把新成长的劳动者全部包下来。结果，一方面，是许多事没有人去做，城市里小商品品种减少，商业、饮食业、服务业、修理业、服装缝纫、运输业、建筑业等网点稀缺，人民生活极其不便；农村中许多土特产品生产减少，生产出来也运不出去，因为不允许社队、小商贩长途贩运。另一方面，大量人员待业，许多人又没事做。“文化大革命”中动员成千上万知识青年上山下乡，“文化大革命”后又一哄而回，要求政府分配就业。我认为，劳动就业问题尖锐化，根本上是追求“一大二公”，所有制结构和产业结构不合理造成的，是生产关系一些环节不适合生产力发展需要的表现。我在劳动部召开的那次会上建议改变劳动管理制度，除劳动部门统一分配外，应当允许并帮助待业青年组织起来就业和自找职业。我说，如果不这样做，“总有一天会把劳动局的大门挤破”。劳动部门实行让老职工提前退休，允许子女来顶替，也不是好办法。我主张允许待业人员组织自负盈亏的合作社或合作小组，也允许他们自愿从事个体经营，改变公有制一统天下的格局，在公有制占优势的条件下，允许多种经济成分存在，才能从根本上解决问题。我在党校的报告中讲道：“我国的经济理论工作者有必要坦率地讨论我国现有的所有制结构，为什么会如此严重地束缚生产力的发展？”“在目前，留一点个体经济和资本主义的尾巴，可能利多害少。”“我们现在还不可能使资本主义绝种，有一点也没有什么可怕”。

我的报告得到胡耀邦同志的支持，在中央党校内部刊物《理论动态》上发表。7月18日《北京日报》摘要转载了这篇文章，《北京周报》又把它翻译成各国文字发表，收到国内外许多读者的来信，表示赞成。关于打破“铁饭碗”问题，在《北京日报》上进行了一场辩论。后来我的建议在北京地区首先试行，取得良好效果。1980年中央召开劳动就业工作会议，明确提出了“在全国统筹规划和指导下，实行劳动部门介绍就业、自愿组织起来就业和自谋职业相结合”的方针。1981年10月13日中共中央、国务院发布了“关于广开就业门路、搞活经济、解决城镇就业问题的若干决定”，在各地开始贯彻执行这个方针。几年内，城市中出现了大批新组建的集体企业、合作企业，个体工商户也大量涌现。待业知青劳动就业问题在一定程度上得到解决，并促进了社会主义商品经济的发展。

在1979年至1980年，我还多次写文章论述我国社会主义现阶段允许多种经济成分并存的必要性。在1980年写的《经济结构和经济体制改革》一文[①]中我说："我国只花八年时间就完成了生产资料所有制的社会主义改造，过去认为这是完全成功的，现在看来，在后两年前进快了一点，而且在有些方面走过了头。1958年大办人民公社，刮了一阵'共产风'。在两三年内逐步退回来了，但是直到现在追求大、追求公的思想还没有完全克服。""在中国土地上建设社会主义经济，必须在社会主义公有制占绝对优势的条件下，容许多种经营形式同时存在，并在一定限度内容许少数其他经济成分同时存在。"在所有制问题上应当更松动一些，判断哪一种所有制最优越，主要标准应当是有利于提高社会生产力和劳动生产率，发挥最大的经济效果。离开了这一点来要求"一大二公"，是不切实际的空想。"我国的社会主义公有制已经相当巩固，有一点半社会主义或非社会主义经济成分存在，决不可能动摇社会主义经济的统治地位。在社会主义国营经济的坚强领导下，以大量的社会主义集体经济为助手[②]，以小量的其他几种经济成分为补充，这可能是我国社会主义建设的必由之路"。在这一年的12月，我在中央党校所作《再论经济结构和管理体制的改革》的报告中说："多种经济成分并存的社会主义，马克思、列宁从来没有说过，是不是有些离经叛道？有些人想不通，说这不是开倒车吗？其实，如果我们走过了头，在某些方面后退一两步，这很可能是退得对的。后退是为着更快地前进。""否则，囿于教条主义，被束缚着的生产力就不能得到彻底的解放。""有的同志说，我们好不容易建成了正规的社会主义，你说的这种社会主义，不像是真正的社会主义。其实历史上从来没有过什么纯粹的社会制度。奴隶制社会有大量的自由民，封建社会有大量的耕种自有土地的小农，资本主义社会也有大量的小生产者，……为什么社会主义国家就必须是纯粹的呢？"[③]

现在回头来看，我国经济体制改革在起步阶段，有两件事做得是很成功的。第一，在起步的最初几年（1979—1982年），我们把经济体制改革的重点放在农业方面，这一改革打破了农业长期停滞的局面，对整个国民经济的调整和体制改革，起了重要的推动作用。在当时形势下，首先重点抓农业的

---

① 参见《当前我国经济若干问题》，人民出版社1980年版，第219—240页。

② "助手"是过去的习惯提法。后来，1987年党的十三大指出，公有制是我国社会主义经济的主体。集体所有制和全民所有制一起，构成我国社会主义经济的主体。——作者注

③《我国国民经济的调整和改革》，人民出版社1982年版，第14—15页。

改革，是很正确的。第二，我们在推行国营经济体制改革试点的同时，加快集体所有制经济的发展，并允许个体经济、私营经济以及“三资”企业适当成长，发挥它们的补充作用，较快地形成以公有制为主体、多种经济成分并存的新格局。这对于社会主义有计划商品经济的发育成长，起了重要作用，避免了改革过程中可能发生的经济萎缩或动荡，促进了整个国民经济在改革过程中蓬勃发展，日益繁荣。

1980年上半年，我把更多的精力用在体制改革的进一步研究上。这一年年中，国务院设立经济体制改革办公室，我被任命为顾问，协助“体改办”起草《关于经济体制改革的初步意见》。在六七月份，我连续写了《关于经济体制改革问题的探讨》《关于经济体制改革的一些意见》《经济结构和经济体制的改革》《计划调节和市场调节》等文章，分别发表在《人民日报》《经济研究》和《红旗》杂志上（后汇集于《当前我国经济若干问题》论文集中）。这些论文表达了我当时在体制改革方针和基本原则上形成的新的看法和主张。

当时国有经济改革的基本情况是：从1978年第四季度起，在四川等地开始的扩大国营企业自主权试点，到1980年已扩展到6600个国有大型企业（占预算内工业企业产值的60%、利润的70%）。这一改革试点的主要内容，一是“放权”，准许企业在完成国家计划的前提下，对产品生产、销售、资金使用、人事安排、职工奖惩等拥有部分权力；二是“让利”，实行企业利润留成，留成利润可以用于企业生产发展、改善职工福利和奖励职工。与此同时，从1980年开始实行新的所谓“分灶吃饭”的财政体制，即改变过去的统收统支体制，在收入方面对各省实行不同形式的“包干”制度，使地方的收入与支出挂钩，多收多支，少收少支，激励地方财政增收节支，在支出方面由“条条”下达改为“块块”统筹使用，不必事事报批。

这些“放权让利”的改革，一方面，调动了地方政府和企业增产增收的积极性；另一方面，由于改革着重于中央与地方、政府与企业之间的分配关系，也带来一系列问题。第一，有的地区出现了“市场割据”的苗头，不但上下争利，而且阻碍经济的横向联系；第二，由于尚未进行价格改革，企业的盈利主要不取决于经营管理而决定于当时很不合理的购销价格的高低，按利润分成就产生了苦乐不均的现象，而且以后如调整价格又会影响利润分成的比例，势必给今后价格改革增加困难，同发挥价值规律和市场调节作用相矛盾；第三，各级政府为增加财政收入、各企业为多分利润，对价高利大的产品抢着上马，极不利于改善经济结构，同减少重复建设和缩短基本建设战线发生矛盾。

我认为，扩大地方和企业自主权的方针肯定是对的，必须继续搞下去，但要避免上述消极作用。我反复考虑，问题还是出在按行政系统管理企业这一点上。不论是按“条条”的系统分部管理还是按“块块”的系统分级管理，都是采取行政办法管理。在这种情况下，尽管放更多权、让更多利，企业仍然是行政附属物而未成为自主经营的商品生产者，要根本解决问题，就要按照商品经济客观规律用经济办法来管理。如要做到这一点，必须使企业同政府机构“脱钩”，让企业进入市场自主经营。我认为，在当时情况下，我们在扩大企业自主权的同时，要加快流通体制的改革和价格改革。为着进一步把经济搞活，“从改革流通体制着手，似乎比从改革分配制度着手更为重要，但这反而被大家忽视了”①。我主张逐步改变生产资料的计划分配和消费品的统购包销，放开流通渠道，推行选购自销；要逐步调整价格，并打破几十万种商品都由国家定价的办法，让越来越多的产品由产销协商定价；要发挥在商品经济中自然形成的中心城市的作用，冲破行政区划，促进全国经济网络的形成。我还建议建立一个体制改革的综合研究机关，做好改革的规划和协调工作。

为了推进改革，在理论上应进一步明确方向。在上面所说的文章中，我反复讲了两个基本观点：

一、我认为现阶段我国社会主义经济只能是一种商品经济。因为第一，我国生产力发展水平不高而且不平衡，不能违背客观规律追求纯而又纯的单一公有制，只能是在公有制占优势条件下允许多种经济成分并存。既然存在多种所有制，不同经济单位间的交换只能是商品交换；第二，在国有经济内部，各个企业仍然是具有各自相对独立的经济利益的商品生产经营者。否定他们的经济利益和商品生产者地位，就会窒息企业的活力，不能成为充满生机的经济细胞；第三，既然如此，社会主义经济就不是仅仅局部地存在商品生产和商品交换，而是从总体来看仍然是一种商品经济。我说：“现阶段我国的社会主义经济，是以生产资料的两种社会主义公有制（全民所有制占领导

---

①《当前我国经济若干问题》，人民出版社1980年版，第216页。

地位）为基础的、容许多种经济成分同时并存的社会主义商品经济”[1]。

我初次提出了以下的看法，认为：“社会主义经济是建立在社会化大生产基础上的，而社会化大生产必须以商品经济的充分发展为前提。”在我国除少数大城市外，社会化大生产发展的水平还很低，在广大农村，商品经济还没有充分发展，自然经济还占优势。因此我国现在还有必要大力发展商品经济，在发展商品经济的基础上发展社会化大生产。“在资本主义没有充分发展的我国，建立社会主义制度以后，商品经济不但不能消灭，还要大大发展”。

我国原有的经济管理体制，基本上是从苏联学来的，这种高度集中、按行政系统、行政区划、以行政指令为特征的管理体制，不是按照商品经济而是按照产品经济原则设计出来的。在这种体制下，企业的生产由国家计划统一安排，产品按计划统购包销或统一调拨，企业不能面对市场而是面对计划指令进行生产，企业作为商品生产者的地位被排斥，同市场联系被切断，成为行政机构的附属物或“算盘珠”，丧失应有的活力，经济效益低下。这种体制违背商品经济的客观规律，必须按照商品经济原则进行根本改革。

二、在计划与市场关系问题上，我主张计划调节和市场调节相结合，在计划指导下充分发挥市场调节的作用。社会主义商品经济“不能没有计划管理”，但是“计划管理的中心任务是对国民经济实行综合平衡”，规定经济发展的方向和发展战略。必须纠正“一种错误的认识，认为社会主义计划管理唯一正确的模式，就是50年代从苏联学来的那套统得很死的计划管理制度”，即指令性计划体制。我认为在当时，指令性计划要有，但产品的品种、规格、花色，可以根据市场需要让产销双方自己协商。将来，国民经济比例失调基本解决、产需基本平衡，指令性指标可以缩减到最低限度，国家向企业提供参考性指标，提供市场情报，指导企业的生产方向。具体的指导方法是利用经济杠杆，如价格政策、税收政策、银行信贷等进行调节。“过去认为实行计划调节就不能实行市场调节，这是不对的。应该又是计划调节又是市场调节，计划调节大部分通过市场调节来实现，通过市场调节保证市场供需的平衡。所谓计划调节和市场调节，并不是这些产品计划调节，另一些产品市场调节，而是许多产品都通过市场调节来实现计划调节。”我所强调的

---

①《当前我国经济若干问题》，人民出版社1980年版，第240页。

观点是：我们的“计划管理，在相当大程度上必须通过市场调节来实现”①。我讲这些话，实际想法是主张使计划管理建立在商品经济和市场调节的基础上。这个主张在当时不是大家都赞成的，到1981年至1982年期间，还受到部分同志的反对和批评。

以上这些意见和主张，是在1980年初夏为国务院体制改革办公室起草《关于经济体制改革的初步意见》时和同志们一起反复研究过程中形成的。这些意见被吸收到《初步意见》这个文件中。文件明确指出：“我国现阶段的社会主义经济，是生产资料公有制占优势、多种经济成分并存的商品经济，必须建立与之相适应的经济体制。”我国经济改革的原则和方向应当是，在坚持生产资料公有制占优势的条件下，按照发展商品经济和促进社会化大生产的要求，自觉运用价值规律，把单一的计划调节改为在计划指导下，充分发挥市场调节的作用。这个文件起草出来后，正值中央准备召开各省市区第一书记会议。中央领导同志决定把这个文件提交会议讨论，指定由我代表国务院“体改办”在会上对文件作一说明。会议于1980年9月召开，先是讨论农业联产承包责任制，各地意见不同，热烈争论、中央不做强制性统一规定，继续让实践来检验，以后过了一两年，看法也就趋于一致了。接着讨论《关于经济体制改革的初步意见》，我在会上作了说明。我说：“在我们起草这个文件时候，深深感到所谓经济体制的改革，是要解决在中国这块土地上，应当建立什么形式的社会主义经济的问题，这是社会主义建设的根本方针。将来起草的经济管理体制改革规划，是一部‘经济宪法’。……要解决国家的经济结构和经济活动的准则问题。”②

我说：“从第一个五年计划时期我们完成生产资料所有制的社会主义改造以来，我们一直认为我国的经济结构已经完全解决了，就是两种社会主义公有制并存，全民所有制只需要有一个模式，集体所有制也只需要有一个模式，非常简单。显然，这是不符合我国生产力发展的实际情况的。这种教条主义的认识，不但不能发挥社会主义的优越性，而且破坏社会主义的优越性。现在我们提出我国现阶段的社会主义经济是生产资料公有制占优势、多种经济成分并存的商品经济，是对30年来占统治地位的教条主义思想的挑

---

①《当前我国经济的若干问题》，人民出版社1980年版，第247页。

②《论中国经济体制改革》，天津人民出版社1990年版，第219—225页。

战。这种认识究竟对不对，应当广泛讨论。如果是对，这是马克思的社会主义学说的一个新发展。”

我在会上的说明中指出：社会主义商品经济“不能没有国家计划，不能不受国家计划的指导”。计划管理只要保持了财政收支、信贷收支、物资供求、外汇收支的平衡，国民经济就不会出现大乱子，其他方面的管理就可以放松一点。逐步减少指令性计划，代之以指导性的计划。指导性的计划不强制企业严格遵守，而可以按照企业自身的能力和市场需要灵活调节。

我还对改变国家、地方、企业之间关系问题，作了介绍。指出要改变现行的企业上缴利润制度，“把上缴利润改为上缴税款，除原来的工商税外，按利润上缴所得税……各种税款有的上缴中央，有的中央和地方分成，有的交给地方。这样各级政府对于企业的经济活动就可以不进行过多的干预，各级政府也容易划分收支，真正建立两级或者三级财政管理制度。企业在向各级政府上缴各种税款以后，可以独立核算，自负盈亏”。使企业摆脱中央各部和各级地方政府的直接隶属关系，保持相对的独立性。“这是经济管理体制中的一项根本性的改革”。在这一说明中批评了“在社会主义改造完成以后逐步用条条和块块的行政管理来代替原来存在的经济联系，各个省都要求建立完整的经济体系，用自然经济来代替商品经济，破坏了社会化大生产所需要的经济联系”，我“主张发展地区间的分工协作，鼓励地区和地区之间的联系，鼓励先进地区向后进地区投资，共同开发后进地区的自然资源”。“恢复并发展原来就存在的经济中心，恢复大中小经济中心之间网络式的经济联系，以代替现在的以地区为范围的行政管理”。这是为发展商品经济必须进行的改革。

这个《初步意见》和我的说明得到胡耀邦同志的赞扬。各省书记要求印发我的发言稿，我说稿子是在开会前一天刚写出，还要修改。耀邦同志说先不修改拿去印吧。由于在当时体制改革对许多同志来说还是一个比较生疏的问题，因而在会上没有展开讨论作出决定，只是作为一个草案供大家进一步研究。会后，《初步意见》这个文件也没有公开发表。但从改革的历史来看，这个《初步意见》可以说是我国市场取向改革的第一个纲领性草案。

十、1979 年至 1984 年期间关于调整的建议和改革的探索（下）

筹建国务院经济研究中心

1980 年 7 月初，我受中共中央财经领导小组和国务院领导同志的委托，着手筹建国务院经济研究中心。当时国民经济需要调整，经济体制开始改革，一系列复杂的经济问题摆在政府面前，党和政府开始重视政策咨询研究工作，发挥经济专家和学者的参谋作用。1980 年中央迫切需要经济决策咨询研究工作的协助。4 月份曾聘请我、马洪、孙冶方、许涤新、于光远等十位同志担任国家计委制定“六五”计划的顾问。当时由中央书记处研究室每两周召开一次经济座谈会，请著名经济学家提出意见和建议，我也经常参加。但是这些经济决策咨询活动比较分散和不经常，未能形成正常的咨询研究体系，不能满足需要。在现代社会经济生活中，政府的经济政策对社会经济发展越来越重要，特别是社会主义国家在经济体制改革时期，经济决策更显得复杂而重要。建立一个得力的经济决策咨询研究机构，确有必要。中央财经领导小组和国务院决定，建立一个由经济专家和学者参加的非行政性的经济决策咨询研究机构，组织在京经济研究单位加强经济问题的研究。

根据中央财经领导小组指示，我同马洪、廖季立等同志多次商议后，向国务院提出以下组建意见：一、以建立研究中心的形式，把国务院有关部委所属和其他在京中央级综合性经济研究院所（共 18 个单位）组织起来，从事经济决策咨询研究。机构定名为国务院经济研究中心。二、研究中心的主要任务是研究中央财经领导小组和国务院交议的问题，并有计划地深入研究对国民经济发展带有决策性、方针性的问题，提出政策建议。三、研究中心设常务干事 11 人，由薛暮桥、马洪、孙冶方、许涤新、钱俊瑞、廖季立、梅行、刘国光等同志担任；设18名常设成员，由18个参加单位的主要负责同志担任。四、研究中心配备二三名学术秘书，并从参加单位借调少量的研究人员从事日常工作。

1984年5月5日，国务院经济研究中心全体成员在中南海紫光阁合影。其中徐雪寒、吴俊扬、马洪、薛暮桥、周太和、马宾、季崇威（前排左三至左九）是研究中心创始人。

上述意见得到国务院领导批准。从1980年8月起研究中心在中南海北区开始工作，我担任总干事，马洪、廖季立（不久还增调周太和同志）担任副总干事。我当时除了兼任国家计委顾问外，还兼任国务院体制改革办公室顾问。经济研究中心就和体制改革办公室一套人马两块牌子，合在一起工作。经济中心内部设立了一个小小的办公室，由柳随年同志任主任，任涛、吴凯泰为学术秘书，其他七名工作人员则是由成员单位派来的"联络员"。1981年7月，办公室由詹武、王向升任正副主任，增补陆百甫为学术秘书。1982年5月，国家体改办改组为国家经济体制改革委员会，经济中心结束了和体改办合署办公的历史，并充实内部机构和人员。陆续抽调马宾、徐雪寒、吴俊扬、季崇威、吴敬琏、佐牧等同志来中心工作。到1985年上半年，国务院决定把前几年建立的技术经济研究中心、价格研究中心同经济研究中心合并，改名为国务院经济技术社会发展研究中心，我因年事已高，改任名誉主任，由马洪同志担任主任。

在经济研究中心五年工作中，国务院总理很重视这个咨询机构。国务院的重要会议都通知我去参加。许多比较复杂的问题，在国务院会议讨论之前，国务院总理指定经济研究中心先行讨论，提出建议，供决策参考。一些特别复杂的问题，国务院会议讨论一时不能作结论的，也交给经济研究中心研究并提出建议，然后由国务院作出决定。由于经济研究中心得到国务院如此重视，所以经济研究中心讨论一些重要问题时，有关部门常派第一二把手亲自参加，希望他们的意见被经济研究中心采纳。经济研究中心根据经济发展需要，自己也主动选择一些带有全局性、战略性和长期性的问题进行研究，向国务院提出建议。我常告诫经济研究中心的同志，经济研究中心是个咨询机构，不是权力机构；国务院各部委是权力机构，要紧跟国务院的决策，经济研究中心的性质不同，没有权力，只提建议，所以不仅要“紧跟”，而要“超前”，在国务院还没有作出决策以前就提出建议，以供国务院决策时参考。这个经济研究中心工作人员虽少，但较精干，向上报送的研究成果和政策建议数量不少，很多建议被国务院领导采纳。

经济研究中心在这五年中组织专家学者研究的问题是很多的。研究的主要内容，集中在当时国民经济发展中两个最重要的问题上，第一是如何克服国民经济调整中的困难，第二是如何推进经济体制的改革。大体上在1980年底到1982年，我们着重研究进一步坚决调整和克服调整中所遇到的困难；从1982年起，我们的研究重点转移到经济体制的改革方面，以下我先回忆一下对调整问题的研究。

为克服调整中的困难出谋划策

到1980年第四季度，许多同志都已看到，过去一年半来调整方针的贯彻执行很不得力。在大幅度增加居民收入的同时，国家的投资不但没有缩减反而继续增加，致使货币形态上支出的积累基金和消费基金的总和，超过实有的国民收入。财政连年赤字，货币过量发行，物价上涨。如再不进一步坚决贯彻调整方针，国民经济将遇到更大的困难。1980年11月，我给国务院总理写了一封信，信中分析了经济形势，主张切实贯彻调整方针，扭转两年来积累加消费超过国民收入的状况，制止通货膨胀，保证经济稳定，在这一基础上，进一步调整积累和消费之间、农轻重之间的比例关系，达到调整的目的。我认为，在调整和改革的关系上，当时应当继续把调整放在首位，为改革创造有利条件，改革在当时仍要有利于调整。

我的这些意见，得到了采纳。1980年12月16日，陈云同志在中央工作会议上作了重要发言，他指出："现在的经济形势是开国以来少有的很好的形势。但要看到不利的一面。除了若干种国家规定不准涨价的商品以外，许多商品都在涨价。""如果不加制止，人民是很不满意的。经济形势的不稳定，可以引起政治形势的不稳定。"他同意财经领导小组提出的调整计划，认为"调整意味着某些方面的后退，而且要退够。不要害怕这个清醒的健康的调整。"他还指出："我们要改革，但是步子要稳。""这绝对不是不要改革，而是要使改革有利于调整，也有利于改革本身的成功。"同一天，国务院总理作了"关于调整国民经济的几个问题"的讲话，说明为什么要对国民经济进行大的调整、明年调整的要求和初步方案、如何正确处理调整和改革的关系，并强调我们要努力提高经济效果，走出一条发展经济的新路子。经过讨论，中央工作会议同意中央财经领导小组的意见，决定对国民经济作进一步的调整。

这次会议后，国务院总理立即要求经济研究中心研究如何克服调整中所遇到的困难。从1981年1月起，我召集经济研究中心常务干事并邀请经济专家学者，连续讨论近20次，进一步分析经济形势和调整中出现困难的原因，向中央财经领导小组和国务院提出一系列建议。

关于过去两年调整中出现财政赤字、通货膨胀、物价上涨的原因，我们认为这不是调整方针本身有问题，恰恰相反，是由于调整方针贯彻执行很不得力而引起的。1979年提出调整方针，要求把基本建设投资压到360亿元，把省出来的钱用于提高农产品收购价格和增加职工工资，克服国民经济比例失调现象，这是十分正确的。两年来农业轻工业显著增长，人民生活大大改善，经济形势总的是向好的方向发展。但是，1979年由于许多同志对调整认识不足，执行不力，加上压缩投资工作起步太迟，预算内投资并未减少，同1978年持平，达395亿元，而预算外投资却达到105亿元，全年实际完成投资总额达500亿元，不仅没有达到紧缩目标，反而比1978年的480亿元还多20亿元。与此同时，这一年提高农产品收购价格和职工工资，原计划使居民收入增加100亿元，实际执行中超过预计，达到140亿元。加上其他一些原因，财政出现170.6亿元赤字，这是新中国成立以来历史上空前未有的。这一年除动用历年财政结余外，增发货币（现金）50多亿元。

1980年国家再次要求压缩基本建设投资，但是不少同志还是想“骑在马上调整”。同时，这一年开始实行财政“分灶吃饭”和企业利润留成，地方和企业的资金增多，计划内的投资压缩了一点，计划外的投资大大膨胀，实际完成的投资总额达到540亿元，比1979年又增加40亿元。与此同时，这一年农产品价格因超售加价和议价收购的比重增加而继续上升，使国家在这方面的补贴从1978年的38亿元增加到1980年的130亿元；职工上一年升级增加的工资大部分在1980年补发，企业又用留成利润多发奖金。结果，这一年财政收支又有127.5亿元赤字，增发了70亿元货币。商品价格稳定不住，1980年社会零售商品物价指数上涨6%，其中城市零售物价指数上升8.1%，群众中颇有怨言。

我在1981年初一篇文章中说：“问题出在什么地方呢？就在积累基金不能按照计划压缩下来，而消费基金的增长则突破了原定计划。国家支出的积累基金和消费基金合计，超过国民收入总额。”[①] 压缩投资不坚决而提高居民收入的步子偏大，这就是近两年财政连年赤字、通货膨胀的直接原因。解决问题的办法，不是放弃调整，而是要排除阻力进一步坚决调整。在经济研究中心讨论中，我们都认为中央工作会议的决定是正确的。

1981年初，国务院开始采取坚决措施，压缩计划外投资。除借用地方财政存款和向企业发行国库券外，在第一季度暂时冻结了许多企业在银行储存的自有资金，紧缩银行贷款。这种急刹车措施，有利于把计划外投资压缩下来，但也使生产和流通发生了困难。第一季度工业生产比上年同期下降0.2%（轻工业增长9.9%，重工业则下降8.7%，机械工业更是大幅度下降）。针对这种情况，经济研究中心反复进行讨论，提出不少政策建议，主要是：

第一，要选择适当时机稍稍放松信贷，但必须坚持落实压缩投资的决策。

我们认为，借用地方财政结余和发行国库券，既有利于中央平衡财政收支，又有利于控制计划外投资，但是冻结企业在银行存款，则只能是在短时

---

① 参见《八十年代的中国经济》，经济管理出版社1992年版，第10页；中国经济年鉴编辑委员会：《中国经济年鉴》（1981年刊），经济管理杂志社1981年版。

间内使用的非常措施，一旦堵住计划外投资盲目扩大的势头，就应放弃。在信贷方面，基本建设和技术改造贷款要管严，但流动资金贷款不宜过紧，应及时适当放松，以利于生产正常进行。与此同时，我们建议坚决落实压缩基本建设规模的工作，当时不少单位对于应该停建缓建的项目恋恋不舍，借口避免损失，千方百计拖延。我们强调要从全局利益着眼，迅速审定停建缓建项目，切实把压缩基建规模的工作落实下去。不但一部分国内基建项目要下马，某些从国外引进的项目，也要停建或缓建。

第二，对消费基金的增长幅度要适当控制。

这两年我们在调整中遇到财政连年赤字、通货膨胀、物价上涨这些困难，主要原因固然是积累基金的膨胀，但消费基金增长偏快也是一个重要的原因。1979 年和 1980 年我们决定大幅度提高农产品收购价格并增加职工工资是必要的和正确的，但是在实际执行中提高农产品收购价格的步子偏大了一些，使国家在这方面的价格补贴超过了财政承受能力；同时工资总额的增长也超出国家预定计划，在企业自主权扩大以后没有加强必要的财务预算约束，许多企业滥发奖金和补贴，据不完全统计，1980 年奖金数额达到 78 亿元，比计划用于增加工资的十几亿元大好几倍。由于提高农民和职工收入的步子偏大了些，使社会购买力的增长超过了全社会零售商品供应量的增长。1979 年至 1980 年两年中，社会购买力增加 676 亿元，而商品供应量只增加 536 亿元。消费基金的过快增长虽然是财政赤字、通货膨胀的次要原因，但也不能忽视。我们建议，1981 年在坚决压缩基本建设投资的同时，也适当控制消费基金的增长，实现经济平衡，使调整能顺利推进。农产品收购价格近期应当稳定一段时间；职工工资总额增长速度要放慢一些，特别是要制止企业滥发奖金；此外，还要努力压缩军政费用，控制社会集团购买力。

第三，要抓紧经济结构的调整，促使生产逐步回升。

首先是要抓好农业生产，使农业继续以较快速度增长，进一步摆脱农业长期滞后的状况。在当时发展农业主要不是靠增加多少投资，关键是在落实党的政策。我们建议除提高农产品收购价格外，还要继续推广和稳定行之有效的家庭联产承包责任制，充分调动农民生产积极性；我们还建议要注意粮食播种面积，确保粮食增产。1980 年全国经济作物播种面积大幅度扩大，粮食播种面积减少 6400 多万亩，1981 年春播又减少 1500 万亩。我们认为经济作物是应当发展的，但粮食播种面积不宜过快缩减，应当在确保粮食增产的条件下，逐步扩大经济作物生产。为此，要正确处理粮食与经济作物的比价关系。

其次，要狠抓轻工业生产。就当时来说，加快轻工业生产发展，既有利于扭转调整过程中工业生产增长速度下降局面，又是增加财政收入、回笼货币、平抑物价、稳定经济的重要措施，同时也是摆脱轻工业长期落后状态的需要。据有关部门估算，仅仅把呢绒、中长纤维、涤纶针织品、卷烟、啤酒和糖等七种产品保上去，就可增加税利150多亿元，如实行烟酒专卖还可增加财政收入20亿元。我们建议，要在物资、电力供应和资金等方面给轻工业以优先照顾，并且可以让一些经济上适宜和有条件的重工业企业和军工企业，转产轻工产品，以加快轻工业的发展。

再次，要调整重工业内部的比例关系，特别是要转变机械工业的服务和发展方向。在当时，能源和交通运输显然不能满足需要，但是这方面建设需要的投资量大、建设周期又长，我们认为，一方面在近期要抓紧能源节约，从节约中求工业的增长，另一方面也应在力所能及的前提下加强煤炭、石油、电力等的建设。国内资金不足，可设法利用外资，争取利息低、偿还期长的国外贷款，将来靠出口石油、煤炭来偿还。我们认为，当前特别要抓紧的是机械工业的调整。机械工业在过去因盲目扩大基本建设而发展过猛，生产能力过剩。在压缩基本建设投资后，机械工业生产任务严重不足，许多工厂停产减产，生产大幅度下降。机械工业产值占全部工业产值的1/4强，机械工业生产大幅度下降，把整个工业生产增长指数拉了下来。在这种情况下，我们认为应当立即着手调整机械工业的服务方向，从过去主要为建设新厂服务，转到更多地为改造老厂服务，从过去主要为重工业服务，转到更多地为轻工业服务。我们有三十多万个城市工业企业，长期以来机械设备很少更新改造，这是经济发展中的一个严重问题，逐步实现老厂的设备更新和技术改造，是今后经济发展中的一大战略任务，机械工业一旦转上这一轨道，就有发展前途。应当立即动手抓这项工作，使机械工业逐步摆脱困境，促使国民经济进入良性循环。

我们认为，国民经济的调整，并非是全线后退。要后退的主要是基本建设和与此相关的机械工业、钢铁工业。许多部门应当前进，农业、轻工业、能源、交通运输、商业服务业、科教事业以及为企业设备更新改造服务的机械工业等，应当前进。因此，调整并不是消极的，而是积极的方针。

以上是1981年上半年经济研究中心关于国民经济调整的许多政策建议中的一些主要内容，这些建议表达了我们对进一步调整和克服困难的基本途径的设想，得到国务院领导的重视。

总的说来，1981年这一年，国民经济调整工作做得是比较得力的。在年初“急刹车”见效后，随即抓紧了农业、轻工业的增产和机械工业的转轨工作。到年底，国民经济中多年失调的一些重大比例关系，开始有些改善。这一年基建投资比上年减少126亿元，积累率回落到28.3%，农业生产在克服重大灾害后获得丰收，增长6.4%，轻工业生产增长14.3%，扭转了过去重工业“一马当先”、农业轻工业相对落后的不正常现象，市场供应紧张状态缓和，物价趋向基本稳定。财政赤字则减少到25亿元，调整的成效十分明显。但是这一年第四季度许多地方又盲目追求产值，生产了不少积压产品。经济研究中心提请国务院领导注意，并及时制止这种倾向。1981年12月，国务院总理在五届全国人大四次会议的《政府工作报告》提出以提高经济效益为中心的发展国民经济十条方针，比较全面地表达了新时期在经济发展和改革中应当遵循的基本原则和政策。1982年3月召开全国工业交通工作会议，要求纠正盲目追求产值忽视经济效益的错误。之后，各地政府追求产值向企业压产值任务的倾向有所收敛。1982年至1983年，尽管由于体制上的原因，不断出现不切实际地扩大投资、片面追求速度的倾向，但国务院领导头脑是清醒的，始终坚持调整的正确方针，措施也比较得力，组织工作做得比较好。到1983年末1984年上半年，国民经济调整任务基本完成了。连续三年积累率控制在30%以下（1981年、1982年、1983年分别为28.3%、28.8%、29.7%）；财政赤字大大缩减（1982年为30亿元，1983年为43亿元）；农轻重比例调整得比较合理（分别为29.9%、34%和36.1%），零售商品物价指数基本稳定（1982年为上年的101.9%，1983年为上年的101.5%）市场供应紧张状况得到缓和，部分商品还出现了买方市场，人民生活得到较大改善，为1983年以后的经济改革准备了比较好的经济环境。

在1982年和1983年期间，经济研究中心每年年初都提出形势分析报告，指出经济工作的成绩、存在的问题和应采取的政策。我们还连续研究了“六五”期间经济和社会发展战略，以及如何解决财政赤字问题，如何实现国民经济良性循环等问题，所提出的意见建议，对国务院决策起了一定的参谋作用。

在这段时间，为了积极支持经济调整工作，我连续作了一些报告、写了一些文章。由于这次调整也引起国外的关注，我在一些外事活动中，要向外国朋友宣传我国经济调整的方针。1981 年 3 月，我在杭州“世界经济讨论会”上说明我国当时压缩基建投资的必要性。同年 5 月，“中日经济知识交流会”召开第一次会议，我作为顾问、马洪同志作为团长率领中方代表团赴日参加会议。在会议开幕前夕，我应《朝日新闻》社邀请，在该社礼堂作了《中国目前的经济情况》的报告①。我针对当时国外经济界所提出的问题一一作了答复。例如，当时我国正面临 1979 年和 1980 年两年大幅度财政赤字，物价上涨，所以要坚决压缩基建投资。有的日本朋友说，日本的财政赤字和通货膨胀比你们高，你们何必采取紧缩政策？据我们的经验，少量的财政赤字和通货膨胀，对生产利多害少。我回答说，中国的情况与西方国家不同，你们害怕的是生产过剩、投资萎缩，所以需要用财政赤字和通货膨胀来刺激投资。社会主义国家常患投资过热症，所以决不能采取凯恩斯主义的办法，在目前的情况下必须采取紧缩政策。他们说中国物资供不应求，应当扩大投资以增加供给，为什么要压缩投资。我回答说中国多年来急于求成，投资超过国力，生产资料供应紧张，继续增加投资会使生产资料供应更加紧张。有的日本朋友问中国要把积累压缩到 25%是否明智，日本的投资率曾高达 30%以上。我回答说积累率高低决定于生产发展水平。我国 1979 年平均每人的国民收入大约只有 250 美元，按这样的水平，积累率即使是 25%，就已经很高了。日本在 50 年代前半期，投资率还不到 20%，50 年代后半期才上升到 25%上下，60 年代达到 30%以上。我国在生产力水平提高后，积累率也可能提高。这个报告长达两个小时。次日，日本各大报纸纷纷摘要报道，有一个刊物全文登载，反映较好。

“中日经济知识交流会”第一次会议开会地点是在日本的旅游胜地箱根。日本方面参加的有日本政府首席经济顾问大来佐武郎，企划厅常务次官宫崎勇（后来到企业中任职），兴业银行调查部长小林实（后来升任常务董事，现已故）等，这三位多次来我国。我在报告中强调中国经济建设“一要进行经济结构的调整，二要进行经济管理体制的改革”。“经济结构的调整，就是要使重工业为发展轻工业和农业服务，决不能再去挤轻工业和农业”。日本

---

① 参见《我国国民经济的调整和改革》，人民出版社 1982 年版，第 208—222 页。

1981 年，薛暮桥在“中日经济知识交流会”上发表演讲。

方面主要介绍了日本制订经济计划的具体方法和如何为保证计划的实现而进行宏观调节，这些经验对我国是很有用处的。

三年前中国开始对外开放，许多部长、省长到国外去参观，看见先进的生产设备就整套引进。由于没有统一管理，在一年多时间内就引进 22 套成套设备，又吃了急于求成的苦头。1980 年我国向外商建议，可否把某些设备的引进时间推迟一点。在“中日经济知识交流会”的箱根会议中对此问题也有反映。所以我在报告中还谈到 1978 年过多地引进了外国设备，这样多的项目短时间内消化不了，经过再三考虑，才向外商提出某些项目能否推迟建设的建议。中国是重合同、守信用的，决不废约。我认为经过双方协商，这问题是可以逐步解决的。宝山钢铁总厂是从日本引进整套设备中的最大的建设项目，中国在人民代表大会开会时有争论，日方也很重视，为此邀请我们去参观清津钢铁厂。我看到这样一个大钢铁厂，没有一点烟尘，我国钢铁厂的“黑龙”“红龙”与之相比，差距太大，内心感到我们实在太落后了。

访问日本对我们的启发很大。1979 年我到美国访问，研究的主要是企业管理，在日本主要研究国民经济的宏观管理。日本虽然是私有制的市场经济国家，但中央政府通过经济企划厅，同通产省、大藏省等有关部门和“经团联”等民间团体进行反复磋商，制订国民经济中期发展计划，给企业以信息指导；同时，通过通产省、大藏省执行产业政策引导企业发展重点行业，效果不错。日本除大藏省利用税收政策外，中央银行的信贷政策收效更大。

日本的中央银行积累了大量的资金，通过私营银行贷给私营企业。企业的全部资金，包括固定资产和流动资金，约有70%左右来自银行的间接融资。所以银行执行“倾斜政策”，扶持什么，限制什么，很有效果。当然，这要有一个强有力的金融体系，善于执行国家政策。兴业银行（日本的三个长期信用银行之一）的调查部长小林实对我说，中国的银行办得不像个银行，中国向银行要求贷款的企业，按照日本的审查标准，几乎没有一个合格。日本的税收执行也很严格，与银行一起成为两大宏观调控机构。我国要实行经济体制改革，多用经济办法来进行宏观调控，日本的这条经验值得我们借鉴。

薛暮桥（右三）参观日本山福株式会社飞马缝纫机厂。

在箱根开会期间，我曾写诗一首，赠出席“中日经济知识交流会”的日本友人：

青春思东渡，
古稀偿夙愿。
翘首喜流长，
促膝惜时短。

朝日会英贤[①]，
箱根聆宏论。
但愿岁岁见，
求知无止境。

回国后不久，“三边会议”（北美、欧洲、日本三方面大资本家的会议）决定在北京开会，我和许涤新、宦乡应邀参加。在会议快要结束时，十几个代表指责中国废止引进外国设备的合同。我答复他们说并非废止合同，由于1978年引进外国成套设备太多，因此与外国商量能否把部分合同推迟。愿推迟的我们欢迎，不愿推迟的按期交货，按期付款。中国是重合同、守信用的，决不会单方面废约。会议结束后外宾举行告别宴会，会议主席洛克菲勒把我的席位安排在他的右边，详细问我为什么会发生这种情况。我说我们刚刚开放，缺乏经验，许多部长、省长出国访问，看到许多先进设备就纷纷引进，比如今天的宴会，如果每道好菜都尽量吃，就肯定会吃胀肚子。吃胀了也不是了不得的大事，明天后天少吃一点，过几天就消化掉了。他点头同意。

为推进经济体制改革努力探索

经过1981年一年的努力，国民经济调整工作取得显著成效，调整方针的贯彻已较为顺利，从1982年起，经济研究中心开始用更多的力量来研究经济体制改革的问题。

1982年5月至9月，研究中心会同新成立的国家经济体制改革委员会组织了一次关于经济体制改革理论问题的讨论。参加这次讨论的主要是在京的经济学家以及有关部委和若干企业的实际工作者，共300多人，分成8个组，累计召开大小讨论会不下70次，讨论历时四个多月，到党的第十二次全国代表大会闭会以后，讨论才告一段落。

这次讨论是为了配合党的第十二次代表大会的准备工作而组织的。十二大要确定到2000年的奋斗目标和分两步走的战略部署，同时要对经济体制改革的指导方针作出决策。但是当时在研究体制改革的同志中间，对于我国经

① 指应朝日新闻社之邀作报告。

济体制改革的方针和指导思想，却存在着不同意见。在这种情况下，国务院领导要求经济研究中心组织在京有关研究人员认真进行一次讨论。

当时主要有两种不同意见。一种是以 1980 年 9 月国务院体制改革办公室《关于经济体制改革的初步意见》为代表，认为我国现阶段的社会主义经济是生产资料公有制占优势、在国家计划指导下的商品经济；我国经济体制改革的原则和方向应当是按照发展商品经济的要求，把单一的计划调节改为计划调节和市场调节相结合，在国家计划指导下充分发挥市场调节的作用。这种主张是 1979 年至 1980 年许多经济学家进一步研究取得的成果。在这以前，也有人讲过社会主义经济是商品经济，个别学者还讲过是新型的市场经济，但都是作为个人看法提出来的，影响不大。这个《初步意见》，则是作为国务院专职机构的意见，提到 1980 年 9 月中央召开的各省、市、自治区党委第一书记座谈会上来讨论的，所起作用就很大了。当时许多经济学家给予高度的评价，认为这是"理论上一个很大的进步"。可惜在当时担任实际领导工作的同志中间，这一改革思路尚未成为共识，未能被确定为政府的决策。

另一部分同志则不赞成上述意见。1981 年 4 月，中共中央书记处研究室整理了一份材料，按照对计划和市场的态度，将经济学家划分为四类。我和林子力等人因认为社会主义经济应当是商品经济，强调市场调节而被划在第四类人中。从 1981 年第二季度起，有的同志公开批评社会主义经济是商品经济的观点，反对把"计划调节和市场调节相结合、在国家计划指导下充分发挥市场调节的作用"作为体制改革的指导方针。他们囿于陈旧观念，强调我国现阶段的社会主义经济是以生产资料公有制为基础、存在商品生产和商品交换的计划经济。也就是说，商品生产和商品交换只是在一定范围和一定意义上存在，而从总体上看社会主义经济不能是商品经济而是计划经济。他们说，有计划商品经济的提法也不对，因为它的"落脚点仍然是商品经济，计划经济被抽掉了"。他们强调计划经济的基本标志是指令性计划，指令性计划是社会主义全民所有制在生产的组织和管理上的重要体现，如果按商品经济的原则进行改革，忽视或者否定指令性计划，同社会主义制度不能相容。他们认为，1979 年至 1980 年国民经济调整计划受到冲击，原因就在于过分削弱了指令性计划，动摇了计划经济，过多提倡指导性计划和市场调节。

当时党和政府工作的注意力着重在进一步贯彻经济调整方针上面。1979

年至1980年，我们在扩大地方和企业自主权的同时，宏观调控未能及时跟上，调整计划连续两年未能真正落实。在这种情况下，中央决定进一步调整国民经济并要求在重大调整措施上加强集中统一的领导。当时规定基建投资要由国家计委统管起来；主要物资调拨计划必须严格执行；加强对银行信贷和企业发放奖金的控制，同时要求严格控制物价。在这种情况下，对于经济体制改革问题，中央倾向于继续以1979年初陈云同志的意见作为体制改革的指导方针。在1981年6月十一届六中全会通过的《关于建国以来党的若干历史问题的决议》中提出："必须在公有制基础上实行计划经济，同时发挥市场调节的辅助作用。"到1981年11月30日五届全国人大四次会议《政府工作报告》中再次强调，"我国经济体制改革的基本方向应当是：在坚持实行社会主义计划经济的前提下，发挥市场调节的辅助作用"。到这年12月下旬，在中央召开的各省、市、自治区党委第一书记座谈会上，陈云同志把1956年在人大的发言和1979年初提出的设想概括为两句话，即"计划经济为主、市场调节为辅"，并在1982年春节重申这一提法。这个概括很快在党内流传起来。

我一直认为，"计划经济为主、市场调节为辅"的改革思路，在我国经济体制改革的初期，是起了积极推动作用的。它在行政指令性计划经济体制上打开了一个缺口，主张允许发挥市场调节的作用，为改革的起步开拓了道路。但是这一方针不应被当作经济体制改革的目标模式。因为它仍以行政指令性计划经济为主体，市场调节被限制在狭小的范围。当时我曾经想建议采纳体改办《初步意见》的改革思路，后来得知我这个意见已受到批评。

我虽然在思想上赞成社会主义商品经济论和计划调节与市场调节相结合、充分发挥市场调节作用的方针，但是，当时一方面我自己的认识还不深入，观点还不很彻底和坚定；另一方面，我是国务院的现职干部，尽管在内部可以提出自己的意见，但在公开场合，我有义务同中央保持一致。因此，从1981年下半年起，直到1984年十二届三中全会以前，凡是我公开发表的文章，都遵守中央的提法（包括《中国社会主义经济问题研究》一书的初版跋和修订本，都是这样做的，只有个别文章在后来发表时做了修改）。我的一些不同意见，只是在中央方针原则允许的范围内，以补充解释的形式提出来。例如我说为了坚持调整，需要加强计划管理，但是加强计划管理的方法需要认真研究，不要一提加强计划管理就又回到老路上去。我认为，过去两年我们的计划管理所以受到冲击，不是由于我们过分强调市场调节，而是由于我们还不懂得怎样利用经济的办法，把地方和企业的积极性引导到国家计划方面来。我强调对计划经济应当有一个正确的理解，不能像过去那样，把计划管理同利用行政手段管理等同起来，把计划调节同指令性计划等同起来。计划调节既可以利用行政手段，更重要的是要用经济手段，利用财政税收、银行信贷、价格等经济杠杆来进行调节。实行计划管理，既可以有指令性计划，也需要指导性计划。我在1981年11月写的《经济体制改革需要解决的几个问题》《计划管理体制改革的重要环节》等文章中，着重分析如何运用经济杠杆进行计划管理及其重要性。在1982年3月写的《关于计划经济和市场调节的关系》、6月写的《对经济体制改革问题的几点意见》中[①]，我认为学会利用经济杠杆，逐渐减少指令性计划，代之以指导性计划，是我们今后计划体制改革的一个重要内容。

在上述认识的基础上，1982年5月我受命组织关于体制改革理论问题的讨论时，感到相当为难。这次讨论要由我来作动员报告，我必须表态，是赞成计划调节和市场调节相结合、充分发挥市场调节的作用呢？还是赞成计划经济为主，市场调节为辅？一方面，我在思想上倾向前一种提法；另一方面，我有义务在公开场合遵守中央文件有关规定。这样，在5月4日所作动员报告中，我说过去三年大家在三中全会精神指引下进行的理论探讨，主流是好的，但也存在或多或少的片面性和缺点，主要是对社会主义经济是计划经济这一方面常常有注意不够的地方。报告中我对自己在1980年讲计划调节“大部分要通过市场调节来实现”的观点作了自我批评，表示“这个说法有毛病”。不过，我向大家提出一系列需要讨论的问题，而且强调讨论必须是健康的同志式的切磋。我讲了以后，有的同志私底下有意见，认为在计划经济与商品经济问题上，我不应后退。现在看来他们的意见是正确的。我当时在理论上的后退，有主观原因，当时自己对这一重大理论问题研究得还不深入、认识还不坚定。这次讨论持续四个多月，讨论中部分同志继续认为社会主义经济还是商品经济，指令性计划应大量缩减，改革的方向应是计划调节和市场调节相结合，充分发挥市场调节的作用。但是，这种声音比过去是减

① 参见《我国国民经济的调整和改革》，人民出版社1982年版；《论中国经济体制改革》，天津人民出版社1990年版。

弱了。

当时国外不少国际友人和经济学家，对我国体制改革产生了怀疑，认为前两年我们强调商品经济和市场调节，而现在强调计划经济和指令性计划，看来方向是变了，要走回头路了。在1982年5月“中日经济知识交流会”的第二次年会上，以及7月份经济研究中心和国家体改委在莫干山同世界银行邀请的外国著名经济学家合开的“经济体制改革讨论会”上，不少外国朋友提出这类疑问。我在会上针对这类疑问进行了解释（如5月3日我作了关于《计划经济和市场调节》的发言）[①]。我对两个不同的方针在理论上折中调和，尽力自圆其说，同时我着重强调我国实际改革工作并没有后退，指令性计划范围仍在逐步缩小，指导性计划和市场调节的范围在不断扩大。现在来看，我当时在理论上自圆其说的解释是很勉强的，但是关于改革方向不会变、改革实践仍在继续前进的分析，却是符合实际情况的。

莫干山是我国著名的风景区，有翠竹千顷，景色宜人，剑池飞瀑最为幽

1982年7月，“苏联、东欧经济体制改革讨论会”与会者合影。前排左起：肯德、斯特鲁明斯基、廖季立、林重庚、布鲁斯、薛暮桥、考斯塔、刘明甫、格兰尼克，第二排左二为伍德。

① 参见《我国国民经济的调整和改革》，人民出版社1982年版，第229页。

胜。我早起散步游剑池，曾赋诗抒情：

幽谷飞瀑涤俗尘，
林泉深处养劳神。
文山会海无已时，
不如偷闲理经纶。
除旧更新疑难多，
中外贤哲共琢磨。
莫道胸怀千顷竹，
老马岂能尽识途。

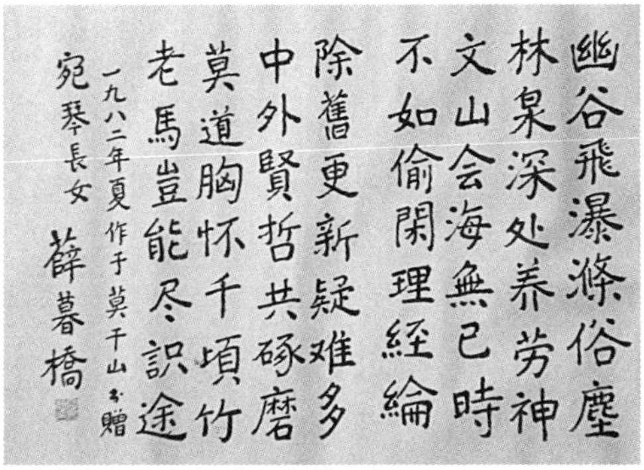

薛暮桥手迹。

1982年9月1日至11日，党召开了第十二次全国代表大会。在这次代表大会上，邓小平同志在开幕词中提出了“走自己的道路，建设有中国特色的社会主义”这一重大崭新命题。大会提出为全面开创社会主义现代化建设新局面而奋斗的纲领，确定了分两步走在20世纪末实现国民生产总值翻两番的宏伟目标和战略部署。这是这次代表大会的重大成就。对于经济体制改革问题，大会强调在坚持国营经济的主导地位的同时，要发展多种经济形式；在总体构思上仍规定要贯彻计划经济为主、市场调节为辅的原则，而在具体设想中则采纳了对许多产品和企业要实行指导性计划的主张。在报告中虽然要求在较大范围内保持指令性计划，但同时指出：“由于我国还存在着多种经济形式，由于对社会的各种复杂需求和大量企业的生产能力难以作出精确计算等原因，除了指令性计划之外，对许多产品和企业要实行主要运用经济杠杆以保证其实现的指导性计划。”“至于各种各样的小商品，……可以让企业根据市场供求的变化灵活地自行安排生产”①。由于大会在计划和市场问题上有所前进，所以十二大以后我国经济体制改革是继续向前发展的。

我们国家从行政指令性计划经济体制转向社会主义市场经济体制，这是一个很艰难的大转变。我们的认识不可能一步到位，必然会有一个过程，有发展也有曲折，有前进也有停滞。但是综观十多年的改革进程，在改革开放总设计师邓小平指引下，党的领导十分坚强，我们的认识在实践基础上是逐步前进的。尽管认识有先有后、利益调整中有得有失、对改革方法和途径也时有不同意见，但是通过实践探索，能够比较和谐地逐步取得共识，在政治上保持安定团结，这是迄今我国改革开放发展中的一大优点。

十二大闭幕以后，在 9 月 25 日，我根据十二大精神，对这次从 5 月开始的理论讨论会作了总结性发言。我说：十二大胡耀邦同志的报告，实际上对我们前一阶段理论讨论作了总结。作为一般性理论讨论现在可以告一段落，下一步我们要把重点转到专题讨论上来，特别是要着重研究如何推进计划体制以及财政税收、银行信贷、物价和劳动工资等方面的体制改革。因为指导性计划主要是靠财政税收、信贷利率、价格等经济杠杆的运用来实现，在经济杠杆未能正常发挥作用之前，是无法实现指导性计划的。进一步推动改革，要求我们尽快健全间接宏观调控必须运用的经济手段。在十二大以后，我们经济研究中心就把研究的重点，放到计划、财政、银行、物价、外贸等方面体制改革的近期可行措施上。

在 1983 年至 1984 年，经济研究中心对当时推进计划体制改革的可行措施作了研究。过去，我们全面推行指令性计划，连生产队种植什么、种植多少也由上级指令规定。经过前几年改革，农业生产上指令性计划基本上已经停止，扩大了生产队和联产承包农户的自主权；在工业生产方面，指令性计划范围也有所缩小，不但把许多种小商品的生产和流通改由市场来调节，而且其他一部分消费品生产和流通也在逐渐放开，部分企业在一定程度上开始面向市场需要自主经营，促进了生产，比过去能更好地满足市场需要。但是在当时，市场价格体系很不合理，税收又不健全，银行停留在旧体制状态，国家间接宏观调控体系基本上尚未建立。针对这种情况，经济研究中心提出，在继续逐步缩小指令性计划范围的同时，要大力加强间接调控体系的建

---

①《十二大以来重要文献选编》（上），人民出版社 1986 年版，第 23 页。

设。我们建议：第一，计划部门不要把主要精力放在下指标、批项目上，而应放到整个国民经济的宏观调控上，着重抓好经济发展的战略部署和主要比例关系的综合平衡，特别是要严格控制积累基金和消费基金的增长，使生产资料和消费品的需求量和供应量保持平衡。计划管理的重点由微观转向宏观。第二，要尽快学会利用经济杠杆、利用经济手段来进行间接调控。要加快财政税收、银行信贷、价格体系的改革。我曾指出："改革计划管理体制的关键，首先是善于利用价格、税收和银行信贷等各种经济杠杆，正确利用价值规律"①。第三，要改革条块分割的计划管理体制，加强部门间、地区间横向经济联系的协调工作。旧计划管理体制的特点之一，是按条条（部门）和块块（地区）进行纵向的封闭的管理，它经常人为地切断部门间、地区间传统的经济联系。为了适应发展商品生产和商品交换的需要，计划部门应当站在改革的前列，主动冲破条块分割的障碍，加强横向经济联系的协调工作。以上这些设想，我在1984年4月在福州召开的"全国指导性计划讨论会"上的发言中②，再次作了论述，强调计划管理体制要改，宏观方面要管好，微观方面要放活。我说："在把企业放活以后，怎样用新的方法来加强宏观控制？""关键是抓两条：一条是要善于利用经济杠杆，一条是要加强横向的经济协调"。

在这期间，我们很重视研究当时财政税收体制的改革问题。从1980年开始，财政部推广江苏省财政包干制的经验，实行中央、省、县三级"分灶吃饭"制度。各种税收由地方统一征收，按规定比例逐级上缴。同过去财政收入全部向上缴、财政开支全部向上要、"吃大锅饭"的制度比较，是一个进步，提高了地方政府收税的积极性。但也有弊病，例如，1981年国务院决定提高烟酒税率，原是"寓禁于征"，结果各产烟叶区反而争办小纸烟厂，很多县也争办小酒厂，使生产名牌烟的大工厂缺乏原料，被迫减产。小纸烟厂用优质原料制造劣质产品，造成很大的浪费。经过调查研究，我指出这是"分灶吃饭"、产品税由地方征收所产生的结果。产品税对调整产业结构、产品结构有重要作用，需要发展的产业、产品征轻税或免税；需要限制的产业、产品征重税。但是在"分灶吃饭"的情况下，产品税都归地方征收，征

①《按照客观经济规律管理经济》，人民出版社1986年版，第25页。

② 参见《按照客观经济规律管理经济》，人民出版社1986年版，第177页。

税人就是纳税人，重税产品使地方财政收入增加，原想要限制生产，结果反而变成鼓励生产。我认为，为克服这种弊病，高税产品的产品税必须直接上缴中央，否则提高税率不能达到调节生产目的。1982 年至 1983 年经济研究中心邀请财政部的同志来研究这个问题。当时财政部的同志怕取消"分灶吃饭"会影响财政收入，主张财政体制必须改中央管理为中央、地方分级管理。我指出财政的分级管理，要划分税种，有些税种（如重要产品的产品税）应当由中央统一征收；有些税种（如所得税）应当由中央统一征收、地方酌情留成；有些税种（如营业税等）应当归地方征收。同时要划分财政开支的分级管理。这种后来被称为"分税制"的办法，才是正规的财政分级管理制度。过去中央统一征收，地方从中央的大锅里打饭吃是不对的；现在地方分别征收，中央到地方的小锅里打饭吃也是不对的。在实行"分灶吃饭"以后，地方财政收入增加，财政有结余；中央的财政收入减少，有相当大的赤字，这种情况也应改变。经过反复讨论，财政部逐渐采纳我的意见。1983 年国务院决定改"分灶吃饭"为划分税种，并实行了"利改税"（因为过去是上缴全部利润，现在改为按税率征所得税）。利改税后，财政体制改革前进了一大步，但因价格没有调整，按同样的税率征所得税，各行业苦乐不均。所以对因价格偏高而盈利多的行业或企业加征调节税。税制改革并未彻底完成。几年后又走回头路，改行逐级承包制度，对此我曾几次提出意见。

经济研究中心对于金融体制的改革，给予特别的关注。党的十一届三中全会以前所有基本建设投资都由财政拨款，连定额流动资金也靠财政拨款，银行只担负产品周转中所需流动资金的贷款。银行还代管财政收支款项，几乎成为财政部的出纳机构。在给地方和企业提留部分利税以后，它们有了自有资金，能按市场需要进行扩大再生产的建设，地方和企业的自有资金存入银行，银行可以贷款给企业进行扩建改建，特别是技术革新，银行的作用就开始扩大了。当时有中国人民银行、建设银行、中国银行、农业银行四大银行，中国人民银行兼负货币发行和工商业信贷以及居民储蓄业务。由于没有一个凌驾于各专业银行之上的独立的中央银行，货币发行管理不严，也不可能管理信贷收支平衡。中国人民银行因兼营工商信贷等业务，与其他银行的矛盾很大，各专业银行不接受中国人民银行控制。经济研究中心研究各国金融制度的经验，并请前联邦德国著名经济学家古托夫斯基（曾任德政府经济顾问"五贤人"委员会成员）来华交换意见，提出建议。1983 年经济研究中心向国务院提出单设中央银行来管理各专业银行的建议，并提出中央银行的主要任务是严格管理货币发行，保证信贷收支平衡，不经营一般信贷业务。国务院采纳了这个建议，并委托经济研究中心会同四大银行提出具体方案。

在我第一次邀请四大银行开会时，由于过去相互间的矛盾很大，争论激烈，会议无法结束。于是在常务干事徐雪寒同志协助下，邀请四个银行分别开会，然后由经济研究中心提出方案，共同协商。徐雪寒同志还到上海去邀请四大银行分别开会，协调相互间的矛盾。由于另建中央银行要收回已发行的货币，所以决定由中国人民银行承担中央银行的职责，人民银行原来经营的工商业信贷和储蓄等业务，划归新设的中国工商银行接管（人民银行原管信贷业务的人员交给工商银行）。以后中国人民银行就不直接经营信贷业务，只与专业银行发生信贷关系，真正成为银行的银行。这个建议经各银行讨论同意后，提请国务院讨论，并得到国务院认可。在研究过程中，我还一再强调，目前我国的银行不像银行，像个行政机关。我们无论如何不要使银行机关化，而要尽可能使它企业化。要用银行的办法来管理银行，不要用行政机关的办法来管理银行。现代化的经济，要有现代化的金融体系。实现经济现代化，银行应该带头现代化。

经济研究中心还很重视价格改革问题的研究。长期以来，由于实行高度集中的由国家统一定价的物价管理体制，整个价格体系越来越不合理。1979年、1980年对价格体系进行过局部调整，主要是提高农产品收购价格，对部分价格偏低的能源、原材料进行微调，并放开不少小商品价格，但价格体系不合理的状况还远未解决。我从自己担任全国物价委员会主任的经验中深深体会到，不改革僵化的物价管理体制、理顺价格体系，是不能正常发挥市场调节的作用的，因此价格改革对整个经济体制改革具有极其重要的意义。1982年我和前联邦德国的古托夫斯基等人交换意见时，我们一致认为价格改革是经济体制改革能否成功的重要关键[①]。从1982年至1984年，经济研究中心会同价格研究中心（经济研究中心成立后不久，在1981年，国务院又设立了技术经济研究中心和价格研究中心。我当时兼任价格研究中心的总干事，刘卓甫同志任副总干事）组织有关方面专家，积极研究价格改革的指导思想和实施步骤，向中央财经领导小组和国务院提出意见和建议。

---

① 参见《按客观经济规律管理经济》，人民出版社1986年版，第155页。

价格改革需要解决两个相互有联系的问题。一是调整价格体系，理顺各类商品的比价关系；二是改革物价管理体制，绝大多数商品不要再由国家统一定价，而由价值规律通过市场供求和竞争来形成，即逐步放开价格。我们认为价格改革的步骤，应当是调放结合，先以调为主，在条件成熟时转变为以放为主，最后达到绝大多数商品价格全面放开。在 1982 年至 1984 年间，我们经济研究中心着重研究的是价格体系的调整问题。

对于调整价格，当时是有很大顾虑的，主要是担心导致物价总水平猛涨，引起人民群众的不满。有关部门提心吊胆，迟迟不敢有所动作。当时火柴每盒 2 分钱，企业亏本，不愿增产，市场缺货，不得不限量供应。其实每盒涨 1 分钱，人民负担增加不了多少，却能迅速增加供应。这件事议论了多次还是不敢动手。我们多次强调，防止物价总水平猛涨的关键，是要控制货币发行量，防止货币流通量过多。只要通货不膨胀，对部分商品价格进行有升有降的调整，物价总水平仍可基本上保持稳定。物价总水平稳不住，根源在于没有管住货币。所以我们坚决支持国民经济调整工作，制止通货膨胀，在这个前提下，我们主张既积极又慎重地推进价格调整，可以先从条件比较成熟、对人民生活影响较小的商品入手。

1982 年第四季度，我们研究了棉花、化纤布调价问题。当时我国棉布因棉花几次提价而布价未提，出现亏损；化纤布因化纤工业发展很快，成本下降，利润很高。物价局因怕化纤降价影响财政收入，不让降价，致使产品大量积压，被迫减产。国家经委委托我召开一次纺织品价格会议，我大胆提出提高棉布的销售价格，同时大幅度降低化纤布的价格，以扩大化纤布的销路，代替棉布，使多年限量供应的棉布也可能敞开供应。我说："最好不要坐失良机，不要等化纤布降价降够后再提高棉布的价格，并且尽可能使这项调价成为今后较大规模调整物价的突破口。"①1983 年我患阑尾炎，住院动手术，国务院总理到医院来看我，我谈了我再三考虑的意见，我认为棉布、化纤布调价没有风险，可以出台。不久国务院批准了这个建议。这次调价很顺利，调价的结果，人民更多使用化纤布来代替棉布，群众因棉布提价多花的钱，从化纤布降价收回来，改变了人民使用纺织品的结构，棉布不久就敞开供应甚至出现积压了，化纤布也可以放手生产。这次调价的成功，提高了大家对

①《按照客观经济规律管理经济》，人民出版社 1986 年版，第 171 页。

20 世纪 80 年代，薛暮桥在写作。

调整价格的信心。

在此期间，我还写文章宣传价格调整的必要和政策。新中国成立以来，我们一直采取稳定物价的方针，到 1978 年，物价平均增长不到 1%。1979 年开始提高八类重要副食品的城市销售价格，物价上升较多，虽然国家对消费者给予补贴，但意见仍很多。1984 年 7 月，我发表《怎样看待物价和人民生活》一文①，指出消费品适当提价后推动了生产迅速增长，供应大大增加。1978 年猪肉的人均销售量为 27.4 斤，1979 年提价后增至 34.8 斤，许多城市从限量供应变为敞开供应，鸡蛋等也是如此。究竟是压低价格、阻止生产发展造成市场缺货从而限量供应好呢？还是适当提高一点价格、鼓励生产发展满足市场需要从而敞开供应好呢？我看后者比前者好。这篇文章有说服力。国务院指示《人民日报》在显著位置上发表，书记处又指示电视台播放采访录像。之后收到不少群众来信，多数赞成我的意见，个别则表示不满。

经济研究中心抓的另一个大问题是对外贸易体制的改革。在 1980 年我去香港讲学时，看到对外贸易体制问题很大。过去香港对外贸易由外贸部的华润公司独家经营，生产出口产品的企业不但不能直接经营外销，连国外市

---

① 参见《按照客观经济规律管理经济》，人民出版社 1986 年版，第 179 页。

场价格情况也向出口企业保密。党的十一届三中全会以后，国务院批准若干地区、部分企业可以自己进行对外贸易，香港一下子成立了几十个（后来发展到几百个）外贸公司或办事处，在香港市场上削价竞销，损失很大。在讲学时有人询问我国的外贸政策，我答过去的独家经营和现在的自相残杀都不对，应当改为“统一管理、联合经营”。后来原国家进出口管理委员会副主任周建南同志向经济研究中心提出他对外贸体制改革的意见，说得不到外贸部的同意，双方意见分歧，所以请经济研究中心来研究。

1983 年，外贸部向国务院报告他们的体制改革方案，国务院否定了外贸部的意见，要求经济研究中心帮助外贸部来另订方案。外贸体制的改革牵涉外贸部与中央各部门的关系、中央与各地区以及与各出口产品生产企业的关系、出口口岸与邻近各省的关系等，确实非常复杂。我又请徐雪寒同志（他在 50 年代初曾任外贸部副部长）帮助开会研究，提出统一管理、联合经营的方针。开始时外贸部怕提统一管理会受到各省市的反对，我说你们不敢提我们来提。在谈到联合经营时，外贸部又想走独家经营的老路。经过反复研究，提出了一个折中的方案。对这一折中方案我是不满意的，后来我在《按照客观经济规律管理经济》一文第八节“对外贸易管理体制的改革”中说明了我的看法。

当时，外贸部是一个最大的亏损部门，原因是进出口商品作价不合理。早在 60 年代我任物价委员会主任的时候，国内产品的价格一般都高于国外市场的价格。由于货币汇率定得太低，外贸部出口商品亏损很大，要求提高进口商品的价格来弥补亏损，以进养出。物价委员会建议提高汇率，又得不到银行的同意。所以规定进口商品的价格改按国内价格计算，借以保护国内的工业生产，并一举消灭了十多亿元的外贸亏损。现在时过 20 年，国际市场价格频频上升，国内价格大都未变，国外价格已经显著地高于国内价格，仍按国内价格计价，外贸部代理进口商品发生严重亏损。1984 年国家对外贸亏损的补贴已经超过 40 亿元，所以建议改变进口商品的作价办法，改为外贸部代理进口，按进口成本作价，借以减少外贸亏损。在出口商品方面，许多地区为着完成出口任务，在国内高价购进，到国外低价卖出，亏损由国家补贴。这些作价办法，应当迅速改变。

经济研究中心还研究了企业工资制度改革问题。从 1982 年第四季度起，我们邀请在京专家学者和中央有关部门负责同志，讨论企业工资制度改革的指导思想，当时我们提出以下原则意见：“第一，要坚决贯彻按劳分配原则，克服平均主义现象。第二，劳动报酬要和企业的经营成果挂钩，能升能降。第三，在发展生产的基础上，要使职工工资有计划按比例地增长，要统筹安排积累和消费比例，使职工工资随劳动生产率的提高相应增加。第四，要逐步改革工资管理制度，使企业享有一定的分配自主权。”这些意见，特别是后三条意见，引起了有关方面的高度重视。

1983 年 8 月，国务院常务会议提出要组织力量调查研究十个问题，经济研究中心参加了其中六个问题的调查研究工作。这六个问题是计划工作改革、扩大企业自主权、利改税、价格改革、劳动工资改革和外贸体制改革问题。在一段时间内，经济研究中心的骨干积极参加了分别由张劲夫、田纪云、胡启立等同志领导的这六个改革小组的工作。

以上是 1982 年至 1984 年初经济研究中心大量研究工作中几个重点问题。现在来看，我们当时提出的意见是符合改革的正确方向的。到了十二届三中全会和十三大以后，我们对上述各方面改革的设想又深入了一步。在研究过程中，我深深感到，经济体制的改革，是一件非常复杂的工作。我们既要抓住搞活企业这个中心环节，又要抓紧国民经济的宏观调控和国民经济各个部门改革的配套措施。国民经济各部门是互相紧密联系的整体，各部门各自进行改革，如果没有共同的目标，忽视相互配合，就有可能互相牵制。有些改革解决了这方面的问题，又在其他方面产生新的问题，出现新的困难。因此，我们既要深入研究整个经济体制改革的方向目标，又要全面地研究各部门各方面改革的具体措施，使之相互配合。有鉴于此，1983 年夏，我在烟台写了一个题为《按照客观经济规律管理经济》（初稿）的小册子，对计划、财政税收、银行金融、价格、劳动工资、商业物资流通、外贸等各个方面的改革，作一次通盘的综合探讨。当时有关部门正在研究体制改革的总体规划，我把这个小册子在内部印发，供他们研究具体规划时参考。

在这期间，1983 年春，我的挚友孙冶方同志不幸因癌症逝世。我同他已有五十多年的深厚友谊，在他弥留之际，我赶到医院与他最后告别，回来后我闷坐书房，热泪盈眶。冶方早在 1923 年就参加革命，1925 年到苏联学习，因受到王明无理打击，被遣送回国，而且借故中止了他的党组织关系。回国后，他参加农村经济调查，在农村经济研究会组织的几十篇论战文章中，他的理论水平最高。直到 1942 年，才按刘少奇同志的意见，由华中局为他平反。他在华中高级党校工作时，改名宋亮，曾向少奇同志写信，对加强党内理论学习提出建议，少奇同志深为赞许，专门写了《答宋亮同志书》复信，此信当时被选为整风文件。新中国成立以后，他和我曾一起在国家统计局工作，他刻苦从事经济科学的研究，在经济工作方面力主改革，贡献卓越。但又受到康生、陈伯达、“四人帮”的迫害，在“文化大革命”中他被扣了许多大帽子，甚至被监禁了七年之久。在狱中，他一心构思他的理论著作的腹稿，出狱后他别的不说，直言不讳、滔滔不绝地讲他的学术研究的进展。他从不忌讳别人对他的批评，相反听到不同意见就非常高兴。我们两人在某些问题上，主要是在商品经济和价值规律问题上也常有不同意见。他想问题往往侧重在理论方面，我则侧重在实际工作上。我在发表文章之前，只要可能就先送给他看，他常常申明要保留批判权；他在发表文章之前也是如此，我持同样态度。虽然我们在一些问题上经常辩论，有时辩论得面红耳赤，但丝毫没有损害我们之间的诚挚友谊。他平时不爱谈个人生活问题，但一谈到理论问题，就滔滔不绝，口若悬河。三年前他在医院割除肝癌，医生当时断定他的宝贵生命超不过六个月，但是由于他意志坚强，同病魔搏斗，继续为社会主义建设和学术事业奋斗了三年。他一生忠于革命，同诬陷打击搏斗，同病魔搏斗，坚持真理，奉献科学，不念私利，坚贞不屈。他为学术研究呕心沥血，在坎坷道路上从不气馁，真正不愧为模范共产党员。他住院时我常去探望，到 2 月 12 日下午他已处于昏迷状态，我再也不能听到他的声音了，我伤心之极。他的逝世，是我国经济科学研究的一个重大损失，他的崇高精神，永远值得我们学习。

附加一笔：在这段时间，我几次想要修改《中国社会主义经济问题研究》一书，该书初版颇获好评，但不久我就感到它有缺陷，它仅仅是系统总结了过去我国社会主义建设的历史经验和我国原有经济体制的创建过程与发展过程，指出改革旧体制的必要，但是，由于当时认识的局限，还没有可能为新体制绘出蓝图。1981 年 8 月我写了一个“初版跋”，作了一点补充。1983 年 2 月至 3 月，我又邀请苏星、吴凯泰、何建章同志一起到广西南宁写修订本，作了较多的修改和补充，但当时在十二大“计划经济为主、市场调节为辅”方针引导下体制改革理论还没有取得重大突破，修订本在理论上进展不大。

十一、理论上的突破和实践中的曲折

经济体制改革在理论上的重大突破

1984 年上半年，形势的发展，要求对经济工作及时作出新的决策。前几年，我们执行“调整、改革、整顿、提高”八字方针的时候，必须把经济工作的重点放在国民经济的调整上面，改革要为促进调整服务；同时，改革工作的重点则首先是放在农村，城市中的体制改革只能是初步的。到 1984 年上半年，国民经济调整任务已接近完成。为了促进国民经济更好地发展，客观上有必要也有可能把经济工作的重点从调整转到改革上来；同时，经过几年努力，农村中体制改革已经取得很大成功，城市中体制改革也取得了初步经验，需要把改革工作的重点从农村转向城市。在这种形势下，1984 年 5 月中下旬召开了六届全国人大二次会议。这次会议正确地分析了国内形势，决定今后在经济工作中要着重抓好体制改革和对外开放这两件大事。城市中体制改革的步子要加快；对外开放的步子要加大，在办好经济特区的同时，进一步开放十四个沿海港口城市和海南省。全国经济工作的重点从调整转向改革，改革的重点从农村转向城市。一个体制改革全面展开的形势展现在我们面前。我为此感到欢欣鼓舞，写成《加强学习，迎接经济体制改革的新形势》一文[①]，向干部群众宣传要认清形势，更加自觉地投身到改革洪流中来。

在经济发展和体制改革新形势面前，原来党的十二大通过的“计划经济为主、市场调节为辅”的方针，越来越显得不能适应推进改革的需要。在农村中，实际上已经不是计划经济为主了；在城市中，指令性计划的范围逐渐缩小，市场调节的范围不断扩大。这时，一部分同志开始提出意见，认为还

① 参见《按照客观经济规律管理经济》，人民出版社 1986 年版，第 194 页。

是应当承认社会主义经济是商品经济，主张恢复1980年体改办《初步意见》中的观点和改革思路。在1984年7月，经济研究中心马洪同志和中国社会科学院的几位研究人员，写了一篇题为《关于社会主义制度下我国商品经济的再探索》的文章，分送党中央和国务院领导同志。文中批评把计划经济同商品经济对立起来的认识，认为应当重新肯定在1982年时被否定的"社会主义经济是有计划商品经济"的提法。这篇文章得到中央一些老同志的称赞。与此同时，我还宣传，现在到了价格改革的"黄金时代"，要求加快价格改革的步伐。因为理顺价格，是使企业面向市场、增强活力、发挥市场调节作用的关键。

在理论界建议恢复有计划商品经济提法的同时，9月9日，国务院总理给中央政治局常委写了一封信，建议就经济体制改革的三个原则问题（计划体制问题、价格改革问题和国家领导经济的职能问题）进一步确定党的方针。他在这封信中，"建议把我国的计划体制概括为以下四层意思：（1）中国实行计划经济，不是市场经济。（2）自发地盲目地通过市场进行调节的生产和交换，只限于小商品、三类农副产品和服务修理行业，它们在整个国民经济中起辅助作用。（3）计划经济不等于指令性计划为主。指令性计划和指导性计划都是计划经济的具体形式。……在当前和今后相当长的时期内，我们的方针应该是逐步缩小指令性计划，扩大指导性计划。（4）指导性计划主要用经济手段调节，指令性计划也必须考虑经济规律特别是价值规律的作用。社会主义经济是以公有制为基础的有计划的商品经济。计划要通过价值规律来实现……"① 现在来看，这封信虽然由于力求同过去的提法相衔接而有许多不彻底的地方，但是突破了"计划经济为主、市场调节为辅"的定式，对于促成全党确认社会主义经济是有计划的商品经济以及在计划指导下充分发挥市场调节的方针起了重要作用。在我们国家，传统的计划经济观念根深蒂固，认识的转变只能是逐步的。

这封信还强调价格改革是"整个经济体制改革成败的关键"，配合计划体制的改革，必须进行价格改革；同时要求改革国家的经济职能，实行政企分开，政府要运用经济手段来进行宏观调控。这封信得到政治局常委的同意，成为起草即将召开的十二届三中全会文件的依据之一。

①《十二大以来重要文献选编》（中），人民出版社1986年版，第535页。

1984年10月20日，党的十二届三中全会在经过六天准备会议的充分讨论后，通过了《关于经济体制改革的决定》。这个《决定》是我国经济体制改革的第一个纲领性文件。《决定》的一个最重要的进步，就是正式改变了“计划经济为主、市场调节为辅”的提法，明确指出：“改革计划体制，首先要突破把计划经济同商品经济对立起来的传统观念，明确认识社会主义计划经济必须自觉依据和运用价值规律，是在公有制基础上的有计划的商品经济。商品经济的充分发展，是社会经济发展的不可逾越的阶段，是实现我国经济现代化的必要条件。”《决定》中对于计划体制的四点概括，同9月9日国务院总理的信比较，其中第一点作了修改，改为“就总体说，我国实行的是计划经济，即有计划的商品经济，而不是那种完全由市场调节的市场经济”。在各方面的改革中，《决定》突出地强调企业体制改革和价格改革，指出“增强企业活力是改革的中心环节”，“价格体系的改革是整个经济体制改革成败的关键”。《决定》还指出：“越是搞活经济，越要重视宏观调节，越要善于在及时掌握经济动态的基础上综合运用价格、税收、信贷等经济杠杆，以利于调节社会供应总量和需求总量、积累和消费等重大比例关系，调节财力、物力和人力的流向，调节产业结构和生产力的布局，调节市场供求，调节对外经济往来，等等。我们过去习惯于用行政手段推动经济运行，而长期忽视运用经济杠杆进行调节。学会掌握经济杠杆，并且把领导经济工作的重点放到这一方面来，应该成为各级经济部门特别是综合经济部门的重要任务”[①]。

这个《决定》在会上与会后得到邓小平、陈云同志的高度评价和充分肯定。邓小平同志在通过这个决定的会议上指出：《决定》是“马克思主义基本原理和中国社会主义实践相结合的政治经济学”。在22日中顾委会议上又说：“这次经济体制改革的文件好，就是解释了什么是社会主义，有些是我们老祖宗没有说过的话，有些新话。”“过去我们不可能写出这样的文件，没有前几年的实践不可能写出这样的文件。写出来，也很不容易通过，会被看作‘异端’。我们用自己的实践回答了新情况下出现的一些新问题。不是说四个坚持吗？这是真正坚持社会主义。”[②] 陈云同志在会上书面发言中说：《决定》

① 《十二大以来重要文献选编》（中），人民出版社1986年版，第567—572页。

② 《十二大以来重要文献选编》（中），人民出版社1986年版，第599页。

中“对计划体制改革的基本点所作的四点概括，完全符合我国目前的实际情况。现在，我国的经济规模比50年代大得多，也复杂得多。50年代适用的一些做法，很多现在已不再适用。”“如果现在再照搬50年代的做法，是不行的。”并指出今后体制改革“必须边实践，边探索，边总结经验”[①]。

我认为，确认社会主义经济是商品经济，是我们党对社会主义经济的新的概括，是对马克思主义社会主义经济理论的一个重大发展，它反映全党在计划和市场关系这个体制改革的根本问题上的认识，已达到一个新的阶段。1980年体改办的《初步意见》虽然已初步提出过这一思想，但当时对这问题的认识还不深刻，也没有成为全党的共识。现在作为中央全会决议通过，成为党和国家的正式决策，这就为我国按照商品经济的客观规律改革经济体制规定了正确的前进方向。现在回头来看，当时我们的认识还是有不足的地方。我们虽然认识到社会主义经济还是商品经济，也需要有宏观管理，但是还没有认识到发展商品经济必须在总体上放弃苏联式的行政指令性计划经济体制，没有认识到在社会主义商品经济条件下，计划管理必须以市场机制为基础，发挥市场机制在资源配置上的基础性调节作用。《决定》中专门加上一句“不是那种完全由市场调节的市场经济”，尽管给“市场经济”加上了“不是那种完全由市场调节的”限定语，仍然为日后一些实际上主张计划经济的人反对扩大市场机制的作用留下了某种可以利用的依据。尽管《决定》还有一定的局限性，但它在改革理论的发展过程中，确实迈出了有决定意义的一大步，是一个重大的突破。只要切实按照商品经济的规律来改革经济体制，迟早是会确立向社会主义市场经济体制转变的目标的。

党的十二届三中全会的改革理论，到1987年10月党的第十三次全国代表大会，又得到了进一步的发展。十三大在论述社会主义初级阶段理论的基础上，对改革理论和方针的提法更前进了一步，指出：“社会主义有计划商品经济的体制，应该是计划与市场内在统一的体制。”“必须把计划工作建立在商品交换和价值规律的基础上。以指令性计划为主的直接管理方式，不能适应社会主义商品经济发展的要求。”“我们的任务就是要善于运用计划调节和市场调节这两种形式和手段。”“计划和市场的作用范围都是覆盖全社会的。”“利用市场调节决不等于搞资本主义。”大会还提出“新的经济运行机

---

①《十二大以来重要文献选编》(中)，人民出版社1986年版，第589页。

制，总体上来说应当是‘国家调节市场，市场引导企业’的机制”[①]。这句话后来引起一些争议，在我看来，具体表述是否确切，可以研究，但其精神是正确的。十三大的论述，表明我们对计划和市场关系的认识又前进了一步，距离建立社会主义市场经济体制的改革目标，是更加接近了。我在 1987 年至 1988 年，曾连续写了《要把马克思主义这门科学不断向前推进》《把计划工作建立在商品交换和价值规律基础上》等几篇论文，从理论上对十三大精神展开论述[②]。

十二届三中全会通过《决定》的那几天，是我一生中又一次特别高兴的日子。《决定》通过是我们国家的喜事，我为改革事业得到新的有力推动而高兴。与此同时，10 月 25 日是我 80 周岁的生日，我和家人在绒线胡同四川饭店订了一桌饭，请苏星、吴凯泰、何建章等几位帮助我写书的同志以及秘书、司机等身边工作人员吃饭。当我们正在举杯祝贺的时候，传来喜讯，我的小女儿在中午 11 时半生下一个男孩，这外孙和我恰好同月同日生。国家的喜事和我个人家里的喜事接踵而来，使我笑逐颜开，喜悦之情溢于言表。几天以后，在 10 月 28 日，中国社科院、国家计委、国家体改委和三个研究中心，在人民大会堂举办祝贺我“从事经济理论和实践工作五十年茶话会”。国务院总理送来了贺信。我在答词中说：今天有这么多同志来参加茶话会，一波、依林、劲夫等许多老领导的到会和讲话，是给我的极大鼓励，我感到既感激又惭愧。过去我做了一些工作，这是一个共产党员应该做的事情；写了一些文章也不过是时代潮流的反映。我之所以没有落伍，要归功于党的领导，得益于中央领导同志的教导。现在我年事已高，还能再贡献一点余热，但希望要寄托在中青年同志身上，相信年轻同志在四化建设中一定会干得更好。茶话会上许涤新同志即席赋诗一首。会后又决定编辑《薛暮桥经济论文选》一书，内部印发分送有关同志留念。

宏观失控和通货膨胀

党的十二届三中全会以后，我国经济建设和改革的发展速度很快。遗憾

① 《十三大以来重要文献选编》(上)，人民出版社 1991 年版，第 26—27 页。

② 参见《改革与理论上的突破》，人民出版社 1988 年版，第 1—70 页；《中国经济体制改革》，天津人民出版社 1990 年版，第 27—28、280—307 页。

的是，当改革在理论上取得重大突破的时候，在实际工作中却出现了一些可以避免的失误，在发展过程中添加了一些曲折。

就在《决定》发表后不久，我国经济发生了前所未有的宏观失控。1984年下半年，有关部门讨论金融体制和工资管理体制改革的方案，决定要扩大专业银行贷款的自主权，允许各专业银行自主支配的信贷资金数额同存款增减挂钩按比例浮动；决定要扩大企业工资分配的自主权，企业工资总额可以同企业经济效益挂钩浮动。这些本来是好事，但在具体实施办法上出现不该有的失误。银行系统设想1985年各专业银行贷款数额的浮动，要以1984年实际贷款数额作为基数；劳动部门设想1985年各企业工资总额的浮动，要以1984年实际数作为基数。有关这两项基数核定办法的风声传出，立即导致从10月开始的信贷和工资增长严重失控。许多金融单位不顾大局，为了增加信贷基数，竞相放贷；许多企业和行政事业单位从本位利益出发，为了增加工资基数，乱提工资，滥发奖金和补贴。致使银行信贷、投资数量和消费基金急剧增长。这年12月银行贷款总额比上年同期猛增48.4%，全年增长28.9%；第四季度奖金发放比上年同期增加一倍有余，工资总额（包括奖金）增长38%。国务院在11月中旬就发现这个问题，发出了控制基建投资和工资奖金的紧急通知，规定1984年增发货币180亿元的计划不准突破。但没有公开宣布撤销关于两个基数核定办法的初步设想，银行对基建贷款仍然是不但有求必应，而且送款上门。这年第四季度货币发行量比上年同季增加164%，全年合计增加49.5%，全年增加货币达262亿元，大大突破原来的定额，开始出现了明显的通货膨胀。

我在1984年8月“中日经济知识交流会”第四次年会（在深圳召开）的最后一天，突患脑供血不足而昏倒，住院十天后从深圳回北京继续在家休养，不能出席国务院会议和阅读各部委的文件，因此事前不知道中国人民银行和劳动部的设想，未能及时提出建议。事后曾多次在会议中说，有经验的经济工作者应该能够预料这种决定可能产生的后果，因此这两个失误是可以避免的。前几年财政部规定用上一年的利润上缴总额作为下一年的利润上缴基数，超过基数可以提成，我曾指出，这样做会使企业在前三个季度的利润超额完成的时候，第四季度故意少赚利润，降低下一年的上缴利润的基数。1984年的这两个基数与上缴利润相反。上缴利润要故意降低基数，贷款和工资要故意提高基数，导致竞放贷款和竞发工资是毫不足怪的。可惜我们的业务主管部门设想采取这样错误的办法，国务院也没有及时予以制止，造成严重后果。

我认为信贷失控的另一重要原因，是当时银行实行的是存款向上缴、贷款向上要的吃“大锅饭”制度，而不是各级银行以存支贷，自主经营。中央银行同各专业银行的关系也是如此，不是利用利率高低来调整信贷，而是预先规定一个贷款基数。农业银行每年秋收以后为支持收购农产品而需要大量资金，这笔资金在下一年上半年出售农产品后是可以收回来的。农业银行在上半年应当把收回的这笔资金存入中央银行。或者短期拆借给其他银行，留待下半年作为收购贷款使用。可是在信贷资金计划管理的条件下，农业银行往往采取留“硬缺口”的办法，把这笔短期资金用作固定资产贷款，长期占用，迫使中央银行在秋收以后不得不另拨巨额资金来收购农产品。1984 年第四季度货币发行总额所以大大突破预定计划，也是因为这一年农业丰收，秋收时农业银行缺乏资金，农民卖粮，国家无钱收购，出现“卖粮难”和“打白条”的怪事，迫使国务院不得不批准中央银行迅速拨出巨款来支持农产品的收购。我在几次报告中曾提出这个问题，督促银行本身进行体制改革，不吃“大锅饭”，用一般银行通用的办法来经营银行信贷业务。此后几年银行的业务经营虽有改进，但这个问题还没有根本解决。

当时经济学界对货币流通形势和应采取的政策，意见有分歧。有些经济学家认为通货膨胀是经济“起飞”时期的正常现象，非但没有坏处，相反有提高增长速度的好处。经济研究中心的多数同志不赞同这种意见，认为各国发展的经验证明，通货膨胀对于长期发展有害无益，即使凯恩斯主义者，现在也逐渐惧怕通货膨胀政策。在我国目前情况下，由于通货膨胀破坏改革的良好环境，危害就更大。1984 年 12 月，经济研究中心和技术经济研究中心联合组成以吴敬琏为组长的研究小组，在马洪、徐雪寒等同志指导下，经过紧张的研究，写出了题为《当前货币流通形势和对策》的研究报告，向中央建议采取加强宏观控制的措施，稳定经济，以保证党的十二届三中全会预定进行的各项改革顺利出台。1985 年 1 月 7 日，我在经济研究中心召开的座谈会上讲话，指出目前出现了投资和消费双膨胀的形势，必须及时采取措施加以克服。

1985 年 1 月，国务院正式决定采取措施，抑制正在兴起的通货膨胀势头。2 月，召开了当年第一次省长会议，部署加强宏观调控和稳定经济的工作。会议提出的措施是正确而及时的，但是，由于认识上的不一致和有关方面利益上的矛盾，措施一时难以落实。

信贷和工资总额的失控，使投资需求和消费需求猛增，导致1985年上半年工业生产出现“超高速”增长。这一年第一季度工业产值比上年同期增长22.9%，第二季度增长23.4%。与此同时，各地区为追求短期效益，竞相发展投资周期短、收效快的加工工业，盲目重复建设，而能源、原材料和交通运输则日益成为短线，产业结构越来越不合理。国民经济的比例关系刚有改善，又逐渐走向新的失调。与过去不同，这次投资膨胀不是国家计划安排投资过多，而是预算外投资膨胀，由地方和企业用自有资金和银行贷款安排的投资加上集体与个人投资，在全社会投资中所占比重达到2/3。这一次膨胀也不是重工业片面发展，而是一般加工工业盲目重复建设，基础工业反而成了瓶颈。我在当时曾指出，过去宏观控制主要靠财政手段，而现在则主要要靠控制银行信贷。我建议应当立即压缩信贷，抽紧银根。

在1985年这一年，国务院总理是坚持加强宏观调控的主张的。从2月份国务院召开第一次省长会议起，到9月份，连续召开四次省长会议，几次会议都是要纠正失误，严格控制信贷和工资奖金的发放，实行财政和信贷双紧政策；至于在体制改革方面，步骤只能放缓一点，主要在物价和工资制度上采取了一些可行措施。对于省长会议精神，我是赞同并积极宣传的。我在1985年5月为《中国经济年鉴》写的代序中说：现在“为着追求生产的过高速度发展，无节制地扩大基本建设规模，固定资产投资偏大，银行的信贷资金增加过猛。与此同时，消费基金也增长过猛。以致货币投放过多。……这还只是一个苗头，不难及时控制，但如不加控制，经过几年调整所取得的大好形势，仍有可能得而复失。国务院决定1985年要控制信贷基金和消费基金的过度膨胀，并把工业总产值的增长幅度定为8%，……是十分明智的。……这样留有余地，保持后劲，就可以保证国民经济继续稳定、协调地发展，为经济体制的全面改革创造良好的条件。”①

这一年，除了在企业推行工资总额同经济效益挂钩、在行政事业单位实行以职务工资为主的结构工资制以外，在第二季度国务院决定在大中城市放开副食品（蔬菜、肉、鱼、禽、蛋等）价格。本来，1979年以来，由于执行

①《八十年代的中国经济》，经济管理出版社1992年版，第45—46页。

了调整方针，加速了农业和轻工业的增长，生产资料和消费品的供应紧张情况大大缓和。1983 年生产资料的议购议销价格下降，许多种消费品出现买方市场，连粮食、棉布这样最重要的消费品也供大于销，出现了合理调整和放开价格的极好机会，这种情况一直延续到 1984 年。可惜 1984 年第四季度开始通货膨胀，使理顺价格的良好机会得而复失。1985 年的价格改革，步骤只能是十分谨慎的。当时在小城市和部分中等城市，副食品已经基本上由自由市场供应，大中城市中集市贸易也已相当发达，进一步在大中城市放开副食品价格，条件已经具备。由于 1979 年已经调整过城市副食品价格，此次涨价幅度只有 20%—30%，考虑到各城市涨价的幅度不同，各自按不同的幅度给居民以多少不同的物价补贴。这次改革行动，总的说是很成功的。有些国家多少年想解决而未能解决的问题，在我们国家比较顺利地解决了。不过，由于通货膨胀的存在，我们难以采取更多的动作。国家原定在 1986 年出台的价格改革方案，也被迫搁浅，而且不得不责成物价局对部分商品用行政手段实行限价政策，致使物价产生新的扭曲。当时我曾经就物价问题发表了三篇文章，并带领吴凯泰、李克穆同志到无锡花了一个月时间，编写了《我国物价和货币问题研究》一书[①]。我强调理顺价格为经济体制改革创造条件，势在必行。但是，要理顺价格，必须制止需求过热而发生通货膨胀。只有制止通货膨胀，才能顺利地进行价格改革。

1985 年上半年实行双紧政策收效不大。由于工业生产的超高速增长，也由于“投资饥饿症”这种体制上的毛病，人们的过热情绪不易抑制。这年 3 月我去家乡无锡调查，知道前两个月的乡镇工业增长 100%，我提醒他们不要头脑发热。他们答复说乡镇工业要资金有资金（银行送贷款上门，虽然羊毛供应紧张，建设银行仍送贷款 1000 万元要求无锡办一个毛纺织厂），要原料有原料（议价收购，电也用议价电，停电时用自备柴油发电机供电），要销路有销路（钢窗厂的订货已达一年半产量，其他机械、建材也是如此），为什么不让我们生产？当时办电视机厂热浪最高，国家计委机电局一个干部告诉我，已经新办 121 个装配厂，零配件 80%—90%靠进口，因此我在无锡市召开的战略讨论会上，建议无锡不要再增加电视机厂（已经有了一个电视机厂）。我告诉他们无锡的优势是纺织工业，这是赚外汇的（纺织品质量好，

① 红旗出版社 1986 年版。

大部分出口)，而电视机装配厂大部分零部件靠进口，是吃外汇的，现在已有若干装配厂因缺乏外汇而减产或停产。我说无锡的乡镇工业已经名列全国第一，今后不应当热衷于盲目办厂设点，而应当“调整、提高、创新”。

我还到苏州调查，得知苏锡两地乡镇工业的产值增长速度达到50%—60%。这时他们头脑仍然过热，但已开始感到能源和原材料供应紧张，这样高的增长速度难以为继。特别严重的是没有统一规划，不但在全国重复建设，在一个地区也是重复建设，有一个县办了二十几个毛纺织厂，十几个电视机厂(大多是生产外壳和简单零配件的)，明知大家都吃不饱，但谁都不肯下马。我看到形势严重，在投资体制改革滞后的情况下，主张中央和省、县业务部门要做统一规划，进行整顿，该下马的令其下马，新上马的必须严格审批。这两年我参加了七个地区的经济发展战略规划会议，没有一个地区满足于二十年翻两番的目标，而都是“提早五年翻两番”，“二十年翻三番”，经济高速发展地区要求“五年翻一番、二十年翻四番”。

在苏州，我看到一个可喜的现象，就是我1980年在上海提倡的生产资料交易市场办起来了，并且生意兴隆。这两年由于工业生产的超高速发展，

1985年薛暮桥(左二)在农村开展调查研究。

建筑业大发展，建筑材料价格猛涨，钢筋的价格涨到每吨2000元（计划价格是600元）。办起交易市场后，由于产销双方能够直接见面，钢筋价格下降到1600元。生产资料市场不像百货公司，因为成交量大，不可能当场交货。交易市场不是自己买进卖出，而是为买卖双方牵线搭桥，签订购销合同，办理签证手续，提供信息、电信、交通、食宿等服务。这时全国已有十几个城市办了生产资料交易市场，最有名的是石家庄，苏州还是不出名的地方，但看来也是很有成效的。

1985年下半年，世界银行为了表示对中国政府稳定经济的政策的友好支持态度，建议由他们出面邀请当今世界上著名经济学家来中国召开一次“宏观经济管理国际讨论会”，我们政府接受了这一建议。1985年9月2日至7日，在长江三峡从重庆到武汉的巴山号游轮上召开了这次讨论会，所以这次讨论会又称“巴山轮会议”。参加会议的东欧学者有科尔奈（匈）、布鲁斯（波兰）、拜特（南斯拉夫）等人，西方学者有凯因克劳斯（英）、托宾（美）、埃明格尔（德）、阿尔伯特（法）、小林实（日）等人。会前，国务院总理在中南海会见外国专家学者，说明我国1984年第四季度发生银行信贷失控，投资猛增，消费基金增长过快，物价上涨幅度可能达到10%，国务院决定实行财政信贷紧缩的政策，希望外国专家畅所欲言，发表意见，介绍经验，提出建议。会见后外国专家很高兴，表示要积极参加讨论。我们经济研究中心和国家体改委对这次讨论会很重视，我、马洪、安志文同志都参加了会议。参加讨论会的还有三十多位国内知名专家学者。这次讨论会由马洪、安志文同志主持，由我致开幕词。我简要地说明了我国面临的经济问题和紧缩对策，并说只要运用银行、财政等经济杠杆搞好宏观控制，是可以做到社会总供给和总需求的平衡的。匈牙利《短缺经济学》作者科尔奈对此表示怀疑，认为短缺是社会主义制度无法避免的结果。美国诺贝尔奖获得者托宾教授（他是新凯恩斯主义者）发言赞赏我国的财政、金融双紧政策，批评美国宽财政（巨大赤字）紧信贷的政策，说一般应当紧财政、宽信贷，在中国当前情况下，则应实行财政、货币、收入分配的“三紧政策”。会议由马洪同志宣读了中方的闭幕词。此次会议是中外经济学界一次有影响的会议，在国际上被广为报道。会上外国专家（包括西方和东欧）一致认为社会主义国家在经济发展中总是存在着“过热”的倾向，在国家经济的各个层次都有“投资饥饿症”，结果常常促成通货膨胀、物资短缺。在处理当前经济问题时，应当

薛暮桥、马洪、李克穆、吴敬琏（左起）参加“宏观经济管理国际讨论会”。

在巴山号游轮前。

看到造成“过热”的根本原因，对中国出现的情况表示理解，对我们的对策表示赞赏。他们介绍了各国宏观经济管理的经验，强调正确运用财政税收政策、金融政策、货币政策、收入政策的重要性。

这年9月下旬，召开中国共产党全国代表会议讨论《中共中央关于制定国民经济和社会发展第七个五年计划的建议》。陈云同志在会上讲话说：今年1月至7月工业产值比去年同期增长22.8%。我们目前的能源、交通、原材料等都很难适应这样高速度的需要。“还是要有计划按比例地稳步前进。……否则，造成种种紧张和失控，难免出现反复”。会后，国务院进一步加强信贷紧缩政策。到第四季度，信贷失控状态基本上扭转过来，工业生产增长速度降至10.2%。从全年来说，1985年工业增长幅度达到18%，速度仍是很高的。

反通货膨胀问题上的争议

到1986年第一季度，工业生产遇到困难，由于大量基建项目已经上马并陆续完成，原材料、能源供应更趋紧张，同时信贷资金的大部分用于固定资产投资，企业流动资金变得奇缺，结果工业生产增长速度显著下降，第一季度与上年同期比较只增长4.4%。

这本来是抑制经济过热时出现的暂时现象，用不着惊慌，但在这时，许多地方和企业纷纷强烈要求放松信贷，叫得很厉害。同时有一些年轻同志大声惊呼经济“滑坡”了，说双紧政策破坏了刚刚开始的经济“起飞”。主张保持“适度”的通货膨胀来刺激经济“起飞”。当时国务院总理受到这种主张的影响，在制止通货膨胀问题上发生动摇，从第二季度起，开始重新大幅度放松信贷。

对此我们经济研究中心持不同意见。我在4月人大全体会议江苏组发言，指出第一季度工业生产只增长4.4%是同上年同期23.2%的超高速比较，如果两年的增长速度合并，平均增长速度仍达13.7%，仍然是高速度。1985年下半年速度下降，1986年下半年将比上年同期上升，全年合计仍可能达到10%，还是高速度。在为《中国经济年鉴》所写序言《继往开来，稳步前进》中[1]，为了稳妥起见，我把预计10%改为8%。执行结果，工业生产全年

① 参见《改革与理论上的突破》，人民出版社1988年版，第130页。

增长速度仍然达到11.3%，超过我的预料。我在另一次会议上说，第四季度为着完成财政上缴任务，多生产了一些积压产品，产品积压在仓库里，利润是用银行贷款交的。假使银行少贷300亿元流动资金，不生产积压产品，生产增长速度降到10%，有效供给不会下降而经济效益将会更好。

1985年全年货币发行数量是很大的，为什么还会产生流动资金严重不足呢？我指出这是由于银行在分配资金时，过多地照顾固定资产投资的需要，没有留下相应的流动资金；企业在使用自有资金时也往往大部分用作投资，而投产后所需流动资金则靠银行来供应。所以解决问题的办法，应当是改变银行贷款结构，压缩固定资产投资贷款，同时还应加速发展我国的金融业务。我指出，在目前过量发行的基础货币中，大约有一半沉淀在居民特别是农村居民手中，虽然银行储蓄也在增加，但沉淀的货币则越来越多。为了有助于缓解流动资金不足的困难，应当发展银行业务，把沉淀的货币吸收到银行中来，同时银行应开展票据交换、期票贴现等业务，通过发展金融市场解决企业间相互拖欠现象。我认为，当时在信贷控制力度上适当微调是可以的，在微调紧缩力度的同时调整信贷结构，促使投资结构和经济结构优化，从而使经济正常运行，但是切不可放弃抑制通货膨胀的政策。

1986年6月27日，我写信给国务院总理，说各地领导同志头脑过热，提前翻番、急于求成的劲头很大，要降温，希望中央领导同志不要再去鼓气、加油。我说："十二届三中全会的决议说，改革不合理的价格体系，是整个经济体制改革成败的关键。我想加上一句，严格控制社会总需求（包括积累基金和消费基金），保证社会总供给和总需求的平衡是改革不合理的价格体系，从而理顺经济关系的成败的关键。"这封信不合当时国务院总理的意图，他认为我的经济思想已经不合潮流，已经落伍，都是些"老框框""缺乏新意"。他从1986年下半年起，仍鼓励大家大干快上。在口头上虽然讲要实行"软着陆"（即要用比较缓和的办法使社会总需求和总供给恢复平衡），而实际上却不想切实做到"软着陆"。但我还是在各个会议上发表意见，劝大家降温。1986年9月，在全国宏观经济管理问题讨论会上我发言指出："我们决不应当陶醉于大好形势，应当更加重视由于我们经验不够，在微观放活同时没有相应地加强宏观控制的失误。"我认为"投资饥饿"是旧体制下的顽症，在根除这种顽症之前，尤其要加强宏观管理来防止。我说，"积几年来的经验，我们的经济体制改革在搞活微观的同时，必须加强宏观控制，使社会总需求和总供给保持平衡”[①]。过去宏观控制主要靠调节财政拨款，采用行政手段；现在在扩大地方和企业自主权后，大部分投资来自地方和企业自筹资金和银行贷款，宏观控制的主要手段是银行信贷，当前在信贷政策上要十分慎重。

在放松信贷后，从1986年下半年起，固定资产投资继续膨胀。1986年原计划要求投资规模不能再超过上年水平，但因对过热情绪放松控制，许多地方银行对于行政干预难以抗拒，这一年固定资产投资仍比上年猛增477亿元，增发货币231亿元。1987年投资计划要求保持在1986年水平上，而且规定要实行“三保三压”政策（即保计划内建设，压计划外建设；保生产性建设，压非生产性建设；保重点建设，压非重点建设）。但是又由于宏观控制不力，计划外投资继续失控，固定资产投资又比上年猛增621亿元，货币增发236亿元。而且投资结构很不合理，加工工业和非生产性建设盲目扩展，家用电器、化工、纺织、卷烟等产品畸形发展，而能源、交通及某些原材料供应日趋紧张。这两年工业的“超高速”增长，在很大程度上是靠动用积存外汇增加零部件原材料进口来支撑的，这当然不能持久，而且使产业结构趋向恶化。

在投资过热、通货膨胀加剧情况下，物价自然难以稳定。1985年零售物价指数比上年上升8.8%，在城镇上升12%，群众意见纷纷。为了限制物价上涨，这两年不是去坚决制止货币扩张，而是采取行政限价手段，强压物价。1986年和1987年零售物价指数表面上看上涨不算高，仅为6%和7.3%，其实，这是假象。资本主义国家在一般情况下不用行政手段管制物价，流通中货币过量很自然地经过一定时间就在物价上涨上表现出来，而物价上涨也就把过量货币冲销了，所以他们往往把通货膨胀同物价上涨当作同义语。在我国当时，物价处于半放半管状态，物价上涨的威胁加重了，就用行政限价来对付，过量货币大部分不能由物价上涨冲销，成为“隐蔽性的通货膨胀”，并导致物价体系新的扭曲。短缺的能源和原材料的计划价格被限制住了，而议价部分则价格猛涨，利用价格混乱从流通中转手倒卖牟取暴利的“官倒”“私倒”盛行，扰乱市场秩序。许多种类繁多的日用消费品无法限价，

---

①《改革与理论上的突破》，人民出版社1988年版，第121页；《论中国经济体制改革》，天津人民出版社1990年版，第156页。

因价高利大而盲目发展，促使产业、产品结构恶化。限价还使很多企业亏损年年增加，据财政部统计，1987 年企业亏损报账已达 400 亿元，亏损补贴和物价补贴，相当于财政收入的 1/3。这种状况既妨碍企业面向市场、自主经营、自负盈亏、正常竞争，又加重了财政负担，扩大了财政赤字。反过来又会迫使增发货币，蕴藏着更严重的危险。

在这期间，有经验的经济学家几次向国务院决策人敲警钟，指出经济发展中的险情，要求加强宏观控制，坚决制止通货膨胀。但是国务院总理仍然听不进去，害怕增长速度下降。1987 年 4 月一次会上，他发脾气，指责有人把经济形势描写得“险象环生”、说成“大事不好”、存在“惊慌失措和悲观情绪”。他批评国民收入“超分配”[①]的正确判断，说把“超分配”说得如此严重，不符合实际情况，“超分配”的提法本身不科学，不要再用。他说社会总需求超过总供给问题是有的，实际也不过是一二百亿元的问题，用不着惊慌失措。他批评关于要创造宽松环境以利于改革的主张，认为这是幻想，“等待出现宽松环境才改革是不现实的，不改革怎么会出现宽松环境呢”？他强调现在深化改革就是要调动企业积极性，“要加强企业体制的改革”。

当时，我们在深化改革的问题上存在两种选择。一种是坚决制止通货膨胀、遏制物价猛涨并努力理顺价格，从而使各项改革包括企业体制改革能顺利推进；另一种是漠视通货膨胀，看到理顺价格的困难，试图绕过价格改革，用推广企业上缴税利包干的办法，保持高速增长。1987 年开始普遍推行多种形式的企业承包经营责任制，在一年时间内，承包制推广到 80%左右的工商企业。

我是主张第一种选择的。我们企业改革的大方向，是要使企业从吃“大锅饭”转而面向市场、自主经营、自负盈亏、公平竞争、优胜劣汰。但是不

---

① 关于国民收入“超分配”问题，我写了篇短文。我在 1956 年就使用这一概念，1980 年和 1986 年又多次使用这一分析方法。这是在东方核算体系（MPS）下研究通货膨胀的形成时使用的一种分析方法，不能说它是不科学的。1987 年初国务院总理对“超分配”的批评，在理论上我也不能赞同。这年 7 月吴凯泰同志研究社会总需求和总供给平衡问题，我草拟了《国民收入“超分配”和通货膨胀》一文，并写了一个条子给他，条子上说：“我想用另一种方法来说明有无‘超分配’及‘超分配’与通货膨胀的关系，你看能不能解决你的难题。”他读后表示完全赞同，主张公开发表。为了避免不必要的刺激，他替我用了一个笔名，在一家地方刊物《经济纵横》上发表了（1987 年第 9 期）。此文后来收集在《论中国经济体制改革》一书中。——作者注

理顺价格，企业改革的这一大方向是不可能实现的。在通货膨胀、价格扭曲的情况下，市场秩序混乱，没有一个平坦的市场，企业苦乐不均，不能在同一起跑线上公平竞争，不能使企业建立合理的经营机制。单纯推广承包制虽然能够暂时鼓励企业积极经营，但很容易产生短期行为，许多企业还利用价格扭曲千方百计变相涨价，甚至从流通中转手倒卖牟取超额利润。抛弃十二届三中全会关于价格改革是整个经济体制改革成败的关键的正确论断，试图绕过理顺价格来深化改革是行不通的。还有一些经济学家也主张第一种选择。比如，刘国光和马宾同志都在《人民日报》上发表过反通胀的言论。刘国光同志在 1988 年 3 月 17 日党的十三届二中全会期间作了反通货膨胀的发言。

另外有一些经济工作者主张第二种选择。他们宣称通货膨胀不会引起物价上涨，宣称货币发行政策第一是要促使生产上升（这时工业生产已比上年增长 18.5%，远远超过计委原订计划 8%），其次才是稳定物价。甚至“通货膨胀有益论”等也纷纷出笼。新华社的一位记者写了一篇“内参”，主张放弃宏观调控政策，受到国务院总理的赞赏，先在内部刊登、后在报纸上广为宣传。为此我又写信给中央领导同志，指出过去几年已经发生日渐严重的通货膨胀，“国家因怕物价上升过多，命令物价局限制物价上升幅度，许多该涨价的商品不准涨价，这样通货膨胀的相当大一部分就被掩盖起来，成为‘隐蔽性的通货膨胀’，此后三年货币仍然过量发行，虽然涨幅较小，但加上过去积存下来的‘隐蔽性通货膨胀’，紧张情况比过去几年缓和了还是更加紧张，还很难说。从今年（1988 年）前四个月的情况来看，恐怕更加紧张”。我的这一段话，是给当时在执行通货膨胀政策的同时试图加速进行物价改革的想法敲警钟，当然得不到国务院总理的采纳。那时，他一面讳言通货膨胀，一面又企图放开步伐进行物价改革。

不久，国家计委邀请经济专家座谈物价问题，我从新中国成立以来几次稳定物价的经验谈起，又一次提出上述意见，我说，“稳定物价的根本办法，是停止通货膨胀和逐渐消化过去几年积存下来的‘隐蔽性的通货膨胀’”。我指出，用增加财政补贴来稳定物价，则被迫增发货币，那是“火上加油”，运用不好有可能引起物价和货币发行循环上升。用行政办法强行限价，也不是正确的办法，“限价只是‘扬汤止沸’，不是‘釜底抽薪’。限价会使物价体系更加扭曲，很不利于经济体制的改革，而且无法保持经济情况的稳定”。

唯一正确的办法，是控制货币流通数量，即制止通货膨胀，这叫作“釜底抽薪”。我建议用三年时间压缩基本建设投资，不惜因此而使工业增长幅度降到10%，甚至8%，这仍然是世界上少有的高速度。与此同时，把每年的货币增发量降低到100亿元以下，用三年时间来消化积存下来的“隐蔽性的通货膨胀”，使我们有可能放手进行价格的结构性调整，逐步做到把大部分价格放开，让价值规律发挥市场调节作用，从而建立社会主义商品经济新秩序，为今后深化经济体制改革铺平道路。我的这个发言，在6月30日《光明日报》上发表了[①]。8月份党中央在北戴河召开会议，继续讨论绕过环境治理而加速物价和工资改革的方案。我在上述文章中提出的意见和当时决策思想的意见不同，有的同志对我很不满意。但是这年夏季去烟台休假和调查时，陆定一同志来看我，对这篇文章予以高度赞扬，还有宋季文同志等也表示支持。

这年8月，加快进行物价改革的消息刚在报上透露出来，就在许多城市发生向银行抢提存款，向商店抢购商品的危急现象，党中央于9月及时召开十三届三中全会，提出“治理经济环境，整顿经济秩序，全面深化改革”的新方针，确定把明、后两年改革和建设的重点突出地转移到治理环境和整顿秩序上来，放慢物价改革的步伐。这是由“超高速”转而治理整顿，实际上是在十一届三中全会以后经过五年完成调整任务以后，后五年又宏观失控，被迫再来一次新的调整。如果早三年加紧宏观调控，这次大调整是可以避免的，现在问题累积起来，只能用几年时间来治理整顿。

1988年12月1日，国务院总理找我、刘国光和吴敬琏同志去谈话，表示接受我们对他的批评。说最近一年犯了通货膨胀的失误。我说不是一年，至少已有三年。国光和敬琏同志也谈了自己的意见。虽然后来纠正了通货膨胀的失误，但已造成相当大的损失，使改革走了一段不必要的弯路。

从曲折中吸取教训

十三届三中全会以后，国务院着手贯彻执行治理整顿的决策。对于治理整顿所要达到的目标，国务院提出六点互相联系的要求，即:（1）消除经济

①《论中国经济体制改革》，天津人民出版社1990年版，第401—410页。

过热，把发展速度降到比较合理的水平；（2）遏制通货膨胀，使1989年物价上涨幅度明显低于1988年，1990年以后的上涨幅度进一步下降；（3）压缩固定资产投资规模，使它同国力承担的可能相适应，控制消费基金的过快增长，使它同国民收入的增长相适应；（4）逐步缓解社会总需求大于总供给的矛盾，实现财政、信贷、物资、外汇的基本平衡；（5）认真调整经济结构，使粮棉油等主要农产品的产量有较多增加，使能源、交通、原材料供应的紧张状况有所缓和；（6）建立健全必要的经济法规以及宏观调控体系和监督体系，积极推进社会主义商品经济新秩序的建设。实现这些要求，可以保证国民经济的稳定增长和改革开放的顺利发展。

我对治理整顿持积极支持的态度。虽然这次治理整顿实际上是形势所迫不得不进行的一次新的经济调整，也可以说是经济建设和改革开放进程中一个新的曲折。但是，在当时形势下，这一决策是很必要、很正确的。只有下决心治理整顿，才能稳定经济，为进一步深化改革铺平道路。

为了搞好治理整顿和深化改革，我认为必须认真总结改革进程中这次曲折给我们的教训。1988年12月我发表了《总结十年改革的经验——一个主要教训》一文，阐述了我的看法。此后在1989年还写了《治理整顿是为深化改革铺平道路》《牢记历史经验，坚决执行治理整顿的方针》等文章①。我强调说："改革的道路从来都不是平坦的，特别是社会主义经济体制的改革，在世界上还没有一个一帆风顺的先例。不能设想，在改革进程中不遇到许多困难，不发生任何曲折。改革只能是在实践中不断探索前进，在总结经验和排除困难中前进。"切实掌握1984年底以来经济发展和改革进程中的经验教训，是今后做好治理整顿和深化改革工作的重要条件。

我在分析前几年改革实践中的主要教训时，首先强调的一点是：深化改革必须理顺价格，而要理顺价格，就必须坚决防止通货膨胀。早在1984年十二届三中全会就曾指出：增强企业活力是经济体制改革的中心环节，而价格体系的改革则是整个经济体制改革成败的关键。1984年末原是价格改革的良好时机，遗憾的是，由于在经济建设上重犯急于求成的错误，缺乏适应商品经济的宏观调控经验，发生了严重的宏观失控现象。连续几年投资需求和消费需求增长过猛，通货膨胀物价上涨日益加剧，打乱了经济的正常运转。

---

①《论中国经济体制改革》，天津人民出版社1990年版，第308—317、169—182页。

在这种情况下，有的同志却想绕过理顺价格，靠推行承包制来深化改革，事实证明这是行不通的。我认为："在通货膨胀、价格不断上涨的条件下实行企业承包，会使许多企业不是全力加强经营管理，往往为着超额完成承包利润而千方百计地变相涨价，甚至利用价格的混乱从流通中用转手倒卖来牟取非法利润。由于价格高低不平，企业也不可能在同一的基础上进行竞争。事实证明，绕过理顺价格来深化改革是行不通的。"通货膨胀必然引起物价上涨，物价上涨幅度超过社会承受能力，还会引起人民的不满以至社会动荡。为了平息人民的不满，那两年不得不用行政办法限制物价上涨，其结果是使有可能理顺的价格又产生新的扭曲，妨碍资源的合理配置和改革的顺利推进。我认为美国货币主义学派经济学家弗里德曼所说"管住货币、放开价格"的方针是有道理的，这不但适用于资本主义商品经济，而且也适用于社会主义商品经济。这一方针实际上我们在40年代解放区就已付诸实践并取得很大成效。可是前几年经济工作领导人所做恰恰与此相反，实际上是"放开货币、管住价格"，这就必然导致通货膨胀，破坏经济的稳定。由于此路不通，1988年有的同志又想绕过制止通货膨胀这一步，不顾物价飞涨而加速价格改革的步伐。这年夏季下决心要"闯关"，但是消息刚刚透露，各地立即发生提存抢购风潮，这一风潮把主观设想的加快价格改革的方案一下子冲得无影无踪。事实证明，要实现价格改革，必须坚决遏制通货膨胀，这是一条应当牢记不忘的教训。

为了防止通货膨胀、保持经济稳定，在改革进程中应当始终注意搞好国民经济的宏观管理。我在这些文章中反复强调：在体制转轨时期，我们越是搞活经济，就越要重视宏观调控；在缩减指令性计划的同时，应当尽快建立和完善间接调控体系，尽快学会用经济方法、运用财政税收、银行信贷等经济杠杆，加强宏观调控。

许多同志常说，过去几年宏观失控，是新旧体制并存发生摩擦的结果。其实这种看法并不准确。我认为问题的症结在于旧体制已退缩，指令性计划和行政控制逐步减少；但是新体制的建立却滞后，新的调控体系没有及时占领阵地，留下了一段空白。这是前几年宏观失控的一个重要原因。我们在理论上常说要通过财政税收、银行信贷等经济杠杆来进行宏观调控，但实际上并没有这样做，许多具体政策常与理论背道而驰。

财政税收是国家宏观调控的一个重要工具，但在当时很不健全。在80

年代改革过程中，财政采取了逐级“包干”制度。地方为着增加财政收入，竞相扩大加工工业的投资，为此想方设法用“减税让利”等办法来增加地方和地方企业的自有资金。这种制度刺激地方和企业投资过热，成为投资膨胀和宏观失控的重要原因之一。这种财政包干制度不仅加剧地方和企业的投资热，而且破坏我们的产业政策，使长线产品越来越长，短线产品越来越短。税收本应是调节产业结构的重要杠杆，国家对需要限制的产业和产品征收重税，压产限产；对需要鼓励的产业和产品减税免税，促其增产。但这必须是所收税款上缴给中央财政才能发挥作用。在财政包干制度下，绝大部分税款由地方征收，按一定比例上缴中央，交税人就是收税人。税率越高，地方财政收入越多，本想限制生产反而变成了鼓励增产；反之，中央减税免税的产业和产品，由于地方财政收入很少，反而不愿意积极增产。这种制度促使各地争着增产税高利大的产品，产烟叶的地区争办小纸烟厂，产羊毛的地区争办小毛纺厂等，用高档的原料制造低档产品，使设备和技术先进的大厂因缺乏原料而被迫减产，经济效益下降。不改革这种不合理的体制，财政税收这个经济调节杠杆将不但不能发挥调节作用，相反地起逆向调节作用，使经济朝着与国家产业政策相反的方向发展。

银行是比财政更重要的调控工具，但在我们这里银行还是一个薄弱的环节，担负不起调控任务。银行的调控办法，一个是中央银行控制货币发行数量，在货币流通数量过多时采取紧缩政策，反之则适当放松。但我们的中央银行还无力控制货币发行数量。过去几年，中央银行规定各专业银行的信贷限额，以此控制信贷总额，但各专业银行还不能摆脱地方政府的行政干预，为了满足地方投资需要，它们往往把限额资金的大部分用于固定资产投资，留下流动资金特别是农产品收购资金这两个硬缺口，迫使中央银行增发货币。国外一些中央银行都有自主权，政府不能强令增发货币，我国中央银行却没有必要的自主权，在中央领导同志主张用通货膨胀来刺激生产超高速发展时，银行无权反对。结果 1984 年至 1988 年货币发行数量增加三倍，发生严重的通货膨胀，迫使我们再来一次调整。

银行信贷发挥宏观调控作用的主要办法是升降存贷利率，在经济过热时提高利率，过冷（投资萎缩）时降低利率。而我国的银行不经中央领导同志批准，不能调整利率。在 1988 年物价上升到 18.5%时，银行的存款利率一般还在 10%以下，在提存抢购后，中央才批准三年以上的定期存款利率按物价指数浮动，而三年以下的存款仍是负利率；至于贷款利率，提高很少，一般仍是负利率。这不是压缩贷款而是鼓励贷款，只能使信贷失控随之加剧。有权发放贷款的部门和工作人员以权谋私捞取非法收入的现象屡有发生，农村和城市非正常渠道的利率有的高达30%—40%，加剧了金融市场的混乱。不克服这种混乱现象，我国金融市场是难以健康发展的。

财税、金融、投资体制的缺陷，使国家在体制转轨过程中缺乏宏观调控的能力。为了搞好治理整顿和深化改革，必须十分重视这方面的改革，尽快建立适应商品经济的宏观调控体系。1988年第四季度国家计委为贯彻治理整顿方针，提出了几十条措施，大部分是采取行政办法，扩大行政指令性管理范围。我曾写信给计委党组（并报计委党组书记姚依林同志和体改委），我认为这些措施在当时讲是不得不采取，因而是被迫的。在旧的计划管理体制已退缩而新体制的建立滞后、留下一块空白导致宏观失控的情况下，我们只能暂时用一些旧办法来加速治理整顿。但是，从体制改革的大方向来说，这些办法实际上是暂时的后退。我认为在采取这些措施的同时，应当积极探索财政、金融体制的改革途径，努力加快建立新的适应商品经济的宏观调控体系的进程。这一点，对于今后防止宏观失控、保证改革顺利推进和经济持续稳定增长，具有极为重要的意义。

十二、在进一步明确我国经济体制改革目标的过程中

关于改革目标的新的争论

1989年春夏之交政治风波平息后，6月下旬党中央在北京召开了十三届四中全会，选举产生了以江泽民同志为核心的新的中央领导集体。全会旗帜鲜明地宣布继续执行党的十一届三中全会以来的路线、方针、政策，继续执行党的十三大确定的社会主义初级阶段的基本路线，继续坚持四项基本原则和改革开放政策。新的领导集体宣布当时要特别注意抓好四件大事，在经济工作方面，要继续搞好治理整顿，更好地坚持改革开放，促进经济持续、稳定、协调发展，我完全赞成。

经过努力，治理整顿取得了明显的成效。到1989年底，固定资产投资比上年减少500亿元左右，压缩了11%，消费基金增长过快的势头也得到控制，社会集团购买力只比上年增长4.2%，扣除物价上涨因素，实际下降13.6个百分点；城乡储蓄存款增加1334亿元，减少即期消费需求约700亿元。这就大大缩小了社会总供求的差额，通货膨胀得到抑制，年末货币流通量比上年减少9.8%，从而物价总水平趋向稳定。从1989年10月起，物价上涨幅度持续保持在一位数，1990年2月，零售物价指数比上年同期只上升4.1%。市场紧张状况缓解，流通领域混乱现象得到初步治理。由于过热的投资和消费需求降温，工业生产不正常的超高速增长也得到抑制。但出现的问题是市场疲软，不少工厂被迫停产减产，企业亏损面扩大，经济效益下降。这是治理整顿中需要注意的新情况。

针对这种情况，我写了《治理整顿和深化改革的新阶段》一文[①]。我认

---

①《论中国经济体制改革》，天津人民出版社1990年版，第183—192页。

为，“目前的市场疲软是局部现象”，“这是超高速发展中产业结构、产品结构严重失调所产生的后果”。当时“市场疲软”呈现很不平衡的特点。有些产品的销售如能源、部分原材料不仅不“疲软”，而且供不应求，仍然短缺；副食品的销售是增长的；日用工业品是畅销、平销和滞销同时并存，滞销的日用工业品主要是前一段盲目重复建设、以致生产能力相对过剩的产品，如某些耐用消费品和纺织品，特别是那些货不对路和质次价高的产品；此外，在压缩投资后，机电装备、建材等生产资料也销售不畅。很明显，这是过去几年经济过热、宏观失控引起产业结构、产品结构失调而造成的后果。

根据上述情况，我认为治理整顿可以说已进入新阶段，现在应当在适当调整紧缩力度、争取经济有一定增长速度的同时，把工作重点放到调整产业结构、产品结构、提高经济效益上来。我建议，作为眼前的具体措施，信贷必须实行倾斜政策。对于短线产业因资金紧张而生产困难，应予贷款支持，属于这一类的企业需要适量供应用于设备更新和改建扩建的资金；对于生产其他产品的工厂，则应区别对待，对市场有销路的优质产品应当贷款给商业部门扩大收购，对于不符合市场需要的滞销产品不能贷款救济，而应加快调整，使产品、产业结构逐渐趋向合理。但是，这样的措施只能解决浅层次的问题，要解决深层次问题，还必须寻求根本治理之策，也就是依靠推进改革来求得长治久安。然而在当时情况下，正是在改革的方向这个根本问题上发生了新的争论。

当时的情况是这样的：在党的十三大以后，理论界积极主张改革的同志建议以建立社会主义市场经济体制作为改革目标。他们认为比较发达的、社会化达到相当高度的商品经济就是市场经济，或者认为有商品就有市场，商品经济也就是市场经济，采用市场经济的提法，可以突出商品经济运行机制的特征，即市场机制在社会资源配置上的基础性的调节作用。他们拥护 1987 年党的十三大报告中所说的新的经济运行机制，“应当是‘国家调节市场，市场引导企业’的机制”，主张从总体上放弃行政指令性计划经济体制。这种主张本来是符合党的十二届三中全会和十三大以来不断向前发展的经济体制改革的方向和基本思路的，但是遇到坚持计划经济为主的同志们的反对。1989 年春夏之交国内发生政治风波，随后国际上又发生东欧政治剧变。在这种形势下，有的同志对改革的正确方向发生怀疑，他们重新提出坚持计划经济体制的问题，并且把“市场取向”和建立社会主义市场经济的主张，当作否定四项基本原则的资产阶级自由化来批判。从 1989 年秋季起，部分报刊陆续发表了一些批判文章。在这些文章中，把前几年宏观失控归咎于“市场取向”的改革，认为前几年改革过程中存在着“过分推崇市场机制的倾向”；他们把计划经济还是市场经济的问题同社会基本制度直接联系，认为这是姓“社”姓“资”的问题。他们说“社会主义经济只能是计划经济”，认为“把改革的目标定位在‘市场取向’上、把市场经济作为我们社会主义社会的目标模式…… 就把资本主义生产方式的经济范畴同社会主义生产方式的经济范畴混淆了”。他们认为市场经济只能以私有制为基础，向市场经济过渡，就是“取消公有制”，“改变社会主义制度，实行资本主义制度”。

这种“批判”是同邓小平同志在政治风波刚刚平息时特别强调要把握的方向相悖的。在 1989 年 8 月 9 日，邓小平同志专门讲到“是不是因为发生了这次动乱，我们制定的路线方针政策的正确性就发生了问题”，“改革开放这个基本点错了没有？”他明确回答：“没有错。”党的十三大确定的路线“不能改”。他还说：“如果这个时候开展一个什么理论问题的讨论，比如对市场、计划等问题的讨论，提出这类问题，不但不利于稳定，还会误事。”

我完全拥护邓小平同志的这些观点，对那些发动错误批判的文章很不以为然。1985 年至 1988 年发生的经济过热、通货膨胀、结构失调等现象，不能归咎于市场取向的改革，这是体制转变过程中从中央到地方某些领导同志把注意力放在追求“超高速”上，没有及时适应商品经济的需要建立新的宏观调控体系、是宏观调控上失误的结果。我说：“有些同志误认为这种混乱是经济体制改革引起的，是发展商品经济必然引起的市场混乱，这种认识是很错误的。只要抓紧宏观调控，有计划的商品经济完全可以避免这种混乱。”① “我们实行治理整顿，不是因为我们的改革失败了，更不是说我们不再进行改革，要走回指令性计划的老路上去。治理整顿不过是纠正在改革过程中出现的失误，我们改革的大方向没有错误，社会主义有计划商品经济的道路没有错。”

尽管我在主观上不想参与争论，但 1990 年我写给中共中央常委的一封信和 1991 年我发表在《中国社会科学》上的一篇论文使我实际上卷入了当时在改革方向问题上的争论。

---

①《论中国经济体制改革》，天津人民出版社 1990 年版，第 316 页。

深化市场取向改革的建议

1990年7月5日，政治局常委邀集一些经济专家座谈经济形势和对策。我应邀出席会议。会上在经济体制改革应当是“计划取向”还是“市场取向”的问题上发生了争论。我本想就这个根本性的问题系统地提出意见，但因年事已高，思维不如过去敏捷，临时边想边说，中间又插话频繁，该说的没有说清楚，不需要说的却说了不少，没有把自己的意见表达出来。对此我内心很不平静。7月15日我去烟台休假，邀请吴凯泰同志同行，一面编书[1]，一面继续考虑这些问题。考虑到改革的方向问题事关重大，我决定给江泽民、李鹏等政治局常委写信，书面陈述自己的意见。

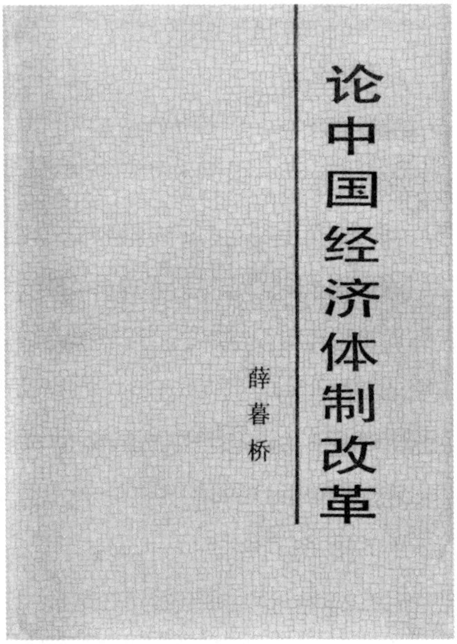

薛暮桥著作《论中国经济体制改制》。

写这封信时，我确实心潮澎湃，我说：“最近大家对东欧剧变议论纷纷。我认为仅仅以资本主义国家推行‘和平演变’政策来加以解释是不够的。在我看来，东欧挫折的主要原因，是因为未做彻底改革，老是跳不出乱物价、软财政、软信贷的圈子。这些国家采取对传统体制修修补补，或者搞一点零敲碎打的改革的做法，至多只能延迟矛盾的爆发，把国民经济引入慢性危机，而不可能求

① 1990年初，天津人民出版社约我把党的十一届三中全会后改革开放以来所写论文汇编成书。十一届三中全会开辟了我国社会主义建设的新的历史时期。十多年来，在邓小平同志关于建设有中国特色的社会主义的理论指导下，我国经济体制进行了深刻的改革，国民经济迅速发展，取得举世瞩目的巨大成就。由于这项工作史无前例，我们是一步一步摸索着前进的。实践、认识、再实践、再认识，其中也经历了一些曲折。我作为党的经济工作和理论工作者的一员，十多年来全部精力投入到改革开放的实践和研究之中，写了很多文章，成为我一生中著作最多的一个时期。我接受了出版社的要求，挑选了58篇文章，汇编成《论中国经济体制改革》一书。此书于1990年12月出版问世。在我自己的著作中，这是我一生中最喜爱的一本论文集。——作者注

得经济状况的根本改善和同资本主义竞赛的胜利。当这些国家的领导认识到必须进行改革时，却发现群众对依靠现领导进行社会主义制度范围内的改革已经失去了信心，不愿给予起码的支持，因而追悔莫及。”

我在信中还指出，我国当前经济的困难，从根本上说也是由 1984 年后改革滞后、宏观调控机制失效、同时又急于求成而造成的。那时，在全面推进改革的条件成熟的大好形势下，领导上却把注意力放在倡导低效率的“超高速”上，而对党的十二届三中全会确定要进行的改革，反倒一再推迟。结果在缩减指令性计划以后，没能及时建立在市场作用基础上运用财政税收、银行信贷等经济手段进行宏观调控的经济管理体制，留下一块空白，致使宏观经济失控、通货膨胀严重、产业结构和产品结构陷入新的失调。现在经过将近两年的治理整顿，浅层问题开始得到解决，物价涨势得到控制，工业生产开始回升，人心趋于稳定；但是深层问题尚未解决，宏观调控还未上轨道，产业结构、产品结构未能调整，企业亏损面扩大而仍在靠国家补贴“吃大锅饭”，企业制度改革滞后，经济效益低下，财政赤字剧增。如果不能改变这种情况，膨胀—萧条的循环可能难以摆脱，而且存在着陷入“滞胀”而不能自拔的危险。

我在信中强调，“我们必须认清形势，当机立断”。也就是说，要抓紧目前花了很大代价才取得的总需求和总供给比较接近的时机，推进建立奠基在商品经济基础上的经济管理体制为目标的综合改革。主要是要在加强财政、银行宏观调控的条件下，用放开价格的办法来理顺价格，让企业在市场上公平竞争，优胜劣汰。

为此我建议当前要采取以下措施：

第一，应抓住目前制止通货膨胀稳定物价取得成效的有利时机，价格政策从管制转向调整，短线产品适当提价、疲软商品鼓励降价推销。今后在条件具备时进一步转向让绝大部分商品的价格全面放开，力争在“八五”期间基本上理顺价格，使市场价格发挥对产业结构和产品结构的调节作用，为企业改革铺平道路。

第二，尽快健全财政税收的调节功能。要推行拟议已久的分税制改革。实行分税制的要义不在于使中央在有限的“蛋糕”上多切一块，而要着眼于加强中央的宏观调控能力，理顺财政关系，促进经济结构的调整，提高经济效益。

第三，尽快推进金融体制的改革。人民银行必须成为真正的中央银行，对货币发行负完全责任。各级专业银行要以产业政策和经济效益的高低作为决定贷与不贷、贷多贷少的业务准绳，逐步走向自主经营，不能放任地方政府和各级业务部门任意干预。在执行稳定的货币供应政策的前提下，存贷利率尽可能反映供求关系。对于投资大、回收慢的国家重点建设项目，宜设立特殊的政策性融资机构给予资金支持。

第四，在通过上述改革为企业成为真正自主经营、自负盈亏的商品生产者创造必要的外部条件的同时，还应当进一步探索企业体制改革，特别是国有大中型企业改革切实可行的路子。

最后我建议，上述措施，有的只能分步推进，但必须方向明确。在当前条件下，必须痛下决心，在改革上迈出决定性步伐，克服困难，才能走向繁荣。

这封信在起草过程中得到吴敬琏同志的大力帮助，他对我写的原稿作了许多修改和补充，信在 9 月初送出。此后的几个月，我几次参加讨论会，多次发言并写了一些文章（如《怎样深化改革》，见 1990 年 11 月 19 日《经济参考报》;《理顺物价、平整市场、深化改革》，见 1990 年 12 月 1 日《光明日报》;《关于深化改革的几个问题》，见《管理世界》杂志 1991 年第 1 期等）。我反复强调：我们必须抓住目前这个有利时机，慎重而坚定地向深化改革迈出一大步，走了这一步，以后还有一段艰难的路程，但是只要走好当前这一步，再经过一番努力，我们就会豁然开朗，进一步发挥社会主义的优越性。

对社会主义经济理论的总结

面对社会上出现使改革发生逆转的思想倾向，我觉得除了要在实践中进一步推进改革外，还有必要对社会主义作为一种商品经济从理论上作全面的论述。为此，1990 年底我写了《关于社会主义经济的若干理论问题》一文[①]。

我一贯认为，社会主义必须建立在社会化大生产基础上，而社会化大生产必须以商品经济的充分发展为前提。过去我们仿效苏联经济体制，急于用产品经济取代商品经济，不是通过发展商品经济，而是想通过指令性计划

① 参见《中国社会科学》1991 年第 1 期。

用行政办法来人工塑造一个社会化大生产，实践证明是不成功的。我国现今的社会主义经济只能是一种商品经济。作为社会主义商品经济当然需要有宏观计划管理，但计划管理必须建立在商品经济和市场机制起调节作用的基础上。在当时，我的认识还没有达到明确主张以建立社会主义市场经济作为改革目标的高度，但是我一直认为，既然要建立社会主义有计划的商品经济，改革当然是“市场取向”的。我在1990年底为吴敬琏同志的《论竞争性市场经济》一书[①]写的序言中说：“既然是有计划的商品经济，就必然有商品交换，也就必然有市场。商品与市场的关系是鱼和水的关系。现在对于商品经济是不是就是市场经济的问题，理论界还存在各种不同的看法。尽管如此，我国要进一步深化改革，就要发展社会主义商品经济，就要建立社会主义市场经济体制，让价值规律发挥调节作用，这是毫无疑义的。”同年12月底，我在回答《特区时报》记者采访提问时说：“要深刻研究计划经济和市场经济的关系。过去认为前者是社会主义，后者是资本主义，这种理解是极不利于深化改革的。”[②]

《关于社会主义经济的若干理论问题》一文对于社会主义商品经济中的商品、货币、价格、市场、计划、劳动、工资、财政税收、银行金融、所有制、企业制度等十余个问题，联系实际进行分析，把我多年来关于经济体制改革的主张，作了一次综合的系统的论述。我的最主要的观点可以概括如下：

第一，我认为我国现今的社会主义经济只能是一种商品经济，传统的计划经济体制必须坚决改革。我指出，一百多年前马克思曾经设想，一旦建立起统一的全社会公有制，商品生产和货币关系终将消灭。这以后的马克思主义者普遍存在一种急于消灭商品货币的倾向。俄国十月革命胜利后，曾有很短一段时期实行战时共产主义政策，内战结束后，列宁总结教训很快主张改行恢复商品货币关系的新经济政策。但是列宁过早去世，新经济政策究竟是权宜之计，还是社会主义的必经阶段，没有作出定论。30年代在斯大林领导下建立了行政指令性计划经济体制，形式上还存在商品货币，但除少数小商品外，各类产品都要实行计划生产、计划分配，按照国家规定的计划价格互

---

① 中国财政经济出版社1991年版。

② 参见《特区时报》1991年1月11日。

相交换。这种僵化的行政计划体制，实际上把商品经济变成为产品经济，把商品的市场交换变成产品的计划分配，否定了商品经济基本规律——价值规律通过市场发挥调节作用。几十年经验证明，这种体制必然使经济发展缺乏效率，不能适应社会日益发展的需求，导致经常性的供不应求和持续的商品短缺，妨碍技术进步和经济素质的提高，使社会主义优越性不能很好地发挥。我强调指出，必须改革这种体制，大力发展社会主义商品经济。我说：商品经济"不仅存在于社会主义初级阶段，可能要在整个社会主义时期占重要地位。这不仅由于社会主义社会还存在两种不同的公有制和其他经济成分，更重要的是国营企业还必须改变统负盈亏、吃'大锅饭'的状况，成为独立核算、自主经营、自负盈亏的商品生产者"。人为地把商品经济变成产品经济，是不符合社会经济发展的客观规律的。

第二，我认为，在社会主义商品经济中，国民经济的宏观调控需要计划管理，但是微观经济活动则必须广泛地实行市场调节。在旧体制下，企业只能执行行政指令性计划，而不能面对市场自主经营，企业成了行政机构的附属物，没有生命力。改革应当使企业成为面对市场充满活力的商品生产者，能够根据市场需要主动经营，积极参与市场竞争，它的微观经济活动则主要由价值规律通过市场来调节。为了正常发挥价值规律的作用，必须改革僵化的价格体制。在旧体制下，绝大多数商品价格是由国家计划规定的，不让价值规律在市场上自发调节价格。我们的传统观念，也是认为社会主义国家应当"自觉运用价值规律"来制定计划价格，而不应当让价值规律在市场上自发调节价格。但是实践证明，所谓"自觉运用价值规律"，实际上是抛弃价值规律。我强调要尊重商品经济的客观规律，主张在国家管住货币的前提下，放开价格，让价值规律自发调节，使各类商品价格自发地趋向价值。供过于求的商品价格下降，生产会减少；供不应求的商品价格上升，生产会增多。在价值规律的自发调节下，使各类商品的供求趋向平衡，生产按比例发展，并促使技术进步，质量改善，不断提高劳动生产率。社会主义商品经济应当充分发挥价值规律的作用，实行市场调节。

在微观经济活动广泛实行市场调节的同时，国民经济的宏观调控还是需要计划管理。所谓宏观调控，主要是社会经济发展的方向和战略目标，社会总需求与总供给的平衡，国民经济各部门的比例关系等，具体表现为财政收支与信贷收支的平衡、建设规模与生产资料的平衡、消费基金与消费品供应的平衡，在对外经济往来中还要保持外汇收支的平衡。计划管理主要要抓住这些方面。这种计划管理和过去产品经济基础上的计划管理是完全不同的，它不是用行政方法直接管理企业微观经济活动，而是在微观活动由市场调节的基础上，运用财政税收、银行信贷、国家投资等经济手段，进行间接调控，来引导国民经济的发展。计划管理的内涵改变了，把原来建立在产品经济基础上的计划管理转移到建立在商品经济和价值规律的基础之上。

第三，我强调要建立社会主义商品经济的新秩序，建立平整的、畅通的、公平的商品交换市场，使所有的企业都能够以同等条件进行自由竞争。在这个市场上，价格应当是理顺的而不是扭曲的，能够灵活反映价值和供求关系的变化；流通渠道应当是畅通的，排除地区壁垒和中间勒索；税负应当是平等的，没有歧视与"吃偏饭"的差别。这样才能保证企业进入正常的市场竞争。文章中不少论述是针对 1985 年至 1988 年的教训而言，在那段时间里，改革实际工作的领导人也是提倡建立社会主义商品经济新秩序的，但由于不懂得商品经济的客观规律，制定了一些错误的政策，执行的结果破坏了正常秩序。这些政策首先是鼓励通货膨胀，使价格体系越来越扭曲，使当时价格双轨制的两条轨道不是逐渐靠拢而是越离越远，发生多层次的中间倒卖，从双轨制发展到杂乱无章的多轨制。价格的紊乱导致商品流通渠道的紊乱，许多商品的交换脱离了正常渠道而走邪门歪道。其次是企图绕过正规的税收制度来实行承包制，一个企业一个利税承包基数，违背了平等税负的原则来"缓解"价格不合理的矛盾，结果税收这个调节杠杆也破坏了。再次是在通货膨胀日益严重的情况下，又企图绕过制止通货膨胀来加速价格改革，引起提存抢购风潮，最后被迫不得不治理经济环境、整顿经济秩序，受到商品经济客观规律的惩罚。

我认为当时应当遵循客观规律认真建立社会主义商品经济的新秩序。必须努力保持社会总需求和总供给的平衡、制止通货膨胀，在此基础上逐步理顺价格并进一步理顺商品流通渠道，平整市场。与此同时用规范化的税收制度来代替杂乱无章的承包制度，消除产业结构恶化和经济效益下降的重要根源。中央银行必须发挥控制货币流通数量、管住货币的重要作用，并领导各专业银行实行信贷倾斜政策，以调整产业结构，提高经济效益。这是当时向社会主义商品经济新体制转轨过程中的必由之路，不走这条道路，是建立不起社会主义商品经济新体制的。

根据上述这些基本思想，我在文章中分别对物价、计划、财政税收、银行信贷、企业制度、劳动工资、社会保障等各方面，阐述了我的改革主张。我认为建立社会主义商品经济是一个系统社会工程，应当有一个总体设计，使各个方面的改革综合配套。同时我再次强调，“商品和市场的关系，可以说是鱼和水的关系，离开了水，鱼就难以生存”，我的意思是反对把建立社会主义商品经济同建立社会主义市场经济对立起来，口头上赞成商品经济，却对建立社会主义市场经济的主张大动干戈。

我的这篇文章发表后，受到理论界多数同志的好评，也听到一些批评。对于这些批评，我不作回答，我愿意正面说明我的主张，不打算介入公开争论。

1991 年 3 月，我卧病床榻，不能工作。在卧病期间，我听说上海《解放日报》发表署名“皇甫平”的文章，有的同志组织了批判。皇甫平的文章《改革开放要有新思路》中说，“解放思想决不是一劳永逸的。就以计划与市场的关系而言，有些同志总是习惯于把计划经济等同于社会主义经济，把市场经济等同于资本主义经济”。“随着改革的进一步深化，越来越多的同志开始懂得，计划和市场只是资源配置的两种手段和形式，而不是划分社会主义和资本主义的标志。资本主义有计划，社会主义有市场。”我觉得讲得很好。后来我才知道，这篇文章实际上是按照邓小平同志谈话精神而写的。在 1990 年底，小平同志在同中央几位负责同志谈话时曾指出：“我们必须从理论上搞懂，资本主义与社会主义的区分不在于是计划还是市场这样的问题。社会主义也有市场经济，资本主义也有计划控制。……不要以为搞点市场经济就是资本主义道路，没有那么回事。计划和市场都得要。”接着，1991 年初小平同志视察上海时，他又强调：“改革开放还要讲，……不要以为，一说计划经济就是社会主义，一说市场经济就是资本主义，不是那么回事，两者都是手段，市场也可以为社会主义服务。”[①] 小平同志这两次谈话是在小范围内对党的负责同志讲的。当时有的同志要求批判这一正确的看法，足以证明错误观念是何等根深蒂固。

---

① 《视察上海时的谈话》（1991 年 1 月 28 日—2 月 18 日），《邓小平文选》第 3 卷，人民出版社 1993 年版，第 366—367 页。

社会主义市场经济体制改革目标的确立

到1991年底，国民经济治理整顿的主要任务基本上完成了。经济过热和通货膨胀已得到控制，紧缩中的负效应也逐渐消除，国民经济的发展开始恢复正常，社会政治也进一步保持了安定团结。这一年国民生产总值比上一年增长7%，农业在大灾之年仍获得较好收成。治理整顿作为一个阶段基本结束了。但是，治理整顿并未解决发展中深层次的问题。经济体制尚未理顺，结构调整进展缓慢，许多企业经济效益低下，经济不稳定的内在因素依然存在。在这种情况下，迫切需要加快改革的步伐，以便把国民经济真正纳入持续、稳定、健康发展的轨道。

针对这种形势，1992年初，邓小平同志在南方视察时发表了重要谈话。在谈话中，他强调我们要抓住时机，加快经济的发展，他说："我国的经济发展，总要力争隔几年上一个台阶，当然不是鼓励不切实际的高速度，还是要扎扎实实，讲求效益，稳步协调地发展。""要抓住机会，现在就是好机会。"为此，他要求在改革开放上更大胆地迈开步伐，说"改革开放胆子要大一些，……看准了的，要大胆地试，大胆地闯"。他指出，改革开放迈不开步子，说来说去就是害怕姓"资"还是姓"社"的问题。谈话进一步冲破把计划和市场作为划分社会主义与资本主义的本质区别的错误观念，再次强调"计划经济不等于社会主义，资本主义也有计划；市场经济不等于资本主义，社会主义也有市场。计划和市场都是经济手段"。他指出："现在，有右的东西影响我们，也有'左'的东西影响我们，但根深蒂固的还是'左'的东西。有些理论家、政治家，拿大帽子吓唬人的，不是右，而是'左'。……要警惕右，但主要是防止'左'。"[①]这次谈话，批评有些同志把社会主义条件下有利于生产力发展的东西，当作资本主义来反对，把不是社会主义本质的东西，当作社会主义根本原则而加以固守。这次谈话使长期没有解决的争议，如计划与市场问题等，比较容易解决了。谈话为我国进一步改革开放指明了方向，最终为确立社会主义市场经济体制的改革目标，奠定了思想

① 《武昌、深圳、珠海、上海等地的谈话要点》（1992年1月18日—2月21日），《邓小平文选》第3卷，人民出版社1993年版，第372—375页。

基础。

这年6月，江泽民同志在中央党校作了题为《深刻领会和全面落实邓小平同志重要谈话精神，把经济建设和改革开放搞得更快更好》的讲话。他说："最近经过学习小平同志的重要谈话，在对计划与市场和建立新经济体制问题上，又有了一些新的提法。大体上有这么几种：一是建立计划与市场相结合的社会主义商品经济体制，二是建立社会主义有计划的市场经济体制，三是建立社会主义的市场经济体制。""究竟哪一种更切合我国的经济实际……还可以继续研究"，"不管十四大报告中最后确定哪一种提法，都需要阐明我国社会主义的新经济体制的主要特征"。

我在病床上听到上述讲话的传达，使我受到很大鼓舞。我赞成建立社会主义市场经济体制的提法，因为这一提法最确切地表达了我国经济体制改革的实质，最明确地指出了经济体制改革的目标。我们的改革，不仅是一般地要求在行政指令性计划经济体制下更多地发挥价值规律和市场机制的调节作用，而是在总体上放弃行政指令性计划体制，使市场机制对于国民经济的运行、对于社会资源的合理配置和有效使用，发挥基础性的调节作用。有计划的宏观调控当然是必需的，但它应当建立在市场经济的基础上。

小平同志发表南方谈话以后，国内经济理论界开始从沉闷的气氛中复苏。一些出版社、报刊纷纷约稿。这时我尽管仍在病中，还是接受了人民出版社、江苏人民出版社、北京出版社的邀请，在当年7月、9月、12月连续发表了三篇文章。由于我生病不能执笔写作，只能请同志们按我授意代写。第一篇文章是《我的经济观是在实践中形成和发展的》，发表在江苏人民出版社出版的《当代百名经济学家自述——我的经济观》一书中，是李剑阁同志代笔的。第二篇是《关于社会主义市场经济问题》，是十四大召开前夕应人民出版社邀请而写的，收录在《著名学者论社会主义市场经济》一书中，是吴凯泰同志代笔的。第三篇是《改革就是为了解放生产力》，发表在北京出版社出版的《著名经济学家论改革》一书中，也是李剑阁同志代笔的。这三篇文章虽然主题不同，角度不同，用的事实也不相同，但归结到一点都是从我国国情出发，从理论上阐明建立社会主义市场经济体制，有利于进一步发展生产力，有利于增强综合国力，有利于提高人民生活，有利于进一步发挥社会主义制度的优越性。尤其是最后一篇文章，我非常满意。这篇论文真实、清晰地反映了我的经济思想的发展过程，严谨、准确地表达了我当时已

薛暮桥、李剑阁（左起）在讨论文章修改。

经达到的认识水平和学术水平。现在看来，文章中我提出的一些观点已经成为普遍的共识，如当时提出“承认社会主义商品经济，就应当承认社会主义市场经济”，多少还有点风险或忌讳，在党的十四大以后就没有什么争论了；文章中也有一些观点，至今尚未被人们普遍接受，恐怕有待于实践的检验和历史的演进。总的来说，这篇文章可以看作我一生治学生涯的简要总结，也可以看作我对于未来中国经济改革的殷切企盼。

1992 年 10 月 12 日，党的第十四次全国代表大会开幕了，这是我们党历史上极为重要的大会，江泽民同志作了《加快改革开放和现代化建设步伐，夺取有中国特色社会主义事业的更大胜利》的报告，明确提出，“我国经济体制改革的目标，是建立社会主义市场经济体制，以利于进一步解放和发展生产力”。

十多年来，对于我国经济体制改革的目标，全党的认识是在实践和反复讨论中逐步提高的。党的十一届三中全会提出经济体制要改革，但在会后，对于如何改革，理论上存在两种不同的主张：一种是认为社会主义经济还是商品经济，应当按照商品经济的客观规律来改革经济体制；另一种认为社会主义经济只是一定范围内存在着商品生产的计划经济，改革可以在一定程度上多发挥些市场调节的作用，但必须在原有计划经济体制的总体框架下进行。1982年党的十二大肯定的是第二种意见，确定了“以计划经济为主，市场调节为辅”的方针。经过一段实践和讨论，到1984年党的十二届三中全会，认识大大前进了一步，明确指出社会主义经济是在公有制基础上的“有计划的商品经济”，不再提“计划经济为主、市场调节为辅”，强调充分发展商品经济、发挥市场调节作用，是一个重大突破。但是，当时我们还没有认识到发展现代商品经济需要在总体上放弃过去那种行政指令性的计划经济体制，没有认识到宏观计划管理必须以市场机制充分发挥调节作用为基础。在《决定》中虽然讲了“实行计划经济不等于指令性计划为主”，但仍然认为“我国实行的是计划经济，……而不是那种完全由市场调节的市场经济”。其实现代市场经济本身并不排除国家制订计划和宏观调控的，自由放任主义早已是过去的历史现象。到1987年党的十三大时，改革思路又前进了一步。强调“必须把计划工作建立在商品交换和价值规律的基础上，以指令性计划为主的直接管理方式，不能适应社会主义商品经济发展的要求”。“利用市场调节决不等于搞资本主义”，“新的经济运行体制，总体上来说应当是‘国家调节市场、市场引导企业’的机制”。党的十三大的决议，表明我们改革的目标更明确了，已更加接近建立社会主义市场经济体制的目标。但是，社会主义是计划经济，市场经济是资本主义的陈旧观念相当牢固，从1989年秋到1991年夏，又发生批判改革的“市场取向”和市场经济的争论。到1992年初小平同志公开发表了他的重要谈话，终于促使全党在改革的目标模式上取得共识。1992年10月党的十四大通过决议，认为“将我国经济体制改革的目标，确定为建立社会主义市场经济体制，是有中国特色社会主义理论的丰富和发展”。经过十多年的实践和理论探索，到底在中国这块土地上应当建立什么形式的社会主义经济？什么是我国社会主义经济体制改革的目标？现在得出了成熟的结论。这对于我国改革开放和社会主义现代化建设事业，具有极其深远的重大意义。

对于全党在改革目标上取得共识，邓小平同志作出了重大的贡献。他是我国经济体制改革的总设计师，十多年来，他一直为我国社会主义现代化建设和改革开放掌舵把握方向，表现出马克思主义者伟大的理论勇气和卓越的领导艺术。他坚持实事求是的马克思主义思想路线，引导我们解放思想，摆脱“左”的错误观念的束缚。他提出建设有中国特色社会主义的指导思想，为改革事业奠定了理论基础。在体制改革的根本问题——计划与市场问题上，他很早就提出社会主义要利用市场经济的主张，而且根据群众性改革实践经验，不断发展这一正确的思想。我们在1992年末才知道，十多年来他关于市场经济有过许多次谈话，但是他一直避免把自己的看法强制干部勉强接受，而是耐心引导广大干部在改革实践中逐步取得共识。在1992年初南方视察时的重要谈话中，他讲道："对改革开放，一开始就有不同意见，这是正常的。""我们的政策就是允许看。允许看，比强制好得多。我们推行党的十一届三中全会以来的路线、方针、政策，不搞强迫、不搞运动、不搞争论"。1990年关于"国家调节市场，市场引导企业"的提法在内部有争议，小平同志主张不争论；1991年春上海《解放日报》发表署名皇甫平的文章，内部有的同志要批判，也是按"允许看"的原则避免了争论。直到治理整顿结束后深化改革已成为迫切需要、而且改革思路已经比较成熟时，他才公开发表谈话，促使广大干部顺利地形成共识。在我国经济体制改革十多年过程中，绝大多数干部思想统一，社会安定团结，发展比较顺利，这要归功于小平同志高超的领导艺术。

关于怎样建立社会主义市场经济体制，是一项十分复杂的社会系统工程，是一项尚无成功先例的艰巨的工作。完成这一改革，关系到社会主义事业的历史命运。在我们面前，任务繁重，工作量很大，而且有不少问题需要我们进一步研究和探索。有些问题例如政府转变职能、政企职责分开问题，国有企业的企业制度改革问题，健全宏观调控的经济手段问题，等等，都不是靠人们在书斋中冥思苦想构造方案就能解决问题的。只有从我国实际情况出发，在群众性的改革实践中不断探索，依靠实践经验的总结，才能找到解决问题的具体途径。我相信在今后改革实践中，这些问题一定能得到正确解决。在邓小平同志建设有中国特色的社会主义理论和党的基本路线指引下，我国社会主义市场经济体制在20世纪末一定能够初步建成，马克思主义前辈们开创的社会主义事业，定能越过艰险，再创辉煌，永葆无限光芒。

这几年，我虽年老患病，足不出户，但老同志们、朋友们都没有忘记我。1994年10月25日，国务院发展研究中心、国家计委联合在人民大会堂又为我从事学术研究60周年举行了祝贺座谈会。中央政治局常委、国务院副总理朱镕基同志光临并即席发表了充满感情的讲话；参加座谈会的还有胡绳、陈锦华、马洪、孙尚清等几十位老同志、老朋友；不在北京的老同志、老朋友也以各种形式表示祝贺。我虽在病中，见到这么多的老同志、老朋友，心情非常舒畅，无功受贺，颇为惭愧。所幸最近病情稳定，愿在有生之年，把我的经历、经验、教训写下来，留给后人参考，为他们今后的工作提供些借鉴。

1997年1月25日，《薛暮桥回忆录》座谈会与会者在北京合影。前排左起：陆百甫、高尚全、桂世镛、吴敬琏、马洪、薛暮桥、罗琼、徐雪寒、周太和、吴俊扬、刘国光、苏星；后排左起：王恒立、□、□、谢伏瞻、李克穆、周小川、张卓元、李剑阁、杨启先、吴凯泰、鲁志强、赵人伟、马凯、□、肖梦、薛小和。

附 录

薛暮桥主要著作目录 *

《生物的生活》，南京：江苏省立南京民众教育馆，1931 年。署名“舆龄”。“薛舆龄”为薛暮桥本名。

《人类的生活》，南京：江苏省立南京民众教育馆，1931 年。署名“舆龄”。

《天文常识》，南京：江苏省立南京民众教育馆，1931 年。署名“舆龄”。

《广西农村经济调查报告》，桂林：广西省立师范专科学校农村经济研究会出版，1934 年 6 月。未署名，实际作者薛暮桥、刘端生。

《中国农村社会性质论战》，上海：新知书店，1935 年 9 月 30 日。署名“中国农村经济研究会编”，实际编者薛暮桥。

《中国农村描写——农村通讯选集》，上海：新知书店，1936 年 2 月 1 日。署名“中国农村经济研究会编”，实际编者薛暮桥。生活·读书·新知三联书店 2012 年重印时，书名为《中国农村描写——农村通讯选》。

《中国农村问题》，上海：大众文化社，1936 年 6 月。

《农业经济学（下）》，上海：黎明书局，1936 年 9 月。[苏联] 廖谦珂著，吴觉农、薛暮桥译。

《农村经济底基本知识》，上海：新知书店，1937 年 1 月 30 日。

《中国农村经济常识》，上海：新知书店，1937 年 1 月 30 日。

《封建·半封建和资本主义》，上海：黑白丛书社，1937 年 3 月 20 日。

《中国土地问题和商业高利贷》，上海：黎明书局，1937 年 4 月 10 日。

---

* 薛暮桥生前著述按照初版时间排序。凡未署名、署组织名的薛暮桥著作，以及合著的著作，均标明署名情况。凡署名“薛暮桥著”的著作，不另作说明。

编者署名“中国农村经济研究会”。薛暮桥为第一编者。

《中国农村动态》，上海：中国农村经济研究会出版，1937 年 5 月 1 日。编者署名“中国农村经济研究会”。实际编者陈洪进、薛暮桥。

《抗战言论集（上、下）》，南昌：中国农村合作出版社，1937 年 10 月 25 日。署名“中国农村合作出版社、中国农村经济研究会合编”，实际编者朱克靖、薛暮桥。

《战时乡村问题》，汉口：新知书店，1938 年 4 月。

《战时的粮食》，长沙：商务印书馆，1938 年 6 月。

《抗战与乡村工作》，汉口：生活书店，1938 年 5 月。署名“薛暮桥等著”，实际薛暮桥编。

《经济科学常识》，长沙：生活书店，1938 年。

《战时宣传资料》第一辑，汉口：新知书店，1938 年。署名“中国农村经济研究会、中国战时农村问题研究所”，实际作者薛暮桥。

《战时宣传资料》第二辑，汉口：新知书店，1938 年。署名“中国农村经济研究会、中国战时农村问题研究所”，实际作者薛暮桥。

《经济学》，桂林：新知书店，1939 年 7 月 15 日。

《中国革命问题》，中国出版社，1941 年 8 月。

《中国革命的基本问题》，抗大总分校，1942 年。

《怎样办合作社》，山东新华书店出版社，1944 年 5 月。署名“山东省政委会调查研究室编”，实际编者薛暮桥。

《经济论丛》，苏中：苏中第四行政区专员公署财经处，1945 年。

《论新民主主义经济》，临沂：山东新华书店出版，1946 年。署名“薛暮桥编”。

《工商管理工作的方针和政策》，张家口：晋察冀边区贸易公司，1946 年 9 月。

《思想方法与学习方法》，临沂：山东新华书店，1947 年 1 月。

《怎样办合作社》，西柏坡：华北财经办事处，1948 年 1 月编印。“前言”署名“薛暮桥”，封面未署名。同书同年 7 月哈尔滨光华书店翻印出版，署名“薛暮桥编”。本书与 1944 年 5 月《怎样办合作社》书名相同，内容不同。

《政治经济学》，邯郸、冀中：新华书店，1948 年 12 月。

《三年来新中国经济的成就》，北京：人民出版社，1952 年 10 月。署名

“中国国际贸易促进委员会编”，实际编者薛暮桥。

《计划经济与价值规律》，北京：中国青年出版社，1957年3月。

《中国过渡时期的经济》，北京：学习杂志社，1958年1月。署名“薛暮桥等集体写作”。

《中国国民经济的社会主义改造》，北京：人民出版社，1959年9月。署名“薛暮桥、苏星、林子力等著”。

《过渡时期经济领域中的两条道路斗争》，上海：上海人民出版社，1978年1月。

《社会主义经济理论问题》，北京：人民出版社，1979年4月。

《抗日战争时期和解放战争时期山东解放区的经济工作》，济南：山东人民出版社，1979年12月。1984年增订版。

《中国社会主义经济问题研究》，北京：人民出版社，1979年12月。1983年修订。

《当前我国经济若干问题》，北京：人民出版社，1980年10月。

《中国经济发展新趋势》，北京：中国社会科学出版社，1981年4月。署名“薛暮桥等著”。

《我国国民经济的调整和改革》，北京：人民出版社，1982年11月。

《〈中国农村〉论文选》，北京：人民出版社，1983年11月。署名“薛暮桥、冯和法编”。

《薛暮桥经济论文选》，北京：人民出版社，1984年11月。

《薛暮桥选集》，太原：山西经济出版社，1985年8月。

《按照客观经济规律管理经济》，北京：人民出版社，1986年1月。

《我国物价和货币问题研究》，北京：红旗出版社，1986年4月。

《薛暮桥统计论文集》，北京：中国统计出版社，1986年10月。

《华中抗日熔炉》，北京：华夏出版社，1987年5月。署名“洪学智、薛暮桥主编”。

《奔向苏北敌后——新四军教导总队撤离皖南纪实》，南京：江苏人民出版社，1988年。署名“薛暮桥主编”。

《薛暮桥学术精华录》，北京：北京师范学院出版社，1988年6月。

《改革与理论上的突破》，北京：人民出版社，1988年10月。

《解放前的中国农村》第一辑，北京：中国展望出版社，1985年10月；

第二辑，北京：中国展望出版社，1987 年 11 月；第三辑，北京：中国展望出版社，1989 年 12 月。署名“陈翰笙、薛暮桥、冯和法编”。

《论中国经济体制改革》，天津：天津人民出版社，1990 年 12 月。

《八十年代的中国经济》，北京：经济管理出版社，1992 年 2 月。

《总结财经工作 迎接全国胜利：记全国解放前夕两次重要的财经会议》，北京：中国财政经济出版社，1996 年 4 月。署名“薛暮桥、杨波主编”。

《薛暮桥回忆录》，天津：天津人民出版社，1996 年 7 月。

《薛暮桥晚年文稿》，北京：生活・读书・新知三联书店，1999 年 3 月。

1996年版后记

1985年时，我因年过80岁，辞去国务院经济研究中心总干事职务，改任名誉主任。当时，有的同志向我建议写回忆录，但我那时还没有这个打算。我觉得有幸处在改革开放全面展开的新时期，社会主义现代化建设充满生机活力，祖国日益走向繁荣富强，国际地位明显提高，我心情非常舒畅，工作劲头很大，自己最大的愿望是继续探索经济体制改革的理论，为深化改革，促进发展尽心尽力。我当时仍有力量调查研究新情况、新经验、新问题，因此把精力仍然放在工作上，没有接受同志们的建议。

我当时的秘书李克穆同志，了解我的过去和现在，他认为写回忆录同样有现实意义，同样要花很大力量。他就主动在我工作之余和我谈过去的事情，边谈边录音，录了几十盘磁带。到1986年，他已整理了一个我口述的记录，为我后来自己写回忆录作了准备。

1989年10月，我过了85岁生日，感到年龄不饶人，许多重要的会议无力参加，出外调查更是困难，就把精力转向写回忆录上。回忆过去，虽然我经过的历史时期不同，处境不同，工作岗位不同，但总把精力倾注在研究经济理论和政策上，根据当时的可能和需要，选择题目，研究中国经济问题，指导实际经济工作。所以，我确定回忆录的重点放在参加实际经济工作及理论研究方面。着重写新中国成立以后，特别是1978年党的十一届三中全会以后，参加经济体制改革的实践及理论研究。我花了一年多时间写成了一个稿子。

我素来习惯是自己动手写稿子，没有想到要组织一个“班子”来帮助。但当时毕竟是80多岁的老人，心有余而力不足，没有精力核查材料，仅凭老化了的记忆，当然会有不周、不妥之处。原想查阅资料，亲自对回忆录进行修改充实，但没有来得及再看一遍，我就病倒了。

1991年春，我患病住进医院，医生开始诊断是脑供血严重不足。治疗、休息一段时间，没能明显好转。当年夏天，病情更重，又进了医院，经医生悉心检查，确诊是“帕金森”症，至今已近五年了，病情虽趋稳定，但没有痊愈，耳聋眼花，手脚发抖，不能执笔写作。所幸脑子还清楚，能够听读，能够提意见。

这个没有完稿的回忆录怎么办呢？我周围的许多同志非常热情地来帮助我，特别是吴凯泰同志（原国务院发展研究中心办公厅主任、研究员）、吴俊扬同志（原国务院发展研究中心副总干事、顾问）、朱庭光同志（中国社会科学院院务委员、世界史所所长、研究员），他们三位花了很大的精力对稿子进行修改、补充、调理以至重写；而且多方征求意见，反复修改，完成了现在这本回忆录，这是集体写作的成果。

这本回忆录大体分三部分：第一部分是从我出生到新中国成立初，是朱庭光同志为主修改和改写的；第二部分是新中国成立后到“文化大革命”，是吴俊扬同志为主修改和改写的；第三部分是党的十一届三中全会以后到现在，是吴凯泰同志为主修改和改写的。我对他们雪中送炭的帮助，感激之情，难以用语言来表达，将永远铭刻在心间。

又承徐雪寒同志、陈先同志、吴敬琏同志、李剑阁同志、李克穆同志等，还有同文稿中记录的事实有关的许多同志，他们都在百忙中提出了宝贵的意见。我的现任秘书潘德发同志，耐心地反复地给我读了全部稿子，把我的意见转达给执笔的同志，由他们反复修改，直到我完全认可为止，所以全书是我自己定稿的。在此，我对所有为回忆录辛勤笔耕，提出意见，热情帮助的同志们，一并表示衷心感谢。书中记录了我90多年的经历，因为时间跨越度太大，所以难免还有不周、不妥之处，请读者指正。

1996年元月于北京